INCIDENTE DE RESOLUÇÃO DE DEMANDAS REPETITIVAS

A luta contra a dispersão jurisprudencial excessiva

RODOLFO DE CAMARGO MANCUSO

INCIDENTE DE RESOLUÇÃO DE DEMANDAS REPETITIVAS

A luta contra a dispersão jurisprudencial excessiva

2ª edição

Revista, ampliada e atualizada

2019

EDITORA *Jus*PODIVM

www.editorajuspodivm.com.br

EDITORA *Jus*PODIVM
www.editorajuspodivm.com.br

Rua Território Rio Branco, 87 – Pituba – CEP: 41830-530 – Salvador – Bahia
Tel: (71) 3045.9051
• Contato: https://www.editorajuspodivm.com.br/sac

Capa e Diagramação: Marcelo S. Brandão *(santibrando@gmail.com)*

• A Editora *JusPODIVM* passou a publicar esta obra a partir da 2.ª edição.

M268i Mancuso, Rodolfo de Camargo.
Incidente de resolução de demandas repetitivas / Rodolfo de Camargo Mancuso – 2. ed. rev. ampl. e atual. – Salvador: Editora JusPodivm, 2019.
400 p.

Bibliografia.
ISBN 978-85-442-2772-5.

1. Direito Processual Civil. I. Mancuso, Rodolfo de Camargo. II. Título.

CDD 341.46

SUMÁRIO

SEGUNDA PARTE

NOTA INTRODUTÓRIA

A Exposição de Motivos do anteprojeto do novo CPC – Lei 13.105/2015 – evidenciava que, dentre as metas almejadas destacava-se o firme empenho de prevenir ou superar a *dispersão excessiva da jurisprudência*, como se colhe destes excertos: "(...) haver, indefinidamente, posicionamentos diferentes e incompatíveis, nos Tribunais, a respeito da mesma norma jurídica, leva a que jurisdicionados que estejam em situações idênticas, tenham de submeter-se a regras de conduta diferentes, ditadas por decisões judiciais emanadas de tribunais diversos. Esse fenômeno fragmenta o sistema, gera intranquilidade e, por vezes, verdadeira perplexidade na sociedade. (...) A segurança jurídica fica comprometida com a brusca e integral alteração do entendimento dos tribunais sobre questões de direito. (...) A dispersão excessiva da jurisprudência produz intranquilidade social e descrédito do Poder Judiciário. Se todos têm que agir em conformidade com a lei, ter-se-ia, *ipso facto*, respeitada a isonomia. Essa relação de causalidade, todavia, fica comprometida como decorrência do desvirtuamento da liberdade que tem o juiz de decidir com base em seu entendimento sobre o sentido real da norma". [1]

Com efeito, a doutrina contemporânea tem sustentado que a *liberdade* (*rectius*: persuasão racional) assegurada aos magistrados para a interpretação dos textos e sequencial aplicação aos casos concretos, para que resulte justa e efetiva, deve integrar-se no contexto do *Judiciário como um todo*, enquanto Poder, Função e Atividade, e, não, sob o prisma particular e reducionista, de cada um de seus integrantes, postura individualista que acaba pondo em risco a *unidade exegética* do Direito em detrimento de seus corolários: a segurança jurídica e o tratamento isonômico aos jurisdicionados.

Ao longo das últimas décadas, por fatores diversos – inclusive sócio/ econômico/ culturais – foi gradualmente se instalando na experiência brasileira um ambiente judiciário errático, com uma produção calcada numa *lógica quantitativa* (mais processos = mais sentenças e acórdãos), sem um particular empenho no que toca à *qualidade* da resposta jurisdicional, a qual, em outra sede, afirmamos que se deve revestir de "seis atributos: *justa, jurídica, econômica, tempestiva, razoavelmente previsível, com aptidão para*

---

1. Publicação da gráfica do Senado Federal, Brasília, 2.010, p. 25-27, *passim*.

promover a efetiva e concreta satisfação do direito, valor ou bem da vida reconhecidos no julgado".[2] Esse ideário vem recepcionado, em cores fortes, pelo novo CPC: "As partes têm o direito de obter, em prazo razoável a *resolução integral do mérito, incluída a atividade satisfativa*" (art. 4º); "O juiz dirigirá o processo conforme as disposições deste Código, incumbindo-lhe: (...) IV – determinar todas as medidas indutivas, coercitivas, mandamentais ou sub-rogatórias necessárias para *assegurar o cumprimento de ordem judicial*, inclusive nas ações que tenham por objeto prestação pecuniária".

Dentre as concausas da *dispersão excessiva da jurisprudência*, sobrelevada na antes referida Exposição de Motivos do anteprojeto do vigente CPC, deve ser computado, de um lado, o *demandismo judiciário exacerbado*, à sua vez insuflado por certas concausas, tais a produção legislativa desenfreada, que desnorteia os destinatários da norma legal e desorienta os operadores do Direito incumbidos de aplicá-la, e, de outro lado, a leitura – que em outra sede chamamos *ufanista* e *irrealista*[3] – da garantia do acesso à Justiça, dando azo a que se extraia do art. 5.º, XXXV da CF mais do que nele se contém, resultando num estímulo à judicialização massiva, assim praticamente convertendo o direito de ação em *dever de ação*, em detrimento de outros meios auto e heterocompositivos de solução de conflitos, como agora vem enfatizado no novo CPC – art. 3.º e parágrafos – e, já antes, vinha afirmado na Res. CNJ 125 (*DJe* 01.12.2010, republicada no *DJe* 01.03.2011), a qual estabeleceu as bases da *Política Judiciária Nacional*.

A *cultura demandista*, instalada ao longo das últimas décadas, foi impactando o afluxo crescente de processos, em número muito superior à capacidade instalada do Judiciário, com isso projetando externalidades negativas, dentre as quais a tendencial oferta de resposta rápida e massificada (*fast track* processual), ambiente que desfavorece o exame detido e criterioso das lides judicializadas e propicia a ocorrência de injustiças, levando a uma produção judiciária igualmente massiva e de conteúdo dispersivo, sem compromisso com um momento ou etapa de *coesão exegética*, necessária a garantir segurança jurídica e propiciar tratamento isonômico aos jurisdicionados.

Impende ter presente que a igualdade de todos perante a lei, proclamada constitucionalmente (art. 5.º, *caput* e inc. II) hoje deve consentir leitura atualizada e contextualizada, por modo a entender-se que aquela isonomia

---

2. *Acesso à Justiça – condicionantes legítimas e ilegítimas*, 3. ed. Salvador: Jus Podivm, 2.018, p. 420, 421.
3. *resolução dos conflitos e a função judicial no contemporâneo Estado de Direito*, 2. ed. São Paulo: Ed. RT, 2014, p. 307.

não pode ficar confinada à "norma legislada" – de eficácia geral e impessoal, inserida abstratamente no ordenamento – mas há de estender-se à norma que tem sua passagem judiciária – a *norma judicada* – porque, do contrário, a almejada igualdade não resta plenamente assegurada, dando ainda ensejo ao deletério tratamento desigual a situações iguais, mormente nos casos envolvendo uma mesma questão de direito, como se dá nos *processos isomórficos* e nas *demandas seriais*, cada vez mais ocorrentes na experiência contemporânea.

É dizer, impende que o Direito seja igualitário enquanto posto abstratamente no ordenamento (*on the books*) e, *também*, que preserve tal isonomia quando venha, concretamente, interpretado e aplicado nos processos judiciais. Do contrário, chega-se a um contexto caótico e dispersivo, propício à chamada *loteria judiciária*, tendo afirmado Aluísio Gonçalves de Castro Mendes: "A miscelânea de pronunciamentos, liminares e definitivos, diferenciados e antagônicos, do Poder Judiciário passa a ser fonte de descrédito para a própria função judicante, ensejando enorme insegurança jurídica para a sociedade. Consequentemente, quando ocorre tal anomalia, a função jurisdicional deixa de cumprir a sua missão de pacificar as relações sociais".[4]

Dado que a fixação do significado derradeiro e definitivo do que se contém na norma legal é deferida ao Judiciário, tal premissa leva a esmaecer a dimensão do argumento por vezes agitado, de que, sendo o Brasil um país *legicêntrico*, com o primado estabelecido na norma legal, então os produtos judiciários, ainda que otimizados – jurisprudência dominante ou sumulada; decisões-quadro em recursos excepcionais repetitivos; acórdãos em incidentes de assunção de competência e de resolução de demandas repetitivas, questões de ordem no pleno ou órgão especial dos tribunais – só poderiam projetar eficácia vinculativa mediante expressa autorização constitucional.

Tal argumento, em verdade, incide em petição de princípio, porque, de um lado, a igualdade de todos perante a lei deve estender-se, *também* aos casos em que ela é posta à prova nos processos judiciais – a *norma judicada* – e, de outro lado, porque a consecução do objetivo de tratamento igualitário depende da positivação de meios, técnicas e instrumentos idôneos, para os quais está plenamente credenciado o *legislador ordinário federal* – CF, art. 22,I – certo que esses elementos se exteriorizam nos produtos finais e otimizados do Judiciário, ao qual cabe à interpretação derradeira e definitiva da norma legal. Assim, assiste razão a Aluísio Gonçalves de Castro Mendes, quando

4. *Incidente de resolução de demandas repetitivas – sistematização, análise e interpretação do novo instituto processual*, São Paulo: Gen-Forense, 2.017, p. 22.

afirma: "A atribuição de efeito vinculativo, especialmente quando restrito aos órgãos do próprio Poder Judiciário, não precisa estar previsto expressamente em norma constitucional. Pelo contrário, a inclusão do efeito vinculativo em sede constitucional não se faz presente, como regra, nos países de *common law* ou de *civil law*. Decorre da própria essência, função e concepção sistemática do Poder Judiciário. Por outro lado, a Constituição da República do Brasil não exige que o efeito vinculativo interno no âmbito dos órgãos do Poder Judiciário dependa de expressa previsão constitucional. (...)" [5]

Buscando, assim, assestar baterias contra o ambiente de *dispersão excessiva da jurisprudência* que gradualmente se foi instalando em nossa experiência judiciária, o novo CPC oferta meios, técnicas e expedientes voltados a prestigiar os precedentes judiciais e potencializar sua eficácia, com vistas a preservar a unidade interpretativa do Direito (art. 927 e incisos), dentre os quais sobrelevam as diversas referências ao acórdão que fixou tese jurídica no *incidente de resolução de demandas repetitivas*. Com efeito, confira-se este rol: (***i***) *dispensa da ordem cronológica de conclusão* dos autos quando se trate de "julgamento de processos em bloco para aplicação de tese jurídica firmada em julgamento de casos repetitivos" (inc. II do art. 12, o *caput* com redação da Lei 13.256/2016), certo que a expressão "julgamento de casos repetitivos" abrange o acórdão no *incidente de resolução de demandas repetitivas*, cf. art. 928, I; (***ii***) *improcedência liminar do pedido inicial* que se mostra contrário aos produtos judiciários otimizados, listados nos incisos do art. 332, dentre eles, "(...) III – o "entendimento firmado em *incidente de resolução demandas repetitivas* (...)"; (***iii***) *suspensão de processo em trâmite* (art. 313) "(...) IV – pela admissão de *incidente de resolução de demandas repetitivas*", e também, sobrestamento de outros processos, por determinação do relator, tomada no âmbito desse incidente – art. 982, I; (***iv***) *observância, por juízes e tribunais* (art. 927) de "(...) III – acórdãos em *incidente de* (...) *resolução de demandas repetitivas* (...)"; (***v***) *competência ao relator*, nos tribunais (art. 932), para "(...) IV – negar provimento a recurso que for contrário a: (...) *c*) entendimento firmado em *incidente de resolução de demandas repetitivas* (...)"; V – (...) dar provimento ao recurso se a decisão recorrida for contrária a: (...) *c*) entendimento firmado em *incidente de resolução de demandas repetitivas*"; (***vi***) *ação rescisória* (§ 5º do art. 966, acrescido pela Lei 13.256/2016) "com fundamento no inciso V do *caput* deste artigo [decisão de mérito que "violar manifestamente norma jurídica"], contra decisão baseada em (...) julgamento de casos repetitivos

5. Idem, p. 258, conclusão nº 38.

(...)", expressão que abrange o *incidente de resolução de demandas repetitivas*, cf. art. 928, I; (**vii**) *reclamação* (§ 1º do art. 985) para, nos termos do art. 988 "(...) IV – garantir a observância de acórdão proferido em julgamento de *incidente de resolução de demandas repetitivas* (...)" – inciso com redação da Lei 13.256/2016; (***viii***) *presunção de repercussão geral* da questão constitucional, no acórdão proferido no *incidente de resolução de demandas repetitivas* (§ 1.º do art. 987); (***ix***) *dispensa de remessa necessária* ao tribunal da sentença proferida contra ente político ou suas autarquias e fundações de direito público ou daquela que tiver acolhido no todo ou em parte embargos à execução fiscal, quando o julgado estiver respaldado em "entendimento firmado em incidente de resolução de demandas repetitivas (...)" – art. 496, incisos e § 4º, III; (***x***) autorização, prevista no § único do art. 955, para o "relator julgar de plano o conflito de competência quando sua decisão se fundar em: (...) II – "tese firmada em julgamento de casos repetitivos (...)", certo que esta expressão abrange o acórdão em incidente de resolução de demandas repetitivas (art. 928, I).

Como se evidencia nesse rol, no esforço comum contra a *dispersão excessiva da jurisprudência* sobreleva expressivamente o incidente de resolução de demandas repetitivas, seja por seus pressupostos – "efetiva repetição de processos que contenham controvérsia sobre a mesma questão unicamente de direito; risco de ofensa à isonomia e à segurança jurídica" (CPC, incisos do art. 976), seja pela sua inserção dentre os "processos de competência originária dos tribunais" (título I do Livro III), seja, principalmente, pela *força vinculativa* do acórdão aí proferido, cuja *tese jurídica* (*sic*) – art. 985, *caput* – projetará eficácia: (*i*) *vertical*, em face dos órgãos jurisdicionais vinculados ao TJ ou ao TRF que antes julgaram o incidente, inclusive estendendo-se a *tese jurídica* aos Juizados Especiais (inc. I) e aos casos futuros (inc. II), irradiação essa que poderá vir a se projetar por todo o território nacional, em correndo de ser tirado RE ao STF ou REsp ao STJ do acórdão do tribunal *a quo* no IRDR (§ 2.º do art. 987); (*ii*) *horizontal*, vinculando as frações do tribunal no qual tenha sido proferido o acórdão no IRDR, cuja *tese* poderá, ainda, estender-se ao interno da Administração Pública (§ 2º do art. 985), valendo ainda ressaltar que, em primeiro grau, o pedido inicial que se revela contrário a esse padrão decisório autoriza liminar improcedência (CPC, art. 332, III).

Essa notável eficácia expansiva da tese jurídica firmada no IRDR a faz ombrear-se, em certa medida, à força impositiva da súmula vinculante do STF e dos acórdãos do STF no controle direto de constitucionalidade, colocando o acórdão no IRDR em posição destacada no espectro do esforço geral contra a *dispersão jurisprudencial excessiva* a que vem devotado o novo CPC, conforme ressaltado na Exposição de Motivos de seu anteprojeto.

A notável importância do incidente de resolução de demandas repetitivas, evidenciada pelas múltiplas ocorrências em que se aplica a *tese jurídica* ali alcançada, estimulou-nos a analisar esse instituto, resultando no presente livro que, ora em segunda edição, segue como contribuição ao estudo do tema pela comunidade jurídica, na expectativa de que possa agregar subsídios para o aclaramento das instigantes questões suscitadas pelo tema.

São Paulo, março de 2019.

PRIMEIRA PARTE

Capítulo I

QUALIFICAÇÃO JURÍDICO-PROCESSUAL DO IRDR

Sumário: 1. Aclaramento inicial: distinção entre jurisprudência e precedente – **2**. O precedente obrigatório, frente aos princípios da legalidade e da separação entre os Poderes – **3**. O IRDR no contexto da tutela plurindividual.

1. ACLARAMENTO INICIAL: DISTINÇÃO ENTRE JURISPRUDÊNCIA E PRECEDENTE

O Direito romano é a origem remota dos ordenamentos ocidentais que, bem mais tarde, viriam a ser agrupados, de um lado, sob a denominação *common law*, aderente aos países de tradição *precedentalista*, remotamente radicada na *equity*, e, de outro lado, sob a denominação *civil law*, agregando os países da chamada "família romano-germânica", de perfil codicístico, como (ainda) se passa no Brasil, em que pese sua tendencial e crescente rota de aproximação de seu Direito com diretrizes e características não só de países integrantes do *common law* como também de outros ordenamentos. Ao propósito, anota Teresa Arruda Alvim Wambier: "De fato, é palatável a ideia de podermos contar com a influência de princípios ou teorias concebidas em outras culturas mais evoluídas. Basta lembrarmos da *disregard doctrine* (...), e da teoria da imprevisão (*frustration of purpose* ou *frustration of contract*), ambas 'importadas' ". [1]

As *fontes* do Direito romano, segundo José Cretella Júnior, eram cinco: "o *costume*, a *lei*, o *plebiscito*, a *interpretação dos prudentes* e os *editos dos magistrados*". Referindo-se à quarta daquelas fontes, explicava o mestre das Arcadas: "A *jurisprudência*, palavra com que se designam hoje as decisões dos Tribunais, em direito romano significa o *trabalho interpretativo dos prudentes*, aproximando-se, assim, do que atualmente entendemos por

1. Precedentes e evolução do Direito. In WAMBIER, Teresa Arruda Alvim (coord.), *Direito Jurisprudencial*, São Paulo: Revista dos Tribunais, 2.012, p. 86.

doutrina. Era definida assim: conhecimento das coisas divinas e humanas, a ciência do justo e do injusto ('divinarum atque humanarum rerum notitia, justi atque injusti scientia')". [2]

Ao longo dos séculos o sentido da *jurisprudência* foi, naturalmente, se distanciando daquela acepção unitária original, podendo-se hoje avançar a afirmação de que se trata de um vocábulo plurívoco ou polissêmico, sendo aplicado não só (precipuamente) em face do Poder Judiciário (cujos órgãos se encontram elencados em *numerus clausus* no art. 92 da CF), dizendo o art. 926, *caput*, do CPC que os "tribunais devem uniformizar sua jurisprudência (...)"como ainda tal expressão aparece utilizada em face de outras instâncias estatais (permitindo falar-se, por exemplo, na jurisprudência do CADE, do Tribunal de Contas ou de certo Tribunal Desportivo), a par de certos qualificativos que gradualmente se lhe foram agregando, tais os vocábulos "dominante" e "pacífica", referindo-se o CPC à "jurisprudência dominante do Supremo Tribunal Federal" e à "jurisprudência pacificada" dos tribunais (§§ 3º e 4º do art. 927).

O Direito brasileiro, fiel à fonte romana, elegeu a *norma legal* como fonte dos direitos e obrigações – CF, art. 5º e inc. II – tomando-a, pois, como parâmetro básico para avaliação do *certo/errado*, do *permitido/proibido*, com relação a condutas de pessoas físicas e jurídicas, assim como de atos e negócios em geral, a ponto de comumente se afirmar que "no setor privado, o que não é proibido entende-se permitido", ao passo que no setor público "só é possível fazer o autorizado pela norma de regência e do modo como aí venha descrito"; isso, pelo fato de, no setor público, predominarem os atos vinculados.

Sem embargo, são inevitáveis os virtuais vazios ou lacunas da legislação – por conta de ser a vida "mais rica do que o Direito" – donde a própria ordem normativa credenciar – também mediante lei – os chamados *meios de integração*, a saber, os elementos e subsídios necessários à concretização da chamada *presunção de integralidade ou completude* do ordenamento positivo, dispondo, a respeito, Lei de Introdução às normas do Direito Brasileiro (redenominação do Dec.-lei 4.657/1942, pela Lei 12.376/2.010), art. 4º: "Quando a lei for omissa o juiz decidirá o caso de acordo com a analogia, os costumes e os princípios gerais de direito", havendo referências a fontes supletivas do Direito no CPC (§ único do art. 140; art. 375; art. 723) e no art. 2º, *caput*, da Lei 9.307/96, sobre a arbitragem.

2. *Direito Romano*, São Paulo: Revista dos Tribunais, 1963, p. 20.

Dentre os meios de integração listados no art. 4º da citada "Lei de Introdução" observa-se omissão quanto à *jurisprudência*, o que em princípio causa espécie, dada sua tendencial e crescente importância na experiência brasileira. Em parte, talvez se explique tal ocorrência por conta de uma certa resistência, que ainda se observa, a se reconhecer, no âmbito de um país de tradição romanística, a jurisprudência como uma vera *fonte*, ainda que supletiva, do Direito; ou quiçá, pelo temor de que a fonte principal - a lei - proveniente do ambiente político-majoritário do Parlamento, se exponha ao risco de porventura vir em algum modo *aditada* ou *alterada* pela agregação de uma exegese advinda de outro Poder, no caso o Judiciário, cujos integrantes não beneficiam de mandato popular que os legitime a fazer escolhas primárias e opções políticas em nome da coletividade, configurando a chamada *dificuldade contramajoritária*.

Ao propósito, pondera Luiz Roberto Barroso: "A possibilidade de um órgão não eletivo como o Supremo Tribunal Federal sobrepor-se a uma decisão do Presidente da República - sufragado por mais de 40 milhões de votos - ou do Congresso - cujos 513 membros foram escolhidos pela vontade popular - é identificada como *dificuldade contramajoritária*. (...) Com exceção do que seja essencial para preservar a democracia e os direitos fundamentais, em relação a tudo o mais os protagonistas da vida política devem ser os que têm votos". [3]

Sem embargo da antes referida omissão da citada "Lei de Introdução" quanto a inclusão da jurisprudência dentre os meios de integração do Direito, fato é que o argumento histórico labora a favor dela, certo que textos antigos - CF de 1891, § 2º do art. 59; CLT (1943), art. 8º - já credenciavam a jurisprudência como subsídio válido para resolução das controvérsias, no silêncio ou na falta da lei de regência. Chega a causar espécie que, mesmo ante a notória e crescente expansão eficacial - vertical e horizontal - da jurisprudência, não tenha o legislador, ao ensejo da edição da antes referida Lei 12.376/2010, atentado para incluir, às expressas, a jurisprudência dentre os meios de integração do Direito.

Para bem se entender o sentido contemporâneo de *jurisprudência* - a fim de, na sequência, se poder estremá-la do *precedente* - cabe desde logo

---

3. Judicialização, ativismo judicial e legitimidade democrática. *Atualidade jurídicas* - revista eletrônica do Conselho Federal da OAB, nº 4, jan./fev. 2009, p. 10. 12. (No excerto colacionado o articulista evoca Alexander Bickel, *The least dangerous branch*, 1986, p. 16 e s.).

descartar um sentido excessivamente largo – senão já atécnico – do termo *jurisprudência*, cautela que se afigura necessária com vistas a evitar que *toda produção final* dos tribunais, indistintamente, ali seja enquadrada, sem maiores precisões ou singularidades, o que em nada contribuiria para o aclaramento conceitual do tema.

Esse zelo terminológico e conceitual se afigura necessário, a se ter presente uma tendencial prolixidade em torno da palavra *jurisprudência* (assim como também se tem registrado em face do termo *jurisdição*), [4] donde ser útil fixar como critério identificador da *jurisprudência* a aptidão, própria de uma iterativa coleção de acórdãos consonantes sobre uma dada questão de direito, para se *irradiar expansivamente*, em maior ou menor dimensão, projetando força *persuasiva*, assim operando no plano da *influência*. No ponto, esclarece Cândido Rangel Dinamarco: "A repetição razoavelmente constante de julgados interpretando o direito positivo de determinado modo (jurisprudência) exerce algum grau de influência sobre os predicados de generalidade e abstração inerentes à Lei. A diferença entre *poder* e *influência*, que são temas de ciência política, reside justamente nisso – que enquanto o primeiro se impõe sem possibilidade de recusa, a segunda somente sugere condutas, ou como no caso da jurisprudência, linhas de interpretação jurídica". [5]

Presentes tais parâmetros, pode-se concluir que se excluem-se, por definição, do campo propriamente *jurisprudencial*: (*i*) os pronunciamentos do juiz sem conteúdo decisório, a saber, os atos de *mero impulso processual* ou *despachos de expediente* (CPC, § 3º do art. 203); (*ii*) as decisões monocráticas, assim as *sentenças* (CPC, § 1º do art. 203) como os votos de desembargadores e ministros, nos tribunais (CPC, art. 932 e incisos; art. 1.040, I).

Já a expressão *precedente*, com vistas a se preservar seu intrínseco conteúdo conceitual, evitando que se baralhe com outras expressões afins, deve ficar reservada àqueles produtos judiciários que, *ex lege*, projetam-se em modo impositivo e expansivo em face dos processos presentes e futuros

---

4. Dentre outros exemplos, o art. 4º da Lei 12.529/2011, diz que o CADE, autarquia do Ministério da Justiça é "entidade *judicante*, com *jurisdição* em todo território nacional". Em outros casos, até mesmo bizarros, chega-se a referir à *jurisdição* de um dado Distrito Policial, com relação à sua aderência a uma dada parcela do território de uma cidade. Ainda, em algumas rodovias paulistas, não raro consta placa com os dizeres: "Trecho sob *jurisdição* do DERSA"!
5. *Instituições de Direito Processual Civil*, vol. I, 6ª ed., 2009, p. 84.

subsumidos ao seu enunciado, colocando-se, assim, a *meio-caminho* entre a letra fria da lei (a norma *legislada*) e o entendimento assentado sobre ela, quando de sua *passagem* pelo crivo dos tribunais (a norma *judicada*), conforme buscamos demonstrar em outra sede: "Por outro lado, não há como negar que, apesar do parâmetro no ordenamento jurídico brasileiro ainda remanescer na norma escrita (CF, art. 5º, *caput* e inciso II), o fato é que cada vez mais se destaca a importância da jurisprudência, nesse sentido de *norma judicada*, a saber, aquela que teve o seu *momento judiciário*, e cuja exegese reiterada passa a servir como precedente, em face dos demais casos análogos". [6]

Nesse sentido, afirma Caio Marcio Guterres Taranto: "(...) uma norma judicada assume a função de confirmar, declarar, aditar, substituir, criar, revogar e distinguir, seja em relação a outra norma judicada já editada, seja em relação a ato legislativo. Quando um precedente confirma a orientação de outro precedente, consagram-se os princípios da isonomia e da segurança, pois se atribui a mesma resposta jurisdicional a jurisdicionados na mesma situação jurídica. A prestação jurisdicional torna-se, pois, coerente, estável e previsível, reproduzindo-se, adequando-se e se inovando o direito vivo". [7]

Nesse sentido, deve-se dar o devido peso ao argumento pelo qual, sem demérito do primado da norma legal (CF, art. 5º, II), pouco significaria a proclamada *igualdade de todos perante a lei*, se tal isonomia se restringisse à norma enquanto posta abstratamente no ordenamento, perdendo, contudo, tal compromisso com a igualdade, quando viesse a ser interpretada e aplicada no bojo de uma controvérsia judicializada, quando então, em nome de uma mal compreendida *livre convicção* do julgador, ela passaria a consentir toda sorte de discrepantes ou até antagônicos entendimentos, promovendo injustiças, fomentando insegurança jurídica e desorientando os operadores do Direito.

De sorte que, mesmo num país como o Brasil (ainda) filiado à família *civil law*, é possível entender-se que a exegese assentada pelos tribunais deve projetar uma dupla eficácia: (*i*) *horizontal*, ao interno do próprio tribunal, harmonizando suas parcelas e conferindo-lhes recíproca coesão, como se dá, por exemplo, com o acórdão no incidente de assunção de competência,

---

6. *Divergência jurisprudencial e súmula vinculante*, 6ª ed., Salvador: Jus Podivm, 2.018, p. 74.
7. *Precedente judicial – autoridade e aplicação na jurisdição constitucional*, Rio de Janeiro: Gen-Forense, 2010, p. 101.

que "vinculará todos os juízes e órgãos fracionários, exceto se houver revisão de tese" (CPC, § 3º do art. 947); (*ii*) *vertical*, em face das demais instâncias vinculadas, como se dá, por exemplo, no caso de improcedência liminar do pedido que se mostra contrário a certos produtos judiciários otimizados, tais as súmulas do STF e do STJ (CPC, art. 332, I).

Na avaliação de Eduardo Cambi e Mateus Vargas Fogaça, as garantias da magistratura – livre convencimento e independência – "não podem ser elevadas ao nível de liberdade para escolha da decisão do caso concreto, pois *decidir não é sinônimo de escolher*, já que isso representaria a admissibilidade da discricionariedade judicial, dando margem, até mesmo, para arbitrariedades. Ademais, o poder da magistratura está limitado pelo dever de respeito não apenas à lei, mas a todo o direito, de onde se pode concluir que o respeito aos precedentes não constitui restrição à sua independência".[8]

É de utilidade, pois, para o aclaramento conceitual que ora se vai traçando, aferir as ocorrências a seguir listadas, a partir de sua descrição analítica:

(*i*) *Sentença:* "o pronunciamento por meio do qual o juiz, com fundamento nos arts. 485 e 487 põe fim à fase cognitiva do procedimento comum, bem como extingue a execução" (CPC, § 1º do art. 203). Essa resposta jurisdicional não tem como formar jurisprudência, seja por se cuidar de decisão de primeiro grau, sujeita, pois, a virtual alteração ou mesmo superação na instância recursal, seja porque a *jurisprudência* pressupõe uma coleção consonante de acórdãos, é dizer, decisões colegiadas (CPC, art. 204) o que, por definição, remete aquela palavra ao ambiente dos tribunais. (Numa posição singular, em modo de um *tertium genus*, encontram-se as decisões nos recursos interpostos de sentenças proferidas nos Juizados Especiais, dado que emitidas por Colégio ou Turma Recursal, formados por juízes de primeiro grau (Lei 9.099/1995, § 1º do art. 41; súmulas STJ nºs. 203, 376). Saliente-se que também aos Juizados Especiais se aplica a *tese jurídica* firmada ao final do IRDR – CPC, inciso I do art. 985).

(*ii*) *Acórdão isolado:* tirante a hipótese de um acórdão proferido num caso emblemático, ou singularizado pela relevância da matéria, pelo ineditismo da espécie ou pela notável fundamentação (*leading case*;

---

8. Incidente de resolução de demandas repetitivas no novo Código de Processo Civil. *Revista de Processo* nº 243, maio/2015, p. 339.

hard case, na terminologia do *common law*), em regra o *acórdão*, de per si, confina-se ao julgamento colegiado - por uma parcela do tribunal ou mesmo por seu Pleno ou Órgão Especial - o que, *de per si*, não basta a configurar, propriamente, *jurisprudência*, operando-se, sem embargo, o efeito *substitutivo*, no caso de ser dado provimento ao recurso (CPC, art. 1.008).

(*iii*) *Questão de ordem:* modalidade otimizada de pronunciamento judicial em segundo grau, geralmente afetada ao Pleno ou ao Órgão Especial do tribunal, em questões relevantes ou quando haja evidente interesse público, projetando efeito paradigmático em face dos demais casos subsumidos no enunciado alcançado. A espécie não vem atrelada a uma coleção de acórdãos consonantes, sobre uma dada questão de direito - o que tipificaria a *jurisprudência* - mas antes, afina-se com o fato de o vigente CPC incluir no rol dos precedentes a serem *observados* por "juízes e tribunais" (art. 927): "(...) V - a orientação do plenário ou do órgão especial aos quais estiverem vinculados", autorizando incluir a Questão de Ordem no rol dos precedentes judiciários, a projetar impositividade vertical e horizontal.

(*iv*) *acórdão em incidente de assunção de competência:* tal decisão colegiada se deflagra quando o tema pendente de julgamento pendente numa certa fração do tribunal se configura como "relevante questão de direito, com grande repercussão social, sem repetição em múltiplos processos" (CPC, art. 947, *caput*), por modo que o entendimento ao final alcançado "vinculará todos os juízes e órgãos fracionários, exceto se houver revisão de tese" (CPC, § 3º do art. 947), guardando sintonia com o art. 927 do CPC, dispondo que "juízes e os tribunais *observarão*: "(...) III - os acórdãos em incidente de assunção de competência (...)", o que, ao nosso ver, tanto basta para incluir a espécie na categoria dos precedentes judiciários vinculativos, donde bem se compreender que eventual desatendimento ao decidido nesse incidente desafia *reclamação* (CPC, art. 988, IV, redação da Lei 13.256/2016).

(*v*) *acórdão do STF ou do STJ em RE ou REsp afetado como representativo da controvérsia*, sob o regime de julgamento em bloco ou por amostragem de recursos repetitivos (CPC, arts. 1.036 e 1.037 e §§): a decisão-quadro, emitida no processo piloto irá parametrizar a solução dos *demais*, sobrestados nos tribunais de origem (CPC, art. 1.040, I, II, III), donde os acórdãos nos RE's e REsp's afetados como *representativos* constarem do rol dos produtos judiciários otimizados a serem *observados* (*sic*) por juízes e tribunais (CPC, art. 927, *caput* e inciso III, c/c art. 928, II), inclusive considerando-se *infundada* (e, pois, nula: CF, art. 93, IX), nos termos do § 1º do art. 489 do CPC, "qualquer decisão judicial, seja ela interlocutória, sentença ou acórdão que: "(...) VI – deixar de seguir (...) *precedente* invocado pela parte, sem demonstrar a existência de distinção [*distinguishing*] no caso em julgamento ou a superação do entendimento". A carência dessa *distinção*, quando seja de rigor, tratando-se de decisão de mérito transitada em julgado baseada em acórdão tirado em julgamento de casos repetitivos, desafiará *ação rescisória*: CPC, § 5º do art. 966, inserido pela Lei 13.256/2016.

(***vi***) *acórdão do STF nas ações do controle direto de constitucionalidade (ADIn, ADCon, ADPF):* o julgamento do mérito dessas ações projeta "eficácia contra todos e efeito vinculante" (CF, §§ 1º e 2º do art. 102; Lei 9.868/1999, arts. 26 e 28, § único; Lei 9.882/1999, arts. 11, 12, 13), dispensando, inclusive, no caso de procedência da ADIn, o concurso do Senado Federal para a exclusão do texto glosado (CF, art. 52, X), prevendo o art. 927 do CPC que "juízes e os tribunais *observarão*: I – as decisões do Supremo Tribunal Federal em controle concentrado de constitucionalidade", cabendo *reclamação* na hipótese de descumprimento (CPC, inciso III do art. 988, redação da Lei 13.256/2016).

(***vii***) *súmulas (simples) dos tribunais:* pressupõem uma jurisprudência assentada (dominante, pacífica) no âmbito de um tribunal – o que também se aplica às súmulas vinculantes do STF, já que estas remetem a "*reiteradas* decisões sobre matéria constitucional" (CF, art. 103-A, *caput*). Os enunciados das súmulas simples sintetizam e pressupõem uma jurisprudência dominante, senão já sedimentada, dispondo, ao propósito, o art. 102, *caput*, do RISTF: A jurisprudência assentada pelo Tribunal será compendiada na súmula do Supremo Tribunal Federal"; demais disso, o § 4º desse artigo permite inferir que o enunciado sumulado representa a *ratio* reconhecida numa coleção de acórdãos consonantes sobre um dado tema: "A citação da Súmula pelo número correspondente dispensará, perante o Tribunal, a referência a outros julgados no mesmo sentido". Registre-se que as súmulas *simples* projetam importante eficácia *panprocessual*, a ponto de permitir a *liminar improcedência do pedido que* lhes seja contrário (CPC, art. 332, I), assim operando fortemente no plano da *influência*, ou, como antes se dizia, com espírito: "mais que um conselho, menos que uma ordem...". Ao propósito, afirma José Miguel Garcia Medina: "A súmula, assim, desempenha função importantíssima, pois registra qual interpretação (ou sentido da norma), de acordo com o que se vem decidindo na jurisprudência seria a correta, e, uma vez revelada, irá instruir julgamentos posteriores sobre o mesmo tema". [9] Já ao tempo do CPC/73 o julgamento, por maioria absoluta, do incidente de uniformização de jurisprudência (arts. 476-479, instituto não recepcionado no CPC/2015), ensejava emissão de súmula e constituía "precedente na uniformização da jurisprudência" (art. 479, *caput*). [10] Algo semelhante, em certa medida, se colhe do § 1º do art. 926 do CPC/2015: "(...) os tribunais editarão enunciados de súmula correspondentes a sua *jurisprudência dominante*", ou seja: a força paradigmática do enunciado sumulado não radica nele mesmo, em modo autopoiético, ou autorreferente, mas na *ratio* nele contida, extraída da reiteração de entendimentos consonantes sobre a matéria. Registre-se que, a teor do § 1º do art. 489 do CPC considera-se *não fundamentada* (e, pois, nula: CF, art. 93, IX) a decisão que: "(...) V – se limitar a invocar precedente ou enunciado de súmula, sem identificar seus fundamentos determinantes nem demonstrar que o caso sob julgamento se ajusta àqueles fundamentos. VI – deixar de seguir enunciado de súmula, jurisprudência ou precedente invocado pela parte, sem demonstrar a existência de distinção no caso em julgamento ou a superação do entendimento". Registre-se ainda que se sujeita à *ação rescisória* a "decisão baseada em enunciado de súmula ou acórdão proferido em julgamento de casos repetitivos, que não tenha considerado a existência de distinção entre a questão discutida no processo e o padrão decisório que lhe deu fundamento" (§ 5º do art. 966, parágrafo acrescido pela Lei 13.256/2016).

(viii) ***acórdão em incidente de resolução de demandas repetitivas:*** a *tese jurídica* alcançada ao final desse procedimento pressupõe a ocorrência de uma efetiva repetição de processos isomórficos, donde a aptidão do acórdão que a fixa para operar como um *padrão decisório* – CPC/2015, art. 985, *caput*. Os efeitos desse julgamento se espraiam em dimensão *vertical* (em face das demais instâncias judiciais) e *horizontal* (ao interno das frações do próprio tribunal), projetando ainda eficácia *panprocessual*, já que a tese alcançada é impositiva para juízes e tribunais (CPC, art.

9. *Novo Código de Processo Civil comentado*, 5. ed., São Paulo: Thomson Reuters-Revista dos Tribunais, 2.017, nota VIII ao art. 927, p. 1.339.

10. Ao propósito, v. o nosso *Incidente de uniformização de jurisprudência*, São Paulo: Saraiva, 1.989, p. 62 e s.

332, III; art. 927, III, c/c art. 928, I; inc. IV do art. 988, redação da Lei 13.256/2016) e chega mesmo a se irradiar no plano *extraprocessual*, já que deve ser comunicada aos setores concernentes da Administração Pública (§ 3º do art. 985), podendo ainda projetar efeitos ao longo do território nacional, em sucedendo de a matéria chegar ao STF ou ao STJ mercê de recurso extraordinário ou especial (§ 2º do art. 987; §§ 3º e 4º do art. 982. Ante um espectro eficacial assim expandido, não resta dúvida quanto à eficácia vinculativa da *tese jurídica* firmada no acórdão em IRDR, como afirmado por Aluísio Gonçalves de Castro Mendes: "A tese fixada no julgamento de mérito do Incidente de Resolução de Demandas Repetitivas possui um reforçado comando geral no sentido de observância e vinculação, vertical e horizontal, por parte de todos os órgãos jurisdicionais situados no âmbito territorial do respectivo tribunal. (...)" [11]

Ao propósito, José Rogério Cruz e Tucci entende que "o direito brasileiro adota um modelo *misto* quanto à eficácia dos precedentes judiciais, a saber: (*a*) precedentes com eficácia meramente persuasiva; (*b*) precedentes com relativa eficácia vinculante; e (*c*) precedentes com eficácia vinculante". Nesta última classe, o articulista agrupa: "(*i*) as súmulas do STF; (*ii*) as decisões proferidas pelo STF e pelos Tribunais de Justiça, no âmbito do controle concentrado de constitucionalidade; e (*iii*) as decisões proferidas no incidente de processos repetitivos". [12]

Os anteriores aclaramentos conceituais servem, igualmente, para lançar luzes sobre o vero sentido da *jurisprudência*, já agora entendida como *coleção harmônica, consistente e razoavelmente duradoura de reiterados acórdãos sobre um dado tema jurídico, ao interno de um tribunal ou de uma dada Justiça*. Portanto, a jurisprudência opera como um *prius*, em contemplação de um virtual *posterius*, que vem a ser a extração de um *precedente*, com aptidão para parametrizar a resolução igualitária dos casos subsumidos ao seu enunciado. Por exemplo, a *tese jurídica* alcançada ao final do IRDR não configuraria, propriamente uma *jurisprudência* (à vista da concepção supra), mas sim um *padrão decisório*,

11. *Incidente de resolução de demandas repetitivas – sistematização, análise e interpretação do novo instituto processual*. São Paulo: Gen-Forense, 2.017, conclusão nº 88, p. 268

12. Parâmetros de eficácia e critérios de interpretação do precedente judicial. In WAMBIER, Teresa Arruda Alvim (coord.), *Direito Jurisprudencial*, cit., 2012, p. 111, 112, 119, *passim*.

um *precedente paradigmático*, a permitir o julgamento isonômico dos casos nele subsumidos.

No ponto, esclarece Hermes Zanetti Júnior: "Precedentes são normas jurídicas que servem, no arco do processo de democratização do direito, para a redução do poder discricionário dos juízes, vinculando os juízes às suas próprias decisões, e somente neste sentido são constitucionais". Prossegue o articulista, afirmando que os principais destinatários dos precedentes são as Cortes Supremas, porque "devem ser vinculadas aos próprios precedentes do ponto de vista do ônus argumentativo para afastar a aplicação de um precedente ou superar um precedente antigo na aplicação atual. (...) Existindo um Poder Judiciário, devem haver meios de controle sobre a racionalidade de suas decisões de forma a garantir a uniformidade e a continuidade do direito para todos os casos análogos futuros".[13]

No regime jurídico do *common law*, o que fica estabelecido como parâmetro para resolução dos casos futuros (*binding precedent*), a rigor, é a *ratio decidendi* extraída como um *fio condutor* dos julgamentos examinados, ou seja, a *ideia-forte* que preside tais decisões e passa a nortear as demais, cujo histórico ali se enquadra: *stare decisis et non quieta movere*. Ao propósito, afirma Lucas Buril de Macedo: "Realmente, o magistrado, ao solucionar um caso, *precisa necessariamente fundamentar fazendo referência aos precedentes que tratem de questões análogas às* analisadas". [14]

Corolariamente, o CPC, revelando inspiração na família *common law*, dispõe no § 1º do art. 489 que se considera *não fundamentada* (e, portanto, nula: CF, art. 93, IX) a decisão judicial que "(...) VI – deixar de seguir (...) precedente invocado pela parte, sem demonstrar a existência de distinção [*distinguishing*] no caso em julgamento ou a superação do entendimento" [*overruling*].

2. O PRECEDENTE OBRIGATÓRIO, FRENTE AOS PRINCÍPIOS DA LEGALIDADE E DA SEPARAÇÃO ENTRE OS PODERES

Questão premonitória vem sendo suscitada desde o advento do CPC/2015, dada a ênfase dada por este nos produtos finais e otimizados do Judiciário – jurisprudência dominante; súmulas (simples e vinculante);

---

13. Precedentes (*treat like cases alike*) e o novo Código de Processo Civil. *Revista de Processo* nº 235, set./2014, p. 296, 297.
14. O regime jurídico dos precedentes judiciais no projeto do novo Código de Processo Civil. *Revista de Processo* nº 237, nov./2014, p. 377.

acórdãos nos incidentes de assunção de competência e de resolução de demandas repetitivas; julgamentos do STF e STJ em RE's e REsp's afetados como *representativos*, no regime dos recursos repetitivos; questões de ordem firmadas no Pleno ou Órgão Especial dos tribunais; acórdãos no controle direto de constitucionalidade – dando azo ao argumento de que tais decisões promovem *padronizações decisórias*, as quais não se limitam a projetar efeitos *endoprocessuais*, ou *inter partes*, mas se projetam em dimensão *panprocessual* e até *extraprocessual*, irradiando eficácia nas dimensões horizontal e vertical, valendo ressaltar que o acórdão em IRDR, quando envolva matéria cuja regulamentação e controle concerne ao Poder Público, deve ainda ser "comunicado ao órgão, ao ente ou à agência reguladora competente para fiscalização da efetiva aplicação, por parte dos entes sujeitos a regulação, da tese adotada" (CPC, § 2º do art. 985).

Prossegue o argumento em questão, sustentando que desse modo o que se tem, na prática, são enunciados de caráter normativo, não originários do Parlamento – onde têm assento os representantes da vontade popular – padrões decisórios esses que passam a projetar eficácia *similar* à da lei, em seus atributos de *obrigatoriedade*, *generalidade*, *abstração* e *impessoalidade*. Sustenta-se ainda que, por opção jurídico-política estabelecida no texto constitucional, as condutas comissivas e omissivas de pessoas físicas e jurídicas no país só podem ser parametrizadas em termos de certo/errado (juízo de valor) a partir do balizamento contido numa norma legal – CF, art. 5º e inciso II – e, não, com base em produtos judiciários, ainda que otimizados. Um argumento adicional é ainda extraído da súmula vinculante do STF, sustentando-se que, para sua positivação foi necessário recorrer-se a uma emenda constitucional (nº 45/2004 (CF, art. 103-A e parágrafos), por aí se buscando evidenciar que uma inovação dessa magnitude não poderia ser feita via legislação ordinária federal, em que pese a natureza *processual* da ocorrência em questão – CF, art. 22, I.

Dito de outro modo, a força expansiva e obrigatória, inclusive *extra-autos*, de uma decisão judicial – a qual não deriva do ambiente político-majoritário do Legislativo – suscita, segundo o argumento ora relatado, dúvida quanto à sua compatibilidade com o sistema constitucional, o qual estabelece o *primado da norma legal* como fonte dos direitos e obrigações (art. 5º e inciso II), dito *princípio da legalidade* ou ainda da *reserva legal*. Aplicando-se esse ideário ao caso do acórdão de mérito no IRDR, se chegaria à conclusão de que a força impositiva e expansiva da *tese jurídica* aí alcançada (CPC, arts. 927, III e 928, I; art. 985 e incisos; § 2º do art. 987), com vistas a não atritar a separação entre os Poderes, nem tampouco o princípio da legalidade, reclamaria, no limite, que ao inciso II do art. 5º da CF fosse aditado um apêndice: "(...) ou de precedente judicial vinculativo, nos termos da lei".

Em sede doutrinária, chega-se a sustentar que nem mesmo um *apostilamento* de tal natureza ao dispositivo retor do princípio da legalidade bastaria para superar a *dificuldade contramajoritária* antes referida, afirmando, ao propósito, Georges Abboud: "Ademais, nem mesmo se fosse criada uma Emenda Constitucional que alterasse nosso texto constitucional a fim de determinar que a partir de então passaria a vigorar no Brasil o sistema do *stare decisis*, nem mesmo assim, ficaria possibilitada a funcionalização da doutrina de precedentes, porque tal sistema é fruto de tradição histórica oriunda das particularidades históricas, sociais, filosóficas e jurídicas das comunidades do *common law*, cuja imposição e transposição não pode ser feita de um dia para o outro, em decorrência da vinculação determinada por via legislativa". [15]

No caso do antes referido acórdão de mérito no IRDR, o questionamento sobre a sua compatibilidade com o primado da norma legal se amenizaria, caso a tese ali firmada irradiasse efeito obrigatório apenas *endoprocessual*, assim confinando às partes a observância da *tese jurídica* assentada, até porque em tal caso haveria simetria com a coisa julgada ocorrente na jurisdição singular (CPC/2015, art. 506). Todavia, tal hipótese vem aqui colocada apenas *gratia argumentandi*, porque refugiria a toda racionalidade que um incidente processual inspirado pelo relevante ideário de preservar a *isonomia* e a *segurança jurídica* (CPC, art. 976, II) e pelo empenho contra a dispersão jurisprudencial excessiva ao final servisse apenas para balizar o deslinde da própria ação de onde se originara! No ponto, afirmam Eduardo Cambi e Mateus Vargas Fogaça: "É intuitivo que toda a construção legislativa do incidente de resolução de demandas repetitivas de nada serviria caso não fosse assegurada a observância da tese jurídica definida por intermédio de seu julgamento". [16]

Com efeito, o acórdão no IRDR fixa a *tese jurídica* (CPC, art. 985, *caput*) que projeta *eficácia expandida*, em mais de uma dimensão: (*i*)

15. Precedente judicial *versus* jurisprudência dotada de efeito vinculante. In WAMBIER, Teresa Arruda Alvim (coord.), *Direito Jurisprudencial*, cit., .2012, p. 526, 527.

16. Incidente de resolução de demandas repetitivas no novo Código de Processo Civil. *Revista de Processo* nº 243, maio/2015, p. 357.

panprocessual, ao aplicar-se "a todos os processos individuais ou coletivos que versem sobre idêntica controvérsia"; *(ii)* em modo atemporal, ao se estender "aos casos futuros que versem idêntica questão de direito"; *(iii)* em larga amplitude espacial, ao se irradiar para toda "área de jurisdição do respectivo tribunal" (no caso de um Tribunal de Justiça, a todo o Estado; no caso de um TRF às respectivas seções judiciárias), e ainda aos "juizados especiais do respectivo Estado ou região" (incisos do art. 985), podendo ainda espraiar efeitos por todo território nacional se, por força de recurso extraordinário ou especial tirado do acórdão local ou regional no IRDR, sobrevier acórdão de mérito do STF ou do STJ (§ 2º do art. 987).

O antes referido questionamento acerca da constitucionalidade da inserção, no CPC/2015, de produtos judiciários otimizados, de eficácia expandida e obrigatória, em verdade consente uma leitura de viés conciliatório, inspirada pela interpretação sistemática, permitindo entender-se que a palavra *lei* – referida no art. 5º e inciso II da CF – é de ser tomada em sua máxima latitude, de modo a abranger, assim, o produto final do Parlamento (*norma legislada*), como ainda a sua *interpretação judicial* (a *norma judicada*), quando uma exegese constante ou mesmo já extratificada num dado enunciado venha alcançada ao final de certos procedimentos específicos, tal como previsto para os RE's e RESp's repetitivos, e, *a fortiori*, quando tal se dê pela intervenção do STF, enquanto *guarda da Constituição* (art. 102, *caput*).

No ponto, afirma Teresa Arruda Alvim Wambier: "O princípio da isonomia se constitui na ideia de que todos são iguais perante a lei, o que significa que *a lei* deve tratar todos de modo uniforme e que *correlatamente as decisões dos tribunais não* podem aplicar a *mesma lei* de forma *diferente* a casos absolutamente idênticos, num mesmo momento histórico".[17]

E isso, como condição necessária para que a almejada *igualdade de todos perante a lei* (CF, art. 5º, *caput*) seja efetiva e operante e não apenas teórica ou principiológica, ou seja: impende dotar a relação processual de instrumentos capazes de oportunizar a oferta de respostas jurisdicionais iguais a situações iguais, a fim de que a norma legislada não perca seu maior atributo – a aplicação isonômica – quando vem a ter sua passagem judiciária.

Nesse sentido, Luiz Fux, focando o IRDR ainda ao tempo do trâmite do processo legislativo preordenado ao CPC, ressaltava que as demandas de

17. Súmula vinculante: desastre ou solução? *Revista de Processo* nº 98, abr./jun. 2000 p. 299.

massa, "ao serem decididas isoladamente, geram, para além de um volume quantitativo inassimilável por juízos e tribunais, abarrotando-os, ao risco de decisões diferentes para causas iguais, com grave violação da cláusula pétrea da isonomia, como adverte Dennys Loyd. (...) A decisão dos Tribunais Superiores em um dos incidentes impõe a adoção da tese jurídica por todos os juízos e tribunais do país, evitando decisões contraditórias sobre a mesma questão jurídica, mercê de consagrar com largo espectro a isonomia judicial".[18]

É dizer, longe de atritar os princípios constitucionais da legalidade e da isonomia, a força obrigatória do acórdão em IRDR permite, em verdade, que tais preceitos fundantes se realizem em sua máxima extensão e integralidade, sob uma leitura atualizada e contextualizada do princípio da legalidade, o qual não pode consentir *duas versões*, conforme a lei tenha ou não passado pelo crivo do Judiciário.

No caso específico do STF, José Rogério Cruz e Tucci, focando as decisões no controle direto de constitucionalidade (Lei 9.868/1999, art. 28; Lei 9.882/1999, art. 10, § 3º), afirma: "Não há dúvida, outrossim, de que a força vinculante *erga omnes* (...) acentua o caráter de fonte de direito dos precedentes judiciais do STF". Adiante, tomando o exemplo das decisões-quadro no REsp afetado como *representativo da controvérsia* (CPC, art. 1.040, I, II e III), o articulista arremata: "(...) o julgamento colegiado proferido pelo STJ determina, com inequívoca força vinculante, a inadmissibilidade do recurso especial, que teve seu procedimento sobrestado".[19]

No caso da súmula vinculante do STF, embora ela projete efeitos não só em perspectiva *vertical* – em face dos demais órgãos jurisdicionais – mas também no plano *horizontal*, alcançando a Administração Pública (§ 3º do art. 103-A), não há negar que ela se preordena, *precipuamente*, a atuar *ao interno* dos *processos judiciais*, operando importante eficácia paradigmática. Nesse sentido, avalia Maurício Ramires que a súmula vinculante "pode ser considerada uma exceção ao art. 5º, II, mas não chega a alterar o caráter *legicêntrico* do sistema como um todo, em razão da restrição de aplicabilidade das súmulas".[20]

---

18. novo Processo Civil. In FUX, Luiz (coord.), *O novo Processo Civil Brasileiro – direito em expectativa*, Rio de Janeiro: Gen-Forense, 2.011, p. 23, 24.
19. Parâmetros de eficácia e critérios de interpretação do precedente judicial. In WAMBIER, Teresa Arruda Alvim (coord.), *Direito Jurisprudencial*, 2.012, cit., p. 122.
20. *Crítica à aplicação de precedentes no direito brasileiro*. Porto Alegre: Livraria do Advogado, 2010, p. 61.

No caso do acórdão de mérito no IRDR, em que pese sua notável força expansiva, ainda assim ele não se reveste da mesma carga eficacial do julgamento de mérito do STF nas ações no controle direto de constitucionalidade (ADIn, ADCon, ADPF), até porque o acórdão naquele incidente não se preordena – malgrado a denominação do instituto – a resolver, propriamente, as *demandas seriais judicializadas*, mas sim a fixar a *tese jurídica* a ser, oportunamente, aplicada para solução isonômica do caso concreto e dos demais processos afins. Nesse sentido, afirma José Miguel Garcia Medina: "A despeito da denominação empregada, o incidente regulado nos arts. 976 a 987 do CPC/2015 não se destina à resolução de 'demandas repetitivas'. (...) Pode, então, estar-se diante de demandas diferentes (não repetitivas), mas nelas se repetir a mesma questão de direito (material ou processual). De todo modo, está-se diante de *incidente de resolução de questões repetitivas*". [21]

Já no caso do acórdão de mérito do STF no controle direto de constitucionalidade, é da sua própria *natureza* produzir "eficácia contra todos e efeito vinculante" (CF, § 2º do art. 102), pela curial razão de que, ou a lei / ato normativo do Poder público sindicados *são* constitucionais ou *não o são*, mas, em qualquer dessas alternativas, a declaração a respeito terá que irradiar eficácia análoga a que tinham tais normações quando entraram em vigor, ou seja: tal acórdão deve repercutir em modo obrigatório, geral, abstrato e impessoal, consentindo-se, no máximo, alguma modulação temporal, nos termos do previsto no art. 27 da Lei 9.868/99 e no art. 11 da Lei 9.882/89.

O questionamento sobre a compatibilidade do acórdão de mérito no IRDR em face dos princípios da legalidade e da separação entre os Poderes tem levado a que, em sede doutrinária, venha agitado o argumento – radicado no direito comparado – de que o Tribunal Constitucional português, no Ac 810/1993, declarou a *inconstitucionalidade* do art. 2º do Código Civil, que tinha esta dicção: "Nos casos declarados na lei, podem os Tribunais fixar, por meio de assentos, doutrina com força obrigatória geral", ou seja, entendeu-se que um pronunciamento estatal com essa eficácia potencializada só poderia emanar do Poder Legislativo, sob a chamada *reserva legal.* Ao propósito, registre-se que, dentre nós, o art. 263 do Código Eleitoral – Lei 4.737/1965 ("No julgamento de um mesmo pleito eleitoral, as decisões

---

21. *Novo Código de Processo Civil comentado*, 5. ed., São Paulo: Thomson Reuters – Revista dos Tribunais, 2.017, nota nº II ao art. 976, p. 1.438.

anteriores sobre questões de direito constituem prejulgados para os demais casos, salvo se contra a tese votarem dois terços dos membros do Tribunal") fora, no TSE, declarado incidentalmente inconstitucional (Ac 12.501 no Recurso 9.936, em face da CF de 1946), tendo, na oportunidade, o Min. Sepúlveda Pertence afirmado que tal texto "dá ao precedente judicial força de lei, o que viola o princípio da separação funcional de poderes", aditando ainda que "é tão violenta a força vinculante que o prejulgado pretende, que é maior do que a força obrigatória da lei".

A controvérsia acerca da constitucionalidade do IRDR vem analisada em tom incisivo por Marcelo Barbi Gonçalves, enfatizando que a força obrigatória do acórdão de mérito no IRDR afronta a *livre convicção*, que é apanágio imanente a todos os juízes: "A independência da magistratura, é bem de ver, consubstancia uma *tríplice garantia*: institucional do regime democrático, *individual* dos cidadãos e *pessoal* do magistrado. Esse *protovalor constitucional* não se coaduna com uma *compreensão militarizada das instâncias judiciárias*, já que não há qualquer subordinação hierárquica entre os juízes". Na sequência, o articulista chega a referir uma *hermenêutica de submissão*: "Não se trata de disciplinar a liberdade decisória do juiz, senão de subtraí-la na sua dimensão de, ao interpretar a norma segundo sua ciência e consciência, produzir a norma jurídica do caso concreto".[22]

A crítica no sentido de que a aplicação obrigatória do acórdão de mérito no IRDR compromete a independência da magistratura – e, por extensão, atrita a separação e equilíbrio entre os Poderes – não é consensual dentre os doutrinadores, valendo colacionar a avaliação que Gustavo Santa Nogueira fizera acerca da impositividade *vertical* da súmula vinculante do STF, cuja argumentação se afigura assimilável ao caso do acórdão em IRDR: "A independência do juiz não é nem um pouco abalada, uma vez que o juiz terá toda liberdade para analisar o caso concreto e, verificando que a matéria fática é diferente daquela que levou ao STF a editar a súmula, deixará de aplicá-la por considerar que a mesma não é adequada ao caso concreto". [23]

Com efeito, tenha-se presente que a LC nº 35/79 (Estatuto da Magistratura) prevê no art. 35, dentre os "deveres do magistrado" (*sic*) "I – cumprir

22. O incidente de resolução de demandas repetitivas e a magistratura deitada. *Revista de Processo* nº 222, ago./ 2013, p. 234, 235, 237.

23. Das súmulas vinculantes: uma primeira análise. In ARRUDA ALVIM WAMBIER, Teresa et al. (coords.), *Reforma do Judiciário – primeiras reflexões sobre a Emenda Constitucional n. 45/2004*, São Paulo: Revista dos Tribunais, 2005, p. 280.

e fazer cumprir, com independência, serenidade e exatidão, *as disposições legais* e os atos de ofício", de sorte que, tendo a lei federal 13.105/2015 (vigente CPC), sido aprovada pelo Parlamento e sancionada pelo Chefe do Executivo, prevendo, dentre seus dispositivos a força vinculativa de certos produtos judiciários otimizados (art. 927 e incisos), cabe ao magistrado dar cumprimento a tal comando impositivo, salvo, naturalmente, a hipótese, *in concreto*, de *distinção* entre o padrão decisório e a configuração do caso sob julgamento (§ 1º, VI, do art. 489), ou, ainda, quando demonstre, cumpridamente, a inconstitucionalidade do texto de regência, no âmbito do controle incidental.

Ao propósito, observa Aluísio Gonçalves de Castro Mendes: "(...) há uma forte cultura de descumprimento de normas e de padrões no comportamento existente na sociedade brasileira. E os juízes precisam perceber que, ao se desconsiderar os precedentes, se está enfraquecendo as decisões judiciais, e, consequentemente, as normas legais". [24]

Assim, nada impede e é até previsível que na *praxis* judiciária haverá casos cujo objeto litigioso não envolverá – ou ao menos não exatamente – a *tese jurídica* fixada ao final do IRDR, cabendo então ao magistrado declinar os motivos pelos quais deixará de aplicá-la ao caso concreto, assim operando o devido *distinguishing*, de uso corrente na experiência do *common law*. Focando tais situações, o § 1º do art. 489 do CPC considera *não fundamentada* (e, pois, nula: CF, art. 93, IX) a decisão judicial que: "(...) VI – deixar de seguir (...) *precedente* invocado pela parte, *sem demonstrar a existência de distinção* no caso em julgamento ou a *superação do entendimento*", ou seja: uma vez demonstradas, *cumpridamente*, uma ou outra dessas excludentes, é legítimo o afastamento do precedente no julgamento do caso concreto. Evidentemente, trata-se, aí, de hipótese *excepcional*, que como tal deve ser tratada. Ademais, desafia *ação rescisória* a decisão judicial de mérito transitada em julgado, baseada em "enunciado de súmula ou acórdão proferido em julgamento de casos repetitivos que não tenha considerado a existência de *distinção* entre a questão discutida no processo e o *padrão decisório* que lhe deu fundamento" (CPC, § 5º do art. 966, acrescido pela Lei 13.256/2016).

A hipótese, nesse particular, não é diversa da que se passa com a própria súmula vinculante do STF, cujo *descumprimento* tanto pode ficar caracterizado pela *recusa imotivada* como pela *aplicação equivocada* do

24. *Incidente de resolução...*, 2.017, cit., p. 95.

enunciado, conforme buscamos demonstrar em outra sede, [25] exegese essa que se afina ao disposto no § 4º do art. 988 do CPC, constatando-se que a *inobservância* do acórdão do STF em controle concentrado de constitucionalidade, da súmula vinculante, dos precedentes em IRDR e no incidente de assunção de competência (incisos III e IV do art. 988, redação da Lei 13.256/2016) compreende "a aplicação indevida da tese jurídica e sua não aplicação aos casos que a ela correspondam", assim desafiando reclamação – art. 988, *caput*, c/c art. 992.

Parece-nos, então, que o art. 5º e inciso II da CF – sede do princípio da legalidade ou da reserva legal – à vista da inconteste expansão do direito pretoriano e de sua eficácia, mormente em suas formas otimizadas (jurisprudência dominante, súmulas, decisões-quadro em RE's e REsp's repetitivos, Questões de Ordem, acórdãos de mérito no controle direto de constitucionalidade, acórdãos em IRDR e em incidente de assunção de competência) deve hoje consentir leitura *renovada e contextualizada*, consentindo entender-se que não só a lei, enquanto produto final do Parlamento – a *norma legislada* – mas também a lei que tem sua passagem judiciária – a *norma judicada* – formam *uma mesma realidade*, coesa e integrada ao interno da experiência jurídica como um todo. O ora afirmado permite evocar a teoria *unitária* da formação do Direito (Carnelutti) assim sintetizada por Antonio Carlos Araújo Cintra, Ada Pellegrini Grinover e Cândido Rangel Dinamarco: "(...) o direito objetivo não tem condições para disciplinar sempre todos os conflitos de interesses, sendo necessário o processo, muitas vezes, para a complementação dos comandos da lei. O comando contido nesta é incompleto, é como se fosse um arco que a sentença completa, transformando-o em círculo". [26]

Nesse sentido, Teresa Arruda Alvim Wambier reconhece "(...) uma tendência no sentido de que o princípio da legalidade seja entendido como a necessidade da vinculação do Juiz ao sistema, englobando o texto da lei, doutrina e jurisprudência. Os objetivos da aplicação do princípio da legalidade, inerente ao estado de direito, são os de gerar uma jurisprudência iterativa e uniforme e certa margem de previsibilidade, que gera segurança. E esses objetivos, hoje se entende, são alcançados tanto com a vinculação à lei de forma absoluta, à lei e só à lei, quanto com a vinculação ao sistema.

---

25. *Divergência jurisprudencial e súmula vinculante*, 6ª ed., 2.018, cit., especificamente o tópico: "O que se entende por *contrariar* ou *descumprir* a súmula vinculante?", p. 497-499.

26. *Teoria geral do processo*, 19ª ed., São Paulo: Malheiros, 2003, p. 39.

Explicando melhor: a vinculação é à lei, mas a lei vista sob esse enfoque, que abrange também a doutrina e a jurisprudência. Assim, diríamos que a vinculação do juiz à lei se amolda por meio da doutrina e da jurisprudência como se estes dois elementos desempenhassem uma função de 'engate lógico' entre a lei e os fatos. A lei, somada à jurisprudência é à doutrina, é que dá os contornos daquilo que é considerado direito em nossos dias. A jurisprudência e a doutrina funcionam, por assim dizer, como um filtro através do qual a lei é entendida, e é a este fenômeno que se vinculam os juízes ao decidir". [27]

Até porque, pouco ou nada adiantaria que a norma se mostrasse igualitária enquanto posta abstratamente no ordenamento, mas depois, na *praxis* judiciária, o seu sentido unitário se fragmentasse e se perdesse em múltiplos entendimentos – sem um momento de coesão lógica e de unidade exegética – gerando situações de verdadeira perplexidade ao interno da coletividade, tudo em detrimento da segurança jurídica e do tratamento isonômico devido às partes.

O ponto em questão vem bem equacionado por Hermes Zanetti Júnior: "Existindo um Poder Judiciário, devem haver meios de controle sobre a racionalidade de suas decisões de forma a garantir a uniformidade e a continuidade do direito para todos os casos análogos futuros. A racionalidade das decisões é garantida na medida da possibilidade de universalização para todos os casos análogos a partir das mesmas razões de decidir. Desta forma, uma teoria dos precedentes não afeta, pelo menos tendencialmente e se utilizada de forma correta, os postulados da legalidade ou da completude deôntica do ordenamento jurídico, como propostos pelo modelo garantista (...). A garantia da função jurisdicional continua a ser tendencialmente cognitiva subordinada à legislação, mesmo em um sistema de precedentes (*veritas, non auctoritas, facit jurisprudentia*). (...) A teoria dos precedentes aplica-se à atividade de interpretação/aplicação do direito, que é a atividade principal dos juízes e tribunais, não implicando ofensa aos princípios da legalidade, separação de Poderes e submissão do juiz somente à lei". [28]

O argumento de que a expandida carga eficacial do acórdão de mérito no IRDR (assim como em outros produtos judiciários otimizados, tais as decisões-quadro no RE ou REsp representativo da controvérsia) não se afeiçoaria à separação entre os Poderes, avançando sobre a reserva legal,

27. Súmula vinculante: desastre ou solução? *Revista de Processo* nº 98, p. 301.
28. Precedentes (*treat like cases alike*) e o novo Código de Processo Civil. *Revista de Processo* nº 235, 2014, p. 294.

peca por petição de princípio, já que um instrumento voltado a preservar a isonomia e a segurança jurídica (CPC, art. 976, II) por certo não pode desservir os postulados constitucionais, e, menos ainda, atritar a separação entre os Poderes. Muito ao contrário, a eficácia impositiva de certos padrões decisórios objetiva preservar a *higidez* e a *autoridade* da lei, o que, naturalmente, compreende a unitariedade de sua interpretação, como é dado ao STJ fazer no tocante ao direito federal comum, no lídimo exercício de sua função paradigmática (CF, art. 105, III, *c*).

A par disso, conforme já expusemos em outra sede, [29] hoje o modelo jurídico-político brasileiro apresenta-se eclético, ou sincrético, a meio-caminho entre as famílias do *civil law* (o primado da norma legal) e do *common law* (o precedente vinculativo: *stare decisis et non quieta movere*). Aliás, essa ocorrência vem na esteira de uma tendência que remonta a épocas passadas, como observa Hermes Zanetti Júnior: "No direito brasileiro em particular, o ordenamento jurídico combina, historicamente, desde a Constituição Republicana de 1891, a matriz judicial do *common law* (*checks and balances, judicial review* e *remedies precede rights*) e do *civil law* (princípio da legalidade). Por esta razão, os juízes, mesmo de primeiro grau, podem deixar de aplicar leis que entenderem inconstitucionais exercendo o controle difuso de constitucionalidade. Ora, em um país com controle difuso de constitucionalidade, para que os tribunais cumpram sua função institucional de aplicar a Constituição, é necessário adotar um sistema de precedentes através da regra do *stare decisis* (que inclui a vinculação argumentativa do próprio tribunal que exarou o precedente)". [30]

A argumentação que ora se vai expondo permite inferir que a força obrigatória dos produtos finais e otimizados do Judiciário não mais se restringe à súmula vinculante do STF (CF, art. 103-A e § 3º) ou à decisão de mérito no controle abstrato de constitucionalidade (CF, § 2º do art. 102), mas, tendencialmente, vai alcançando outras modalidades pretorianas potencializadas, tais as anteriormente nomeadas, vertente que, com o advento do vigente CPC recebeu a poderosa adesão do acórdão de mérito no IRDR, dada sua notável eficácia expandida, em dimensão vertical e horizontal: CPC, arts. 332, III; 927, III, c/c 928, II; 985 e incisos; § 2º do art. 987; 988, IV, inciso com redação da Lei 13.256/2016.

---

29. *Sistema brasileiro de precedentes: natureza, eficácia, operacionalidade*, 2.ed., São Paulo: Thomson Reuters - Revista dos Tribunais, 2016, especialmente p. 590 e s.
30. Precedentes (*treat like cases alike*)..., cit., *Revista de Processo* nº 235, 2014, p. 294.

Em suma, o precedente judicial revestido de carga impositiva e expansiva, fortemente enfatizado no CPC/2015, parece definitivamente incorporado ao nosso ambiente jurídico-político, restando saber se o juiz brasileiro, acostumado ao raciocínio *dedutivo* que migra da norma ao caso concreto, saberá bem manejar a dinâmica inversa, identificando e extraindo a *ratio decidendi* dos elementos jurisprudenciais pertinentes à espécie, por modo a assim balizar o julgamento do caso concreto ali subsumido.

Essa nova ordem em nada atrita a separação entre os Poderes, podendo dizer-se superada a clássica concepção *monopolística* que outrora respaldava a dicotomia entre eles, ora substituída por uma vera *integração de atividades*, resultando, de um lado, (*i*) uma *nomogênese difusa* – tantos são os órgãos e instâncias credenciados a normatizar – e, de outro lado, (*ii*) uma *jurisdição compartilhada*, tantos são os órgãos e instâncias autorizados a resolver controvérsias. Este último dado vem reconhecido na Res. CNJ nº 125/2010, que institui a *Política Judiciária Nacional*, dispondo o parágrafo único do art. 1º: "Aos órgãos judiciários incumbe, nos termos do art. 334 do Novo Código de Processo Civil combinado com o art. 27 da Lei de Mediação, antes da solução adjudicada mediante sentença, oferecer outros mecanismos de soluções de controvérsias, em especial os chamados meios consensuais, como a mediação e a conciliação, bem assim prestar atendimento e orientação ao cidadão. (Redação dada pela Emenda nº 2, de 08.03.16)". Esse ideário do processo de *estrutura cooperatória*, com vistas à efetiva resolução do conflito, num ambiente de *justiça restaurativa* está recepcionado em vários dispositivos do vigente CPC: §§ 2º e 3º do art. 3º; art. 6º; art. 139, V.

Esse novo ambiente jurídico-político está em simetria com os princípios da legalidade e da igualdade, porque, conforme já nos pronunciamos em outra sede, o constituinte, ao estabelecê-los, "pretendeu exprimir que a criação (inovação no *statu quo ante*) de normas gerais de conduta, ou alteração das existentes, deve radicar numa forma de expressão oriunda de *instância estatal*, revestida dos qualificativos de generalidade, abstração, impessoalidade e obrigatoriedade, não tendo, assim, tomado a palavra *lei* no senso estrito de produto final do Poder Legislativo".[31]

31. O direito brasileiro segue filiado (estritamente) à família *civil law*? In GRINOVER, Ada Pellegrini (coord.), *O novo Código de Processo Civil – questões controvertidas*, São Paulo: Atlas, 2015, p. 415.

3. O IRDR NO CONTEXTO DA TUTELA PLURINDIVIDUAL

Durante muito tempo acreditou-se que o processo deveria manter-se como um instrumento a serviço exclusivo das *partes*, a saber, dos sujeitos concernentes à lide, e, para tanto, duas *condições da ação* [32] buscam espelhar esse contexto: o *interesse de agir* há de ser real, atual e pessoal, ao passo que a legitimação *ad causam* é, de ordinário, reconhecida quando haja *coincidência* entre a afirmada titularidade de um direito e o agente que se apresenta como portador judicial. Justamente por isso, no caso da legitimação para agir, a quebra dessa *pertinência subjetiva* – ou seja, a sustentação, em nome próprio, de direito alheio – é tida como *excepcional*, por isso mesmo só permitida quando expressamente autorizada em lei (CPC, art. 18), como se dá, por exemplo, na impetração de mandado de segurança em favor de terceiro – Lei 12.016/2.009, art. 3º, *caput*.

Uma evidência dessa vocação individualista do Processo Civil, em sua concepção clássica (jurisdição singular), se verifica no regime da coisa julgada, cujos limites subjetivos se confinam às *partes*, isto é, aos sujeitos que integraram o contraditório, não se estendendo, pois, a terceiros alheios à relação processual – CPC, art. 506 – na esteira da tradição romana: *res iudicata aliis nec prodest, nec nocet*, embora caiba registrar que esse dispositivo do CPC, acertadamente, prevê que a coisa julgada *inter alios* apenas não pode *prejudicar* terceiro, justamente porque, em certas circunstâncias poderá vir a beneficiá-los, como pode dar-se, por exemplo, no caso das obrigações solidárias (CCi, art. 274). Ainda sob esse aspecto subjetivo, o CPC, atendendo às situações de cúmulo de pessoas físicas ou jurídicas em torno de um dado objeto litigioso, consente o agrupamento dos sujeitos envolvidos através de certas figuras litisconsorciais (necessário ou facultativo; unitário ou simples). Ainda assim, atentando ao risco de um espectro muito expandido de interessados, o § 1º do art. 113 do CPC autoriza o juiz a coartar a formação de litisconsórcio facultativo muito numeroso, dito *multitudinário*.

Já sob o aspecto do *objeto litigioso*, e fiel ao propósito de manter-se nos lindes da jurisdição singular, o CPC avança moderadamente, até o ponto de

32. O CPC, embora não mencione a nomenclatura "condições da ação", inclui, dentre os fatores que autorizam a extinção do processo *sem* resolução do mérito, a "ausência de legitimidade ou de interesse processual" – inciso VI do art. 485. Ao propósito, v. Fredie Didider Júnior: Será o fim da categoria 'condição da ação? Um elogio ao projeto do novo Código de Processo Civil. *Revista de Processo* nº 197, jul./2011, p. 256-260.

permitir a reunião de demandas assemelhadas por conexão ou continência, para julgamento conjunto, no Juízo prevento, mormente buscando prevenir o risco de contradição lógica, ou mesmo prática entre os julgados, o que virtualmente ocorreria caso tais causas tramitassem separadamente (arts. 54, 55 e § 3º; 286 e incisos).

Esse contexto intenta preservar o Processo Civil nos quadrantes da jurisdição singular, ideário reafirmado no CPC, como se colhe destas previsões: (*i*) em se apresentando uma lide com aptidão para se reproduzir em muitas demandas isomórficas, cabe ao juiz "oficiar o Ministério Público, a Defensoria Pública e na medida do possível, outros legitimados a que se referem o art. 5º da Lei 7.347, de 24 de julho de 1985 [ação civil pública] e o art. 82 da Lei 8.078, de 11 de setembro de 1990 [CDC], para, se for o caso, promover a propositura da ação coletiva respectiva" (inciso X do art. 139), por aí se evidenciando que as controvérsias envolvendo interesses *metaindividuais* (difusos, coletivos em sentido estrito, individuais homogêneos) não se preordenam à resolução nos quadrantes do CPC; (*ii*) a projetada "conversão da ação individual em ação coletiva" (art. 333, vetado) colocava-se como mais uma evidência do antes afirmado, porque essa transmutação vinha prevista quando a ação individual revelasse aptidão para projetar "alcance coletivo", ou quando tivesse "por objetivo a solução de conflito de interesse relativo a uma mesma relação jurídica plurilateral" (incisos do art. 333), e, mesmo assim, quando não implicasse "a formação de processo coletivo para a tutela de direitos individuais homogêneos" (§ 2º do art. 333), justamente porque, neste último caso, seria indicada a *ação coletiva* prevista nos arts. 91 a 100 do CDC - Lei 8.078/90.

Assim é que o CPC segue vocacionado à resolução das lides *intersubjetivas*, operando apenas subsidiaria e complementarmente em face das ações envolvendo interesses metaindividuais, notadamente a ação civil pública (Lei 7.347/1985, art. 19), o mandado de segurança coletivo (Lei 12.016/2009, art. 21, § único e incisos; art. 22 e §§), as ações concernentes a matérias de interesse público, tais a ADIn, a ADCon, a ADPF (Leis 9.868/1999; 9.882/1999), o mandado de injunção coletivo (Lei13.300/2.016, art. 12, incisos e § único; art. 13 e § único). Nesse sentido, dispõe o § 2º do art. 1.046 do CPC/2015: "Permanecem em vigor as disposições especiais dos procedimentos regulados em outras leis, *aos quais se aplicará supletivamente este Código*".

A *summa divisio* entre as jurisdições singular e coletiva operou em modo razoavelmente satisfatório há até algumas décadas, quando, desde então, e gradualmente, foi se expandindo um ambiente de massificação, transmigração e globalização, não só das economias, mas também dos costumes, culturas e reivindicações de toda sorte, tudo insuflado pela recusa ou oferta insuficiente de prestações estatais primárias, gerando crescentes bolsões de insatisfação, que, não encontrando canais de comunicação eficientes, nem respostas convincentes por parte das instâncias administrativas competentes, acabaram se endereçando ao Judiciário, gerando um demandismo exacerbado. Segundo dados do CNJ, divulgados no segundo semestre de 2.018, ano-base 2017, revelam que, somando-se os casos pendentes (acervo) e os casos novos, alcança-se cifra de "80,1 milhões de processos em tramitação". [33]

A propósito da exacerbada sobrecarga de processos, pondera Luiz Fux: "O excesso de demandas é fruto de cultura exorbitante do fenômeno processual e encartável no aspecto filosófico e cultural que marca a tendência à beligerância judicial do povo brasileiro. Acresce a esses fatores o direito inafastável de acesso à justiça, garantido pelo princípio constitucional de que nenhum direito ou ameaça a direito deve escapar à apreciação do Poder Judiciário. Esses possíveis entraves não impediram à Comissão [elaboradora do novo CPC] observar, por meio de dados empíricos, que o volume das demandas estava intimamente vinculado ao contencioso de massa, isto é, milhares de ações em trâmite no território nacional versavam a mesma questão jurídica. Revelavam-se ações homogêneas, mas que não poderiam ser tratadas como a litigiosidade de varejo nos dizeres de Sérgio Mencini, ao doutrinar sobre as pretensões isomórficas no cognominado Encontro de Pisa em 2007". [34]

O manejo dessa pletora de demandas isomórficas ou seriais (em temas propícios à litigância massiva, como telefonia, cartões de crédito, operações bancárias, programas governamentais, seguro-saúde, financiamentos) vem, geralmente, realizado através da ação coletiva por interesses individuais homogêneos (Lei 8.078/1990, art. 81, § único, III; arts. 91-100; art. 103, III), dada sua aptidão para prevenir a pulverização da macrolide em multifárias demandas replicadas, na medida em que se preordena a uma sentença de condenação genérica (lei supra, art. 95), a que depois se segue uma fase satisfativa das pretensões individuais concernentes à decisão-quadro.

33. Relatório *Justiça e Números*, p. 73 do documento impresso. Sítio www.cnj.jus.br. Acesso em 14.12.2018.

34. novo processo civil. In FUX, Luiz (coord.), *O Novo Processo Civil Brasileiro – direito em expectativa*, Rio de Janeiro: Gen-Forense, 2011, p. 8.

Sem embargo, esse sistema processual diferenciado foi, gradualmente, exibindo deficiências, ora por incompreensões conceituais, ora pelo vezo do trâmite concomitante de ações coletivas com um mesmo objeto, propostas por diferentes colegitimados, ora, enfim, porque – dada a garantia constitucional de acesso à Justiça (CF, art. 5º, XXXV) – o sistema consente que, na pendência da ação coletiva, é possível o ajuizamento da demanda individual concernente ao mesmo *thema decidendum* (Lei 8.078/1990, § 2º do art. 103; art. 104), sem prejuízo do transporte *in utilibus, secundum eventum probationis*, da coisa julgada coletiva *favorável*, em prol dos indivíduos que optaram por não ajuizar suas ações ou que as sobrestaram.

Tal regime processual, sem embargo de sua racionalidade estrutural, não bastou para evitar que, paulatinamente, se fosse instalando um ambiente judiciário um tanto confuso, em boa medida gerado pelo trâmite concomitante de ação coletiva e de plúrimas e massivas ações individuais, acerca de um mesmo *thema decidendum*. Nesse sentido, anotam Eduardo Cambi e Mateus Vargas Fogaça: "(...) a sistemática atual das ações coletivas fracassou no intento de conter a enxurrada de ações que são ajuizadas em prol da tutela de direitos originados de um mesmo contexto fático-jurídico. Com isso, a solução de grande parte dos problemas de massa é buscada com demandas individuais repetitivas. Todavia, esses litígios exigem soluções rápidas e eficazes, não se justificando mais a adoção dos instrumentos tradicionais de condução de processos judiciais. Daí a necessidade de encontrar tipos alternativos de solução desses conflitos". Na sequência, evocando a doutrina de Humberto Theodoro Júnior, os articulistas avaliam que o IRDR, inspirado no modelo alemão do *Musterverfahren*, "ao lado de outras técnicas, integra o *microssistema normativo de litigiosidade repetitiva*". [35]

Ao propósito, caso emblemático restou decidido no STJ, no qual vinha impugnado acórdão do TJRS que mantivera sentença na qual fora determinada a *suspensão* das ações individuais, na pendência da ação coletiva por interesses individuais homogêneos, ante a situação pré-caótica que então se desenhava. O acórdão do STJ veio assim ementado: "Recurso repetitivo – Processual civil – Recurso especial – Ação coletiva – Macrolide – Correção de saldos de cadernetas de poupança – Sustação de andamento de ações individuais – Possibilidade. – 1. Ajuizada ação coletiva atinente a macrolide geradora de processos multitudinários, suspendem-se as ações

35. Incidente de resolução de demandas repetitivas no novo Código de Processo Civil. *Revista de Processo* n. 243, maio/2015, p. 336, 337.

individuais, no aguardo do julgamento da ação coletiva. – 2. Entendimento que não nega vigência aos arts. 51, IV e § 1.º, 103 e 104 do CDC; arts. 122 e 166 do CC/2002; e arts. 2.º e 6.º do CPC, com os quais se harmoniza, atualizando-lhes a interpretação extraída da potencialidade desses dispositivos legais ante a diretriz legal resultante do disposto no art. 543-C do CPC, com a redação dada pela Lei dos Recursos Repetitivos (Lei 11.672, de 08.05.2008). – Recurso Especial provido "(Resp 1.110.549/RS, 2.ª Seção, j. 28.10.2009, rel. Min. Sidnei Beneti, *DJe* 14.12.2009).

Segundo o modelo legal vigente (arts. 103 e 104 da Lei 8.078/1990) os efeitos da improcedência da ação coletiva só alcançam os demandantes individuais que aí tenham intervindo como litisconsortes (até porque desse modo se tornaram partes); fora dessa hipótese, os indivíduos seguem livres para propor suas ações ou prosseguir naquelas antes sobrestadas, para ganhá-las ou não. Justamente nesse ponto Guilherme Rizzo Amaral localiza uma das concausas dos problemas emergentes com a ação coletiva por interesses individuais homogêneos, frente à expectativa inicial de que por esse meio se conseguiria refrear o afluxo exacerbado de demandas isomórficas: "Ao instituir a coisa julgada *erga omnes secundum eventum probationis* para os demais legitimados (art. 16 da LACP, art. 103, I e II, do CDC) ou mesmo *secundum eventum litis* para os indivíduos substituídos (art. 103, III e § 1.º do CDC), permitiu o legislador que convivessem com ações coletivas centenas de milhares de ações individuais tratando de questões comuns a todos os interessados, em grave prejuízo do funcionamento da máquina judiciária". [36]

A situação insatisfatória de tutela a direitos isomórficos e massivos, mediante a citada ação coletiva por interesses individuais homogêneos, acabou abrindo espaço para elaboração de um *outro modo* de manejo judicial para as *demandas seriais*, levando, gradualmente, à configuração e positivação da chamada *tutela plurindividual*. Nesse sentido, a avaliação de Bruno Dantas do Nascimento: "Da forma que existe hoje, a tutela coletiva é insuficiente para dar vazão à crescente demanda por proteção jurisdicional em casos que veiculam direitos individuais homogêneos, motivo pelo qual o desenvolvimento de novas técnicas de tutela plurindividual vem a compor o instrumental à disposição da sociedade brasileira". Adiante, o autor ressalta dois riscos inerentes à ação coletiva por interesses individuais homogêneos:

---

36. Efetividade, segurança, massificação e a proposta de um "incidente de resolução de demandas repetitivas". *Revista de Processo* nº 196, jun./2011, p. 254.

"(*i*) a homogeneização artificial dos conflitos individuais, apenas para caberem na única técnica processual ofertada pelo sistema; ou, (*ii*) incentivo à troca da tutela coletiva por ações individuais, com incremento do risco de coexistência de decisões contraditórias, além do assoberbamento do Poder Judiciário com dezenas de milhares de casos idênticos". Enfim, remata o autor: "O mau funcionamento do modelo de tutela coletiva de direitos individuais homogêneos, somado à necessidade de se adotar técnicas que permitam a eficiência e a racionalização da atividade do Poder Judiciário, foi a causa eficiente da elaboração em nosso pais de técnicas de tutela plurindividual".[37]

A par disso, a doutrina tem alertado para certas distorções do sistema processual coletivo, permitindo identificar assim os direitos *pseudocoletivos* como sua contraface – os *pseudoindividuais*. Sob o primeiro enfoque, Luiz Paulo da Silva Araújo Filho fala de *falsas ações coletivas*, por exemplo as que "foram propostas por entidades associativas, pleiteando, concretamente, o levantamento dos valores das contas vinculadas do FGTS de seus associados, e que provocaram, em muitos casos, a usurpação dos direitos individuais e a distorção dos propósitos constitucionais. (...) Nas ações pseudocoletivas, em realidade, conquanto tenha sido proposta a ação por um único legitimado extraordinário, na verdade estão sendo pleiteados, específica e concretamente, os direitos individuais de inúmeros substituídos, caracterizando-se uma pluralidade de pretensões que, em tudo e por tudo, é equiparável à do litisconsórcio multitudinário, na feliz e consagrada expressão de Cândido Rangel Dinamarco (...)".[38] No tocante à segunda daquelas categorias, Kazuo Watanabe fala de "demandas pseudoindividuais fundadas em relação jurídica substancial de natureza incindível. Um caso paradigmático desses equívocos da atualidade, que vem causando enormes embaraços em nossa Justiça, é o pertinente às tarifas de assinatura telefônica. Num só Juizado Especial Cível da Capital de São Paulo foram distribuídas mais de 30.000 demandas individuais dessa espécie, que em nosso sentir (...) são demandas pseudoindividuais".[39]

---

37. Tutela recursal plurindividual no Brasil: formulação, natureza, regime jurídico, efeitos. Tese de doutorado, PUC – São Paulo, sob orientação da Profa. Teresa Arruda Alvim Wambier, 2013, p. 149, 151.

38. *Ações coletivas: a tutela jurisdicional dos direitos individuais homogêneos*, Rio de Janeiro: Forense, 2000, p. 199, 200.

39. Relação entre demanda coletiva e demandas individuais. In GRINOVER, Ada Pellegrini *et al.* (coords.), *Direito Processual Coletivo e o anteprojeto de Código Brasileiro de Processos Coletivos*, São Paulo: Revista dos Tribunais, 2007, p. 158.

Pode-se intuir que para situações desse gênero se endereçava a antes excogitada *conversão de ação individual em ação coletiva* (art. 334 do PLC nº 8.046/2010, objeto de veto presidencial), já que uma das hipóteses em que tal mutação poderia dar-se era quando o pedido na ação individual tivesse "alcance coletivo em razão da tutela de bem jurídico difuso ou coletivo (...) cuja ofensa afete a um só tempo as esferas jurídicas do indivíduo e da coletividade"; outra hipótese dar-se-ia quando o pedido tivesse "por objetivo a solução de conflito de interesse relativo a uma mesma relação jurídica plurilateral, cuja solução, por sua natureza ou por disposição de lei, deva ser necessariamente uniforme, assegurando-se tratamento isonômico para todos os membros do grupo" – incisos daquele dispositivo. Ao propósito, esclarecia Cassio Scarpinella Bueno: "O dispositivo que surgiu de proposta formulada pelo Professor Kazuo Watanabe ao Relator-Geral do Projeto da Câmara, o Deputado Paulo Teixeira, quer adaptar o *certification process* das *class actions* norte-americanas para a realidade brasileira e ao nosso sistema. Seu objetivo é o de viabilizar a transformação (conversão) de uma 'ação individual' em 'ação coletiva'". [40]

No plexo das dificuldades que nos últimos tempos foram comprometendo a *performance* das ações coletivas – com isso abrindo espaço para a gradual implantação da *tutela plurindividual* – incluem-se estas concausas, radicadas no próprio ordenamento positivo: ***(i)*** forte em entendimentos do STF (RE 195.056, Pleno, j. 09.12.1999, rel. Min. Carlos Velloso, *DJ* 30.05.2003, p. 30) e do STJ (REsp 878.312/DF, 2ª T., j. 13.05.2008, rel. Min. Castro Meira, *DJe* 21.05.2008), o Executivo federal houve por bem editar a Med. Prov. 2.180-35/2001, acrescentando parágrafo único ao art. 1º da Lei 7.347/1985, sobre a ação civil pública, *vedando* seu uso para judicialização de "pretensões que envolvam tributos, contribuições previdenciárias, o Fundo de Garantia do Tempo de Serviço ou outros fundos de natureza institucional cujos beneficiários podem ser individualmente determinados", ou seja: justamente alguns dos temas propícios à replicação em demandas isomórficas; ***(ii)*** o art. 2º-A da Lei 9.494/1997 veio prever que a sentença "prolatada em ação de caráter coletivo proposta por entidade associativa, na defesa dos interesses e direitos dos seus associados, abrangerá apenas os substituídos que tenham, na data da propositura da ação, domicílio no âmbito da competência territorial do órgão prolator", o que impactou

---

40. *Projetos de novo Código de Processo Civil comparados e anotados*, São Paulo: Saraiva, 2.014, p.178.

negativamente a irradiação dos efeitos do julgado nessas ações, com isso atritando sua efetividade; (*iii*) a sentença na ação civil pública *padrão*, regulada na Lei 7.347/1985, conquanto incida sobre interesses metaindividuais, passou a revestir-se de uma coisa julgada canhestramente confinada aos "limites territoriais do órgão prolator" (art. 16, redação da Lei 9494/1997) – por aí baralhando-se as noções de *competência* e de *limites subjetivos da coisa julgada*, [41] trazendo dificuldades para o intérprete e aplicador da norma; (*iv*) as ações coletivas em nome de interesses individuais homogêneos nem sempre vêm cercadas da devida publicidade que pudesse fazê-las conhecidas ao interno do segmento concernente, a par de nem sempre existir uma associação cujo fim institucional abranja o crescente plexo de controvérsias massificadas, fator que acabou por sobrecarregar a pauta dos demais colegitimados.

A partir de tal contexto, compreende-se que o processo coletivo não tenha conseguido instrumentar eficientemente a litigiosidade de massa, ou mesmo apresentar-se como instrumento capaz de concentrar as multifárias demandas isomórficas num único processo coletivo. Ao ver de Leonardo Carneiro da Cunha "as ações coletivas são insuficientes para resolver, com eficiência e de maneira definitiva, as questões de massa, contribuindo para a existência de inúmeras demandas repetitivas, a provocar um acúmulo injustificável de causas perante o Judiciário". [42]

Análoga avaliação é feita por Aluísio Gonçalves de Castro Mendes: "A realidade dos últimos anos fala por si só: embora tenham sido ajuizadas ações coletivas, nenhuma delas foi capaz de conter a verdadeira sangria de ações individuais que foram ajuizadas diante de questões como a dos expurgos inflacionários relacionados com cadernetas de poupança e do Fundo de Garantia do Tempo de Serviço (FGTS); dos inúmeros conflitos envolvendo aposentados, como, *v.g.*, a equivalência do benefício com o salário mínimo, o reajuste de 14,7%; buraco negro etc.; lides que diziam respeito a tributos, como a CPMF; reajuste da tarifa da tabela do imposto de renda, progressividade do IPTU, taxa de lixo ou de iluminação pública, aumento de alíquotas, incidência de contribuições sociais sobre determinadas categorias,

---

41. Para um desenvolvimento maior sobre esse aspecto v. o nosso *Ação civil pública – em defesa do meio ambiente, do patrimônio cultural e dos consumidores – Lei 7.347/85 e legislação complementar*, 14ª ed., São Paulo: Thomson Reuters – Revista dos Tribunais, 2016, p. 387 e s.

42. Anotações sobre o incidente de resolução de demandas repetitivas previsto no projeto do novo Código de Processo Civil. *Revista de Processo* nº 193, mar./2011, p. 258.

incontáveis discussões pertinentes aos funcionários públicos no âmbito da União, dos Estados e dos Municípios, em torno de pleitos como o direito ao reajustamento anual, de contagem de tempo dos celetistas incorporados ao regime único, transformação de cargos, extinção de direitos, citando apenas alguns poucos exemplos. Em praticamente todos os casos mencionados, foram centenas e milhares de processos individuais instaurados, sem que as ações coletivas tenham de fato cumprido o seu papel". [43]

Assim é que o novo CPC, aderindo ao esforço por um novo *modus procedendi* no manejo das demandas seriais, prevê que incumbe ao juiz, "ao se deparar com diversas demandas individuais repetitivas, oficiar o Ministério Público, a Defensoria Pública e, na medida do possível, outros legitimados a que se referem o art. 5º da Lei 7.347, de 24 de julho de 1985, e o art. 82 da Lei 8.078, de 11 de setembro de 1990, para, se for o caso, promover a propositura da ação coletiva respectiva" (inciso X do art. 139). (Pode-se especular que tal previsão tenha sido a principal razão do *veto* ao art. 334 previsto no PLC 8.046/2.010 – e ainda ao inciso XII do art. 1.015 – que então previam a conversão da ação individual em coletiva: por certo buscou-se evitar a sobreposição de institutos para fins análogos, valendo ressaltar que nas razões do veto presidencial constou o argumento de que "o novo Código já contempla mecanismos para tratar demandas repetitivas").

Vale observar que a previsão constante do antes citado inciso X do art. 139 do CPC, já constava, há algum tempo, em essência, do art. 8º, *caput*, do *anteprojeto de Código Brasileiro de Processos Coletivos*: "O juiz, tendo conhecimento da existência de diversos processos individuais correndo contra o mesmo demandado, com identidade de fundamento jurídico, notificará o Ministério Público e, na medida do possível, outros legitimados, a fim de que proponham, querendo, demanda coletiva (...)".[44]

Também no direito estrangeiro evidencia-se uma tendência ao manejo processual diferenciado para o caso de judicialização massiva de demandas isomórficas, como relata Artur César de Souza: "A tendência há encontrado origem na França, em 1992, quando foram introduzidas as *actions de representation conjuinte* para regulamentar o caso de sujeitos

---

43. *Ações coletivas no direito comparado e nacional.* Coleção *Temas atuais de Direito Processual Civil*, vol. IV, São Paulo: Revista dos Tribunais, 2002, p. 262.

44. V. o texto in GRINOVER, Ada Pellegrini (coord.), *Direito Processual Coletivo e o anteprojeto de Código Brasileiro de Processos Coletivos*, São Paulo: Revista dos Tribunais, 2.007, p. 454.

que sofreram algum dano pelo mesmo sujeito ou pela mesma causa. Tal demanda era reservada apenas às associações autorizadas, cujo associado confere o mandato de representação. Em 1995, Portugal adotou uma nova e moderna legislação em tema de demanda coletiva. No início do terceiro milênio, o Reino Unido passa a adotar o *Group Litigation Orders*, e, em 2001, foi a vez da Espanha adotar uma normativa que previa a possibilidade das associações dos consumidores de recorrer ao 'group actions', seguida da Suíça em 2003. Em novembro de 2005, a Alemanha introduziu uma especial demanda coletiva ressarcitória em tema de particular ilícito financeiro (*Kapitalanleger-Musterverfahrensgesetz-KapMug*). Todas as normativas europeias previram de um modo ou de outro a necessidade da parte individual estar inserida num grupo específico e conferir, de um modo mais ou menos explícito, o mandato à própria representação (assim denominada *opting-in solution*), diversamente do que acontece nos Estados Unidos da América onde prevalece o princípio de que a decisão proferida na *class action* é obrigatória a todos os sujeitos abstratamente inseridos na classe que não tenham expressamente se dissociado da mesma (*opting-out solution*)". [45]

A tendencial e crescente tutela judicial *plurindividual* pode ser apreendida como uma *terceira via*, postada num ponto intermédio, equidistante entre (*i*) a *jurisdição singular* (legitimação ativa radicada na afirmada titularidade do direito; interesse individual afrontado ou insatisfeito; coisa julgada de eficácia *inter partes*) e (*ii*) a *jurisdição coletiva* (legitimação ativa concorrente-disjuntiva, fundada na representatividade adequada do portador judicial; interesse metaindividual – difuso, coletivo em sentido estrito ou individual homogêneo; coisa julgada de eficácia expandida – *ultra partes* ou *erga omnes*).

Ao propósito da *jurisdição coletiva* assim nos manifestamos em outra sede: "A jurisdição coletiva em seu contexto geral apresenta-se, antes de mais nada, como um *modo de ser* do braço judiciário do Estado, voltada a dirimir conflitos de largo espectro, em grande parte motivados ou pela inação/incompetência das instâncias administrativas que deveriam tê-los satisfatoriamente dirimido, ou pela oferta irregular/insuficiente dos meios e programas implementados. Por aí se vê que a Jurisdição coletiva revela-se como uma receptora de interesses e valores que, desatendidos ou mal

45. Conversão da demanda individual em demanda coletiva no novo CPC. *Revista de Processo* nº 236, out./2014, p. 214.

manejados, vão *aumentando a pressão social*, operando assim a via judicial como uma sorte de *válvula de escape*, em boa parte porque as grandes tensões sociais e os megaconflitos geralmente não encontram guarida oportuna e eficaz junto às instâncias do Executivo e do Legislativo, à exceção, talvez, de certos expedientes (de trâmite lento e discutível praticidade), como os projetos de lei de iniciativa popular, o plebiscito, as audiências públicas". [46]

Nesse sentido, reconhece Aluísio Gonçalves de Castro Mendes: "Esta nova feição da jurisdição está relacionada com os princípios constitucionais do acesso à justiça, da segurança jurídica, da isonomia e da duração razoável do processo. E conjuga a atuação coletiva, prévia e instrumental do Poder Judiciário. A jurisdição não fica mais adstrita apenas aos conflitos de Caio e Tício, para passar a pensar e a se nortear, cada vez mais, por uma visão geral da sociedade". [47]

Essa inserção da *tutela plurindividual, entre* as jurisdições singular e coletiva é assim vista por Antonio Adonias Aguiar Bastos: "Conforma-se assim uma espécie de tutela jurisdicional diversa da individual e da coletiva, com características intrínsecas, que a distingue daquelas outras duas. Este novo paradigma traz consigo a necessidade de uma nova leitura dos institutos do devido processo legal, visando à preservação dos valores fundamentais do processo, garantidos constitucionalmente. O processamento e o julgamento das demandas em massa não devem ser realizados sob o modelo da tutela puramente individual, nem da coletiva, exigindo uma matriz cultural e dogmática particularizada". [48]

A tutela *plurindividual* vem assim definida por Bruno Dantas do Nascimento: "Atividade estatal voltada à justa composição das lides concernentes a direitos individuais homogêneos que se multiplicam em diversas demandas judiciais nas quais haja controvérsia, preponderantemente, sobre as mesmas questões de direito de modo a, por um lado, racionalizar e atribuir eficiência ao funcionamento do Poder Judiciário e, por outro, assegurar a igualdade e a razoável duração do processo".[49]

---

46. *Jurisdição coletiva e coisa julgada – teoria geral das ações coletivas*, 3ª ed., São Paulo: Revista dos Tribunais, 2012, p. 92.
47. *Incidente de resolução de demandas repetitivas...*, 2.017, cit., p. 103, 104.
48. Situações jurídicas homogêneas: um conceito necessário para o processamento das demandas de massa. *Revista de Processo* nº 186, ago./2010, p. 92.
49. Tutela recursal plurindividual no Brasil., tese de doutorado citada, PUC-São Paulo, 2013, p. 150, conclusão nº 30.

Nesse contexto se enquadra o IRDR, regulado nos arts. 976-987 do CPC, o qual não configura *ação coletiva* já que, como o próprio nome indica, não é ação autônoma, nem se preordena a resolver uma macrolide, mas sim um procedimento incidental, voltado a fixar entendimento paradigmático (*tese jurídica*) sobre a *questão de direito* replicada em muitos processos (art. 985, *caput*). Tampouco por aí se instaura um típico *incidente de coletivização* - configuração cogitada ao início dos trabalhos da Comissão de Juristas incumbida de elaborar o novo CPC - [50] notando-se na redação final a intenção do legislador em preservar uma natureza diferenciada para o IRDR, enquanto instrumento voltado à *padronização decisória* de uma dada *quaestio iuris* repercutida massivamente em múltiplas ações.

A seu turno, Daniel de Andrade Levy, escrevendo ainda ao tempo do anteprojeto do novo CPC, observava que "talvez por uma preocupação em não associar o incidente à ação coletiva, [o anteprojeto] afasta sugestões surgidas durante as reuniões da Comissão, de dotar de legitimidade para o incidente, além das partes, os mesmos legitimados para ação civil pública. Além de eliminar qualquer comparação, a vedação aos legitimados para a ação civil pública evita a profissionalização desses incidentes, a partir de associações que, cada vez mais, veem a sua razão de ser na propositura de demandas que em certos casos, sequer beneficiam os seus membros". [51]

É útil observar que objetivo em certo modo análogo ao do IRDR - já agora na instância recursal - é perseguido no julgamento *em bloco ou por amostragem de RE's e REsp's repetitivos*, quando um processo piloto (afetado como representativo da controvérsia) é selecionado para receber a decisão-quadro, no STF ou no STJ, com vistas à racionalização da atividade dos tribunais e tratamento isonômico dos recursos afins, sobrestados nos tribunais de origem (CPC, art. 1036 e § 1º; art. 1.040, I, II, III).

Ao propósito, avaliam Luiz Guilherme Marinoni *et al.*: "Demandas repetitivas constituem uma anomalia no sistema processual. De fato, nada justifica que uma mesma questão deva ser examinada várias vezes pelo Judiciário, apenas porque se refere a pessoas diferentes. (...) Ora, a multiplicação de questões idênticas pode gerar a consequência de que o Direito seja aplicado de forma diferente aos interessados, fazendo com que alguns sujeitos devam comportar-se de certo modo, enquanto outros estarão

50. Cf. Aluísio Gonçalves de Castro Mendes, *Incidente de resolução...*, 2.017, cit., p. 2.

51. O incidente de resolução de demandas repetitivas no anteprojeto do novo Código de Processo Civil. *Revista de Processo* nº 196, jun./2011, p. 175.

obrigados à conduta diversa diante da mesma situação. Isso é certamente indesejável no sistema e estimula, sobretudo, a multiplicação de demandas, até porque, *até a decisão da questão singular, em relação a cada um dos sujeitos*, nenhum deles poderá de antemão afirmar com certeza como deve ser tratada a sua situação".[52]

Assim é que o IRDR, atrelado à dupla missão de preservar a *isonomia* e a *segurança jurídica*, vem se alinhar às demais técnicas e meios processuais coalizados no âmbito da *tutela plurindividual*, voltados à prevenir, ou superar, em maior ou menor dimensão, a *dispersão jurisprudencial excessiva*, contribuindo, outrossim, para otimizar o tempo dos órgãos judiciais e potencializar a eficácia da resposta jurisdicional; no caso do IRDR, tal objetivo é buscado com a fixação da *tese jurídica* sobre *questão de direito* presente em número importante de demandas, sob a égide da tendencial *padronização decisória* recepcionada no art. 927 e incisos do CPC.

52. *O novo processo civil*, São Paulo: Thomson Reuters-Revista dos Tribunais, 2015, p. 564.

Capítulo II

AS EXIGÊNCIAS DE COERÊNCIA INTERNA DO SISTEMA E DE UNITARIEDADE DO DIREITO

Sumário: 1. Distinção entre normas científicas e normas jurídicas – **2**. A inevitabilidade da interpretação das normas jurídicas e a virtualidade do dissídio exegético – **3**. O conteúdo substancial do princípio constitucional da igualdade.

1. DISTINÇÃO ENTRE NORMAS CIENTÍFICAS E NORMAS JURÍDICAS

Nas chamadas *ciências exatas* – biologia, física, química, matemática – as regras e premissas caracterizam-se pela *permanência, universalidade* e *atemporalidade*, dado tratar-se de enunciados meramente especulativos, que se preordenam a retratar a realidade objetiva: *a relação necessária que resulta da natureza das coisas*, no conhecido conceito. Num tal ambiente estritamente fenomenológico, não resta espaço para elocubrações abstratas, ou subjetivismos, que implicam em juízos de valor, tais os de certo/errado, justo/injusto, razoável/excessivo, má-fé/boa-fé, como se passa nas ciências humanas, máxime no Direito, bem por isso chamado, por Recaséns Siches, *el logos del razonable*.

Assim, por exemplo, afirmações (ou constatações) de que "duas coisas iguais a uma terceira são iguais entre si"; ou de que "por três pontos passa um plano", ou ainda a própria lei da gravidade, não se sujeitam a condicionamentos espaciais, temporais ou culturais, remanescendo válidas hoje, como outrora, aqui ou acolá, em coletividades aculturadas ou rústicas, e, enfim, independentemente dos valores sócio- político-econômico-religiosos praticados em modo distinto em qualquer ponto do planeta, disparidade essa que por vezes se manifesta ao interno de um mesmo país, como se passa nos Estados Unidos, onde em alguns Estados existe pena de morte e não em outros.

No dizer de Paulo Dourado de Gusmão, "a lei física enuncia uma observância sem poder o homem modificá-la ou evitá-la. Korkounov, com a precisão que lhe é peculiar, diz: a lei física é uma 'fórmula geral que exprime a uniformidade constatada nos fenômenos. Exprime não o que deve ser, mas o que é em realidade (Korkounov, *Cours de Théorie Génerale du Droit*, Paris, 1903, trad., cap. I, § 8.º). Outro não é o pensamento de Ferrara: a lei fixa expressa 'isto que ocorre na natureza', não prescrevendo 'isto *que deve* acontecer, pois declara o *que realmente ocorre*'. (Ferrara, *Trattato di Diritto Civile Italiano*, Roma, 1921, *Sezione* I, § 5.º). Também Del Vecchio: a 'lei física, como síntese de uma realidade de experiência, exprime só isto que é, que acontece, e corresponde necessariamente a toda realidade'". [1]

Diferentemente se passa com outros ramos do conhecimento, usualmente enfeixados sob a genérica expressão *ciências humanas*, as quais, embora também se expressem através de enunciados ou preceitos (*v.g.*, *o Direito*: "Aquele que, por ato ilícito (arts. 186 e 187), causar dano a outrem, fica obrigado a repará-lo" – CCi, art. 927, *caput*); *a Moral*: "deve-se tratar com urbanidade as pessoas"; *a Filosofia*, ao perscrutar as primeiras causas e os últimos fins; *a Sociologia*, ao investigar as relações humanas ao interno de uma dada coletividade): não há como negar que tais postulados não radicam em constatações objetivas, imutáveis e indiscutíveis, mas antes resultam de elocubrações e perquirições que acabam por agregar um dado *valor* a uma conduta, comissiva ou omissiva, ou mesmo a uma certa ocorrência da vida em sociedade.

Nesse sentido, afirma Fernanda Estevão Picorelli: "Os sistemas inorgânicos, pelo fato de serem regulados por leis da ciência exata, apresentam comportamento *linear*, com relações de causa e efeito bem definidas (por exemplo, para aumentar a concentração de sal em determinada solução para X%, basta adicionar Y gramas de sal). Evidente que o comportamento linear torna o tratamento dos sistemas inorgânicos mais simples e plenamente previsível. Com o surgimento dos sistemas sociais (povoados por homens), as relações de causa e efeito passaram a ser de outra ordem, não mais lineares, tornando-se muito mais complexas e, por isso mesmo, maior se justifica a presença de conhecimentos multidisciplinares para lidar com as variáveis em jogo".[2]

1. *Introdução à ciência do Direito*, 2. ed. Rio de Janeiro: Forense, 1960, p. 89.
2. A justiça e o paradigma da eficiência na contemporaneidade. *Revista de Processo* n. 241, mar./2015, p. 446, nota de rodapé n. 8.

É justamente por isso que, ao contrário do que se passa no plano das ciências exatas, não raro um dado comportamento – por exemplo, a prática da poligamia – é aceito e praticado num dado ponto do planeta, ao interno de certa comunidade, ao passo que vem a ser censurado, senão já criminalizado em outras localidades. Outra diferença entre a norma científica e a das ciências humanas, especialmente o Direito, é que, ao contrário da primeira categoria, que é permanente e constante, já a norma jurídica, ainda quando continue formalmente em vigor, pode, gradualmente, ir perdendo consistência, credibilidade e atualidade, ao impacto de novos acontecimentos e de alterações sócio-culturais, como se tem verificado dentre nós, dentre tantos exemplos, com o crime de adultério ou com a contravenção "jogo do bicho".

Essas mutações são percebidas até mesmo pela observação leiga, já se tendo dito, com espírito, que uma mesma conduta é aceita e até regulamentada num dado ponto do planeta, ao passo que é rejeitada e até reprimida em outro, na razão direta de alguns meridianos mais à esquerda ou à direita, ou de alguns graus a mais ou a menos na temperatura ! Não por acaso, registra nossa cultura popular o *fenômeno* das chamadas *leis que não pegam...*

Já a norma de direito apresenta pressupostos, estrutura e grau de eficácia diversos da lei científica, apontando Paulo Dourado de Gusmão estes predicados que singularizam – e potencializam – a norma jurídica: ***(i)*** *bilateralidade* ("por enlaçar o direito de uma parte com o dever de outra"); ***(ii)*** *generalidade e abstração* ("por não regular um caso singular, mas por estabelecer um princípio aplicável a vários casos": *lex est generale proeceptum* – Papiniano); ***(iii)*** *imperatividade* ("porque estabelece um comando, porque impõe um tipo de relação social que tem que ser observado"); ***(iv)*** *coercibilidade* ("a norma é imposta coativamente mediante a força, desde que não observada espontaneamente" ***(v)*** *sanção* ("a consequência jurídica prevista pela regra de direito para o caso de sua violação e que deve ser aplicada pelo poder público, em regra, pelo Poder Judiciário". Enfim, remata o autor: "a regra de direito se distingue da lei física porque prescreve uma conduta ou uma organização, sendo enunciada de modo imperativo, enquanto a lei física descreve uma relação causal entre fatos".[3]

No que tange à norma jurídica, especialmente as notas da *generalidade* e da *abstração*, nota-se uma diferença no tocante à *gênese* do enunciado,

3. *Introdução...*, cit., 2.ed., 1960, p. 72-89, *passim*.

conforme se trate de país filiado ao *common law* ou ao *civil law*: no primeiro caso, a formação obedece uma dinâmica *indutiva* – transita do particular para o geral – uma vez que é dos casos anteriormente julgados que se extrai a *ratio decidendi*, o *binding precedent*, que irá formatar a solução dos casos análogos, pendentes e futuros (*treat like cases alike*); no segundo caso, a nomogênese segue uma dinâmica *dedutiva* – transita do geral para o particular – verificando-se que a norma legal, aprovada no Parlamento e sancionada pelo Executivo, é que fixa o *modelo* para aferição das condutas comissivas e omissivas: princípio da legalidade ou da reserva legal – CF, art. 5.º e inciso II – tratando-se, aí, pois, de um sistema *legicêntrico*.

Apesar da apontada distinção quanto à *formação* da norma nas duas famílias jurídicas, fato é que os quatro objetivos almejados no *common law* – *uniformity, stability, consistency, predictability* – [4] não diferem, essencialmente, enquanto ideário, daqueles perseguidos nos países de cultura jurídica romano-germânica, de tradição codicística, mormente agora dentre nós, em que o CPC – Lei 13.105/2.015 – tomou expressa posição a respeito: "Art. 926: "Os tribunais *devem* uniformizar sua jurisprudência e mantê-la estável, íntegra e coerente", dispondo ainda o § 1.º que "os tribunais *editarão* enunciados de súmula correspondentes a sua jurisprudência dominante", para tal devendo atentar-se, segundo o § 2.º, para as "circunstâncias fáticas dos precedentes que motivaram sua criação".

A eficácia *impositiva* – vertical e horizontal – do precedente dentre nós, em que pese tenha o legislador evitado o qualificativo *vinculante* (exceto na redação do § 3º do art. 947), pode-se, sem esforço, extrair do novo ambiente processual claras indicações de um veri sistema *precedentalista*: (*i*) juízes e tribunais *observarão* (*sic*) – art. 927, *caput* – os produtos judiciários otimizados, listados nos incisos desse dispositivo; (*ii*) o § 1.º do art. 489 considera *não fundamentada* (e, pois, nula: CF, art. 93, IX) qualquer decisão judicial que: "(...) VI – deixar de seguir enunciado de súmula, jurisprudência ou precedente invocado pela parte, sem demonstrar a existência de distinção [*distinguishing*] no caso em julgamento ou a superação do entendimento", certo ainda que desafia ação rescisória a decisão de mérito, transitada em julgado, que se tenha baseado em "enunciado de súmula ou acórdão proferido em julgamento de casos repetitivos que não tenha considerado a existência de *distinção* entre a questão discutida no processo e o *padrão*

4. V., ao propósito, Teresa Arruda Alvim Wambier. *Precedentes e evolução do direito*, in ______ (coord.), *Direito Jurisprudencial*, São Paulo: Ed. RT, 2012, p. 42 e ss.

decisório que lhe deu fundamento" (§ 5º do art. 966, parágrafo acrescido pela Lei 13.256/2016); (***iii)*** nos tribunais, o relator pode, com base em certos padrões decisórios (súmula do STF ou do STJ; decisão-quadro desses tribunais no regime dos RE's e REsp's repetitivos; acórdãos em incidente de resolução de demandas repetitivas ou de assunção de competência), dar ou negar provimento ao recurso, conforme resulte desse contraste (art. 932, IV, V e respectivas alíneas); (***iv)*** o descumprimento de precedente firmado em IRDR ou em assunção de competência, autoriza *reclamação* (inciso IV do art. 988, redação do inciso cf. Lei 13.256/2016); (***v)*** a *tese jurídica* firmada ao final do IRDR se irradia para todo o Estado (no caso dos TJ's) ou região (no caso dos TRF's), inclusive Juizados Especiais, alcançando inclusive casos futuros, podendo mesmo estender-se a todo o território nacional, caso sobrevenha interposição de RE ou do REsp ao STF ou ao STJ com julgamento do mérito (art. 985 e incisos; § 2.º do art. 987); (***vi)*** o tribunal *a quo* está autorizado a *negar seguimento* "a recurso extraordinário ou a recurso especial interposto contra acórdão que esteja *em conformidade com entendimento* do Supremo Tribunal Federal ou do Superior Tribunal de Justiça, respectivamente, exarado no regime de julgamento de recursos repetitivos" (inciso I e alínea *a* do art. 1.030, aquele com redação da Lei 13.256/2016 e esta acrescida por essa lei); (***vii)*** em primeiro grau, o juiz está autorizado a julgar *liminarmente improcedente* o pedido que *contrariar* os produtos judiciários otimizados que vêm listados nos incisos do art. 332; (***viii***) suspendem-se os processos em trâmite, ante a admissão de incidente de resolução de demandas repetitivas no tribunal, cujo objeto envolva questão de direito reproduzida naqueles (arts. 313, IV; 982, I); (***ix)*** no tribunal, o relator pode julgar de plano o conflito de competência quando o faça com base em súmula do STF ou do STJ ou ainda em tese firmada em julgamento de casos repetitivos ou em incidente de assunção de competência (art. 955 e incisos), valendo observar que por "julgamento de casos repetitivos" se considera a decisão em IRDR e a decisão-quadro do STF ou do STJ tomada no regime dos recursos repetitivos (art. 928 e incisos); (***x***) a tese firmada em casos repetitivos, quando versar sobre questão relativa a serviço público objeto de concessão, permissão ou autorização, deve ser comunicada "ao órgão, ao ente ou à agência reguladora competente para fiscalização da efetiva aplicação, por parte dos entes sujeitos a regulação, da tese adotada" (§ 2º do art. 985; inciso IV do art. 1.040); (***xi***) considera-se omissa, para fim de desafiar embargos de declaração, a decisão que "deixar de se manifestar sobre tese firmada em julgamento de casos repetitivos (...)", o que inclui o acórdão em incidente de resolução de demandas repetitivas, mercê do disposto no art. 928, I.

Essa notória ascensão e expansão do direito jurisprudencial, num país (ainda) filiado ao *civil law*, explica-se, em boa medida, pela constatação de que o fato de a norma jurídica não beneficiar dos atributos de estabilidade, atemporalidade e permanência que revestem as normas científicas – ou seja, o fato de o Direito não ser uma ciência exata – *não é razão bastante* para justificar que a norma, em sua *passagem judiciária*, possa receber entendimentos discrepantes, quando não antagônicos ou contraditórios, em flagrante detrimento da segurança jurídica, do tratamento isonômico aos jurisdicionados e da própria credibilidade da função judicial do Estado, sem um *compromisso*, por parte do sistema estabelecido, de que, num determinado momento, o dissídio venha superado e estabilizado, em ordem a se preservar a *unidade* do Direito e a permitir que, efetivamente, seja dado a cada um o que é seu.

Nesse sentido, afirma Teresa Arruda Alvim Wambier: "Veja-se que uniformidade não significa uniformidade de certo e determinando entendimento, *para sempre*; e que estabilidade não significa imutabilidade. A uniformidade deve acontecer depois de um período de saudável desuniformidade, e gera estabilidade. Muitos usam a expressão *certeza do direito*. (...) É inútil a lei ser a mesma para todos, se os tribunais podem interpretá-la de modos diferentes e surpreender os jurisdicionados".[5]

A norma jurídica caracteriza-se pela agregação de um dado *valor* a certa *base fática* – conduta, ocorrência, declaração de vontade, negócio – assim para fim de *regulamentação*, no caso de avaliação positiva, como de *repressão*, no caso de avaliação negativa (atos ilícitos), donde a conhecida parêmia: *ex facto oritur jus*. Essa *nomogênese* é assim descrita por Miguel Reale, em conhecida página: "(...) um raio luminoso (impulsos e exigências axiológicas) que, incidindo sobre um prisma (o multifacetado domínio dos fatos sociais, econômicos, técnicos etc.), se refracta em um leque de 'normas possíveis', uma das quais apenas se converterá em 'norma jurídica', dada a interferência do Poder".[6]

Portanto, o fato de a norma legal resultar de uma dada *opção*, pelo legislador, dentre outras que ao ensejo do debate parlamentar se apresentavam,

---

5. Precedentes e evolução do Direito, in Teresa Arruda Alvim Wambier (coord.). *Direito Jurisprudencial*, São Paulo: Ed. RT, 2012 (2. tir.), p. 13 e 32.
6. *Filosofia do Direito*, 2. vol., 5. ed., São Paulo: Saraiva, 1969, p. 485-486.

não é razão suficiente para daí se extrair a ilação – atécnica e despropositada – de que por aí a sociedade como um todo e, sobretudo os jurisdicionados, devam aceitar, resignadamente, que a norma legal venha receber as mais díspares leituras por ocasião de sua *passagem judiciária*, ao ser aplicada a uma lide, assim fomentando a temível *loteria judiciária*.

Se é verdade que *até certo ponto* da pirâmide judiciária o dissídio pretoriano é previsível, senão já mesmo inevitável, e não raro útil ao debate e arejamento das ideias (por exemplo, o dissenso, entre Varas da Fazenda Pública, quanto à inclusão, no valor da desapropriação, do valor correspondente ao fundo de comércio), não é menos verdade que, uma vez chegada a *quaestio iuris* aos tribunais, deflagra-se para estes o *dever de uniformizar* o entendimento que venha assentado a respeito, seja para atendimento à desejável *previsibilidade* das decisões, seja para o tratamento *isonômico* aos jurisdicionados, seja, enfim, para a otimização dos trâmites judiciários. Bem por isso, prevê o art. 926, *caput*, do CPC/2015: "Os tribunais *devem* uniformizar sua jurisprudência e *mantê-la estável, íntegra e coerente*", devendo ainda, oportunamente, editar "enunciados de súmula correspondentes a sua jurisprudência dominante" (§ 2.º daquele dispositivo): ou seja, por aí se impõem os *deveres de uniformizar e de sumular*.

Tal ideário não implica em *demonizar*, genericamente, a dispersão jurisprudencial em si mesma, mas antes, em modo prudente e criterioso, identificar o ponto ou a dimensão em que ela já se revela *excessiva*, tornando-se despropositada e inaceitável, passando a projetar efeitos deletérios, atentando contra os valores fundamentais da isonomia e da segurança jurídica, para de desacreditar a própria função judicial do Estado. Nesse sentido, a Exposição de Motivos do anteprojeto do novo CPC afirmava, no bojo do ítem 1.º: "A dispersão excessiva da jurisprudência produz intranquilidade social e descrédito do Poder Judiciário".

Dito de outro modo, embora a norma legal não radique numa ciência exata, mas num ramo do conhecimento que lida com valores, interesses e expectativas reinantes ao interno de uma coletividade – circunstâncias cambiantes por sua própria natureza – ainda assim a ciência jurídica deve manter compromisso constante com a superação do dissídio e a correlata busca de uniformidade e estabilidade na interpretação das normas legais, por modo a preservar o *sentido unitário* do Direito, necessário à sua higidez técnico-formal e à sua continuidade proveitosa.

Somente assim se pode conferir a indispensável *previsibilidade exegética*, por modo a *não surpreender* o jurisdicionado, destinatário do devido tratamento isonômico e da segurança jurídica, sabido que o sentido contemporâneo do contraditório abrange o *direito a não surpresa* e, também, o de *influenciar*, em termos razoáveis, a decisão judicial. Nesse sentido, dispõe o art. 10 do CPC: "O juiz não pode decidir, em grau algum de jurisdição, com base em fundamento a respeito do qual não se tenha dado às partes oportunidade de se manifestar, ainda que se trate de matéria sobre a qual deva decidir de ofício". Ao propósito, esclarecem Nery & Nery: "A parte não pode ser surpreendida por decisão fundada em fatos e circunstâncias a respeito das quais não tenha, previamente, tomado conhecimento (*Überraschungsentscheidung*), vale dizer fatos que não esclareçam o porquê da decisão. (...) Essa proibição decorre diretamente da cláusula do *devido processo*, que integra o princípio do *due process of law* (CF, art. 5º, LIV) e do princípio do contraditório (CF, art. 5.º, LV)".[7]

2. A INEVITABILIDADE DA INTERPRETAÇÃO DAS NORMAS JURÍDICAS E A VIRTUALIDADE DO DISSÍDIO EXEGÉTICO

As diferenças apontadas no ítem precedente entre as normas das ciências exatas e aquelas atinentes à ciência do Direito, colocam, para estas últimas, instigantes questionamentos, no que tange, principalmente, a estes tópicos: (***i***) a inevitabilidade do labor exegético e a correlata possibilidade de dissídio hermenêutico; (***ii***) o manejo processual do dissenso pretoriano, na perspectiva de sua prevenção ou superação; (***iii***) a interpretação e aplicação do conteúdo dos precedentes judiciários. Vejamos, nessa ordem, essa pontuação.

(***i***) Como se sabe, radica na tradição romanística o aforisma *in claris cessat interpretatio*, a sugerir que, se a exegese tem por finalidade extrair de um texto o seu exato conteúdo (extensão- compreensão), então esse esforço hermenêutico não teria utilidade quando a própria literalidade do enunciado já bastasse para transmitir claramente seu pressuposto e sua finalidade – a *mens legis* – ao tempo em que desvela a real motivação da norma – a *mens legislatoris*. Todavia, a vivência do Direito revela que, inobstante seja a *clareza* uma relevante qualidade que deve permear toda produção jurídica – atos negociais, decisões, documentos, declarações – fato é que por mais explícito que seja o

7. *Comentários ao Código de Processo Civil – novo CPC – Lei 13.105/2015*, São Paulo: Thomson Reuters-Revista dos Tribunais, 2015, nota n. 3 ao art. 10, p. 212.

texto, ainda assim ele reclama leitura crítica e atenta, com vistas a surpreender seu sentido mais profícuo, como condição para se alcançar maior certeza na sua aplicação ao caso concreto.

Note-se que mesmo as súmulas, que representam o extrato do entendimento predominante sobre uma dada questão de direito, no âmbito de um tribunal, não dispensam o labor exegético com vistas à melhor definição de seu significado, inclusive como condição para sua escorreita aplicabilidade ao caso concreto, sendo o caso. Bem por isso, o CPC considera *não fundamentada* (e, pois, nula: CF, art. 93, IX) a decisão que "se limitar a invocar precedente ou enunciado de súmula, sem identificar seus fundamentos determinantes nem demonstrar que o caso sob julgamento se ajusta àqueles fundamentos" (§ 1º, V, do art. 489).

Paulo Dourado de Gusmão esclarece que "a interpretação é necessária, mesmo para as normas claras, pois a interpretação não exige obscuridade do preceito, resultando da necessidade de se compreender a norma. Dessa forma, não é procedente o aforisma 'in claris non fit interpretatio', pois só interpretando poder-se-á saber se a norma é clara. Entretanto, pode-se dizer que quando a norma é clara o trabalho do intérprete é mais fácil, sendo mais penoso quando obscura".[8] (Daí já se ter afirmado, com espírito, que mesmo a norma revestida de plena clareza reclama interpretação, quando menos para se ter certeza de que ela é realmente clara...).

Assim, dentre tantos exemplos, o art. 1.723, *caput*, do CC, é claro ao indicar quatro requisitos para caracterização da *união estável* (três de caráter objetivo – "convivência pública, contínua e duradoura", e um de foro íntimo – "objetivo de constituição de família"); essa clareza não impede, porém, que o tema comporte controvérsias, a ponto de o STF ter julgado procedentes (j. 05.05.2011) a ADIn 4.277 e a ADPF 132, para atribuir *interpretação conforme* à CF, por modo a entender-se aquele dispositivo da lei civil como abrangente das uniões entre pessoas de mesmo sexo, e isso com eficácia *erga omnes* e *efeito vinculante*, como é próprio das decisões no controle direto de constitucionalidade (CF, § 2.º do art. 102; Lei 9.882/1999, § 3.º do art. 10). A seu turno, o STJ decidiu controvérsia sobre a vera conformação de união estável no caso concreto, traçando, ao propósito, distinção não constante – ao menos não expressamente – do texto de regência, ao afirmar que não basta uma proclamação, em perspectiva futura, no tocante à constituição de família, mas torna-se necessário que

8. *Introdução...*, cit., 2. ed., 1960, p. 134.

tal *intenção* se configure no presente; do contrário, segundo o acórdão, o que se tem é a figura do *namoro qualificado* (3.ª T., REsp 1.454.643-RJ, rel. Min. Marco Aurélio Belizze, DJe 10.03.2015).

Já no campo processual, a clareza é um atributo básico ou pré-requisito genérico dos pronunciamentos judiciais, de sorte que a *res dubia*, em qualquer decisão, desafia os *embargos de declaração*, cabíveis, não só em caso de ponto omisso, mas também para "esclarecer obscuridade ou eliminar contradição" (CPC/2015, art. 1.022 e incisos), valendo ressaltar que (também) se considera *omissa*, nos termos do parágrafo único do art. 1.022 "a decisão que: I – deixe de se manifestar sobre tese firmada em julgamento de casos repetitivos (...) aplicável ao caso sob julgamento", o que inclui a hipótese de inobservância da *tese jurídica* firmada ao final do IRDR (art. 985, *caput*), já que o art. 928 inclui sob a rubrica "julgamento de casos repetitivos" aquele proferido no citado incidente (inciso I do art. 928).

Note-se que, apesar de na família *common law* a força obrigatória do julgamento (*binding precedent; stare decisis et non quieta movere*) vir extraída da *ratio decidendi* a ser perquirida pelo juiz do caso subsequente mediante pesquisa sobre os casos antes julgados, esse sistema não converte o julgador num autômato aplicador de teses, nem tampouco reveste a decisão do caso anterior de uma *auctoritas* de cunho autorreferente; ou seja, na expressiva locução, o juiz no *common law* "não pode ser um escravo do passado e um déspota do futuro".[9] Ao contrário, esse sistema não é dotado da rigidez dogmática como a princípio pode sugerir, mas comporta temperamentos e reclama contínua avaliação, seja em função das ocorrências emergentes na vida em sociedade, seja pelo advento de outro entendimento mais vantajoso ou convincente, ou ainda pela revogação ou alteração da norma escrita (*statute*), levando, conforme o caso, ao *revirement*, ao *overriding* ou ao *overruling*.

Além disso, a aferição escorreita das características do caso concreto e a interpretação do precedente podem levar à constatação de que a subsunção daquele a este não é viável ou não mais se justifica, donde ficar autorizada a devida distinção (*distinguishing*), técnica recepcionada no CPC a teor do § 1º do art. 489, que considera *não fundamentada* (e, pois, nula: CF, art. 93,

9. Arthur Goodhart, *Precedent in English and Continental Law and Case Law: a Short Replication. Law Quarterly Review*, 50, 1934. (*Apud* José Rogério Cruz e Tucci, O regime do precedente judicial no novo CPC. *Revista do Advogado* (AASP) n. 126, maio/2015, p. 143).

IX) a decisão judicial que: "(...) VI – deixar de seguir enunciado de súmula, jurisprudência ou precedente invocado pela parte, sem demostrar a existência de *distinção* no caso em julgamento ou a superação do entendimento". Por isso mesmo, o *descumprimento* (= recusa imotivada; aplicação indevida) da *tese jurídica* firmada no IRDR desafia *reclamação* (art. 988, IV, redação do inciso cf. Lei 13.256/2016), certo ainda que em casos mais severos tal omissão quanto ao *distinguishing* pode dar azo à ação rescisória, a teor do § 5º do art. 966, parágrafo inserido por essa lei.

Afirma José Rogério Cruz e Tucci que "as cortes superiores podem então substituir – *overruled* – determinado precedente por ser considerado ultrapassado ou, ainda, errado (*per incuriam* ou *per ignorantia legis*). A decisão que acolhe nova orientação incumbe-se de revogar expressamente a *ratio decidendi* anterior (*express overruling*). Nesse caso, o antigo paradigma hermenêutico perde todo o seu valor vinculante. É possível também que, sem qualquer alusão ao posicionamento jurisprudencial assentado, a nova decisão siga diferente vetor. Tem-se aí, embora mais raramente, uma revogação implícita do precedente (*implied overruling*), similar à ab-rogação indireta de uma lei. Distingue-se ainda, como exceção à regra do precedente vinculante: a) a *retrospective overruling*: quando a revogação opera efeito *ex tunc*, não permitindo que a anterior decisão, então substituída, seja invocada como paradigma em casos pretéritos, que aguardam julgamento; b) a *prospective overruling*: instituída pela Suprema Corte americana, na qual o precedente é revogado com eficácia *ex nunc*, isto é, somente em relação aos casos sucessivos, significando que a *ratio decidendi* substituída contínua a ser emblemática, como precedente vinculante, aos fatos anteriormente ocorridos; c) a *anticipatory overruling*: introduzida com inescondível arrojo, pelos tribunais dos Estados Unidos. Consiste na revogação preventiva do precedente, pelas cortes inferiores, ao fundamento de que não mais constitui *good law*, como já teria sido reconhecido pelo próprio tribunal *ad quem*. Basta portanto que na jurisprudência da corte superior tenha ocorrido, ainda que implicitamente, uma alteração de rumo atinente ao respectivo precedente".[10]

Esse *dever de sinalização*, pelo próprio tribunal, de que se avizinha uma alteração em sua jurisprudência antes assentada, está em sintonia com a

10. Parâmetros de eficácia e critérios de interpretação do precedente judicial. In ARRUDA ALVIM WMABIER, Teresa (coord.), *Direito Jurisprudencial*, São Paulo: Revista dos Tribunais, 2012, p. 108-109.

diretriz da *não surpresa* às partes (CPC, art. 10), que hoje integra o sentido substancial do contraditório e da ampla defesa, e representa o desejável equilíbrio numa delicada equação: de um lado, a legítima atribuição do tribunal de, *fundamentadamente*, deliberar pela alteração de seu anterior entendimento sobre uma dada *quaestio iuris*; de outro lado, o correlato direito das partes de *não serem surpreendidas* pela alteração brusca da jurisprudência. O ponto não passou despercebido na Exposição de Motivos do anteprojeto do novo CPC, a teor do afirmado no bojo do item 1.º: "A segurança jurídica fica comprometida com a brusca e integral alteração do entendimento dos tribunais sobre questões de direito. Encampou-se, por isso, expressamente princípio no sentido de que, uma vez firmada jurisprudência em certo sentido, esta deve, como norma, ser mantida, salvo se houver relevantes razões recomendando sua alteração".

Focando a *previsibilidade*, como atributo imanente à jurisprudência, Antonio do Passo Cabral cogita do "'anúncio público' da possível revisão da jurisprudência consolidada, ou 'julgamento-alerta'. Através desta técnica, o tribunal veicula a informação de que poderá estar revendo, reavaliando, reapreciando, em casos futuros, o posicionamento até então reiterado. O anúncio equivale a uma pronúncia de que a Corte 'duvida' da correção do entendimento aplicado até aquele momento, e, portanto, passa ao público a mensagem de que é possível a alteração de sua conclusão a respeito do tema". Na sequência, o articulista distingue essa técnica de outras afins, tais (*i*) o *antecipatory overruling*, já antes mencionado, (no qual "a mudança de jurisprudência efetivamente ocorre, mas é operada de fato (e não de direito) pelas Cortes inferiores (até porque só se pode falar num verdadeiro *overruling* se o Tribunal Superior confirma posteriormente a substituição do precedente pelo novo entendimento") e, (*ii*) o *signaling*, pelo qual "a Corte reconhece que o conteúdo do precedente está errado e deve ser superado, mas, em nome da segurança jurídica, afirma apenas sua 'perda de consistência', sinalizando a sua futura revogação".[11]

O CPC dá especial ênfase à jurisprudência e aos seus corolários – *uniformidade*, *estabilidade* e *previsibilidade* – ao dispor no art. 926, *caput*: "Os tribunais *devem* uniformizar sua jurisprudência e *mantê-la* estável, íntegra e coerente". Outrossim, focando a virtualidade de alteração dos precedentes, o CPC fixa a diretriz de que tal inovação "observará a necessidade de

11. Técnica do julgamento-alerta na mudança de jurisprudência consolidada. *Revista de Processo* n. 221, jul./2013, p. 34 e 39.

fundamentação adequada e específica, considerando os princípios da segurança jurídica, da proteção da confiança e da isonomia" – § 4.º do art. 927.

Essas técnicas de aferição continuada da *atualidade* dos precedentes, reportadas à experiência do *common law*, consentem, em certa medida, aplicação no Direito brasileiro: *(i)* o STF pode proceder a uma *modulação temporal* quanto à aplicabilidade do acórdão que julga procedente a ADIn, "tendo em vista razões de segurança jurídica ou de excepcional interesse social", caso em que a Corte poderá, "por maioria de dois terços de seus membros, restringir os efeitos daquela declaração ou decidir que ela só tenha eficácia a partir de seu trânsito em julgado ou de outro momento que venha a ser fixado" (Lei 9.868/1999, art. 27), técnica que se estende ao julgamento da ação de inconstitucionalidade por omissão (lei *supra*, parágrafos do art. 12-H, acrescidos pela Lei 12.063/2009) e ao julgamento da ação por descumprimento de preceito fundamental (Lei 9.882/1999, art. 11). Técnica análoga vem recepcionada no CPC, prevendo o § 3.º do art. 927: "Na hipótese de alteração de jurisprudência dominante do Supremo Tribunal Federal e dos tribunais superiores ou daquela oriunda de julgamento de casos repetitivos, pode haver modulação dos efeitos da alteração no interesse social e no da segurança jurídica"; *(ii)* o CPC/2015, ao tempo em que lista os produtos jurisprudenciais otimizados, a serem *observados* por juízes e tribunais (art. 927 e incisos), todavia consente uma sorte de *overruling*, ao ressalvar a hipótese de "alteração da tese jurídica adotada em enunciado de súmula ou em julgamento de casos repetitivos", observadas certas cautelas (§ 2.º do art. 927); *(iii)* o *distinguishing* também está recepcionado no CPC, sendo praticável no caso em que a parte busca demonstrar "distinção entre a questão a ser decidida no processo e aquela a ser julgada no recurso especial ou no extraordinário afetado" [como representativo da controvérsia] caso em que "a parte poderá requerer o prosseguimento do seu processo[até então sobrestado]" – § 9º do art. 1.037.

Note-se que na Justiça do Trabalho também há previsão para que, no âmbito do TST, operem técnicas que evocam o *distinguishing* e o *overruling*: no primeiro caso, o art. 896-C da CLT, inserido pela Lei 13.015/2014 dispõe no § 16, igualmente incluído por essa Lei: "A decisão firmada em recurso repetitivo não será aplicada aos casos em que se demonstrar que a situação de fato ou de direito é *distinta* das presentes no processo julgado sob o rito dos recursos repetitivos"; no segundo caso, o § 17, igualmente advindo com aquela Lei, prevê: "Caberá revisão da decisão firmada em julgamento de recursos repetitivos quando se alterar a situação econômica, social ou jurídica, caso em que será respeitada a segurança jurídica das relações firmadas sob a égide da decisão anterior, podendo o Tribunal Superior do Trabalho *modular os efeitos* da decisão que a tenha alterado".

Tais positivações são eloquentes manifestações da crescente *aproximação* entre as famílias do *civil law* e do *common law*, levando a que o labor interpretativo seja indispensável em ambos os sistemas, em decorrência da própria natureza do Direito, assim quando expressado em normas abstratas, como na hipótese em que sua *ratio* ou seja, seus *motivos determinantes*, vem extraída a partir de casos precedentemente julgados.

Esse contexto que aponta para a inevitabilidade da interpretação deve ser compreendido tendo-se presente que o Brasil é um país de dimensão continental, onde o Poder Judiciário, conquanto *unitário* – sob o duplo enfoque de os órgãos jurisdicionais virem relacionados em *numerus clausus* no art. 92 e incisos da CF e de aqui não ter prosperado o Contencioso Administrativo – é, *funcionalmente*, bifurcado em dois grandes ramos – Justiça Estadual e Justiça Federal, esta última repartida em (*i*) comum, encimada pelo STJ e (*ii*) especial (trabalhista, eleitoral, militar), contando cada qual destas vertentes com um tribunal de última instância – TST, TSE, STM – tudo ao final encimado pelo STF, o *guarda da Constituição* – CF, art. 102, *caput*.

A tal complexa estrutura se agrega ainda o fato de que os órgãos jurisdicionais, embora não estejam exatamente *hierarquizados* (ao menos no senso em que tal expressão é tomada no âmbito da Administração Pública), encontram-se sobrepostos sob *competência de derrogação* (efeitos devolutivo e translativo dos recursos), com órgãos monocráticos à base da pirâmide; tribunais locais (TJ's) e regionais (TRF's, TRT's, TRE's, Tribunais Militares) ao meio, Cortes superiores no cimo, tudo engendrando a virtualidade de serem alcançadas exegeses discrepantes acerca de um mesmo texto legal, envolvendo situações análogas, tornando palpável o risco de tratamento anti-isonômico aos jurisdicionados.

Não há como negar que a isonomia consiste, numa formulação *pela negativa*, em "tratar desigualmente os desiguais na medida em que se desigualam"; e, por isso mesmo, José Maria Rosa Tesheiner, em passagem que permite evocar a temível *jurisprudência lotérica*, considera "um escândalo que a vitória ou a sucumbência da parte se determine pela sorte, conforme a distribuição do seu processo se o processo se faça a esta ou aquela Câmara. Se todos são iguais perante a lei (Constituição, art. 5.º), não se concebe que o Tribunal trate uns diferentemente dos outros, em identidade de circunstâncias". [12]

Se é verdade que o dissídio pretoriano afigura-se compreensível e mesmo previsível, assim em primeiro grau (figure-se o dissenso entre Varas da Fazenda Pública quanto à inclusão, no *quantum* da desapropriação, do valor correspondente ao fundo de comércio) como nos tribunais (dada sua organização em órgãos fracionários – Câmaras, Turmas, Seções e ainda o Pleno e o Órgão Especial), não é menos verdade que esse virtual dissenso não exonera o sistema judiciário de excogitar meios e instrumentos voltados a prevenir, superar, ou quando menos amenizar o risco do tratamento anti-isonômico a situações afins. Ou seja, o sistema reconhece a virtualidade do dissídio jurisprudencial, mas dá claras indicações de que intenta superá-lo por meios e técnicas diversos, tais os embargos infringentes *de ofício* (CPC, art. 942 e §§) ou o recurso especial com base na alínea *c* do art. 105, III, da CF.

No ponto, afirma Evaristo Aragão Santos: "Divergências são salutares e aceitáveis, mas apenas até que o posicionamento a respeito do tema seja consolidado ou no ambiente restrito do órgão fracionário ou, mais à frente, no âmbito do tribunal. A partir dali, os julgadores que eventualmente ainda dele discordem, têm no mínimo o *dever moral* de respeitá-lo, sobrepondo aquele entendimento às suas convicções pessoais".[13] Bem por isso, aliás, dispõe o art. 927 do CPC/2015: "Os juízes e tribunais *devem observar*: (...) V – a *orientação do plenário ou do órgão especial* aos quais estiverem vinculados".

Em verdade, a divergência jurisprudencial – compreensível e previsível *até certo ponto*, desde que contida em *dimensão razoável* – passa a tornar-se inaceitável e a projetar deletérios efeitos quando remanesce ou até recrudesce ao meio da pirâmide judiciária – TJ's, TRT's, TFR's, TRE's, Tribunais Militares – e com maior razão nas Cortes superiores – configurando então a *dispersão jurisprudencial excessiva*, caótica e perversa, descrita em cores fortes por Sidnei Agostinho Beneti, ao enfatizar a perplexidade que assoma os jurisdicionados, quando veem "casos absolutamente idênticos receberem desfecho diverso – o que, além de desprestigiar a decisão judicial, e, evidentemente, arrefecer o respeito espontâneo da norma, gera o descrédito

---

12. Uniformização de jurisprudência. *Revista Ajuris* – Associação dos Juízes do Rio Grande do Sul, n. 50, nov. 1990, p. 179.
13. Em torno do conceito e da formação do precedente judicial. In ARRUDA ALVIM WAMBIER, Teresa (coord.), *Direito Jurisprudencial*, 2.012, cit., p. 161-162.

na justiça e permite a suposição de influências ignotas, por perseguição ou favorecimento, na produção do julgado desfavorável ou favorável".[14]

Afinal, pouco significaria a "igualdade de todos perante a lei" (CF, art. 5.º, *caput*), se tal isonomia se confinasse à norma enquanto posta abstratamente no ordenamento, vindo, todavia, a perder essa aura igualitária quando aplicada aos casos judicializados, frustrando os destinatários da norma, constrangidos a ver a norma de regência defractar-se em múltiplas exegeses – não raro antagônicas – em detrimento da segurança jurídica, da confiança no Direito, da credibilidade no Judiciário e, enfim, do próprio senso comum de justiça.

O CPC revela intensa preocupação com a *dispersão jurisprudencial excessiva*, lendo-se no bojo do ítem 1.º da Exposição de Motivos do anteprojeto: "(...) haver, indefinidamente, posicionamentos diferentes e incompatíveis, nos Tribunais, da mesma norma jurídica, leva a que jurisdicionados que estejam em situações idênticas, tenham de submeter-se a regras de conduta diferentes, ditadas por decisões judiciais emanadas de tribunais diversos".

Se é verdade que, como antes dito, em primeiro grau se consente a virtualidade do dissenso entre os órgãos singulares – haja vista, por exemplo, a previsão de Turmas de Uniformização, nos Juizados Especiais (Lei 10.259/2001, art. 14 e §§) – tal premissa não é de se aplicar aos órgãos colegiados, aos quais incumbe não só o poder-dever de decidir proficientemente os recursos que lhes são encaminhados, mas ainda, como prescreve o CPC, desincumbir-se da empreita de "uniformizar sua jurisprudência e mantê-la estável, íntegra e coerente", cometendo-lhes ainda o labor de editarem "enunciados de súmula correspondentes à sua jurisprudência dominante" (art. 926 e § 1.º).

Bem por isso, a processualística intenta, senão eliminar, ao menos conter em limite tolerável (ou administrável) a dispersão jurisprudencial, para tanto ofertando impugnações e expedientes vocacionados a prevenir ou a superar o dissenso, como se colhe deste rol: *embargos infringentes de ofício* (CPC, art. 942 e §§); *embargos de divergência* no STF e no STJ (CPC, art. 1.043, incisos e §§); *incidente de resolução de demandas repetitivas* (CPC, arts. 976-987); *pedido de uniformização de interpretação de lei federal*, no âmbito dos Juizados Especiais (Lei 10.259/2001, art. 14 e §§); *decisões-quadro*

14. Doutrina de precedentes e organização judiciária. In FUX, Luiz *et al.* (coords.), *Processo e Constituição – estudos em homenagem ao professor José Carlos Barbosa Moreira*, São Paulo: Revista dos Tribunais, 2006, p. 484.

nos RE's reconhecidos com *repercussão geral* (CF, § 3º do art. 102; CPC, art 1.035 e § 1º) e nos RE's e RESP's repetitivos afetados como *representativos da controvérsia*(CPC, arts. 1.036-1.041); *liminar improcedência de* pedido que se revela contrário ao direito sumular ou outros padrões decisórios listados nos incisos do art. 332 do CPC; *recurso especial* ao STJ, fundado em divergência na interpretação da lei federal (CF, art. 105, III, *c*). Ainda com análoga finalidade, o art. 896 da CLT prevê o *recurso de revista* ao TST, cabível "das decisões proferidas em grau de recurso ordinário, em dissídio individual, pelos Tribunais Regionais do Trabalho quando: *a*) derem ao mesmo dispositivo de lei federal *interpretação diversa* da que lhe houver dado outro Tribunal Regional do Trabalho, no seu Pleno ou Turma, ou a Seção de Dissídios Individuais do Tribunal Superior do Trabalho, ou contrariarem súmula de jurisprudência uniforme dessa Corte ou súmula vinculante do Supremo Tribunal Federal" (alínea cf. redação da Lei 13.015/2014).

É dizer: o sistema labora com a virtualidade da divergência, mas dá mostras evidentes de que... *não gosta dela*, e, por isso, fornece meios e instrumentos para manejá-la, ora buscando preveni-la, ora superá-la.

Apesar de todo o arsenal preordenado a conter em limite razoável o dissídio jurisprudencial, a *praxis* judiciária exibe situação deveras preocupante, beirando a temível *jurisprudência lotérica* e arriscando projetar, como externalidade negativa, o *oportunismo* daqueles que, nada tendo a perder ou tendo muito pouco – por não lhes assistir o direito material – arriscam-se em aventuras judiciárias, com isso fomentando o já exacerbado *demandismo*. Ao propósito, analisa Bruno Dantas: "Se, por um lado, a divergência judicial concita a dialética e estimula o desenvolvimento do direito e o surgimento de soluções afinadas com a realidade social, por outro, não se pode negar seu poder de estimular a litigiosidade no seio da sociedade. Quando a mesma situação fática, num dado momento histórico, é decidida por juízes da mesma localidade de forma diametralmente antagônica, a mensagem enviada à sociedade é de que ambas partes têm (ou podem ter) razão. Ora, se todos podem ter razão, até mesmo quem, por estar satisfeito com o tratamento jurídico que sua situação vinha recebendo, não havia batido às portas do judiciário, terá forte *incentivo* a fazê-lo".[15]

Por outro lado, vale ter presente que também os produtos judiciários *otimizados* (súmulas, decisões-quadro, orientações jurisprudenciais na Justiça

15. jurisprudência dos tribunais e o dever de velar por sua uniformização e estabilidade. *Revista de Informação Legislativa* (Senado Federal) n. 190, abr./jun. 2011, p. 65.

do Trabalho, Questões de Ordem fixadas no Pleno ou Órgão Especial dos tribunais, acórdãos em incidente de assunção de competência, no IRDR e no julgamento de recursos repetitivos) não dispensam o labor interpretativo, seja para fim de configurar seu precípuo conteúdo (extensão-compreensão), seja aferir quanto à sua aplicabilidade ao caso concreto. Afinal, dentre nós os precedentes se expressam em fórmulas vernaculares, como por exemplo se passa com os enunciados das súmulas, donde a inevitabilidade de sua interpretação, mesmo quando a redação empregada se apresenta clara, já que, como já se disse com espírito, até mesmo a clareza do texto precisa ser verificada, com vistas a saber se é mesmo clara...

O ora afirmado aplica-se até mesmo à súmula vinculante do STF, porque seu cumprimento – sob pena de cassação da decisão recalcitrante, por acolhimento de reclamação: CF, § 3.º do art. 103-A; CPC, art. 988, III, inciso com redação da Lei 13.256/2016 – depende de que a *ratio* nela expressa seja corretamente compreendida. Pode-se, por exemplo, figurar um questionamento à vista da Súmula Vinculante n. 31 ("É inconstitucional a incidência do imposto sobre Serviços de Qualquer Natureza – ISS – sobre operações de locação de bens móveis"): tal enunciado seria de aplicar-se ao arrendamento mercantil – *leasing* – que é contrato misto, no qual a locação é um dos elementos?[16] Justamente por isso, o *descumprimento* de súmula vinculante, como fundamento de reclamação, compreende "a *aplicação indevida* da tese jurídica e sua *não aplicação aos casos que a ela correspondam*" (CPC/2.015, § 4.º do art. 988, c/c III), aferição que, por certo, reclamará o labor interpretativo por parte do julgador.

Das precedentes considerações se extrai, sem esforço, que das três funções cometidas aos Tribunais – a *nomofilácica* (zelo pela higidez da norma) *dikelógica* (resolução justa e convincente do conflito) e *paradigmática* (fixação de *padrões decisórios*), esta última vem se avantajando de tempos a esta parte, mormente pela conscientização de que a formulação de paradigmas judiciários, longe de causar mossa à livre convicção judicial ou à independência funcional, em verdade intenta facilitar, racionalizar e agilizar os julgamentos, com vistas a preservar o tratamento isonômico e a segurança jurídica que merece o jurisdicionado.

Nesse sentido, Lucas Buril de Macedo, discorrendo sobre o *dever de estabilidade*, a que estão jungidos os tribunais na formulação de seus produtos

---

16. Sobre essa figura contratual, v. o nosso *Leasing*, 3. ed., São Paulo: Revista dos Tribunais, 2002, p. 31 e ss.

finais, lembra que "os órgãos judicantes não podem assumir posicionamentos inconsistentes e conflitivos, devendo manter sua jurisprudência racional, mediante precedentes que, em um primeiro aspecto, dialoguem com o que foi construído anteriormente, respeitando o dever de autorreferência, e, em um segundo sentido, é exigido que as decisões na continuidade ou na alteração, sejam proferidas sem inconsistências injustificadas entre elas. (...) Outrossim, o Judiciário, em comando direcionado especialmente aos tribunais, *deve ser compreendido como um só*, e, consequentemente, as orientações que são oferecidas aos jurisdicionados, especialmente pelos precedentes judiciais, não podem ser observadas de forma particularizada ou destacada dessa realidade".[17]

3. O CONTEÚDO SUBSTANCIAL DO PRINCÍPIO CONSTITUCIONAL DA IGUALDADE

O princípio da igualdade de todos perante a lei (art. 5.º, *caput* e inciso II), está afetado aos chamados *direitos fundamentais de primeira geração* (ou de primeira dimensão), os quais, segundo Pedro Lenza, "marcam a passagem de um Estado autoritário para um Estado de Direito e, nesse contexto, o respeito às liberdades individuais, em uma verdadeira perspectiva de absenteísmo estatal".[18] Tais direitos, segundo Paulo Bonavides, têm como titular "o indivíduo, são oponíveis ao Estado, traduzem-se como faculdades ou atributos da pessoa e ostentam uma subjetividade que é seu traço mais característico; enfim, são direitos de resistência ou de oposição perante o Estado".[19]

Tal garantia constitucional, para ser *efetiva* e não se reduzir a uma singela diretriz ou a uma norma programática, há que ser entendida sob o tríplice enfoque no qual se deve irradiar a *isonomia*: (*i*) *na lei*, nesse sentido de que o legislador, no plano da nomogênese, deve se abster de positivar desequiparações ilegítimas ou situações de injustificado privilégio; (*ii*) *perante a lei*, nesse sentido de que ela deve aplicar-se, sem distinções inconsistentes ou arbitrárias, às situações ou aos segmentos sociais aos quais ela se preordena. Enfim, no ponto que ora mais interessa, a lei não pode mostrar-se igualitária apenas enquanto posta abstratamente no ordenamento positivo, como produto final do Legislativo – a norma *legislada* – mas deve

17. regime jurídico..., cit., *Revista de Processo* n. 237, nov./2014, p. 381.
18. *Direito constitucional esquematizado*, 18. ed., São Paulo: Saraiva, 2.014, p. 1.056.
19. *Curso de Direito Constitucional*, 25. ed., São Paulo: Malheiros, 2010, p. 563-564.

manter tal isonomia quando tem o seu *momento judiciário*, vindo aplicada aos casos concretos, porque o jurisdicionado, enquanto destinatário final da prestação judicial, tem o direito de ver o *seu caso* tratado do mesmo modo que os demais que lhe sejam afins.

Nesse sentido, José Afonso da Silva destaca o "princípio da igualdade jurisdicional ou perante o juiz", que deve ser visto "sob dois prismas: (1) como interdição ao juiz de fazer distinção entre situações iguais, ao aplicar a lei; (2) como interdição ao legislador de editar leis que possibilitem tratamento desigual a situações iguais ou tratamento igual a situações desiguais por parte da Justiça".[20]

A dupla dimensão da igualdade - perante a *norma legislada* e a *norma judicada* - remete a uma *outra dualidade*, qual seja a que contrapõe as fontes do Direito e os Poderes constituídos, a saber: *(i)* a *norma legal*, produto final do Legislativo, que opera como referência para a produção dos atos jurídicos e para a avaliação das condutas comissivas e omissivas, assim no setor privado como no público - CF, art. 5.º, II - projetando eficácia geral, abstrata, impessoal e obrigatória; *(ii)* a *jurisprudência*, a saber, a interpretação da lei no âmbito do Judiciário, exegese que, em suas modalidades otimizadas - dominante, pacífica, sumulada; Questões de Ordemdo Plenário ou do Órgão Especial dos tribunais; acórdãos no controle direto de constitucionalidade, no incidente de assunção de competência, nas decisões-quadro nos RE's e REsp's repetitivos, no incidente de resolução de demandas repetitivas - constituem *precedentes* de observância obrigatória (CPC, art. 927 e incisos).

Trata-se, segundo Antonio Carlos de Araújo Cintra, Ada Pellegrini Grinover e Cândido Rangel Dinamarco, de "um sério dissenso entre duas correntes de pensamento", a saber, a *teoria dualista* do ordenamento jurídico (Chiovenda), pela qual "o ordenamento jurídico cinde-se nitidamente em direito material e direito processual (...): o primeiro dita as regras abstratas e estas tornam-se concretas no exato momento em que ocorre o fato enquadrado em suas previsões, automaticamente, sem qualquer participação do juiz"; já a *teoria unitária* (Carnelutti) sustenta que o comando legal "é incompleto, é como se fosse um arco que a sentença completa, transformando-o em círculo. Para quem pensa assim (...) não é tão nítida a cisão entre o direito material e o direito processual: o processo participa da criação de

20. *Curso de Direito Constitucional Positivo*, 19. ed., São Paulo: Malheiros, 2001, p. 221.

direitos subjetivos e obrigações, os quais só nascem efetivamente quando existe uma sentença".[21]

Parece-nos que o CPC revela-se receptivo à *teoria unitária*, antes referida, na medida em que em mais de uma passagem *condiciona* o reconhecimento ou o descarte de afirmados direitos à sua conformação ou não a certos *produtos judiciários otimizados*, por exemplo: *improcedência liminar* de pedido contrário ao enunciado de súmula, de acórdão em recursos repetitivos, ou em IRDR, ou em assunção de competência (art. 332 e incisos); *provimento/desprovimento* de recurso pelo relator, a partir de sua conformidade ou não com certos padrões decisórios (art. 932, IV, V e respectivas alíneas); *nulidade, por ausência de fundamentação* (CF, art. 93, IX) de decisão judicial dissonante de "súmula, jurisprudência ou precedente", exceto quando respaldada em demonstração da "distinção no caso em julgamento ou a superação do entendimento" (§ 1º, VI, do art. 489); *reclamação*, podendo levar à insubsistência do julgado recalcitrante ou equivocado (§ 4.º do art. 988, c/c art. 992), em caso de inobservância dos precedentes indicados nos incisos III e IV do art. 988, inciso com redação da Lei 13.256/2016.

Ao propósito da *igualdade* proclamada na Constituição Federal, afirma Pedro Lenza, focando o art. 5.º, *caput*, da CF: "Deve-se, contudo, buscar não somente essa aparente igualdade formal (consagrada no *liberalismo clássico*), mas, principalmente, a *igualdade material*. Isso porque, no *Estado social* ativo, efetivador dos direitos humanos, imagina-se uma igualdade mais real perante os bens, diversa daquela apenas formalizada em face da lei. Essa busca por uma igualdade substancial, muitas vezes idealista, reconheça-se, eterniza-se na sempre lembrada, com emoção, *Oração aos Moços*, de Rui Barbosa, inspirada na lição secular de Aristóteles, devendo-se *tratar igualmente os iguais e desigualmente os desiguais na medida de suas desigualdades*".[22]

Um exemplo de desequiparação ilegítima reside, ao nosso ver, no tratamento processual prioritário a pessoa com idade igual ou superior a sessenta anos, conforme nos pronunciamos em outra sede: "Para que se tivesse por *legítimo* o trâmite prioritário aos processos de que participam os idosos, seria preciso que só o *passar do tempo* fosse – de *per si* e independentemente de qualquer outro fator – um diferencial *autônomo e consistente*,

---

21. *Teoria geral do processo*, 19. ed., São Paulo: Malheiros, 2003, p. 39.
22. *Direito constitucional esquematizado*, 18. ed., 2014, cit., p. 1.072.

a ponto de justificar uma tal *desequiparação* em prol desse segmento. Dito de outro modo, o tratamento processual mais benéfico só se justificaria se, a par da idade igual ou superior a sessenta anos, incorresse alguma *outra* condição negativa, debilitante ou incapacitante, tal como (...) uma moléstia física ou mental importante (situação esta, de resto já contemplada no art. 1.211-A do CPC/1973, redação da Lei 12.088/2009; CPC, art. 1.048, I) ou a condição de *necessitado* (à sua vez já contemplada no art. 134 da CF/1988, conferindo a tutela desse segmento à Defensoria Pública)".[23]

Quando se reflete sobre a nomogênese – o processo de criação da norma – constata-se que, no ambiente político-majoritário do Parlamento, de ordinário apresentam-se várias proposições, submetidas aos debates próprios desse ambiente dialético, até que, num determinado momento, uma delas se avantaja, e, por votação majoritária ou em alguns casos até unânime, acaba sendo acolhida, levando à aprovação do projeto, a ser oportunamente submetido à sanção ou veto do Executivo, segundo os trâmites do processo legislativo – CF, arts. 61 a 68.

Costuma-se dizer – com razão – que "o papel aceita tudo", mas nem por isso uma norma, que é preordenada a projetar eficácia geral, abstrata, e impessoal, pode apresentar-se descompromissada de certos valores fundantes e atemporais, tais o sentido do justo, a aderência à boa-fé, a proteção da confiança, a clareza na verbalização, e, enfim, a pré-existência de uma ocorrência reconhecida como carente de regulação, situação dita de *norma necessitada*.

Bem por isso, não raro registra-se a edição de normas que apesar de *formalmente* aperfeiçoadas, todavia não encontram receptividade ao interno da coletividade, ou do segmento a que se endereçam, ensejando o fenômeno popularmente conhecido como *leis que não pegam*. A essa situação de precariedade social da norma, se agrega o próprio excesso na sua produção – dita *fúria legislativa* – agravada ainda pela chamada *nomogênese difusa*, tantos são os órgãos, agentes e instâncias credenciados a normatizar nos respectivos setores, através de múltiplos meios: medidas provisórias, decretos, resoluções, regulamentos, portarias, pareceres normativos, regimentos internos etc.

Toda essa pletora normativa engendra externalidades negativas, a começar pela dificuldade na identificação do texto aplicável ao caso concreto,

23. *Acesso à Justiça – condicionantes legítimas e ilegítimas*, 2. ed., São Paulo: Thomson Reuters-Revista dos Tribunais, 2.015, p. 331-332.

passando pela desorientação dos administrados e dos jurisdicionados, atingindo por fim os próprios operadores do Direito e os órgãos jurisdicionais, não raro perplexos diante de textos sobrepostos acerca de um mesmo tema básico. Considerem-se, por exemplo: O *Estatuto da Criança e do Adolescente* (Lei 8.069/90) e o *Estatuto da Juventude* (Lei 12.852/2013); o *Estatuto da Cidade* (Lei 10. 257/2001) e o *Estatuto da Metrópole* (Lei 13.089/2015); a Lei sobre atos de improbidade admnistrativa (Lei 8.429/92) e a Lei sobre atos danosos à administração pública perpetrados por pessoas jurídicas (Lei 13.846/2.013).

Ao ângulo da Administração Pública, tem-se buscado certa uniformização nos procedimentos, como se dá com os pareceres normativos no âmbito da Receita Federal, as súmulas da Advocacia Geral da União ou ainda as orientações diversas emitidas pelas agências reguladoras. Acerca dos entes públicos, vale destacar que o CPC prevê que o acórdão de mérito no IRDR, quando envolva "questão relativa a prestação de serviço concedido, permitido ou autorizado (...) será comunicado ao órgão, ao ente ou à agência reguladora competente para fiscalização da efetiva aplicação, por parte dos entes sujeitos a regulação, da tese adotada" (§ 2.º do art. 985), providência que, espera-se, deva contribuir para amenizar a judicialização desenfreada de demandas isomórficas, em áreas precípuas à replicação de processos, como programas governamentais, consumerismo, telefonia, cartões de créditos, seguro-saúde, financiamentos.

Afina-se com esse ideário o disposto na Lei 10.522/2002, cujo art. 19 (redação da Lei 11.033/2004) autoriza a Procuradoria da Fazenda Nacional "a não contestar, a não interpor recurso ou a desistir do que tenha sido interposto, desde que inexista outro fundamento relevante, na hipótese de a decisão versar sobre: (...) IV [incluído pela Lei 12.844/2013] – matérias decididas de modo desfavorável à Fazenda Nacional pelo Supremo Tribunal Federal, em sede de julgamento realizado nos termos do art. 543-B da Lei 5.869, de 11.01.1973, – Código de Processo Civil [novo CPC, v. § 1º do art. 1.036); V [incluído pela Lei 12.844/2013] – matérias decididas de modo desfavorável à Fazenda Nacional pelo Superior Tribunal de Justiça, em sede de julgamento realizado nos termos do art. 543-C da Lei 5.869, de 11.01.1973 – Código de Processo Civil [novo CPC, v. § 1º do art. 1.036], com exceção daquelas que ainda possam ser objeto de apreciação pelo Supremo Tribunal Federal".

Outrossim, é sob um renovado ambiente de integração e complementaridade entre a *norma legal* e a *norma judicada* que já antes se inseria a autorização legal para a AGU "(...) dispensar a propositura de ações ou a interposição de recursos judiciais quando a controvérsia jurídica estiver sendo iterativamente decidida pelo Superior Tribunal Federal ou pelos Tribunais Superiores" (art. 4º da Lei 9.469/1997): é que, tratando-se de advocacia do setor público – órgão credenciado a emitir súmula de aplicação obrigatória para a administração (LC 73/1993, arts. 4.º, XII e 43) – não se compreenderia a insistência obsessiva na sustentação de teses ou pretensões que já não encontram eco na jurisprudência assentada no STJ ou no STF, sobretudo no julgamento de RE's e REsp's repetitivos, tanto mais agora que, sob o CPC/2015, juízes e tribunais estão vinculados às teses fixadas nesses julgamentos proferidos em bloco ou por amostragem (art. 927, III, c/c art. 928, II). Registre-se ainda que a Lei 13.140/2015 veio possibilitar o uso da *mediação* nos conflitos envolvendo o Poder Público – *o grande cliente do Judiciário* – prevendo o art. 35 que tal se faça através de "transação por adesão, com fundamento em: I – autorização do advogado-Geral da União, com base na *jurisprudência pacífica do Supremo Tribunal Federal ou de tribunais superiores*".

Com efeito, parca ou mesmo nula aplicação teria a enfática proclamação constitucional da "igualdade de todos perante a lei", se, na prática, por ocasião da aplicação da norma de regência aos casos concretos, ela vem a consentir os mais diversos entendimentos, sem que, num determinado momento, se alcance um sentido *coeso e unitário* nessa exegese, especialmente no âmbito dos Tribunais. A dispersão errática da jurisprudência acaba por ensejar injustiças de toda sorte, a par de desorientar a coletividade, em detrimento da respeitabilidade imanente aos atos estatais e da credibilidade dos agentes encarregados de fazê-los valer. Daí dispor o CPC, no art. 926: "Os tribunais *devem* uniformizar sua jurisprudência e mantê-la estável, íntegra e coerente"; completa o § 1.º, dispondo que devem as Cortes editar "enunciados de súmula correspondentes a sua jurisprudência dominante". Estão, pois, lançadas no ordenamento pátrio as bases do *dever de uniformizar* e do *dever de sumular* os entendimentos assentados.

Nesse sentido, afirma Caio Márcio Gutterres Taranto: "Em sede de doutrina, desde muito, é consolidada a premissa de que igualdade é tratar iguais com igualdade e desiguais com desigualdade. Assim, a igualdade é compreendida pela projeção de antíteses para a busca de identificações em um dado discurso. A atividade jurisdicional mostra-se responsável para estabelecer quais são as condições iguais e quais as desiguais. Em outras palavras, perante relações jurídicas litigiosas, igualar iguais e desigualar desiguais, consubstancia atividade tipicamente jurisdicional. (...)

Não há processo efetivo e ordem jurídica justa se a atividade jurisdicional limitar-se a opiniões isoladas de cada aplicador ou julgador, despojando o Poder Judiciário da qualidade de instituição constitucional, responsável pela uniformização do *ius in thesi*, ao se colocar a independência do juiz (individualmente considerado) acima, até mesmo, do legislador. O acesso à Justiça, assim, estaria comprometido pela álea, em descompasso com o constitucional princípio da igualdade".[24]

Assim, não haveria exagero em se dizer que o costumeiro questionamento, quanto a saber se é dado ao precedente judiciário *criar o Direito*, em verdade se reduz a um falso problema, porque a *efetividade* - jurídica e social - da norma legal está na razão direta da perfeita compreensão de seu real significado, e esse mister, em *ultima ratio*, é desempenhado pelo Judiciário, até em decorrência da garantia do acesso à Justiça. Corolariamente, não haveria qualquer racionalidade em que uma questão de direito, após reiteradamente interpretada e assentada, não se convertesse num padrão decisório, capaz de parametrizar a resolução isonômica dos casos ali subsumidos. No dizer de Celso Antonio Bandeira de Mello, são as decisões jurisdicionais "que produzem a intelecção autêntica do Direito. Deveras, é a intelecção da norma que determina e especifica seu conteúdo. Já houve quem dissesse, em frase conhecida, que o que se aplica não é a norma, mas a interpretação que dela se faz". [25]

Note-se que ainda no caso dos chamados conceitos *vagos ou indeterminados*, comumente utilizados pelo Direito (*v.g.*, boa fé, proteção da confiança, lesão enorme), o juiz fica adstrito a esclarecer o *sentido* em que os mesmos estão sendo tomados para a decisão do caso concreto, até para que a parte tornada sucumbente tenha condições de questionar e rebater a argumentação judicial, ao ensejo da interposição do recurso. Nesse sentido, acertadamente, o CPC considera *não fundamentada* (portanto: nula - CF, IX do art. 93) qualquer decisão judicial que "empregar conceitos jurídicos indeterminados, sem explicar o motivo concreto de sua incidência no caso" (§ 1], II, do art. 489).

Ao propósito do *dever de fundamentar*, Cândido Rangel Dinamarco, embora reconheça a "impossibilidade de emitir critérios muito objetivos

---

24. *Precedente judicial - autoridade e aplicação na jurisdição constitucional*. Rio de Janeiro: Gen-Forense, 2010, p.121, 122 e 123.
25. Segurança jurídica e mudança de jurisprudência. *Revista de Direito do Estado*, n. 6, abr./jun. 2007, p. 330.

acerca dos limites entre a sentença mal motivada e não motivada", afirma que o *dever de motivação* opera como "*elemento de limitação ao poder do juiz*. É inerente à garantia constitucional do devido processo legal a oposição de limites ao poder estatal como um todo, que o juiz exerce *sub specie jurisdictionis*. Decidir sem fundamentar suficientemente é exercer o poder sem dar atenção às partes e aos órgãos superiores da Magistratura, a quem compete, pela via dos recursos que lhe chegam, examinar os motivos expostos e se pronunciar sobre eles – seja para confirmá-los seja para repudiá-los". [26]

Nesse sentido, o direito sumular credencia-se a prestar relevante papel na clarificação do sentido substancial da norma, agregando valor aos julgamentos, justamente porque a súmula representa o entendimento razoavelmente assentado (jurisprudência dominante ou pacífica) sobre a inteligência de uma dada norma legal, assim contribuindo expressivamente para a consecução de valores relevantes para a atividade jurisdicional, tais a consistência técnico-jurídica dos julgamentos, a agilização dos trâmites e o tratamento isonômico aos casos análogos. Por exemplo, o regime do *bem de família* vem regrado na Lei 8.009/1990 e nos arts. 1.711 a 1.722 do Código Civil, mas o STJ agregou precisões ao tema, ao emitir estas súmulas: 364 – "O conceito de impenhorabilidade de bem de família abrange também o imóvel pertencente a pessoas solteiras, separadas e viúvas"; 449 – "A vaga de garagem que possui matrícula própria do registro de imóveis não constitui bem de família para efeito de penhora". Noutro exemplo, o art. 97 da CF estabelece que a declaração de inconstitucionalidade de lei ou ato normativo do Poder Público, no âmbito dos tribunais, depende do "voto da maioria absoluta de seus membros ou dos membros do respectivo órgão especial"; em que pese a clareza do dispositivo, a súmula vinculante nº 10 do STF veio agregar dado importante à intelecção da matéria, ao dispor que viola tal *reserva de plenário* "a decisão de órgão fracionário de Tribunal que, embora não declare expressamente a inconstitucionalidade de lei ou ato normativo do poder público, afasta sua incidência, no todo ou em parte".

Quanto ao direito federal comum, cabe ao STJ fixar a *ultima ratio* na exegese, donde sua atribuição constitucional para dirimir o dissídio a respeito, instaurado *entre os Tribunais* (alínea *c* do art. 105, III), assim desempenhando, pois, elevada missão *paradigmática*.

Conquanto todas as súmulas, à exceção das vinculantes do STF (CF, art. 103-A), operem persuasivamente, no plano da *influência*, não há negar

26. *Fundamentos do processo civil moderno*, t. II, 3. ed., São Paulo: Malheiros, 2000, p. 1.080.

sua cabal aptidão para promover o tratamento igualitário aos casos nelas subsumidos, a par de racionalizar e agilizar os trâmites, notadamente com o advento do CPC, na medida em que a contrariedade entre a pretensão inicial e a súmula do STF ou do STJ concernente ao caso autoriza a *improcedência liminar do pedido* (art. 332, I); outrossim, juízes e tribunais estão doravante *jungidos a observar* os produtos jurisdicionais otimizados, listados nos incisos do art. 927, dentre eles os acórdãos que fixam a *tese jurídica* alcançada ao final do IRDR (inciso III desse dispositivo, c/c art. 928, I), cabendo *reclamação* em caso de descumprimento a tal precedente (art. 988, IV, redação do inciso cf. Lei 13.256/2016, c/c art. 928, I).

Sob outra perspectiva, não há exagero em afirmar que, se a norma reveste-se de legitimidade *formal* ao se positivar ao cabo do regular processo legislativo (proposta > discussão > aprovação > sanção > promulgação > publicação > vigência), não é menos verdade que tal regularidade não assegura (ao menos não necessariamente) sua legitimidade *substancial* nem tampouco garante sua recepção positiva ao interno da coletividade (credibilidade social), *status* que a norma só atinge quando é *naturalmente prestigiada*, ou seja, quando ela *realmente* vem preencher em modo efetivo uma lacuna ou uma carência, nas situações ditas de *norma necessitada*.

De outra parte, não há negar que toda norma prende-se em certa medida a uma sorte de *condição resolutiva*, permanecendo em vigor se e enquanto não venha a ter sua constitucionalidade recusada em controle direto (pelo STF, no caso do direito federal *lato sensu*; por um TJ no caso de normação local). Mesmo fora e além dessa ocorrência extrema, a norma, a despeito de estar em vigor, se sujeita a uma sorte de *avaliação continuada*, no tocante à sua regularidade formal (controle *incidental* de constitucionalidade - CF, art. 97; CPC/2015, art. 948) e ao seu próprio conteúdo (compreensão-extensão), toda vez que ela vem a ter sua *passagem judiciária*, no bojo de uma controvérsia judicializada.

Por aí se compreende o poder atribuído ao Relator, no art. 932 do CPC para (...) "IV – negar provimento a recurso que for contrário a (...) *c*) entendimento firmado em incidente de resolução de demandas repetitivas (...)": é que a partir da avaliação colegiada sobre a *questão de direito*, suscitada em demandas múltiplas (CPC, art. 976, I, c/c art. 985, *caput*) a norma de regência alcança seu *real significado*, superando anteriores divergências exegéticas, por modo que a *tese jurídica* alcançada ao final do IRDR passa a projetar *eficácia paradigmática geral* (incisos do art. 985; § 2º do art. 987), assim permitindo que ambas as igualdades – *na lei* e *perante ela* – operem harmônica e conjuntamente.

No atual estágio do equilíbrio entre os Poderes no Brasil, pode-se dizer que a norma legal, formalmente aprovada no Parlamento, sancionada e promulgada pelo Executivo, passa a ter seu real significado (extensão-compreensão) a partir do pronunciamento, assentado nos tribunais, acerca de seu real significado, mormente no âmbito do STJ e do STF, na esteira da *teoria unitária* da formação do Direito, antes citada, e da conhecida assertiva do *Justice* norte-americano Charles Evans Hughes "we are under a Constitution, but the Constitution is what the judges say it is, and the judiciary is the safeguard of our liberty and our property under the Constitution".[27] Esse, ao nosso ver, é o sentido contemporâneo da *completude* do ordenamento jurídico, a englobar (e fazer interagir) a *norma legislada* e a *norma judicada*.

As precedentes considerações servem ainda a evidenciar que a clássica premissa – *in claris cessat interpretatio* – não é mais de atualidade, mormente em se considerando o contemporâneo ambiente de *fúria legislativa* e de *nomogênese difusa*, ante o qual a coletividade se vê premida – senão já atordoada – por uma pletora crescente de normas de variada espécie, origem e eficácia. Nesse sentido, Vera Lúcia Feil Ponciano inclui dentre as concausas da crise numérica de processos judiciais "(...) (b) a instabilidade normativa e a inflação jurídica decorrente da produção legislativa desordenada e desenfreada pelo Executivo e Legislativo, inclusive contrariando a Constituição Federal; (c) a produção legislativa impulsionada unicamente pelo clientelismo político; (...)".[28]

O demandismo judiciário exacerbado, em certa medida insuflado pela antes referida *nomogênese difusa*, acaba por agregar ao labor judicante – "julgar a causa, aplicando o direito ao fatos" – a tarefa adicional de aferir qual o vero entendimento que tem sido dado à norma de regência, mormente pelos Tribunais da Federação, inclusive porque em certos casos, as decisões-quadro, por estes emitida, projetam eficácia panprocessual, como se dá com os RE's reconhecidos no STF com repercussão geral ou com os RESp's afetados no STJ como representativos da controvérsia, valendo salientar que a recusa

27. Discurso perante a Câmara de Comércio, Elmira, New York, 03.05.1907. Sítio [https://pt.wikiquote.org./wiki/charles_evans_hughes]. Acesso em 15.02.2019.

28. Morosidade da Justiça: Crise do Judiciário ou crise do Estado? Jornal *O Estado do Paraná*, 10.07.2008.

imotivada à aplicação de tal padronização decisória desafia *reclamação* – à condição de que estejam "esgotadas as instâncias ordinárias" (CPC, art. 988, IV e § 5º, II, inciso acrescido pela Lei 13.256/2016) – a qual, sendo acolhida, leva à cassação da decisão recalcitrante ou equivocada (art. 992).

As teses jurídicas resultantes do julgamento de RE's e RESp's repetitivos, no STF e STJ, respectivamente, laboram expressivamente para o *tratamento igualitário às pretensões afins*, assim agregando eficácia *substancial* ao princípio constitucional da igualdade de todos perante a lei. Nesse sentido, Luís Henrique Volpe Camargo enquadra tais decisões-quadro do STF e do STJ na classe dos *precedentes fortes*, porque "são originários dos órgãos de cúpula do sistema judicial brasileiro e têm procedimento diferenciado na sua formação". Na sequência, evocando disposições dos projetos de lei à época preordenados ao CPC/2015, prognosticava o articulista que "os tribunais locais e os juízos de 1.º grau poderão – na verdade *deverão* – resolver as matérias de modo *isonômico*, aplicando a todos os casos repetitivos as mesmas respostas judiciárias já consagradas nos tribunais superiores e no próprio tribunal estadual (TJs) ou regional (TRFs). Assim, a se manter a tendência atual de os tribunais superiores solucionarem, por meio de *precedentes fortes* (CPC [73], art. 543-B e 543-C [novo CPC, art. 1.036, *caput*], as principais discussões jurídicas repetitivas, em razoável espaço de tempo, o Brasil poderá ter um salto positivo de qualidade tanto no sentido de tratamento igualitário, quanto de celeridade na prestação jurisdicional. Com a solução uniforme das denominadas demandas múltiplas, caberá ao Poder Judiciário de maneira geral decidir novas questões jurídicas ou os denominados *hard cases*, isto é, os processos complexos, que não se reproduzem, que não se multiplicam e que, por tal razão, demandam análise individual. Por tudo isso, a valorização e respeito aos precedentes importa, exatamente, em mudar o panorama de dispersão atual para assegurar a *igualdade perante a lei* prevista na Constituição Federal".[29]

29. A força dos precedentes no moderno processo civil brasileiro. In ARRUDA ALVIM WAMBIER, Teresa (coord.), *Direito Jurisprudencial*, São Paulo: revista dos Tribunais, 2012, p. 584-589.

Capítulo III

TENDÊNCIA CONTEMPORÂNEA À PADRONIZAÇÃO DECISÓRIA E À FORÇA OBRIGATÓRIA DE PRODUTOS JUDICIÁRIOS OTIMIZADOS. CONTRAPONTO ENTRE EFICÁCIA E EFICIÊNCIA DA PRESTAÇÃO JURISDICIONAL

Uma das diferenças entre as famílias jurídicas do *common law* e do *civil law* consiste nisso que, enquanto naquela primeira, por milenar influência da *equity*, sobreleva a diretriz do tratamento isonômico aos casos judicializados (*treat equal cases alike*), a partir da extração da *ratio decidendi*, já na família do *civil law*, radicada na tradição romanística, a fonte precípua dos direitos e obrigações reside na *norma legal*: geral, abstrata, impessoal, de obrigatoriedade a todos imposta. Em nosso regime jurídico-político, de extração constitucional, a norma legal é a forma principal de expressão do Direito (art. 5.º *caput* e inciso II), assim estabelecido como paradigma para avaliação das condutas comissivas e omissivas, assim no setor público como no privado.

O nosso sistema jurídico, filiado à família romano-germânica, labora com o fato de que o ordenamento positivo não consegue captar todas as ocorrências relevantes – situações ditas de *norma necessitada* – mas, ainda presente tal premissa, não resta dúvida de que *é a própria norma* – no caso a *Lei de Introdução às normas do Direito Brasileiro* (redenominação dada ao Dec. Lei 4.657/1942 pela Lei 12.376/2010) – que credencia os elementos hábeis a colmatar os vazios da legislação, através dos chamados *meios de integração* – analogia, costumes, princípios gerais – (art 4.º dessa lei), certo ainda que, embora esteja o juiz adstrito a aplicar a norma de regência, o próprio ordenamento autoriza, em certos casos, o emprego da *equidade*, como se dá no âmbito dos Juizados Especiais (Lei 9.099/95, art. 6.º) ou no âmbito do CPC (§ único do art. 140) ou ainda na arbitragem (Lei 9.307/96, art. 2º, *caput*). A par disso, vale ter presente o disposto no art. 375 do CPC: "O juiz aplicará as *regras de experiência comum subministradas pela observação do que ordinariamente acontece* e, ainda, as *regras de experiência técnica*, ressalvado, quanto a estas, o exame pericial". Portanto, ainda quando venham utilizadas essas fontes secundárias ou supletivas, não fica excepcionado o primado da norma legal, porque impende que um texto de lei autorize tal emprego.

Verdade que, segundo a doutrina especializada, a clara distinção entre as *famílias jurídicas*, antes referidas, assim como a exclusiva afetação do *common law* ao precedente, ou do *civil law* à norma legal, foram ao longo do tempo se esmaecendo e perdendo a rigidez de outrora, registrando-se, na primeira daquelas famílias uma crescente aplicação do direito escrito (*Statement*), e, na segunda, um notório prestígio do elemento jurisprudencial, assim em suas modalidades como em seu grau de eficácia, mormente nas suas formas otimizadas, tais a jurisprudência dominante ou pacífica, as Questões de Ordem firmadas no Plenário ou no órgão Especial dos tribunais, as decisões-quadro nos recursos repetitivos, as decisões nos processos coletivos, os acórdãos no controle direto de constitucionalidade e nos incidentes de assunção de competência e de resolução de demandas repetitivas. Essa tendência evolutiva teve seu ápice com a positivação, pela EC 45/2.004, da súmula vinculante do STF: CF, art. 103-A e parágrafos; CPC, art. 1.035 e § 1º.

Não há negar, assim, uma *rota de aproximação*, agregada a um *ambiente de assimilação* entre as citadas famílias, como o reconhece Michele Taruffo, ao atestar a existência de uma autêntica *circulação de modelos*: "Diversamente de quanto sucedia ao longo de séculos, quando os ordenamentos processuais mudavam em ritmo muito lento, mas sobretudo 'em sentido vertical', ou seja, permanecendo cada qual dentro de si mesmo e evolvendo segundo linhas históricas próprias, o fenômeno característico da evolução mais recente é das 'interferências horizontais' entre sistemas distintos, ou – se se preferir – o da imitação de um sistema ou modelo por outros ainda que derivados de experiências históricas e linhas evolutivas muito heterogêneas. (...) Isto é: verifica-se complexo intercâmbio de modelos inclusive entre sistemas de *common law* e sistemas de *civil law*. São numerosíssimos os exemplos, sobretudo se se observa a influência do modelo norte-americano, mas bastará citar alguns para esclarecer o discurso: vários sistemas de *civil law* extraíram daquele modelo o júri penal (como aconteceu recentemente na Espanha), a técnica do interrogatório cruzado, a ideia de pôr limites ao recurso às cortes supremas, a *class action*, o uso de depoimentos escritos, à semelhança do *affidavit* etc. Não faltam todavia, conquanto bem menos frequentes, hipóteses em que os legisladores de *comon law* olharam para os sistemas da Europa continental: o caso paradigmático é o da Inglaterra, que consagrou, com as *Rules* de 1999, a ideia de um Código Processual, até aquele momento estranha à tradição inglesa, e que parece haver buscado inspiração nos modelos europeus, por exemplo em matéria de medidas cautelares e de poderes do juiz no processo."[1]

Sob a tendencial valorização da jurisprudência em suas formas otimizadas, a par da potencialização de sua eficácia, vale ressaltar a inserção, no CPC/2015, do *incidente de resolução de demandas repetitivas*, cuja *tese jurídica* ao final alcançada, será *aplicada*, a teor do art. 985 do CPC, "a todos os processos individuais ou coletivos que versem sobre idêntica questão de direito e que tramitem na área de jurisdição do respectivo tribunal, inclusive àqueles que tramitem nos juizados especiais do respectivo Estado ou região; II – aos casos futuros que versem idêntica questão de direito e que venham a tramitar no território de competência do tribunal, salvo revisão na forma do art. 986", certo ainda que a recalcitrância na aplicação da referida tese desafia *reclamação* (§ 1º daquele art. 985; inc. IV do art. 988, redação do inciso cf. Lei 13.256/2016).

Além disso, sob a expressão "julgamento de casos repetitivos" inclui-se o acórdão no IRDR (CPC, art. 928, I), sendo previsto que desafia *ação rescisória* a decisão de mérito transitada em julgado que, tendo se baseado em tal precedente ou em súmula ou acórdão firmado no rito dos RE's ou REsp's repetitivos, todavia "não tenha considerado a existência de *distinção* entre a questão discutida no processo e o padrão decisório que lhe deu fundamento" (§ 5º do art. 966, parágrafo acrescido pela Lei 13.256/2016). Isso porque um dos fundamentos da ação rescisória ocorre quando a decisão objetivada "violar manifestamente norma jurídica", e, no caso, o CPC considera *não fundamentada* (e, pois, nula: CF, art. 93, IX) a decisão judicial que "se limitar a invocar precedente ou enunciado de súmula, sem identificar seus fundamentos determinantes nem demonstrar que o caso sob julgamento se ajusta àqueles fundamentos" (inciso V do § 1º do art. 489).

O IRDR se preordena a constituir-se num instrumento voltado a prevenir ou superar a temida *dispersão jurisprudencial excessiva*, a qual tem sido alinhada dentre os fatores que vêm projetando deletérias externalidades negativas, tais a desorientação dos jurisdicionados, efetivos ou potenciais; a sobrecarga dos serviços judiciários; a lentidão do trâmite processual; o descrédito na função jurisdicional; o tratamento anti-isonômico às situações análogas, tudo em detrimento do protovalor da *segurança jurídica*.

---

1. Considerações sobre os modelos processuais de *civil law* e de *common law*. *Revista de Processo* n. 110, abr.-jun., 2003, p. 153, trad. José Carlos Barbosa Moreira.

Durante algum tempo cuidou-se que o *processo coletivo* conseguiria controlar a crise numérica de processos, dada sua aptidão para prevenir a atomização do macroconflito em multifárias demandas individuais, mediante a técnica de legitimação ativa fundada na *representação adequada* do portador judicial (Ministério Público, Defensoria Pública, entes políticos, associações, órgãos públicos), agregada à *relevância social* do interesse (difuso, coletivo, individual homogêneo), mas a intercorrência de fatores diversos, mormente certas incompreensões conceituais, a par de dificuldades operacionais, foram, gradualmente, frustrando a inicial expectativa.

Assim é que Antonio Adonias Aguiar Bastos, conquanto conceda que "as demandas coletivas diminuem a desigualdade entre pequenos litigantes e grandes réus", ressalva que "a substituição processual traz inconveniente como (a) o de permitir que alguns sujeitos, legitimados pela lei, postulem em prol de interesse de uma coletividade geograficamente dispersa, cujos indivíduos não são conhecidos na sua totalidade, e que, muitas vezes, não possuem sequer notícia da demanda coletiva e dos seus efeitos; (b) a existência de conflitos internos na classe representada que não são considerados na propositura e no julgamento do conflito coletivo; (c) a falta de opção dos indivíduos substituídos em manifestar em juízo a vontade de não serem atingidos pelos efeitos da demanda coletiva; (d) a inexistência de comprometimento dos substituídos com questão debatida; e (e) de que alguns órgãos do Estado ou mesmo entidades representativas, legitimados em caráter geral e abstrato, não estejam tão próximos dos fatos".[2]

Diante de tão preocupante contexto, o legislador passou a excogitar outros meios e modos de manejo (senão já de contenção) da litigiosidade exacerbada sob a forma de demandas seriais, dentre os quais tem avultado a tendencial *padronização decisória*, com a qual se espera atingir mais de uma finalidade: tratamento isonômico aos casos massivos e repetitivos; agilização dos trâmites; amenização da sobrecarga do Judiciário; ganho de tempo, a ser aproveitado no exame dos casos singulares e complexos; otimização da eficácia da resposta jurisdicional. Ao propósito, afirma Dierle Nunes: "A profusão de demandas (litigiosidade em massa e repetitiva) exige a criação de dogmática específica para seu dimensionamento, e nestes termos, vem se defendendo no Brasil uma *padronização decisória preventiva*

---

2. Situações jurídicas homogêneas: um conceito necessário para o processamento das demandas de massa. *Revista de Processo* n. 186, ago., 2010, p. 93 e 94.

com aplicação muito peculiar da jurisprudência como fonte imediata de aplicação do direito em nosso país."[3]

O CPC/2015 mostra-se receptivo a tal tendência, na medida em que consente a irradiação de efeitos de produtos judiciários otimizados, assim na dimensão *endoprocessual*, como *panprocessual*, e até *extraprocessual*. (A) Sob o primeiro enfoque, pode ser lembrado que é dado ao relator *prover ou desprover desde logo o recurso* a partir do contraste entre a decisão atacada e certos padrões decisórios, tais as súmulas do STF, STJ ou do próprio tribunal, ou ainda acórdão do STF ou STJ em julgamento de casos repetitivos ou ainda acórdão em incidentes de resolução de demandas repetitivas ou de assunção de competência (art. 932, IV, V e respectivas alíneas). (B) Sob o segundo prisma, considere-se que fica o juiz autorizado a julgar *liminarmente improcedente* o pedido inicial que se mostra contrário a certos precedentes, listados nos incisos do art. 332, assim racionalizando a atividade jurisdicional, mormente no caso de demandas replicadas. (C) Enfim, sob o último tópico, considere-se que a *tese jurídica* firmada ao final do IRDR, quando se relacione a "questão relativa à prestação de serviço concedido, permitido ou autorizado", deve ser transmitida "ao órgão, ao ente ou à agência reguladora competente para fiscalização da efetiva aplicação, por partes dos entes sujeitos à regulação, da tese adotada" (§ 2º do art. 987), o mesmo se passando em face da decisão-quadro firmada no rito dos RE's e RESp's repetitivos (inciso IV do art. 1.040), em simetria com o que se passa com a súmula vinculante do STF, cuja eficácia também se estende à administração pública (CF, art. 103-A, *caput*). Ao propósito, o Min. Luís Felipe Salomão, do STJ, em entrevista ao jornal O Estado de São Paulo, indagado sobre o desempenho das agências reguladoras no Brasil, respondeu: "Nos outros países onde existe agência reguladora, no nosso modelo, elas funcionam na prevenção de litígios, exatamente pra não judicializar. No Brasil, elas não funcionam. Daí, existe o que nós chamamos de uso predatório do Judiciário". [4]

Embora pareça inegável que a tendencial *padronização decisória* labora para amenizar o estoque dos processos pendentes – "índice de congestionamento", na terminologia empregada nas pesquisas e estatísticas do

---

3. Precedentes, padronização decisória preventiva e coletivização. In: Teresa Arruda Alvim Wambier (coord.), *Direito Jurisprudencial*, São Paulo: Revista dos Tribunais, 2012, p. 262.
4. Matéria nominada "Sem políticas efetivas vamos cair num atoleiro", 05.03.2.019, cad. A-5.

CNJ[5] – permitindo alcançar uma eficácia *quantitativa*, daí não se extrai, todavia, que, necessariamente, fique assegurada uma resposta jurisdicional *de qualidade*, a que faz jus o jurisdicionado, valendo neste passo lembrar a parêmia pela qual a *quantidade afeta a qualidade*. Em outra sede, buscamos indicar os seis requisitos de uma resposta jurisdicional de *qualidade*: "*justa, jurídica, econômica, tempestiva, razoavelmente previsível, com aptidão para promover a efetiva e concreta satisfação do direito, valor ou bem da vida reconhecidos no julgado*".[6] Em linha afinada com essa proposição, dispõe o art. 4.º do CPC: "As partes têm o direito de obter em prazo razoável a solução integral do mérito, *incluída a atividade satisfativa*."

No senso que ora se vai expondo, observe-se que na instância recursal excepcional, tanto o STF como o STJ, uma vez proferido juízo de admissibilidade *positivo* (atribuído ao tribunal *recorrido* pelo art. 1.030, V, do CPC/2015, cf. Lei 13.256/2016) do recurso extraordinário ou do recurso especial – CF, art. 102, III e 105, III, nessa ordem – estão jungidos a decidir *a lide*, por força dos efeitos devolutivo e translativo de tais apelos, e, nesse sentido, tanto a Súmula do STF 456 como o art. 257 do RISTJ afirmam que tais Cortes, conhecendo de tais recursos, julgarão "a *causa*, aplicando o direito à espécie", disposição recepcionada no art. 1.034, *caput*, do CPC. Todavia, não é (ou ao menos não é exatamente) o que se constata nos *julgamentos em bloco* ou *por amostragem* dos RE's e RESp's repetitivos (CPC, art. 1.036 e § 1º), onde em verdade vem emitida uma *decisão-quadro* no processo afetado como piloto, donde referir-se o CPC à *orientação* firmada pelo STF e pelo STJ (incisos I e II do art. 1.040), e, não, exatamente, ao *julgado* provindo daquelas Cortes. Ou seja: em nome da pragmática finalidade de *agilização dos trâmites* e redução da *crise numérica de processos*, resta em certa medida comprometida a precípua função de tais Cortes superiores, qual seja a de decidirem as *causas*, aplicando-lhes a *ultima ratio* sobre a questão de extração constitucional (STF) ou de direito federal comum (STJ).

(Algo semelhante se passa no IRDR: em que pese a denominação do instituto, não são as demandas repetitivas que restam julgadas, mas uma *tese jurídica* é que fica estabelecida no tribunal, em ordem a formatar,

---

5. Segundo o boletim do CNJ – *Justiça em Números – 2018, ano-base 2017*, a *taxa de congestionamento* "mede o percentual de casos que permaneceram pendentes de solução ao final do ano-base em relação ao que tramitou (soma dos pendentes e dos baixados. (...)": p. 72 do documento impresso. www.cnj.jus.br, acesso em 20.12.2.018,
6. *Acesso à Justiça – condicionantes legítimas e ilegítimas*. 3. ed., 2.018, Salvador: Jus Podivm, p. 420, 421.

isonomicamente, a resolução da *questão de direito* replicada nas ações seriais, no que se vem chamando *tutela plurindividual*).

Já se chegou mesmo a perscrutar *inconstitucionalidade* na técnica de julgamento massivo de RE's e REsp's, afirmando Alexandre Gustavo Melo Franco Bahia e Paulo Roberto Iotti Vecchiatti: "De fato, as questões 'constitucional' e 'federal' são apenas requisitos de admissibilidade dos recursos extraordinário e especial, isto é, uma vez que se reconhece sua presença, o que resta ao Tribunal é o julgamento do caso. Sua função não pode ser (apenas) a de julgar um recurso visando gerar uniformidade jurisprudencial (presente e futura), mas (também) a de resolver uma lide específica instaurada e ainda, enfrentando os argumentos jurídicos trazidos pelas partes afetadas pela decisão, como sucedâneo dos direitos fundamentais à ampla defesa e ao contraditório. Mas como será feito isso – isto é, observância dos princípios constitucionais do processo e, pois, *julgamento do direito dos recorrentes* – se apenas alguns dos recursos são julgados efetivamente? Logo, percebe-se que a técnica do julgamento por *pinçamento* é inconstitucional, por afronta direta aos direitos fundamentais à ampla defesa e ao contraditório."[7]

Por uma e outra das razões antes apontadas, e em que pese certas deficiências do processo coletivo – como antes gizado – torna-se palpável o argumento de que, ao invés de se optar por uma justiça *massificada*, operada em modo de uma linha de montagem – já se chegou a falar em *fordismo judiciário*[8] – quiçá, antes e superiormente, caberia excogitar meios e modos de aperfeiçoar o *processo coletivo*, suprindo suas falhas e agregando-lhe aperfeiçoamentos, com o que se poderia atingir mais de uma finalidade: prevenção da atomização das macrolides em múltiplas ações individuais replicadas (que, depois, darão azo aos recursos repetitivos); economia processual, já que nessa dimensão é proferida uma resposta jurisdicional unitária, idônea a recobrir todo o conflito metaindividual; ganho de tempo, que assim pode ser reaproveitado para o exame de controvérsias singulares e complexas; otimização da resposta jurisdicional, com a agregação de coisa julgada de eficácia expandida (*ultra partes* ou *erga omnes*); tratamento isonômico aos

---

7. Inconstitucionalidade do requisito da repercussão geral do recurso extraordinário e da técnica de julgamento por pinçamento. *Revista dos Tribunais* n. 911, set., 2011, p. 251.
8. Ana Paula Antunes Martins e Elisa Sardão Colares: "Fordismo judiciário": a administração do Judiciário no Brasil e os impactos nos processos de execução fiscal. Sítio [www.academia.edu]. Acesso em: 24.10.2014.

jurisdicionados reportados a uma mesma situação fático-jurídica. Bem por isso, de resto, na ação coletiva por interesses individuais homogêneos vem prevista uma "sentença *condenatória genérica*"– Lei 8.078/1990, art. 95.

No sentido do que ora se vem expondo, Dierle Nunes considera que "potencialmente uma solução molecular fruto de um processo coletivo, com ampla participação dos interessados e renovada aplicação do contraditório, poderia ofertar uma resposta bem mais legítima do que uma decisão fruto de um recurso pinçado (arts. 543-A, B, e C, do CPC [1973]) e julgado com rapidez por um Tribunal Superior".[9] Noutro estudo, o articulista, e Aline Hadad Ladeira, analisam a tendencial potencialização do precedente judiciário no Brasil, afirmando: "A distorção da aplicação de precedentes no Brasil é evidente e já foi objeto de críticas recorrentes. Sua peculiar 'sistemática' se dá (de modo mais recorrente) por mera subsunção, por vezes encarada sob a ótica da tese jurídica, separando, cirurgicamente, direito dos fatos".[10]

De todo modo, não há negar que a antes referida *tutela plurindividual*, a saber, formatação isonômica da resolução de demandas seriais, a partir de uma decisão-quadro no recurso afetado como *representativo* ou de uma *tese jurídica* assentada, foi encontrando e ganhando espaço no ordenamento processual à medida em que se foram detectando certas dificuldades no manejo das ações coletivas por interesses individuais homogêneos. Nesse sentido, reconhecem Aluísio Gonçalves de Castro Mendes e Roberto de Aragão Ribeiro Rodrigues que o IRDR "vem para suprir eventuais lacunas das ações coletivas brasileiras na tutela dos direitos individuais homogêneos, que são justamente as 'espécies de direito material' que dão ensejo à propositura das ações repetitivas". [11]

As precedentes considerações evocam o relevante contraponto entre *eficácia* e *efetividade* – expressões não raro empregadas indistintamente – mas que consentem relevantes singularidades, valendo desde logo lembrar que a Constituição Federal, no art. 37, *caput*, enumera os princípios informadores da *boa administração pública* (*Declaração Universal dos Direitos do Homem*, arts. VIII e X; *Carta de Direitos Fundamentais da União Europeia* – Carta

9. Precedentes, padronização..., cit. *Direito Jurisprudencial*, 2012, cit., p. 263.
10. Aspectos da dinâmica do direito jurisprudencial no Brasil *versus* a busca da coerência e integridade. Uma primeira impressão das premissas dos precedentes no novo Código de Processo Civil. *Revista Brasileira de Direito Processual* n. 87, jul.-set., 2014, p. 7.
11. Reflexões sobre o incidente de resolução de demandas repetitivas previsto no projeto de novo Código de Processo Civil. *Revista de Processo* nº 211, set./2012, p. 195.

de Nice, art. 41), assim recepcionando o princípio da *eficiência*, que em certa medida se projeta, no âmbito jurisdicional, na diretriz da *razoável duração dos processos* (inc. LXXVIII do art. 5º).

A respeito do tema da morosidade processual, é conhecida a desalentada ponderação há tempos feita por Ruy Barbosa: "Mas justiça atrasada não é justiça, senão injustiça qualificada e manifesta. Porque a dilação ilegal nas mãos do julgador contraria o direito escrito das partes. E assim as lesa no patrimônio, honra e liberdade. Os juízes tardinheiros são culpados, que a lassidão comum vai tolerando. Mas sua culpa tresdobra com a terrível agravante de que o lesado não tem meio de reagir contra o delinquente poderoso, em cujas mãos jaz a sorte do litígio pendente."[12]

No ponto, afirma Fernanda Estevão Picorelli: "(...) no Estado democrático contemporâneo, a eficácia concreta dos direitos constitucional e legalmente assegurados depende da garantia da tutela jurisdicional efetiva, porque sem ela o titular do direito não dispõe da proteção necessária do Estado ao seu pleno gozo. A tutela efetiva, é, portanto, não apenas uma garantia, mas ela própria, um direito fundamental, cuja eficácia irrestrita é preciso assegurar, em respeito à própria dignidade humana. Como consectário lógico, tem-se que a garantia do acesso à Justiça não se esgota no direito de provocar o exercício da função jurisdicional, mas no fato de que a tutela pretendida seja oportunizada de forma eficaz e eficiente". Na sequência, a articulista colaciona as definições de *eficácia* e *eficiência*, constantes da norma técnica não compulsória NBR ISSO 9000:2005, "de aplicação universal e da qual é subscritor o Brasil" (...) Eficácia: Extensão na qual as atividades planejadas são realizadas e os resultados planejados alcançados. Eficiência: Relação entre o resultado alcançado e os recursos usados".[13]

É dizer, numa comparação simples: um veículo automotor é considerado um produto *eficaz* quando ele se locomove pelo acionamento de seu propulsor, à sua vez alimentado pelo combustível, porque assim ele desempenha a função para a qual fora construído; mas, se tal veículo consome um litro de combustível para cada quilômetro rodado, ele desatende ao razoável custo-benefício, inviabilizando-se como meio de transporte, e, portanto, pode-se dizer que ele *não é eficiente*. Assim, se um processo judicial alcança

12. Oração aos Moços. *Revista Arcadia, da Academia de Letras da Faculdade de Direito da USP*, 1944, p.19.

13. A justiça e o paradigma da eficiência na contemporaneidade. *Revista de Processo* n. 241, mar./ 2015, p. 444.

a decisão do mérito, que passa a revestir-se da coisa julgada material, ele foi *eficaz*, porque a tanto se preordena o processo de conhecimento, no âmbito da função judicial do Estado; todavia, se tal processo envolveu dilação temporal muito alentada; se a decisão final não se revelou justa ou não veio fundamentada em modo consistente, ou, ainda, se o bem da vida reconhecido no julgado não vem efetivamente entregue à plena fruição do vencedor da causa, então esse processo *não foi eficiente*.

José Afonso da Silva afirma, a respeito: "*Eficiência* não é um conceito jurídico, mas econômico; não qualifica normas; qualifica atividades. Numa ideia muito geral, eficiência significa fazer acontecer com racionalidade, o que implica amenizar os custos que a satisfação das necessidades públicas importam em relação ao grau de utilidade alcançado. Assim, o *princípio da eficiência*, introduzido agora no art. 37 da Constituição pela EC-19/1998, orienta a atividade administrativa no sentido de conseguir os melhores resultados com os meios escassos de que se dispõe e a menor custo. Rege-se, pois, pela regra da consecução do maior benefício com o menor custo possível. Portanto, o princípio da eficiência administrativa tem como conteúdo a relação meios e resultados."[14]

É sob o prisma da *eficiência* que se pode avaliar os dados constantes do documento *Justiça em Números – 2018, ano-base 2017*, divulgado pelo CNJ: "No ano de 2017, as despesas totais do Poder Judiciário somaram *R$ 90,8 bilhões*, o que representou um *crescimento de 4,4%* em relação ao último ano, e uma média de 4,1% ao ano desde 2011. (...) As despesas totais do Poder Judiciário correspondem a 1,4% do Produto Interno Bruto (PIB) nacional, ou a 2,6% dos gastos totais da União, dos Estados, do Distrito Federal e dos municípios. Em 2017, o custo pelo serviço de Justiça foi de R$437,47 por habitante, R$15,2 a mais do que no último ano (...)".[15]

Toda *ocorrência jurígena*, isto é, com aptidão para projetar os efeitos a que se preordena, pode ser vista e avaliada sob o tríplice enfoque da *existência*, *validade* e *eficácia*: por exemplo, uma sentença proferida por juiz absolutamente incompetente, embora se possa dizer que *existe* – porque emanada de um agente revestido de judicatura – todavia é *inválida*, porque desatende requisito essencial, sujeitando tal julgado à ação rescisória (CPC, art. 966, II). Sem embargo, tal ato judicial consente uma sorte de eficácia sujeita a condição resolutiva, qual seja a eventual intercorrência, do biênio

14. *Curso de Direito Constitucional Positivo*, 19. ed. São Paulo: Malheiros, 2001, p. 655.
15. Boletim Justiça em Números, 2.018, ano-base 2.017, cit., p. 56 do documento impresso.

para o ajuizamento da *ação rescisória* (CPC, art. 975, *caput*), prazo esse de natureza decadencial, tendo dita ação natureza desconstitutiva. Comentam Nery & Nery, ao propósito do art. 975 do CPC: "Passado o prazo indicado no *caput*, ou no § 2º, para a rescisória fundada em prova nova, ocorre a coisa soberanamente julgada, ou seja, a perpétua inimpugnabilidade e a intangibilidade da sentença de mérito transitada em julgado".[16]

Ao propósito, são úteis as precisões terminológicas aportadas por Leonardo Carneiro da Cunha: "A eficiência não se confunde com a eficácia, nem com a efetividade. Numa noção mais elementar, *eficácia* consiste na aptidão para produzir efeitos, enquanto a *eficiência* mede a relação entre os meios empregados e os resultados alcançados. Já a *efetividade*, para Natalino Irti, é suscetível do desenvolvimento histórico, constituindo o atributo empírico das normas jurídicas".[17]

Vista a tendencial *padronização decisória* à luz do julgamento por amostragem dos REs e RESps repetitivos, verifica-se que, se por ela se consegue agilizar o trâmite processual e assim aliviar o acervo de processos acumulados, ela pode ser considerada *eficaz*; já o quesito *eficiência*, fica a depender de uma avaliação quanto ao custo-benefício incorrido em tal estratégia de manejo, aí incluído o investimento estrutural e operacional no âmbito dos tribunais; já quanto à *efetividade*, tal técnica se revela questionável, porquanto, como antes visto, por aí se prioriza o aspecto *quantitativo*, ao passo que o jurisdicionado faz jus a uma resposta jurisdicional de *qualidade*, ou seja, aquela que, em tempo razoável, resolve o *processo e a controvérsia*, em modo tecnicamente consistente, ao invés de limitar-se a uma decisão-quadro preordenada a ser aplicada aos RE's e REsp's repetitivos, sobrestados nos TJ's e TRF's. Ao propósito, é sintomático o fato de os incisos I e II do art. 1.040 do CPC qualificarem como *orientação* a decisão-quadro emitida pelo STF ou STJ nos julgamentos por amostragem, e não, propriamente, a um *julgamento* ou a um *acórdão*.

Note-se que, apesar do substrato *econômico* no cotejo entre *eficácia* e *eficiência*, e, apesar desta última constar dentre os princípios retores da Administração Pública, não há razão plausível para excluir dessa pauta avaliatória o produto final da atividade *jurisdicional*, até porque ela é uma

---

16. *Comentários ao Código de Processo Civil - novo CPC - Lei 13.105/2015*, São Paulo: Thomson Reuters-Revista dos Tribunais, 2.015, nota n. 3 ao art. 975, p. 1.959.

17. A previsão do princípio da eficiência no projeto do novo Código de Processo Civil brasileiro. *Revista de Processo* n. 233, jul., 2014, p. 66.

prestação estatal que absorve expressiva parcela do orçamento público, à sua vez constituído pelos aportes dos contribuintes, descabendo, pois, ofertar-se aos jurisdicionados uma *qualquer resposta* ou que sobrevenha após lapso temporal excessivo.

Tal enfoque, adjacente à chamada *jurimetria*, permite que se analisem as iniciativas e opções no manejo da *crise numérica de processos* sob o prisma da *law and economics*,[18] a saber, a avaliação do custo-benefício na implantação dos regimes processuais e respectivos trâmites, como o antes referido julgamento em *bloco ou por amostragem* de recursos repetitivos, sob a égide da tendencial padronização decisória. É sempre valioso lembrar que a Justiça estatal é prestadora de um serviço público, sendo o jurisdicionado o *consumidor* – efetivo ou potencial – do produto final, a saber, a resposta jurisdicional, valendo destacar que, a teor do art. 22 da Lei 8.078/1990, os "órgãos públicos" (*sic*) são obrigados a fornecer serviços adequados, eficientes, seguros e, quanto aos essenciais, contínuos", prevendo o parágrafo único: "Nos casos de descumprimento, total ou parcial, das obrigações referidas neste artigo, serão as pessoas jurídicas compelidas a cumpri-las e a reparar os danos causados, na forma prevista neste Código".

Portanto, quando a Justiça estatal oferta um produto final de baixa qualidade (porque fundado em argumentação inconsistente ou ainda em sofrível apreciação da prova; porque a prestação adveio a destempo; porque se desatendeu o precedente existente na espécie sem se proceder ao *distinguishing*; ou ainda porque descurou-se da concretização efetiva do comando judicial), então esse serviço público desatendeu a exigência da *efetividade*, e assim, em princípio, o Estado sujeita-se (ou deveria sujeitar-se!) a responder pelos prejuízos decorrentes dessa incúria. Nesse sentido, na Itália, a *Legge Pinto*, de 24.03.2001, confere uma *equa riparazione* pelo dano causado pela *durata irragionevole* de um processo judicial. Ao propósito, Paulo Hoffman esclarece que "(...) o dano moral pode ser reparado com pagamento em dinheiro ou por intermédio de publicidade da declarada violação do término razoável. Vale relevar que a condenação tem caráter de indenização, e não de reparação, ou seja, não se pretende corrigir todo o mal causado pela exagerada duração do processo, mas, tão somente, permitir uma certa

18. Nesse sentido, v. Luciano Benetti Timm e Manoel Gustavo Neubarth: As recentes alterações legislativas sobre os recursos aos Tribunais Superiores: a repercussão geral e os processos repetitivos sob a ótica da *law and economics*. *Revista de Processo* n. 178, dez., 2009, p. 153.

forma de compensação, um alento pelo dano causado. Todavia, é importante ressaltar que, no que concerne aos prejuízos materiais comprovadamente sofridos, é possível a ocorrência da reparação". Lembra ainda o articulista que, uma vez reconhecida a transgressão à *durata ragionevole*, o art. 5.º da citada lei "determina que, além de a decisão ser notificada às partes, deve ser também ao Procurador Geral da *Corte dei conti* (espécie de órgão administrativo responsável por controle dos gastos públicos), para o fim de eventual verificação de culpa das autoridades envolvidas no processo em que se deu a violação, assim como ao responsável pela ação disciplinar dos empregados públicos envolvidos".[19]

Conquanto o direito brasileiro não conte, até agora, com normação semelhante à do Direito italiano, nota-se uma tendencial preocupação com o aspecto da *qualidade*, isto é, da *eficiência* da resposta jurisdicional: (*i*) CPC, art. 4º: "As partes têm o direito de obter em *prazo razoável* a *solução integral do mérito*, incluída a *atividade satisfativa*"; ainda, o § 1.º do art. 489 considera *não fundamentada* (é dizer: nula: CF, art. 93, IX), a decisão que "(...) IV – não enfrentar todos os argumentos deduzidos no processo capazes de, em tese, infirmar a conclusão adotada pelo julgador"; (*ii*) a Res. CNJ 198/2014 dispõe sobre o "Planejamento e a Gestão Estratégica no âmbito do Poder Judiciário", dispondo, dentre outros temas, sobre as metas a serem cumpridas pelos tribunais do país; (*iii*) a Res. CNJ 235/2016 dispõe sobre a organização, nos tribunais, dos Núcleos de Gerenciamento de Precedentes (NUGEP's); o inciso VIII do art. 7º dessa Resolução dispõe que cabe a tais Núcleos "informar a publicação e o trânsito em julgado dos acórdãos dos paradigmas para os fins dos arts. 985; 1.035, § 8º; 1.039; 1.040 e 1.041 do Código de Processo Civil".

Sem embargo do elevado mérito das disposições processuais e das estratégias operacionais na empreita contra a crise numérica dos processos – dentre as quais avultam a tendencial padronização decisória e a força obrigatória de certos produtos judiciários otimizados – não pode ficar sem registro a questão de saber se tais instrumentos, técnicas e estratégias, para além de atenderem à finalidade de redução quantitativa do acervo, cumprem a exigência da *qualidade* da resposta jurisdicional. Ao propósito, a Min. Eliana Calmon, então no STJ (antes Corregedora Geral do CNJ)

---

19. O direito à razoável duração do processo e a experiência italiana. In: ARRUDA ALVIM WAMBIER, Teresa *et al.* (coords.), *Reforma do Judiciário – primeiras reflexões sobre a Emenda Constitucional n. 45/2004*, São Paulo: Revista dos Tribunais, 2005, p. 582 e 583.

asseverara: "A cada ano o CNJ faz uma avaliação do cumprimento das metas e, a partir daí, divulga os resultados da atuação de cada Tribunal, com total transparência, estimulando o empenho dos Tribunais. Entendemos lento, bem lento, o enfrentamento e cumprimento das metas, mas o certo é que o trabalho já começou e prossegue".[20]

Vem, igualmente, ao encontro da *eficiência* da função jurisdicional o *dever de transparência* de certas ocorrências processuais relevantes, como previsto no CPC, em especial a *divulgação* dos julgamentos paradigmáticos, a teor do § 5.º do art. 927: "Os tribunais darão publicidade a seus precedentes, organizando-os por questão jurídica decidida e divulgando-os, preferencialmente na rede mundial de computadores"; sob esse mesmo registro, o CPC determina que a "lista de processos aptos a julgamento deverá estar permanentemente à disposição para consulta pública em cartório e na rede mundial de computadores" – § 1.º do art. 12.

Conquanto, presentemente, não haja ainda dados empíricos hábeis a embasar avaliação segura quanto à *efetividade* do IRDR, não há negar que ele se preordena a ser um instrumento poderoso na luta contra a *dispersão jurisprudencial excessiva*, já que dentre suas finalidades contam-se a prevenção da multiplicação de demandas seriais, o tratamento isonômico aos jurisdicionados e a preservação da segurança jurídica, a partir da aplicação da *tese jurídica* alcançada ao final desse procedimento (art. 976 e incisos; art. 985 e incisos). Assim, para Aluísio Gonçalves de Castro Mendes e Roberto de Aragão Ribeiro Rodrigues, "em linhas gerais, o incidente de resolução de demandas repetitivas poderá contribuir de forma significativa para a racionalização e o aprimoramento da prestação jurisdicional em nosso país".[21]

---

20. CNJ e democratização do Poder Judiciário. *Revista Interesse Nacional*, 03.01.2012, p. 7. Disponível em: [http://interessenacional.uol.com.br/2012/01/cnj-e-democratizacao-do-poder-judiciario]. Acesso em: 03.07.2015.
21. Reflexões sobre o incidente de resolução de demandas repetitivas..., cit., *Revista de Processo* n. 211, set./ 2012, p. 206.

Capítulo IV

MEIOS E EXPEDIENTES PREORDENADOS À PREVENÇÃO OU SUPERAÇÃO DA DIVERGÊNCIA JURISPRUDENCIAL E AO TRATAMENTO IGUALITÁRIO DE DEMANDAS SERIAIS E RECURSOS ISOMÓRFICOS

A filiação do Direito brasileiro à família romano-germânica dos direitos codicísticos, induz a que o parâmetro fundamental para avaliação das condutas comissivas e omissivas, assim no setor público como no privado, esteja centrado na *norma legal*, enquanto produto final do Parlamento, depois submetida às etapas de sanção, promulgação e publicação pelo Executivo; tal contexto resulta, claramente, do disposto no art. 5.º, *caput* e inc. II da CF; com isso está fixado, dentre nós, o critério *legicêntrico*.

Descabe objetar que tal contexto vem excepcionado pelas casuísticas menções a outras fontes, ditas secundárias ou supletivas, porque sua aplicação, de todo modo, depende de autorização *legal* (equidade: Lei 9.099/1995 - Juizados Especiais - art. 6.º; CPC/1973, art. 127; CPC/2015, parágrafo único do art. 140; analogia, princípios gerais, equidade: CTN, art. 108 e incisos; Lei de Introdução às normas do Direito Brasileiro - Lei 12.376/2010, art. 4.º), o que, ao fim e ao cabo, implica em que todas essas fontes jurígenas refluam ao *império da lei.*

Quanto à jurisprudência, entendida como a coleção de acórdãos consonantes, sobre um dado tema jurídico, em que pese sua notória e crescente evolução na experiência jurídica brasileira, recebeu, inicialmente, parcas referências no ordenamento positivo, podendo ser lembrado que a Constituição de 1891, no § 2.º do art. 59 dispunha: "Nos casos em que houver de aplicar leis dos Estados, a justiça federal consultará a *jurisprudência* dos *tribunaes locaes* e vice-versa, as justiças do Estado consultarão a *jurisprudência* dos *Tribunaes Federaes*, quando houverem de interpretar leis da União"; décadas mais tarde a CLT (1943) estabeleceria no art. 8.º: "As autoridades administrativas e a Justiça do Trabalho, na falta de disposições legais ou contratuais, decidirão, conforme o caso, pela *jurisprudência*, por analogia, por equidade e outros princípios e normas gerais do direito (...)". Ainda, a

CLT previu o *recurso de revista*, voltado à superação da divergência entre TRTs (art. 896, alíneas e parágrafos),[1] assim como pouco antes o fizera o CPC de 1939, prevendo recurso de mesmo nome, voltado à superação do dissídio interpretativo entre frações de um Tribunal (art. 853 e parágrafos).

Interessante observar que, no entretempo, a Lei de Introdução ao Código Civil (Dec.-lei 4.657/1942), dita *lei sobre leis*, ao credenciar certos meios secundários ou supletivos de integração do Direito (analogia, costumes, princípios gerais: art. 4.º), nesse rol não incluiu a jurisprudência, possivelmente pela resistência, à época, de nela se reconhecer uma vera *fonte do Direito*; sem embargo, é instigante observar que, malgrado a trajetória ascendente e a notória expansão da eficácia da jurisprudência, mormente a dominante e a sumulada, a ela igualmente não se referiu a antes referida Lei 12.376/2010, que, dentre outras disposições, redenominou aquele antigo texto como *Lei de Introdução às normas do Direito Brasileiro*.

Neste breve escorço histórico, vale lembrar que em 1963 a jurisprudência experimentou um vero salto de qualidade em termos de credibilidade e eficácia, com o advento da Súmula do STF, para o que muito se empenhou o Min. Victor Nunes Leal, valendo observar que ainda hoje o RISTF a ela faz referência expressa: "Art. 102. A jurisprudência assentada pelo Tribunal será compendiada na *Súmula do Supremo Tribunal Federal*", com destaque para o disposto no § 4.º: "A citação da Súmula pelo número correspondente, dispensará, perante o Tribunal, a referência a outros julgados no mesmo sentido".

Neste passo é justo e oportuno relembrar o pensamento do Min. Victor Nunes Leal acerca do real significado e precípua finalidade da *Súmula do STF*, pela qual ele tanto se empenhou: "É um instrumento flexível, que simplifica o trabalho da justiça em todos os graus, mas evita a petrificação, porque a Súmula regula o procedimento pelo qual pode ser modificada (...) Apenas exige, para ser alterada, mais aprofundado esforço dos advogados e juízes. Deverão eles procurar argumentos novos, ou aspectos inexplorados nos velhos argumentos, ou realçar as modificações operadas na própria realidade social e econômica. Com essa precaução, a *Súmula* substitui a *loteria judiciária* das maiorias ocasionais pela perseverança esclarecida dos autênticos profissionais do direito".[2]

---

1. V. novas redações dadas ao corpo desse artigo pela Lei 13.015, de 21.07.2014.
2. Excerto da conferência proferida em Belo Horizonte, em 12.08.1964. A passagem colacionada consta do texto "Passado e futuro da Súmula do STF". *Revista de Direito Administrativo* n. 145, jul.-set. 1981, p. 10.

Tornando ao recurso de revista, vale dizer que o CPC/1973 não o recepcionou, nem tampouco acolheu o instituto do *prejulgado* (propugnado por Alfredo Buzaid no anteprojeto), mas em contrapartida positivou o *incidente de uniformização de jurisprudência*, voltado a prevenir ou superar o dissídio exegético entre parcelas de um Tribunal (arts. 476/479), valendo destacar a previsão de que, vindo a tese ao final alcançada por maioria absoluta, "será objeto de súmula e constituirá precedente na uniformização da jurisprudência" - art. 479, *caput*. Ainda no tocante ao direito sumular, a Lei 8.038/1990 - dita *Lei dos Recursos* - agregou valor às decisões monocráticas do relator, no STF e no STJ, autorizando-o a decidir pedidos ou recursos, dentre outras hipóteses, quando a espécie "contrariar, nas questões predominantemente de direito, Súmula do respectivo Tribunal" (art. 38),[3] disposição que, depois, viria recepcionada e ampliada pela Lei 9.756/1998 nas redações imprimidas aos arts. 557 e § 1.º-A do CPC/1973 (incluindo a expressão "jurisprudência dominante"), diretriz depois seguida pela Lei 12.322/2010 ao regular o *agravo nos próprios autos* contra despacho de inadmissão de RE ou REsp (§ 4.º, II, *b* e *c* do art. 544).[4]

Neste passo vale ressaltar que, conforme afirmamos em outra sede, a "palavra *jurisprudência* não apresenta um conteúdo unívoco, ao longo da evolução do Direito, no tempo e no espaço",[5] donde não haver consenso acerca do que seja, exatamente, a jurisprudência *dominante*, *iterativa* ou *pacífica*. Este último qualificativo remete, por definição, às ocorrências em que não se registra (ou não mais se registra) dissenso ao interno de um tribunal acerca de uma dada questão jurídica, afirmando Luiz Guilherme Marinoni e Daniel Mitidiero: "Jurisprudência pacífica é aquela que não encontra oposição séria dentro do Tribunal em que formada".[6] Uma aplicação dessa classe otimizada de jurisprudência encontra-se na Lei 10.522/2002, cujo art. 19 (redação da Lei 11.033/2004) autoriza a Procuradoria Geral da Fazenda Nacional "a não contestar, a não interpor recuso ou a desistir do que tenha sido interposto, desde que inexista outro fundamento relevante,

---

3. art. 38 da Lei 8.038 consta dentre os dispositivos de leis extravagantes revogados pelo CPC/2015, art. 1.072, IV.
4. CPC - Lei 11.105/2015 - não reteve o *agravo nos próprios autos* no rol dos recursos (art. 994), positivando, em contrapartida, o *agravo em recurso especial e em recurso extraordinário* - art. 1.042, redação da Lei 13.256/2016.
5. *Divergência jurisprudencial e súmula vinculante*. 5. ed. São Paulo: Ed. RT, 2013, p. 25.
6. *Comentário ao Código de Processo Civil artigo por artigo*. 2. ed. São Paulo: Ed. RT, 2010, nota 5 ao art. 557, p. 589.

na hipótese de a decisão versar sobre: (...) II – matérias que, em virtude de *jurisprudência pacífica* do Superior Tribunal Federal, do Superior Tribunal de Justiça, do Tribunal Superior do Trabalho e do Tribunal Superior Eleitoral, sejam objeto de ato declaratório do Procurador Geral da Fazenda Nacional, aprovado pelo Ministro de Estado da Fazenda" (redação da Lei 12.844/2013).

No tocante ao sentido de *jurisprudência iterativa*, um subsídio vinha fornecido pelo Ato Regimental 2/1997, da AGU, prevendo no parágrafo único do art. 2.º: "entende-se por *jurisprudência iterativa* dos Tribunais as decisões judiciais do Tribunal Pleno ou de ambas as turmas do Supremo Tribunal Federal ou dos Órgãos Especiais ou das Seções Especializadas dos Tribunais Superiores, em suas respectivas áreas de competência, que consagram entendimento repetitivo, unânime ou majoritário de seus membros, acerca da interpretação da Constituição ou da lei, em áreas de interesse da União, das autarquias e das fundações públicas federais". Uma aplicação desse tipo otimizado de jurisprudência encontra-se na regulação dos *embargos* no âmbito do TST, dispondo o § 2.º do art. 894 da CLT, inserido pela Lei 13.015/2014: "a divergência apta a ensejar os embargos deve ser atual, não se considerando tal a ultrapassada por súmula do Tribunal Superior do Trabalho, ou do Supremo Tribunal Federal, ou superada por *iterativa e notória* jurisprudência do Tribunal Superior do Trabalho".

Já a expressão jurisprudência *dominante* resiste a uma definição mais precisa, justamente pela dificuldade em se identificar o exato conteúdo desse qualificativo, vale dizer o *percentual* de acórdãos que bastaria para configurar a *prevalência*, num tribunal, de uma dada exegese, na comparação com possíveis outros entendimentos, que, então, seriam minoritários. De todo modo, José Manoel de Arruda Alvim *et al.* propõem: "Entende-se por 'jurisprudência dominante' a existência de um número variável de precedentes uniformes e reiterados no mesmo sentido, tese esta que deve ser atual. Em outras palavras, trata-se de matéria que já poderia ter sido sumulada, mas que ainda não foi, por falta de amadurecimento e oportunidade". [7]

Vale destacar que o ideário de superação do dissídio interpretativo, em nome da segurança jurídica e do tratamento isonômico devido aos jurisdicionados, repercute no plano constitucional, prevendo-se que a divergência jurisprudencial *entre Tribunais* – que antes desafiava recurso

---

7. *Comentários ao Código de Processo Civil.* Rio de Janeiro: GZ Editora, 2012, nota 7 ao art. 557 (CPC/1973), p. 969.

extraordinário ao STF (EC 01/1969, art. 119, III, *d*) – passou, na vigente CF de 1988, com a criação do STJ, a ensejar recurso e essa Corte, pela alínea *c* do art. 105, III, valendo registrar que ambas essas instâncias compõem os *Tribunais da Federação*.

No plano da legislação ordinária vale lembrar ainda que o dissenso interpretativo dá ensejo a três outros recursos: (*i*) *revista*, direcionado ao TST, cabível, segundo o art. 896 da CLT, "das decisões proferidas em grau de recurso ordinário, em dissídio individual, pelos Tribunais Regionais do Trabalho, quando: a) derem ao mesmo dispositivo de lei federal interpretação diversa da que lhe houver dado outro Tribunal Regional do Trabalho, no seu Pleno ou Turma, ou a Seção de Dissídios Individuais do Tribunal Superior do Trabalho, ou contrariarem súmula de jurisprudência uniforme dessa Corte ou súmula vinculante do Supremo Tribunal Federal" (alínea cf. redação da Lei 13.015/2014); (*ii*) *embargos de divergência*, em face de acórdão de órgão fracionário que em RE ou REsp divergir do julgamento de outra parcela do tribunal (CPC/2015, art. 1.043), podendo ainda "ser confrontadas teses jurídicas contidas em julgamento de recursos e de ações de competência originária" (§ 1.º do art. 1.043), sendo ainda cabível tal recurso "quando o acórdão paradigma for da *mesma turma* que proferiu a decisão embargada, desde que sua composição tenha sofrido *alteração* em mais da metade de seus membros" (§ 3.º do art. 1.043); (*iii*) *pedido de uniformização*, no âmbito dos Juizados Especiais, dirigido às Turmas de Uniformização, mas podendo, eventualmente, chegar ao STJ (Lei 10.259/2001, art. 14 e § 4.º), *contornando*, assim, em certa medida, a restrição constante da Súmula 203 dessa Corte, vedando REsp de decisão proferida por "órgão de segundo grau" nessas instâncias diferenciadas.

O que se extrai desse breve escorço é que, sem embargo de a norma legal remanescer como a fonte básica ou forma principal de expressão do Direito no país, operando como parâmetro para avaliação das condutas comissivas e omissivas, no setor público e privado (CF, art. 5.º, *caput* e inc. II), fato é que a simples observação da evolução legislativa e da *praxis* judiciária evidenciam o gradual e incessante *empoderamento* da jurisprudência, mormente em suas formas otimizadas: dominante, pacífica ou sumulada.

Essa tendência induz o implícito reconhecimento de que pouco significaria a proclamada *igualdade de todos na lei e perante ela*, abstratamente estabelecida no ordenamento, se a lei, quando submetida ao ambiente judiciário, vem a se defractar em multifárias e discrepantes leituras, sem um momento em que se alcance uma exegese assentada, que confira *sentido unitário* ao Direito, única forma de se promover a necessária segurança jurídica e o devido tratamento igualitário aos jurisdicionados. Dito de outro modo, a isonomia, para ser *efetiva*, deve ocorrer não só em face da *norma legislada* – o produto final da atividade parlamentar – como perante a *norma judicada*, a saber, aquela que tem o seu *momento judiciário*.

Dito de outro modo, a solução do caso judicializado se faz através da lei de regência, *conforme venha interpretada pelos tribunais*, sobretudo os da Federação – STF e STJ: o primeiro, por ser o *guarda da Constituição* (art. 102, *caput*); o segundo por lhe caber a *ultima ratio* no direito federal comum. Nesse sentido, Giuseppe Chiovenda já afirmara que "juridicamente, a vontade concreta da lei é aquilo que o juiz afirma ser a vontade concreta da lei".[8]

Aplicando tais subsídios ao regime de julgamento por amostragem de REs e Resps repetitivos, o que se tem é que a decisão-quadro firmada no processo piloto apresenta-se aos TJs e TRFs como a fórmula *a ser aplicada* no deslinde dos demais recursos afins, aí sobrestados, não podendo ser vista como uma singela proposta ou sugestão; e isso, sem embargo dos incisos do art. 1.040 do CPC (assim como os incisos do § 7.º do art. 543-C do CPC/1973) valerem-se da expressão "orientação" ao se referirem ao paradigma provindo do STF ou do STJ. Nesse sentido, afirma Luiz Guilherme Marinoni: "Em verdade, como cabe ao STJ definir o sentido atribuído ao direito, dando conteúdo à ordem jurídica vinculante, o tribunal de apelação não tem outra alternativa a não ser retratar-se, aplicando o texto legal de acordo com o significado que lhe foi atribuído pela Corte Suprema. O tribunal de origem só pode escapar da retratação se o caso não abrir oportunidade à aplicação do precedente."[9]

Mesmo as ações em curso no primeiro grau são igualmente impactadas pelas decisões-quadro nos REs e REsps representativos da controvérsia, já que elas constam dentre os elementos jurisprudenciais otimizados que autorizam a *liminar improcedência do pedido*, quando este se revelar contrário àqueles precedentes do STF ou do STJ (CPC/2015, art. 332, II), até porque os juízes e tribunais do país estão jungidos à sua observância (CPC/2015, art. 927, III, c/c art. 928, II). O citado art. 332 do CPC, ao nosso ver, pressupõe, para além da discrepância entre o pedido e a norma de regência,

---

8. *Instituições de Direito Processual Civil*. vol. 1, p. 44.
9. *STJ enquanto Corte de precedentes*. São Paulo: Ed. RT, 2014, p. 238.

ainda que tal contrariedade se estabeleça em face da inteligência que aquela norma recebeu nas Cortes de precedentes, tais o STF e o STJ.

É dizer, com José Miguel Garcia Medina: "Exige-se mais, porém: o *sentido* como deve ser compreendido o texto legal ou o princípio jurídico deve ser aquele firmado pela jurisprudência, em súmula ou julgamento de casos repetitivos, p. ex. (...) Optou o legislador por eleger a norma jurídica, tal como resultado de interação realizada pelo tribunais através de processos bem definidos (de edição de súmulas, de julgamento de casos repetitivos) para justificar a improcedência liminar do pedido, nos termos do art. 332 do CPC/2015."[10]

Assim também se passa com a resolução isonômica de demandas seriais, mediante a aplicação da *tese jurídica* firmada ao final do IRDR (CPC, art. 985, *caput*), parecendo-nos que refugiria a toda racionalidade que tal parâmetro se apresentasse aos demais órgãos judiciais em modo de singela proposta ou sugestão, assim projetando mera eficácia *persuasiva* em face da *questão de direito* que aparece replicada em múltiplas ações: *a uma*, porque, tal entendimento esvaziaria o sentido e a utilidade do IRDR, que se preordena a um manejo racional do demandismo de massa, com vistas a preservar a isonomia e a segurança jurídica (CPC/2015, art. 976, I e II); *a duas*, porque a própria Exposição de Motivos do CPC, no bojo do item 1.º, enfatiza o combate à *dispersão excessiva da jurisprudência*, empreita que se inviabilizaria caso a *tese jurídica* firmada ao final do IRDR operasse no plano da mera *influência* em face das demais instâncias judiciais, mormente os Juízos de primeiro grau.

Em verdade, como afirmam Aluísio Gonçalves de Castro Mendes e Roberto de Aragão Ribeiro Rodrigues, o CPC, ao prever o IRDR, "alinha-se à tendência adotada por vários ordenamentos, dentre os quais se destacam Alemanha e Inglaterra, no sentido de valer-se de novos instrumentos para resolução coletiva de conflitos".[11]

O ideário do tratamento isonômico às demandas seriais e recursos repetitivos vem enfatizado no CPC, ao estabelecer o poder-dever dos Tribunais de todo o país de "uniformizar sua jurisprudência e mantê-la estável, íntegra e coerente" (art. 926, *caput*), cabendo-lhes ainda editar enunciados

---

10. *Novo Código de Processo Civil comentado.* São Paulo: Ed. RT, 2015, nota 3 ao art. 332, p. 553.
11. Reflexões sobre o incidente de resolução de demandas repetitivas previsto no projeto de novo Código de Processo Civil. *Revista de Processo* n. 211, set., 2012, p. 205.

de súmula correspondentes a sua jurisprudência dominante (§ 1.º daquele artigo); portanto: *dever de uniformizar e de sumular*. Ainda, o Código de 2015 reafirma as tendências à valorização da jurisprudência e às decisões monocráticas do Relator, a este sendo permitindo decidir pelo provimento/desprovimento de recurso segundo sua compatibilidade ou não com súmula do STF ou do STJ, ou ainda em face de outros elementos jurisprudenciais de eficácia expandida, dentre eles o entendimento firmado em incidente de resolução de demandas repetitivas (art. 932, IV, *c* e V, *c*).

Todo esse renovado panorama é informado pela firme disposição de enfrentar o panorama pré-caótico descortinado pela *dispersão jurisprudencial excessiva* que grassa na experiência brasileira, frustrando o jurisdicionado, impossibilitando-o de fazer um prognóstico razoavelmente confiável no tocante às *chances* de sua pretensão, caso venha a ser judicializada. No ponto, adverte a Exposição de Motivos do CPC, no bojo do item 1.º: "(...) haver, indefinidamente, posicionamentos diferentes e incompatíveis, nos Tribunais, a respeito da mesma norma jurídica, leva a que jurisdicionados que estejam em situações idênticas, tenham de submeter-se a regras de conduta diferentes, ditadas por decisões judiciais emanadas de tribunais diversos. Esse fenômeno fragmenta o sistema, gera intranquilidade e, por vezes, verdadeira perplexidade na sociedade".

O IRDR, advindo com o CPC/2015, se insere na tendencial eficácia expansiva da jurisprudência que assim se projeta em modo *panprocessual* e até *extraprocessual*, na medida em que o acórdão contendo a *tese jurídica* projetará notável irradiação (art. 985, incisos e parágrafos), sendo, outrossim, evidente o propósito de assegurar tratamento igualitário às demandas isomórficas, como se colhe dos pressupostos cumulativos para sua instauração desse incidente, previstos no bojo do art. 976: "I – efetiva repetição de processos que contenham controvérsia sobre a mesma questão unicamente de direito; II – risco de ofensa à isonomia e à segurança jurídica".

Outra evidência da tendencial força expansiva da jurisprudência em suas formas otimizadas se revela na *presunção legal* da repercussão geral da questão constitucional (CF, § 3.º do art. 102 da CF), quando, a teor do § 3.º do art. 1.035 do CPC o recurso extraordinário ao STF "impugnar acórdão que: I – contrarie súmula ou jurisprudência dominante do Supremo Tribunal Federal"; ainda, dispõe o § 1.º do art. 987 que tal recurso, quando tirado de acórdão em IRDR tem *presumida* a "repercussão geral de questão constitucional eventualmente discutida".

Enfim, tenha-se presente que também concorre para a uniformização da jurisprudência (ou, se se quiser, para prevenir / superar o dissenso interpretativo) o acórdão em *incidente de assunção de competência* (CPC/2015, art. 947 e parágrafos; CPC/1973, parágrafo único do art. 555), na medida em que tal decisão "*vinculará* todos os juízes e órgãos fracionários, exceto se houver revisão de tese" (§ 3.º do art. 947), constando dito acórdão no rol dos produtos judiciários otimizados, de observância impositiva a juízes e tribunais - CPC/2015, art. 927, III. A transcendência de tal acórdão - prolatado pelo órgão designado no Regimento Interno - (§ 1.º do art. 947) radica no fato dele incidir sobre "relevante questão de direito, com grande repercussão social, sem repetição em múltiplos processos" (art. 947, *caput*), desde que aquele órgão reconheça "interesse público na assunção de competência" (§ 2.º do art. 947). Nisso tal incidente se distingue do IRDR, já que este pressupõe a *efetiva* replicação de uma mesma questão de direito em múltiplos processos (art. 976 e incisos), ao passo que o incidente de assunção de competência se justifica quando uma questão de direito, por sua própria relevância e *aptidão* para repercutir socialmente, revestindo-se, pois, de interesse público, torne conveniente um posicionamento unitário e paradigmático a respeito. É justamente com vistas ao discrímen entre ambos os institutos, evitando sobreposição de finalidades, que a cláusula final do art. 947 esclarece que a questão jurídica deve ocorrer "sem repetição em múltiplos processos". A reforçar a índole impositiva do acórdão em incidente de assunção de competência, sua inobservância desafia *reclamação*, a teor do inc. IV do art. 988, redação da Lei 13.256/2016.

Capítulo V

A TENSÃO ENTRE A ESTABILIDADE DA INTERPRETAÇÃO DA NORMA LEGAL E A TENDENCIAL EVOLUÇÃO DOS VALORES E OCORRÊNCIAS SOCIAIS

O Direito tem fundamental compromisso com o protovalor da *segurança jurídica*, ideário que, para ser alcançado, pressupõe o zelo pela *unidade* do sentido da norma e *estabilidade* da sua interpretação. Ainda assim, deve o operador do Direito precaver-se da obsessiva persecução (ou vã esperança) de uma uniformidade *perene* quanto ao sentido dos textos, como se fora uma condição legitimante da própria existência e validade do Direito.

Numa abordagem sintética dessa questão pode-se dizer que impende buscar uma *uniformidade exegética contemporânea, sem prejuízo de eventual modificação sequencial, se e quando tal se justificar em virtude de intercorrências e alterações relevantes, no plano fático ou valorativo, ao interno da coletividade*. Possivelmente seja esse a diretriz subjacente ao art. 926, *caput* do CPC: "Os tribunais devem uniformizar sua jurisprudência e mantê-la estável, íntegra e coerente".

Com efeito, cabe ter presente que o Direito não é ciência exata e sim um produto cultural, estando, por isso mesmo, aderente à alteração dos valores e interesses ao interno da sociedade, sendo continuamente impactado por tais mutações, donde se compreender que a vigência da norma legal – embora possa perdurar por décadas, como se deu com o Código Civil de 1916 – é finita, porque durante seu curso, ela vai sofrendo influências diversas: ***(i)*** da evolução dos costumes (*o tempora, o mores*!); ***(ii)*** da alteração dos dados fáticos preexistentes à época da edição da lei; ***(iii)*** do surgimento de novas exegeses, quiçá mais consistentes e contextualizadas, inclusive aquela decorrente da chamada *interpretação conforme*, estabelecida pelo STF, como se deu em face do art. 1.723 do Código Civil vigente, que se referia à "união estável entre o homem e a mulher", fórmula que, na releitura procedida pelo STF (ADIn 4.277 e ADPF 132, j. 05.05.2011), ao promover interpretação conforme à CF, passou a abranger as relações homoafetivas.

Compreende-se que a norma legal se sujeite a intercorrências temporais, de extração sócio-político-econômica, quando se considera que a lei decorre da agregação de um valor a um dado fato, considerado *relevante* e *carente de regulação*: situações ditas de *norma necessitada*. Com efeito, o *processus* de formação da norma - *nomogênese* - vem assim descrito por Miguel Reale em conhecida página: "Podemos comparar, para facilidade de compreensão, o 'campus' nomogenético à imagem de um raio luminoso (impulsos e exigências axiológicas) que, incidindo sobre um prisma (o multifacetado domínio dos fatos sociais, econômicos, técnicos etc.), se refracta em um leque de 'normas possíveis', uma das quais apenas se converterá em 'norma jurídica', dada a interferência do Poder".[1]

Justamente por isso, a norma legal - diversamente do que se passa com as leis científicas, próprias das ciências exatas - sujeita-se a uma sorte de *avaliação continuada,* vindo constantemente *posta à prova* sob diversos prismas, mormente no que tange à efetividade, atualidade e contextualidade de seu comando, com vistas a saber se ela, além de estar *formalmente* em vigor, segue cumprindo a finalidade para a qual veio preordenada, como tal vindo prestigiada ao interno da coletividade.

Disse-o, com a costumeira precisão, Alfredo Buzaid: "Na verdade, não repugna ao jurista que os tribunais, num louvável esforço de adaptação, sujeitem a mesma regra a entendimento diverso, desde que se alterem as condições econômicas, políticas e sociais; mas repugna-lhes que sobre a mesma regra jurídica deem os tribunais interpretação diversa e até contraditória, quando as condições em que ela foi editada continuam as mesmas. O dissídio resultante de tal exegese debilita a autoridade do Poder Judiciário, ao mesmo passo que causa profunda decepção às partes que postulam perante os tribunais".[2]

A *avaliação continuada* a que se sujeita a norma legal, é feita, num primeiro momento, pelos seus destinatários diretos, tanto os integrantes da comunidade globalmente considerada como dos sujeitos concernentes a um dado segmento (a depender do foco de irradiação da norma), por modo que, constatada a necessidade e oportunidade de intervenção na ordem normativa constituída (alteração, revogação, substituição) devem ser instados os representantes do povo no Parlamento, lembrando-se que

1. *Filosofia do Direito.* vol. 2, 5. ed. São Paulo: Saraiva, 1969, p. 485 e 486.
2. Uniformização de Jurisprudência. *Revista da Associação dos Juízes do Rio Grande do Sul (*Ajuris*)*, n. 34, jul.-1985, p. 139.

o titular originário do *poder* é o povo (§ único do art. 1º), que o exerce, assim *diretamente* (plebiscito, referendo e projeto de lei de iniciativa popular – CF, art. 14 e incisos; § 2º do art. 61) como através do voto que elegerá seus mandatários nos Poderes Executivo e Legislativo, sob a égide da democracia *representativa*.

Além disso, não raro, o *jus novum* dá mostras da *influência* advinda dos subsídios doutrinários e da iterativa jurisprudência dos tribunais, inclusive os dados de *jurimetria* divulgados pelos órgãos de controle e planejamento do Judiciário. O CPC é prenhe desses insumos, ao incorporar em vários dispositivos subsídios e reclamos aferidos na *praxis* judiciária: (***i***) a expressa inserção da *fase satisfativa* no âmbito da *jurisdição integral*, sob a égide do chamado *processo civil de resultados* (art. 4.º); (***ii***) o estabelecimento da ordem cronológica dos julgamentos (art. 12, *caput*, redação da Lei 13.256/2016); a recepção do princípio da não-surpresa no âmbito do contraditório (arts. 9º e 10); (***iii***) o realinhamento da tutela provisória, ora bifurcada em *urgência* e *evidência*, podendo ser a primeira em caráter cautelar ou antecipado (art. 294 e § único), ao passo que a última pode ter por base, dentre outros elementos, "tese firmada em julgamento de casos repetitivos ou em súmula vinculante" (art. 311, II), valendo lembrar que aquela primeira expressão abrange o IRDR (art. 928, I), e que o descumprimento de súmula vinculante desafia *reclamação* (art. 988, III, inciso com redação da Lei 13.256/2.016); (***iv***) a positivação do incidente de resolução de demandas repetitivas (arts. 976-987), em contrapartida à não recepção do incidente de uniformização da jurisprudência antes previsto no CPC/1973, arts. 476-479, assim recepcionando a chamada *tutela plurindividual*, que não se assimila ao processo coletivo, porque enquanto este objetiva prevenir a atomização da macro-lide, aquela tutela diferenciada pressupõe que tal pulverização já ocorreu.

É verdade que, por vezes, a jurisprudência avança em searas em princípio sujeitas à *reserva legal*, com isso expondo a atividade judicante a uma avaliação crítica acerca de tais iniciativas. Ao propósito, afirma Elival da Silva Ramos: "Por ativismo judicial, deve-se entender o exercício da função jurisdicional para além dos limites impostos pelo próprio ordenamento que incumbe, institucionalmente, ao Poder Judiciário fazer atuar, resolvendo litígios de feições subjetivas (conflitos de interesse e controvérsias jurídicas de natureza objetiva (conflitos normativos). Essa ultrapassagem das linhas demarcatórias da função jurisdicional se faz em detrimento, particularmente, da função legislativa, não envolvendo o exercício desabrido da legiferação (ou de outras funções não jurisdicionais) e sim a descaracterização da função típica do Poder Judiciário, com incursão insidiosa sobre o núcleo essencial de funções constitucionalmente atribuídas a outros Poderes. Se no positivismo clássico a interpretação se submete à vontade do legislador, dando ensejo ao fenômeno do passivismo judiciário, a consequência do pragmatismo e do moralismo jurídico é o ativismo subjetivista do intérprete-aplicador; amplo e explícito no primeiro caso, circunscrito e implícito, no segundo. Já no positivismo moderado ou renovado, o que prevalece é a vontade da lei, não no sentido de um pressuposto prévio, pronto e acabado, que o juiz tenha que meramente atender, mas no de que o texto normativo objeto de exegese contém algo de objetivo, que não pode ser desconsiderado, embora constitua apenas um limite no trabalho de construção da norma de decisão, em que também conta (embora não com o mesmo peso!) a vontade do intérprete".[3]

Conquanto a *jurisprudência* não venha incluída – ao menos *expressis verbis* – no rol das fontes do Direito (*Lei de Introdução às normas do Direito Brasileiro* – redenominação, pela Lei 12.376/2010, do Dec.Lei 4.657/1942, art. 4.º), fato é que, em registro tendencialmente crescente, a jurisprudência vem influenciando o *jus novum*, como, dentre tantos exemplos, se passa com o § único do art. 998 do CPC ("A desistência do recurso não impede a análise de questão cuja repercussão geral já tenha sido reconhecida e daquela objeto de julgamento de recursos extraordinários ou especiais repetitivos"), fórmula inspirada na jurisprudência do STJ, em especial a Questão de Ordem firmada no julgamento do REsp 1.063.334/RS (Corte Especial, j. 17.12.2008, rel. Min. Nancy Andrighi, *DJe* 04.06.2009), no qual se enfatizou a imperiosidade de preservar o interesse público na fixação da tese que irá parametrizar a solução dos demais RESps repetitivos, de sorte que o deferimento do pedido de desistência do recurso porventura já afetado como *piloto* (em atendimento à natureza facultativa dos recursos) não pode, porém, fazer-se em detrimento do interesse maior da *segurança jurídica* e da *agilização dos trâmites*, propiciadas pela decisão-quadro, incluída no rol dos precedentes impositivos (CPC, art. 927, III) .

Essa aptidão, por assim dizer *nomogenética* da jurisprudência, não raro transparece no direito sumular, podendo mesmo ocorrer que a súmula depasse o limite razoável da interpretação da norma, para lhe agregar elementos que – embora possam eventualmente ter sido cogitados pelo

---

3. *Ativismo judicial*. São Paulo: Saraiva, 2010, p. 308.

legislador – não constaram da fórmula ao final positivada, como, ao nosso ver, transparece na Súmula 364 do STJ – "O conceito de impenhorabilidade de bem de família abrange *também o imóvel pertencente a pessoas solteiras, separadas e viúvas*" – particularidade que, sem embargo de sua relevância, não veio prevista, explícita ou implicitamente, nos textos de regência do tema: CC, arts. 1.711-1.722; Lei 8.009/1990. Opera-se, em casos que tais, uma sorte de *função criadora* do direito pretoriano. Diversamente, nos parece, se passa com o decidido pelo STJ sob o tema nº 708, firmado em IRDR, tendo sido analisada a questão de saber se é cabível penhora do bem de família no contrato de locação quando decorrente de fiança locatícia, tendo a Corte fixado esta tese: "É legítima a penhora de apontado bem de família pertencente a fiador de contrato de locação, ante o que dispõe o art. 3º, VII, da Lei n. 8.009/1990". [4] De fato, tal exegese parece conter-se na faixa da razoabilidade na irradiação do texto de regência, na medida em que o referido inciso excepciona à regra da impenhorabilidade do bem de família a "obrigação decorrente de fiança concedida em contrato de locação".

Sem embargo do compromisso da jurisprudência para com a unidade e estabilidade na interpretação do Direito, um elemento complicador se apresenta, concorrendo para a *dispersão jurisprudencial excessiva*, qual seja a complexidade da estrutura judiciária brasileira: embora nossa jurisdição seja *unitária* (sob as concausas da *universalidade* da jurisdição – CF, art. 5.º, XXXV – e de aqui não ter prosperado o contencioso administrativo), vindo enfeixada, em *numerus clausus*, nos órgãos indicados no art. 92 e incisos da CF, fato é que estes vêm organizados segundo critério de *competência de derrogação*, com Juízos monocráticos à base, colegiados ao meio e no cimo da pirâmide, tudo ensejando a virtual possibilidade de alteração da decisão antes proferida, seja por *error iudicandum* (revisão) ou *in procedendo* (cassação), por força dos *efeitos devolutivo e substitutivo* dos recursos (CPC, art. 1.008) e, até, em alguns casos, do efeito *translativo* (CPC, § 1.º do art. 1.013).

Se é verdade que a revisão de um julgado por uma outra instância contribui, *em princípio*, para agregar qualidade à resposta jurisdicional, não é menos verdade que a emissão errática de acórdãos sobre um mesmo tema, não raro ao interno das frações de um mesmo Tribunal, labora contra o protovalor da segurança jurídica, desorienta os jurisdicionados – efetivos e potenciais – e desacredita a função judicial do Estado.

---

4. REsp 1.363.368 /MS, DJe 21.11.2014. Esse tema deu origem à súmula STJ 549.

Dito de outro modo, a livre convicção (*rectius*: persuasão racional) do julgador não vai ao ponto de desconectá-lo do sentido unitário do Poder Judiciário e do compromisso para com a *previsibilidade* da resposta jurisdicional, sem o que se esgarça a confiança da sociedade na Justiça estatal e se instala um ambiente judiciário caótico, onde ninguém mais está seguro de seus direitos nem tampouco consciente de suas obrigações. Disse-o, incisivamente, Aluísio Gonçalves de Castro Mendes, ao considerar que "há uma forte cultura de descumprimento de normas e de padrões no comportamento existente na sociedade brasileira". (...) "Afinal, se o juiz não segue o que é fixado pelo Supremo Tribunal Federal ou pelos Tribunais Superiores, porque os comerciantes ou cidadãos em geral se sentirão estimulados a cumprir as decisões judiciais ?" [5]

A preocupação em estancar ou ao menos controlar a crescente instalação de um ambiente judiciário dispersivo vem exposta no bojo do item 1.º da Exposição de Motivos do anteprojeto do novo CPC, em mais de uma passagem, podendo destacar-se este excerto: "(...) haver, indefinidamente, posicionamentos diferentes e incompatíveis, nos Tribunais, a respeito da mesma norma jurídica, leva a que jurisdicionados que estejam em situações idênticas tenham de submeter-se a regras de conduta diferentes, ditadas por decisões judiciais emanadas de tribunais diversos. Esse fenômeno fragmenta o sistema, gera intranquilidade e, por vezes, verdadeira perplexidade na sociedade".

Essa problemática é antiga na experiência judiciária brasileira, tendo vindo, há décadas denunciada, desalentadamente, por Lafayette Rodrigues Pereira: "(...) jurisprudência brasileira, pode-se dizer, sem temeridade, ainda não a temos"; na sequência, o jurista criticava em cores fortes a *jurisprudência* então praticada no Brasil: "Acervo informe de contradições e incoerências, muitas vezes a negação das doutrinas mais conhecidas e dos princípios mais certos, essa coleção de julgados tem todos os defeitos e todas as singularidades das criações, que são antes a obra do instinto cego, à mercê de influências acidentais e passageiras, do que o produto da razão humana, iluminada pela ciência e pela discussão".[6]

A insegurança jurídica, decorrente da dispersão jurisprudencial desmedida e descontrolada, projeta ainda o deletério efeito de *insuflar o demandismo judiciário*, exacerbando a *crise numérica dos processos* que assombra o Judiciário e desalenta o jurisdicionado. Note-se que tal consequência não

5. *Incidente de resolução de demandas repetitivas*, São Paulo: Gen-Forense, 2.017, p. 95.
6. *Direito das cousas*. 3. ed., Rio de Janeiro: Freitas Bastos, 1940, p. 9 do prefácio.

pode, em modo simplista, ser atribuída ao fato de uma decisão judicial poder ser alterada por outra – ocorrência previsível, dado o efeito devolutivo e substitutivo dos recursos – e sim à circunstância de, não raro, faltar aos órgãos situados ao meio da pirâmide judiciária – TJs, TRFs, TRTs – maior empenho na superação do dissídio exegético, assim aquele apenas sinalizado como o que já está instalado, sendo esse, aliás, o motivo que levou à parca aplicação do *incidente de uniformização de jurisprudência*, antes previsto nos arts. 476-470 do CPC/1973.

Com efeito, prevaleceu, sob a vigência do CPC/1973, o entendimento de que a fixação da tese sobre a *vexata quaestio* suscitada no incidente de uniformização de jurisprudência ficava deixada à prudente discrição do Pleno (ou do Órgão Especial, onde houvesse), tendo o STJ decidido que se tratava de *faculdade judicial* (1.ª T., REsp 745.363/PR, rel. Mn. Luiz Fux, j. 20.09.2007, *DJ* 18.10.2007, p. 270). Ao propósito, há tempos afirmamos em breve monografia sobre o tema: "Vê-se que o Pleno goza de discricionariedade em reconhecer ou não a pretendida divergência. Compreende-se que assim seja, pois que de outro modo não faria sentido que o órgão fracionário lhe encaminhasse o incidente. Por outras palavras, em caso contrário ter-se-ia o órgão fracionário *impondo* ao Pleno sua convicção acerca da divergência".[7]

Diversamente se passa com o IRDR, no qual, dado o *interesse público* evidenciado em suas finalidades – prevenir a multiplicação de demandas seriais; preservar a isonomia; assegurar segurança jurídica: CPC, art. 976 e incisos – uma vez presentes tais pré-requisitos a instauração de tal procedimento apresenta-se *imperativa*, como já sustentado por Aluísio Gonçalves de Castro Mendes e Roberto Aragão Pereira Rodrigues, escrevendo ao tempo do debate parlamentar sobre o CPC/2015: "(...) realizando-se uma interpretação sistêmica dos dispositivos que regulamentam o instituto [IRDR], parece possível concluir que, uma vez preenchidos os requisitos estabelecidos pelo *caput* do art. 930 [PLS 166/2010, depois art. 976 do novo CPC] (...) a instauração do incidente consistirá em poder-dever para os órgãos de cúpula dos tribunais".[8]

Essa exegese afina-se com a *ratio* subjacente ao art. 926, *caput*, do CPC: "Os tribunais *devem* uniformizar sua jurisprudência, e mantê-la estável, íntegra

7. *Incidente de uniformização de jurisprudência.* São Paulo: Saraiva, 1989, p. 63 (Coleção Saraiva de Prática do Direito).

8. Reflexões sobre o incidente de resolução de demandas repetitivas previsto no projeto de novo Código de Processo Civil. *Revista de Processo* n. 211, set., 2012, p. 197.

e coerente", assim como guarda simetria com o postulado, geralmente aceito, pelo qual, enquanto no setor privado pode-se fazer tudo que não seja proibido, já no setor público, por conta da prevalência dos atos vinculados, o agente incumbido de certa parcela do poder *deve* exercer a atribuição prevista na norma de regência, no modo como aí venha estabelecido: *quem pode, deve.*

A positivação final do IRDR no CPC/2015 veio confirmar as projeções iniciais que apontavam para a imperatividade de instauração desse procedimento, uma vez presentes seus pressupostos: o art. 981, *caput*, atribui ao órgão colegiado competente a missão de aferir a admissibilidade do IRDR, não ao seu livre arbítrio, mas "*considerando a presença dos pressupostos do art. 976*", permitindo inferir que, uma vez constatados tais quesitos, a instalação do IRDR se impõe. Nem poderia ser diferente, considerando-se que a *tese jurídica* firmada ao final do IRDR projetará eficácia obrigatória para juízes e tribunais (art. 985, *caput* e incisos, c/c art. 927, III; 928, I; § 1º do art. 985), podendo em certos casos se projetar em face da administração pública (§ 2º do art. 985) irradiação essa que não se compadece - logica e juridicamente - com a percepção de qualquer *facultatividade* ou *discricionariedade* que se queira perscrutar na instalação do IRDR ao interno do tribunal.

Verdade que, em sede doutrinária, registram-se críticas ao IRDR, ora ao argumento de afronta à *independência judicial*; ora sob suspeita de velada *equiparação*, sem previsão constitucional, entre as eficácias da norma legal (geral, abstrata, impessoal, obrigatória) e da tese jurídica firmada ao final do IRDR; ora, enfim, sob alegação de incompatibilidade entre nosso registro jurídico-político (*civil law*) e o regime *precedentalista* (*stare decisis et non quieta movere*) de uso corrente na família *common law*. Nesse sentido o entendimento de Marcelo Barbi Gonçalves: "(...) pode-se afirmar - ante a inexistência de uma base normativa e prática precedentalista no sistema normativo - que o acórdão elaborado no bojo do incidente de resolução de demandas repetitivas será *autonomizado da faticidade* que lhe deu origem, é dizer, a *ratio decidendi* será exclusivamente uma proposição de direito abstraída da questão de fato. Ter-se-á, portanto, uma *norma geral* e abstrata manejada pelos operadores jurídicos de maneira desconectada do processo-piloto, gerando uma imposição qualitativamente análoga à de uma lei".[9]

9. O incidente de resolução de demandas repetitivas e a magistratura deitada. *Revista de Processo* n. 222, ago., 2013, p. 228. (No excerto colacionado, o articulista evoca doutrina de Lênio Luiz Streck e Georges Abboud).

Sem embargo, parece-nos que, mesmo num país radicado na tradição romano-germânica, descabe ver-se a referência à *lei* – CF art. 5.º, *caput* e inciso II – sob uma perspectiva *reducionista*, como se todo o Direito nela se concentrasse, quando, ao contrário, uma interpretação mais aberta, atualizada e contextualizada permite inferir que o princípio da legalidade reporta-se, em verdade, à *integralidade* da experiência jurídica como um todo, abrangente não só da norma, como expressão principal, mas também de outros insumos, tais os chamados *meios de integração* – analogia, princípios gerais, equidade, costumes – e, (por que não?) a doutrina e a jurisprudência.

Esta última, no ponto que ora mais interessa, apresenta superlativa importância, por ser curial que pouco ou nada adiantaria a prometida *igualdade de todos perante a lei* (CF, art. 5.º, *caput* e inciso II) se tal isonomia se confinasse à norma enquanto posta abstratamente no ordenamento, mas depois não mantivesse a mesma higidez igualitária quando passasse por seu *momento judiciário*, quando então se defractaria em multifárias interpretações, não raro antagônicas (como hoje se constata), sem alcançar um ponto de coesão e unitariedade, em detrimento da isonomia devida aos jurisdicionados e da segurança jurídica necessária à vida em sociedade.

Disse-o, precisamente, Teresa Arruda Alvim Wambier: "O princípio da isonomia se constitui na ideia de que todos são iguais perante a lei, o que significa que *a lei* deve tratar todos de modo uniforme e que *correlatamente as decisões dos tribunais não* podem aplicar a *mesma lei* de forma *diferente* a casos absolutamente idênticos, num mesmo momento histórico. De fato, de nada adiantaria a existência de comando constitucional dirigido ao legislador, *se o Poder Judiciário não tivesse, a seu turno, que seguir idêntica orientação. Se o Poder Judiciário pudesse decidir, com base na mesma lei, no mesmo momento histórico (ou seja, sem que fatores históricos possam influir no sentido que se deva dar à lei) em face de idênticos casos concretos*, de modos diferentes, ambos os princípios estariam comprometidos.[10]

Essa exegese é particularmente verdadeira com relação à irradiação da eficácia – local, regional ou nacional – da *tese jurídica* firmada ao final do IRDR (art. 985 e incisos; § 2º do art. 987): a referência à *lei*, no art. 5º e inciso II da CF, ao estabelecer a igualdade de todos perante ela, há que entender-se em modo *holístico*, abrangendo assim o Direito tal como postado

10. Súmula vinculante: desastre ou solução? *Revista de Processo* n. 98, abr./jun., 2000, p. 299.

in abstracto no ordenamento, como *também*, o *sentido* que lhe vem atribuído pelos tribunais, segundo a competência jurisdicional de cada um: os TJ's no âmbito local, os TRF's, TRE's e TRT's no plano regional, e, por maioria de razão, os Tribunais da Federação: o direito federal comum, interpretado pelo STJ, as questões de direito federal especial pelo TSE, TST e STM, e as questões constitucionais, pelo STF.

Sobretudo com relação ao STF e ao STJ, note-se que *não haveria qualquer racionalidade* em que a *tese jurídica*, firmada no âmbito do IRDR pelo TJ ou pelo TRF, projetasse efeito apenas *endoprocessual*, não se estendendo em modo paradigmático aos demais processos presentes e futuros nos quais tal questão de direito venha agitada no âmbito territorial da jurisdição dessas Cortes. Uma tal *percepção reducionista* praticamente anularia a finalidade precípua do IRDR, de prevenir e/ou superar a dispersão jurisprudencial excessiva que hoje grassa na *praxis* judiciária brasileira. Do mesmo modo, uma vez submetida à cognição do STJ, via recurso especial, a *tese jurídica* antes firmada no bojo de um IRDR no TJ ou no TRF, o entendimento que venha firmado pela Corte Superior deva expandir-se ao largo e ao longo do território nacional (CPC, § 2º do art. 987), dado que *não haveria qualquer racionalidade* em que um texto de *lei federal* recebesse uma interpretação que não se aplicasse a todas as unidades da Federação.

Em conhecida página, ainda hoje insuperada, José Carlos Barbosa Moreira bem equacionara os polos da equação *segurança jurídica – alteração da jurisprudência*: "Mutável que é a realidade social, compreende-se que mude também, com o correr do tempo, o entendimento das normas de direito, ainda quando permaneça invariável o respectivo teor literal. Nada mais natural, assim, que a evolução da jurisprudência através da constante revisão das teses jurídicas fixadas". Na sequência, o autor colacionava clássica lição de Piero Calamandrei: "(...) seria absurdo desejar que a jurisprudência, que por sua mutabilidade no tempo é a mais sensível e a mais preciosa registradora das oscilações mesmo leves da consciência jurídica nacional, fosse cristalizada e contida em sua liberdade de movimento e de expansão". Prosseguia Barbosa Moreira, diagnosticando que a vera etiologia do problema consiste nisso que, "num mesmo instante histórico – *sem* variação das condições culturais, políticas, sociais, econômicas, que possa justificar a discrepância -, a mesma regra de direito seja diferentemente entendida, e a espécies semelhantes se apliquem teses jurídicas divergentes ou até opostas. Assim se compromete a unidade do direito – que não seria posta em xeque, muito ao contrário, pela evolução *homogênea* da jurisprudência dos vários tribunais – e não raro se semeiam, entre os membros da comunidade, o descrédito e o cepticismo quanto à efetividade da garantia jurisdicional. Nesses limites, e somente neles, é que se põe o problema da uniformização da jurisprudência".[11]

De fato, é sob tal parâmetro que vêm positivados – e devem ser entendidos – os tantos meios e instrumentos processuais voltados, assim à prevenção como à superação da divergência jurisprudencial: *jurisprudência dominante ou sumulada*: CPC, arts. 332, I; 932, IV *a* e V, *a*; art. 1.035, § 3.º, I); *embargos infringentes de ofício* (CPC, art. 942 e §§); *embargos de divergência* no STF e no STJ (CPC, art. 1.043, incisos e §§; art. 1.044 e §§); *decisões-quadro* nos REs reconhecidos com repercussão geral e nos REsps afetados como representativos da controvérsia (CPC, art. 1.036 e § 1.º, c/c art. 1.040 e incisos;); *recurso especial ao STJ* pela alínea *c* do art. 105, III, da CF, com destaque para o rito dos recursos repetitivos (CPC, arts. 1.036-1.041); *questões de ordem* no Pleno ou no Órgão Especial dos tribunais (CPC, art. 927, V); *recurso de revista trabalhista* (CLT, art. 896 e 896-A, com as alterações promovidas pela Lei 13.467/2.017); *pedido de uniformização* às Turmas de Uniformização nos Juizados Especiais ou ao STJ (Lei 10.259/2001, art. 14 e § 4.º); *incidente de arguição de inconstitucionalidade* (CPC, art. 948); *incidente de assunção de competência* (CPC, art. 947 e § 3º); e, no que ora toca mais diretamente, o *incidente de resolução de demandas repetitivas*: CPC, arts. 976-987; art. 927, III.

Apesar da notória e persistente preocupação do legislador com os males da *dispersão jurisprudencial excessiva*, ela persiste e recrudesce, sendo vista na Exposição de Motivos do anteprojeto do novo CPC como um fator que "produz intranquilidade social e descrédito do Poder Judiciário", assinalando-se, ainda, em outra passagem: "A segurança jurídica fica comprometida com a brusca e integral alteração do entendimento dos tribunais sobre questões de direito".

Ao propósito, afirma Teresa Arruda Alvim Wambier: "Fala-se, portanto, da falta de uniformidade da jurisprudência no país, o que acaba comprometendo o princípio da isonomia, porque, se a lei deve ser a mesma para todos, é evidente que a interpretação da lei deve ser a mesma para todos também. Senão a regra fica integralmente desmoralizada. (...) A instabilidade

---

11. *Comentários ao Código de Processo Civil*. vol. 5, 16. ed. Rio de Janeiro: Forense, 2012, p. 4 e 5. (A obra colacionada no excerto é *La Cassazione Civile*, vol. 2. *Opere Giuridiche*, vol. 7, Nápoles, 1976).

e a desuniformidade da jurisprudência desacredita o Poder Judiciário, decepciona o jurisdicionado, desrespeita, inaceitavelmente, o princípio da isonomia, desacredita o país até no âmbito internacional".[12]

12. O que se espera do novo CPC? *Revista do Advogado* (AASP), n. 26, maio, 2015, p. 201 e 202.

Capítulo VI

A PREVENÇÃO/SUPERAÇÃO DA DIVERGÊNCIA JURISPRUDENCIAL

Sumário: 1. Dissídio ao interno dos Tribunais: **(i)** Incidente de uniformização de jurisprudência (CPC/1973); **(ii)** Embargos infringentes (CPC/1973) e seu sucedâneo no CPC/2015; **(iii)** Embargos de divergência no STF e no STJ e embargos no TST. – **(iv)** – Incidente de assunção de competência; **(v)** incidente de arguição de inconstitucionalidade – **(vi)** Questões de Ordem no Pleno ou Órgão Especial – **2**. Dissídio entre tribunais: **(i)** Decisões-quadro do STF e STJ nos RE's reconhecidos com repercussão geral e nos REsp's afetados como representativos da controvérsia; **(ii)** Recurso de revista no TST; **(iii)** Recurso especial pela alínea c do art. 105, III, da CF.

1. DISSÍDIO AO INTERNO DOS TRIBUNAIS

(*i*) Incidente de uniformização de jurisprudência (CPC/1973)

O CPC/1939 previa, no título dedicado ao recurso de revista – e, ainda que sem um *nomen iuris* específico – um expediente voltado a prevenir ou superar a divergência jurisprudencial *intra muros*, a teor do art. 861: "A requerimento de qualquer de seus juízes, a Câmara ou Turma julgadora poderá promover o pronunciamento prévio das Câmaras reunidas sobre a interpretação de qualquer norma jurídica, se reconhecer que sobre ela *ocorre*, ou *poderá ocorrer*, divergência de interpretação entre câmaras ou turmas".

A seu turno, o CPC/1973 não recepcionou o recurso de revista nem tampouco o citado incidente antes previsto no citado art. 461 do CPC/1939. Verdade que o anteprojeto do CPC/1973 buscara recepcionar a vetusta figura dos *assentos vinculativos* (Ordenações Filipinas, Livro I, Título V, § 5º; no Brasil: Decs. 2.684/1875 e 6.142/1876; Consolidação Ribas (1876), art. 156, § 3º), por modo que a decisão sobre questão jurídica, tomada por maioria absoluta no STF (direito federal) ou no TJ (normação local) seria obrigatória enquanto não alterada por outro acórdão proferido em análoga sede. Ao cabo dos trabalhos legislativos, porém, tal proposta não prosperou, vindo, em contrapartida, positivado o *incidente de uniformização de jurisprudência* (arts. 476-479).

Em breve monografia acerca desse incidente, descartamos sua configuração como recurso, optando por vê-lo como "um simples *incidente* (como aliás o *nomen juris* o está a mostrar), ocorrente se um juiz do órgão julgador do recurso, *ex officio* ou por provocação da parte - por achar iminente a configuração do dissídio - pedir ao Pleno que, previamente, fixe a interpretação sobre esta ou aquela *quaestio juris*. Tanto é um mero *incidente* e não um recurso, que é factível também em hipóteses que não configuram um 'julgamento de recurso', como por ocasião do julgamento de causa de competência originária do tribunal (*v.g.*, ação rescisória de acórdão) ou nos julgamentos propiciados pelo 'reexame necessário'. Por análogo raciocínio, diz Sidney Sanches, 'não se dirá que, quando a Câmara remete ao Tribunal Pleno o exame da constitucionalidade de uma lei, está interpondo recurso'". [1]

Entre esse incidente de uniformização de jurisprudência, do CPC/1973, e o incidente de resolução de demandas repetitivas, advindo com o CPC/2015 (arts. 976-987), existem dois básicos pontos comuns: (*i*) o fato de ambos serem instrumentos voltados a prevenir ou compor a dispersão jurisprudencial sobre uma dada *quaestio iuris*: (*ii*) o fato de ambos os expedientes virem inseridos na competência originária dos Tribunais.

As *diferenças* entre ambos esses instrumentos, porém, são mais expressivas:

(*) o incidente de uniformização (CPC/1973) iniciava-se numa fração do Tribunal, por iniciativa de qualquer de seus componentes, sendo na sequência enviado ao Pleno, onde, uma vez resolvido, retornava ao órgão fracionário suscitante, para aplicação da tese, ocorrendo, pois, uma *cisão interna de competência*, ao passo que o IRDR, conquanto seja processado e decidido no Tribunal, todavia pode (e o será no comum dos casos) *deflagrado* em primeiro grau, por iniciativa do juiz, partes,

1. *Incidente de uniformização de jurisprudência*, São Paulo: Saraiva, 1.989, p. 28, 29. (A obra de Sidney Sanches, referida no excerto, é: *Uniformização da Jurisprudência*, São Paulo: Revista dos Tribunais, 1975).

Ministério Público ou Defensoria Pública (CPC, art. 977 e incisos) - verificando-se, portanto, *cisão de competência entre instâncias*; [2]

(*) o incidente de uniformização (CPC/1973) era factível tanto na hipótese de ocorrer divergência durante a coleta de votos no órgão fracionário (inciso I do art. 476) como na hipótese em que outra fração do Tribunal porventura perfilhasse entendimento diverso (inciso II), assim sugerindo em ambos os casos uma divergência *efetiva*. Todavia já havíamos sustentando em sede doutrinária que "(...) se somente a divergência já consumada servisse à instauração do incidente de uniformização, este perderia muito de sua utilidade prática, mormente no que tange ao propósito de prevenir a divergência, quando esta se afigure iminente".[3] Assim também pareceu a José Carlos Barbosa Moreira: "Se o que se quer é evitar a quebra da homogeneidade jurisprudencial, e no julgamento em curso a maioria dos julgadores já se manifestou em sentido contrário à tese jurídica fixada noutra decisão, só o pronunciamento prévio do Tribunal acerca da *quaestio iuris* pode eventualmente afastar o risco, servindo ao fim que a lei tem em vista".[4] Já o IRDR, referindo-se à "*efetiva* repetição de processos que contenham controvérsia sobre a mesma questão unicamente de direito" (inciso I do art. 976), com "risco de ofensa à isonomia e à

---

2. Andrea Carla Barbosa e Diego Martinez Fervenza Cantoario sustentam em estudo inserido em obra coletiva publicada em 2011 que "para a 'ação-rainha', aquela alçada à condição de líder, de porta voz do grupo de ações, aquela que 'fala' por todas as outras, enfim, que transmite a discussão sobre a questão de direito ao Tribunal, haverá decisão não apenas da questão jurídica controvertida (e, claro, das demais questões) mas da própria lide". (O incidente de resolução de demandas repetitivas no projeto de Código de Processo Civil: apontamentos iniciais. In FUX, Luiz (coord.) *O Novo Processo Civil Brasileiro - direito em perspectiva*, Rio de Janeiro: Gen-Forense, 2011, p. 504, 505). Todavia, embora o CPC/2015 não seja claramente expresso a respeito, o que se colhe em interpretação sistemática dos dispositivos que regem o IRDR é que seu objeto confina-se à fixação da *tese jurídica*, não havendo previsão quanto a afetação de um dado processo como *piloto*, como se dá nos julgamentos *por amostragem* de REs e REsps repetitivos. V., ao propósito, José Miguel Garcia Medina: *Novo Código de Processo Civil comentado*, 5. ed., São Paulo: Thomson Reuters-Revista dos Tribunais, 2.017, nota nº VI ao art. 976, p. 1.440.
3. *Incidente de uniformização...*, cit., 1.989, p. 49. (Nesse excerto, colacionamos o trabalho de José Ignácio Botelho de Mesquita - Da uniformização da jurisprudência, *RT* nº 613, p. 17).
4. *Comentários ao Código de Processo Civil*, v. 5, 16.ed., Rio de Janeiro: Forense, 2.012, p. 12, 13.

segurança jurídica" (inciso II do art. 976) não deixa dúvida de que o plexo de entendimentos discrepantes, além de expressivo, há que ser real, e não apenas suposto ou virtual. Nesse sentido, entendem Luiz Guilherme Marinoni e Daniel Mitidiero: "Note-se que não basta o *potencial* risco de multiplicação. Ou seja, não basta que a questão de direito *tenda* a repetir-se em outras causas futuras. É necessário que a reprodução dessa questão em outros processos seja concreta, efetiva, existente já no momento em que é instaurado o incidente".[5]

Registre-se, porém, entendimento diverso, sustentado por Teresa Arruda Alvim Wambier *et al*: "Parece, todavia, que os objetivos do instituto ficariam inteiramente frustrados, se se exigisse, para a instauração do incidente, que já se tivesse instalado o caos na jurisprudência de 1º grau, com milhares de sentenças resolvendo de modos diferentes a mesma questão de direito".[6] Parece-nos, todavia, que a finalidade buscada com a instauração do incidente de resolução de demandas repetitivas reclama a constatação de um número importante de demandas seriais envolvendo uma mesma questão de direito, por modo que não faria sentido, para os fins almejados, que uma divergência apenas esporádica ou incipiente justificasse sua deflagração. Nesse sentido, Aluísio Gonçalves de Castro Mendes: "Portanto, se a efetiva repetição de processos, que dependam da resolução da questão controversa não for efetivamente significativa em termos numéricos, o resultado obtido poderá não ser tão relevante, a ponto de compensar as mudanças processuais decorrentes, especialmente a suspensão dos processos e o procedimento especial estabelecido nos tribunais".[7]

(*) o incidente de uniformização (CPC/1973), previa que na hipótese de que a tese vir ao final sufragada por maioria absoluta ela será "objeto de súmula e constituirá precedente na uniformização da jurisprudência" (art. 479), ao passo que no IRDR, previsto no CPC vigente, é a própria *tese jurídica* aí alcançada que se *aplicará* (portanto: obrigatoriamente – § 1º do art. 985, c/c arts. 927, III, e 928, I), em dimensão *panprocessual* e até extraprocessual, nos moldes dos arts. 332, III; 985, incisos e § 2º; 987 e § 2º.

5. *Novo Curso de Processo Civil*, vol. 2, São Paulo: Revista dos Tribunais, 2.015, p. 579.
6. *Primeiros comentários ao Código de Processo Civil – artigo por artigo*, São Paulo: Thomson Reuters-Revista dos Tribunais, 2.015, cit., p. 1.397.
7. *Incidente de resolução de demandas repetitivas*, São Paulo: Gen-Forense, 2.017, p. 111.

Registre-se ainda que o incidente de uniformização de jurisprudência (CPC/1973) malgrado as boas intenções que o inspiravam, não resultou expressivamente aplicado na *praxis* judiciária, em boa medida por conta do disseminado entendimento de que o reconhecimento da divergência jurisprudencial – e consequente disposição para superá-la – ficava à conta de uma certa *discricionariedade* dos Tribunais. Diversa e acertadamente, o CPC/2015 dispõe que os Tribunais "*devem* uniformizar sua jurisprudência", incumbindo-lhes, ainda, editar "enunciados de súmula correspondentes a sua jurisprudência dominante" (art. 926 e § 1º). Pode-se, portanto, falar que sob a égide do CPC/2015 os Tribunais têm o *dever de uniformizar* suas interpretações e *de sumular* aquelas que vão ficando assentadas. Tal eficácia impositiva da *tese jurídica* firmada ao final do IRDR é reforçada com a possibilidade de *reclamação* para os casos de recusa imotivada/aplicação equivocada do precedente: § 1º do art. 985; inciso IV do art. 988, redação do inciso cf. Lei 13.256/2016, c/c § 4º do art. 988.

A par disso, em casos mais severos, o descumprimento ou o manejo equivocado da tese jurídica firmada em IRDR poderá desafiar *ação rescisória*, se a decisão de mérito trânsita em julgado, que invocara tal precedente, não atentara para a "distinção entre a questão discutida no processo e o padrão decisório que lhe deu fundamento" (CPC, § 5º do art. 966, parágrafo incluído pela Lei 13.256/2016. (Observe-se que a expressão "julgamento de casos repetitivos", mencionada nesse parágrafo, abrange a tese firmada no incidente de resolução de demandas repetitivas: CPC, art. 928, I.

Análogo *dever de uniformizar* veio determinado pela Lei 13.015/2.015 no processo trabalhista (embora referindo-se ao incidente previsto no CPC/73), ao dispor no § 3º do art. 896 da CLT: "Os Tribunais Regionais do Trabalho procederão, *obrigatoriamente*, à *uniformização de sua jurisprudência* e aplicarão, nas causas da competência da justiça do trabalho, no que couber, o incidente de uniformização de jurisprudência previsto nos termos do Capítulo I do Título IX da Lei 5.869, de 11 de janeiro de 1973 (Código de Processo Civil)".

(*ii*) Embargos infringentes (CPC/1973) e seu sucedâneo no CPC/2015

Cabe desde logo ter presente que a palavra *embargos* é polissêmica ou plurívoca: além de constar do vernáculo geral (*v.g.*, "voz embargada"; "sem embargo"), é multiempregada no Direito Processual: embargos de declaração; embargos do executado; embargos de divergência; embargos de terceiro; embargos de alçada.

Os embargos infringentes tinham em seu prol o argumento histórico, afirmando José Carlos Barbosa Moreira: "Figura peculiar ao direito luso-brasileiro, evolveram os embargos a partir do simples pedido de reconsideração ao órgão que decidira".[8] O CPC/1939, no art. 833 (redação do Dec.-lei 8.570/1946), permitia tais embargos "quando não for unânime a decisão do proferida em grau de apelação, em ação rescisória e em mandado de segurança. Se o desacordo for parcial, os embargos serão restritos à matéria objeto de divergência".

Ao longo das sucessivas reformas por que tem passado o Processo Civil nas últimas décadas, tem sempre voltado à berlinda a questão da manutenção, supressão ou alteração dos embargos infringentes, até por conta de existirem boas razões em prol de uma ou outra dessas alternativas. Em favor do citado recurso conta o argumento de que, havendo voto vencido – é dizer: resultado não unânime no julgamento procedido no órgão fracionário de Tribunal – isso significaria que a *vexata quaestio* segue controversa, não tendo atingido o desejável ponto de maturação, menos ainda o consenso acerca de qual fosse o entendimento mais acertado a respeito, o que tanto bastaria para justificar a continuidade do debate, ou seja: tal recurso *somaria* para a *qualidade* da prestação jurisdicional, e, consequentemente, da própria segurança jurídica, a par de operar como estímulo para que os integrantes do órgão julgador se motivassem a participar mais ativamente da decisão, elaborando e expondo seu voto, posto vencido. Em senso contrário à preservação dos embargos infringentes, argumenta-se que ele induz uma dilação dos trâmites, a par da curial constatação de que um julgamento tomado por maioria nem por isso deixa de ser uma decisão, ou de ter consistência jurídica, não havendo razão lógica ou jurídica para se condicionar a higidez de um acórdão a que seja unânime o entendimento nele versado.

Nesse sentido, o anteprojeto Buzaid, introdutório do CPC/1973, dizia no item 35º da Exposição de Motivos que "a existência de um voto vencido não basta por si só para justificar a criação do recurso; porque pela mesma razão se deve admitir um segundo recurso de embargos sempre que no novo julgamento subsistir um voto vencido; por esse modo poderia arrastar-se a verificação do acerto da sentença por largo tempo, vindo o ideal de justiça a ser sacrificado pelo desejo de aperfeiçoar a decisão".

8. *Comentários ao Código de Processo Civil...*, vol. V, 16 ed., 2012, cit., p. 516.

Apesar desse posicionamento do então Ministro da Justiça, a Comissão Revisora do CPC/1973 houvera por bem prestigiar os embargos infringentes, inserindo-os no rol dos recursos (art. 496, III) e disciplinando-os nos arts. 530, 531, (alterados pela Lei 10.352/2001), 532 (alterado pela Lei 8.952/1994), 533, 534 (este último alterado pela Lei 10.352/2001). Tal recurso era cabível, segundo o art. 530, "quando o acórdão não unânime houver reformado, em grau de apelação, a sentença de mérito, ou houver julgado procedente ação rescisória. Se o desacordo for parcial, os embargos serão restritos à matéria objeto da divergência".

Saliente-se que, uma vez interpostos tais embargos, e considerando-se que a ulterior e eventual interposição de RE ou de REsp exige o prévio *esgotamento* das instâncias ordinárias, [9] dispunha o *caput* do art. 498 do CPC/1973 que o prazo para manifestação daqueles apelos excepcionais, "relativamente ao julgamento unânime, ficará sobrestado até a intimação da decisão nos embargos" (redação da Lei 10.352/2001), em simetria com a exigência de que a interposição dos recursos excepcionais ao STF e ao STJ pressupõe que se trate de *causa decidida*, é dizer: que estejam esgotadas (= foram exercidas ou precluiram *in albis*) as vias impugnativas ordinárias - Súmulas STF 281 e STJ 207.

O prognóstico de José Carlos Barbosa Moreira feito à época, no sentido de ser "pouco provável que, pelo menos a curto prazo, se volte a reformar a disciplina do recurso, e menos ainda que se chegue ao ponto de eliminá-lo", [10] não viria a confirmar-se, visto que o CPC/2015 não reteve os embargos infringentes no rol dos recursos (art. 994 e inciso). Dizia a Exposição de Motivos do anteprojeto, no bojo do item 1º, que a "tendência à diminuição do número de recursos que devem ser apreciados pelos Tribunais de segundo grau e superiores é resultado inexorável da jurisprudência mais uniforme e estável. (...) Uma das grandes alterações havidas no sistema recursal foi a supressão dos embargos infringentes. Há muito, doutrina da melhor qualidade[11] vem propugnando pela necessidade de que sejam extintos. Em contrapartida a essa extinção, o relator terá o dever de declarar

9. No ponto, v. o nosso *Recurso extraordinário e recurso especial*, 14.ed., São Paulo: Thomson Reuters-Revista dos Tribunais, 2018, p. 136 e s.

10. *Comentários*..., cit., 16.ed., p. 519.

11. Cf. nota de rodapé nº 27 dessa Exposição de Motivos, a referência é ao estudo de José Carlos Barbosa Moreira - Novas vicissitudes dos embargos infringentes, *Revista de Processo* nº 109, jul./ago. 2004, p. 113.

o voto vencido, sendo este considerado como parte integrante do acórdão, inclusive para fins de prequestionamento".[12]

Mesmo não tendo sido os embargos infringentes recepcionados no CPC/2015, este cuidou de inserir uma sorte de *sucedâneo de ofício*, dispondo no art. 942 e parágrafos que, tirante os casos de assunção de competência, de IRDR, de remessa necessária e de julgamento não unanime de plenário ou de corte especial, em todos os demais – incluída a ação rescisória "quando o resultado for a rescisão da sentença" e o agravo de instrumento "quando houver reforma da decisão que julgar parcialmente o mérito" – uma vez verificado que não foi unânime o julgamento, este "terá prosseguimento em sessão a ser designada com a presença de outros julgadores, que serão convocados nos termos previamente definidos no regimento interno, em número suficiente para garantir a possibilidade de inversão do resultado inicial, assegurado às partes e a eventuais terceiros o direito de sustentar oralmente as razões perante os novos julgadores".

À primeira vista, tratar-se-ia da introdução de uma *modalidade* diferenciada de embargos infringentes, ou, se se quiser, uma sorte de interposição *de ofício*, já que o mote principal é a existência de voto vencido no julgamento colegiado; porém, essa nova figura não pode ser considerada um vero *recurso* por não atender as características de *facultatividade* ou *voluntariedade* (já que o procedimento previsto no art. 942 do CPC se instaura de ofício) nem tampouco atende ao quesito da *taxatividade* (já que os embargos infringentes, ou o seu sucedâneo do art. 942 não constam do rol dos recursos – art. 994 e incisos).

Daí resulta mais adequado ver essa inovação como uma *técnica* ou um *expediente* pelo qual se pretende atingir finalidade próxima àquela que antes se poderia obter com os embargos infringentes do CPC/1973, com isso *enxugando-se* – em parca medida, é certo – as possibilidades impugnativas na instância recursal. É como pensam Teresa Arruda Alvim Wambier *et al.*: "Deixa, portanto, de existir o recurso de embargos infringentes, porém o NCPC adota uma técnica de julgamento que pretende fazer as suas vezes. (...) O foco, como se vê, está na simplificação do procedimento diante da desnecessidade de interposição de um recurso, com os problemas e percalços daí decorrentes (ex.: discussão quanto à admissibilidade do recurso, abertura de prazo para contrarrazões etc.). Havendo divergência

12. V., ao propósito, o § 3º do art. 941 do CPC.

no julgamento, simplesmente amplia-se o quórum de julgadores".[13] A seu turno, José Miguel Garcia Medina qualifica tais embargos como "mero prosseguimento de julgamento com ampliação do *quorum* de juízes que proferirão voto (...)".[14]

Importante ter presente que tais embargos infringentes *de ofício* não são cabíveis nos casos de remessa necessária, de julgamento não unânime proferido pelo Pleno ou Corte Especial, e, ainda, no julgamento do IRDR (§ 4º e incisos do art. 942).

(*iii*) Embargos de divergência no STF e no STJ e embargos no TST

Considerando a virtualidade de dissidência exegética entre as Turmas do STF e do STJ, e visto que ambos compõem os *Tribunais da Federação*, incumbidos, nessa ordem, de dar a última palavra sobre o texto constitucional (CF, art. 102, *caput*) e o direito federal comum (= não trabalhista, eleitoral ou militar – CF, art. 105 e incisos) compreende-se que, tanto o CPC/1973 (art. 546) como o CPC/2015 (art. 1.043, I, III e §§ 1º a 4º; art. 1.044 e §§), tenham contemplado um instrumento voltado a superar as dissonâncias internas naquelas Cortes, através dos embargos de divergência.

Com efeito, as funções *nomofilácica* (zelo pela higidez do Direito) e *paradigmática* (fixação de padrões decisórios) ficariam comprometidas se entre as frações daqueles Tribunais de cúpula se instalasse – sem algum controle ou possibilidade de superação – uma divergência exegética acerca das questões de direito sobre as quais lhes cabe dar a palavra final.

Os embargos de divergência originaram-se de um adendo, em forma de parágrafo único acrescido pela Lei 623/1949 ao art. 833 do CPC/1939, neste teor: "Além de outros casos admitidos em lei, serão embargáveis, no Supremo Tribunal Federal, as decisões das Turmas, quando divirjam entre si, ou de decisão tomada pelo Tribunal Pleno". Com isso, expandiu-se ainda mais a polissemia da palavra *embargos* (infringentes, de terceiro, de alçada, de declaração): é dizer, com José Carlos Barbosa Moreira, aumentou-se "a equivocidade desse *nomen iuris*, aplicado a remédios de características as mais diversas".[15]

---

13. *Primeiros comentários...*, cit., 2015, p. 1.341.
14. *Novo Código de Processo Civil comentado*, 5. ed., 2017, cit., nota nº I ao art. 942, p. 1.372.
15. *Comentários ao Código de Processo Civil*, v. 5, 16.ed., cit., p. 638.

No CPC/1973 os embargos de divergência no STJ e STF experimentaram vicissitudes: a Lei 8.038/1990 - dita *Lei dos Recursos* - revogara expressamente o art. 546, ofertando, em contrapartida, uma sorte de sucedâneo, restrito ao STJ, a teor do art. 29 dessa lei (agora revogado pelo art. 1.072, IV do CPC/2015). De todo modo, os embargos de divergência no STF, suprimidos *ex lege*, experimentaram uma sobrevida por conta de continuarem previstos no RISTF, até que a Lei 8.950/94 veio recompor o estado de coisas, reinserindo tal recurso no ordenamento processual (CPC/1973, art. 496, VIII), dando nova redação ao 546, *caput* e ao parágrafo único e acrescendo os incisos. Justamente porque o dissenso exegético se manifesta entre órgãos fracionários do STF ou do STJ, compreendem-se as disposições regimentais atribuindo competência para o julgamento aos órgãos de cúpula - Pleno ou Órgão Especial: RISTF, art. 334; RISTJ, arts. 11, XIII, redação da ER 24/2016; art. 266, incisos e parágrafos, redações da ER 22/2016.

O precípuo propósito dos embargos de divergência - superação da dissidência instalada ao interno das frações do STF ou do STJ - ficou melhor delineado, e seu campo de incidência mais expandido, na regulação que ora lhe dá o CPC, no bojo do art. 1.043, que agora o disponibiliza quando o acórdão de *órgão fracionário* (portanto, de turma, câmara ou seção, e não apenas de turma, como se referia o art. 546, *caput* do CPC/1973), no julgamento de recurso extraordinário ou especial *divergir*: "(...) "I - do julgamento de qualquer outro órgão do mesmo tribunal, sendo os acórdãos, embargado e paradigma, de mérito"; (...) III - (...) "do julgamento de qualquer outro órgão do mesmo tribunal, sendo um acórdão de mérito e outro que não tenha conhecido do recurso, embora tenha apreciado a controvérsia". De interesse, ainda, estas precisões: as teses jurídicas confrontadas podem radicar "em julgamento de recursos e de ações de competência originária" (§ 1º); a divergência que deflagra a possibilidade de tal recurso "pode verificar-se na aplicação do direito material ou do direito processual" (§ 2º); enfim tais embargos cabem ainda "quando o acórdão paradigma for da mesma turma que proferiu a decisão embargada, desde que sua composição tenha sofrido alteração em mais da metade de seus membros" (§ 3º).

Importante ressaltar que o CPC/2015, no § 4º do art. 1.043 - como antes já o fazia o CPC/1973 no § único do art. 541 - exige a chamada *demonstração analítica da divergência*, oportunidade em que se demonstrarão "as circunstâncias que identificam ou *assemelham* os casos confrontados". É que o recurso em causa, como observam Teresa Arruda Alvim Wambier *et al.*, "(...) não se presta exclusivamente a corrigir discrepâncias de decisões sobre casos *absolutamente idênticos*. Há necessidade, isto sim, de que exista *identidade jurídica estrutural*, de essência, embora, às vezes, os fatos possam ser diferentes. É que nem sempre a desarmonia se verifica quando são *decididos de modos diferentes casos iguais*: por exemplo, a incidência de um tributo sobre certa operação jurídica. Às vezes, os fatos não são idênticos, mas o fenômeno jurídico é o mesmo".[16]

Saliente-se ainda que, pela súmula STJ 316 os embargos de divergência são também cabíveis "contra acórdão que, em agravo regimental, decide recurso especial", valendo observar que o CPC vigente só reteve os agravos: de instrumento, interno e em recurso especial ou extraordinário: arts. 1.015, 1.021 e 1.042 (este último com redação da Lei 13.256/2.016), nessa ordem. Neste passo, vale registrar que o STJ foi instado em REsp tirado de IRDR antes decidido pelo TJSP, cuidando-se de saber se o rol das decisões interlocutórias que desafiam agravo de instrumento (art. 1.015 e incisos) está ou não em *numerus clausus*, tendo a Corte firmado este entendimento, no tema nº 988: "O rol do art. 1.015 do CPC é de taxatividade mitigada, por isso admite a interposição de agravo de instrumento quando verificada a urgência decorrente da inutilidade do julgamento da questão no recurso de apelação". [17]

Presente a maior amplitude da regulação dos embargos de divergência no CPC/2015 - arts. 1.043 e 1.044, na comparação com o art. 546, incisos e parágrafo único do CPC/1973, Teresa Arruda Alvim Wambier *et al.* comentam: "O objetivo dos embargos de divergência é exata e precisamente o de uniformizar a jurisprudência dos Tribunais Superiores, internamente. Portanto, quanto mais larga ou abrangente for a hipótese de cabimento dos embargos de divergência, a tendência é de que menor seja o número de recursos interpostos".[18]

Como se colhe desse escólio doutrinário, a dispersão interpretativa acerca de uma mesma questão de direito, ao interno dos Tribunais é uma importante concausa a insuflar o demandismo recursal, justificando inferir, *a contrario sensu*, que a uniformização jurisprudencial labora como fator de contenção e de desestímulo para tal prática, servindo, ainda, para controlar, em certa medida, a judiciabilidade exacerbada. O ponto é assim visto por

16. *Primeiros comentários...*, 2015, cit., p. 1.528.
17. REsp 1.696.396/MT; REsp 1.704.520/MT. DJe 19.12.2018.
18. *Primeiros comentários...*, 2015, cit., p. 1.526, 1.527.

Bruno Dantas: "Se, por um lado, a divergência judicial concita a dialética e estimula o desenvolvimento do direito e o surgimento de soluções afinadas com a realidade social, por outro, não se pode negar seu poder de estimular a litigiosidade no seio da sociedade. (...) Daí ser possível concluir que, à luz da teoria dos incentivos, a divergência judicial em níveis elevados não é socialmente desejável".[19]

Ainda sob a égide do CPC/2015, saliente-se que é considerada *não fundamentada* (e, portanto, é nula: CF, art. 93, IX) qualquer decisão que "se limitar a invocar precedente ou enunciado de súmula, sem identificar seus fundamentos determinantes nem demonstrar que o caso sob julgamento se ajusta àqueles fundamentos" (inc. IV do § 1º do art. 496). Outrossim, a *ação rescisória*, cabível quando a decisão atacada "violar manifestamente norma jurídica" (inciso V do art. 966), é igualmente manejável "contra decisão baseada em enunciado de súmula ou acórdão proferido em julgamento de casos repetitivos que não tenha considerado a existência de *distinção* entre a questão discutida no processo e o padrão decisório que lhe deu fundamento" (§ 5º do art. 1.043, redação da Lei 13.256/2016).

O propósito de uniformização da jurisprudência (ou, se quiser, de prevenção da dispersão excessiva), presente nos embargos de divergência no STF e STJ, é reconhecido enfaticamente no bojo do item 1º da Exposição de Motivos do anteprojeto do novo CPC, salientando que as hipóteses de cabimento "agora se baseiam exclusivamente na existência de teses contrapostas, não importando o veículo que as tenha levado ao Supremo Tribunal Federal ou ao Superior Tribunal de Justiça. Assim, são passíveis de confronto as teses contidas em recursos e ações, sejam as decisões de mérito ou relativas ao juízo de admissibilidade. Está-se, aqui, diante de poderoso instrumento, agora tornado ainda mais eficiente, cuja finalidade é a de uniformizar a jurisprudência dos Tribunais superiores, *interna corporis*. Sem que a jurisprudência desses Tribunais esteja internamente uniformizada, é posto abaixo o edifício cuja base é o respeito aos precedentes dos Tribunais superiores".

Ainda sobre os embargos de divergência, consultem-se as súmulas STJ 158, 168, 315 e 420, que expressam entendimentos assentados acerca de diversos aspectos desse recurso.

Tenha-se ainda presente o ensinamento de Nery & Nery, no sentido de que nos embargos de divergência, o STF ou o STJ "depois de afirmar

---

19. A jurisprudência dos tribunais e o dever de velar por sua uniformização e estabilidade. *Revista de Informação Legislativa* nº 190, abr./jun. 2011, p. 65 e rodapé nº 17.

a existência da divergência, *fixará a nova tese jurídica e a aplicará ao caso concreto*. É nisso que reside o comando previsto no CPC 1034, quando se refere a 'aplicar o direito [à espécie]", porque os EDIv são uma espécie de *continuação* do julgamento do RE e do REsp". [20] Importante ressaltar – e aqui se delineia um instigante elo com o IRDR – que, quando o objeto dos embargos de divergência envolver acórdão de TJ ou TRF que nesse incidente fixara a *tese jurídica* com aptidão para se reproduzir em muitos processos (art. 985 e incisos), tendo dito acórdão sido antes impugnado por RE ou REsp, então, ao nosso ver, os efeitos da decisão do STF ou do STJ nos embargos de divergência não poderá restringir-se só ao "caso concreto", mas, para guardar simetria e sintonia com o disposto no § 2º do art. 987, terá que ser "aplicada no território nacional a todos os processos individuais ou coletivos que versem sobre idêntica questão de direito".

Também se preordenam a superar a divergência interna, já agora no âmbito trabalhista, os *embargos no TST*, cabíveis "das decisões das Turmas que divergirem entre si ou das decisões proferidas pela Seção de Dissídios Individuais, ou contrárias a súmula ou orientação jurisprudencial do Tribunal Superior do Trabalho ou súmula vinculante do Supremo Tribunal Federal" (inc. II do art. 894, redação da Lei 13.015/2014), certo ainda, completa o § 2º desse artigo, que a divergência em questão "deve ser atual, não se considerando tal a ultrapassada por súmula do Tribunal Superior do Trabalho ou do Supremo Tribunal Federal, ou superada por iterativa e notória jurisprudência do Tribunal Superior do Trabalho" (parágrafo acrescido pela Lei 13.015/2014).

Sérgio Pinto Martins esclarece a respeito: "A finalidade dos embargos no TST é, principalmente, a unificação da interpretação jurisprudencial de suas turmas, ou de decisões não unânimes em processo de competência originária do TST".[21]

De interesse observar que o direito sumular e a jurisprudência dominante exercem decisiva influência no descarte desses embargos no TST, quando neles se sustente entendimento contrário a tais elementos paradigmáticos, ficando o relator autorizado a denegar seguimento a tal recurso quando interposto contra decisão que está "em consonância com súmula da jurisprudência do Tribunal Superior do Trabalho ou do Supremo Tribunal

20. *Comentários ao Código de Processo Civil – novo CPC – Lei13.105/2015*, 2015, São Paulo: Thomosn Reuters-Revista dos Tribunais, 2.015, nota nº 10 ao art. 1.043, p. 2.225.

21. *Direito Processual do Trabalho*, 29ª ed., São Paulo; Atlas, 2009, p. 439.

Federal, ou com iterativa, notória e atual jurisprudência do Tribunal Superior do Trabalho (...)". (CLT, inc. I do § 3º do art. 894, acrescido pela Lei 13.015/2014). Aplicação, de resto, da Súmula TST nº 333: "Não ensejam recursos de revista ou de embargos decisões superadas por iterativa, notória e atual jurisprudência do Tribunal Superior do Trabalho".

(*iv*) Incidente de assunção de competência

Ao tempo do CPC/73, a Lei 10.352/2001 alterara a redação do *caput* do art. 555 daquele Código e, no ponto que ora mais interessa, a ele acrescentara um § 1º, inserindo na "ordem dos processos no Tribunal" um procedimento que, depois, viria nomeado doutrinariamente como *incidente de assunção de competência.*

Tratava-se, a todas as luzes, de um instrumento, ou, quando menos, de uma técnica voltada a prevenir a instalação iminente de divergência interpretativa sobre uma dada *quaestio iuris* ao interno de uma das frações de um Tribunal, ao pressuposto da existência de "relevante questão de direito, que faça conveniente prevenir ou compor divergência entre câmaras ou turmas do tribunal", caso em que ficava o relator autorizado a "propor seja o recurso julgado pelo órgão colegiado que o regimento indicar; reconhecendo o interesse público na assunção de competência, esse órgão julgará o recurso" (§ 1º do art. 555 do CPC/73).

Na comparação com o incidente de uniformização de jurisprudência igualmente previsto no CPC/1973 (arts. 476-479), havia entre ambos os institutos dois elementos comuns: (*i*) o propósito de superar o dissídio interpretativo que se delineia entre frações de um Tribunal (divergência *interna*, diversamente da *externa*, que desafia *recurso especial* ao STJ, pela alínea *c* do art. 105, III da CF); (*ii*) o interesse público ou social consistente na identificação do sentido unitário do Direito, com vistas ao tratamento isonômico de situações análogas.

Tirante essa base comum, apresentavam-se algumas diferenças entre aqueles dois institutos: (*i*) no incidente de uniformização de jurisprudência, em ocorrendo de a tese, no Pleno ou Órgão Especial vir a ser firmada por maioria absoluta, ela seria "objeto de súmula e [constituiria] precedente na uniformização da jurisprudência" (CPC/1973, art. 479), previsão inexistente no incidente de assunção de competência do CPC/1973; (*aliter*, no CPC/2015, pelo qual o "acórdão proferido em assunção de competência vinculará todos os juízes e órgãos fracionários, exceto se houver revisão de tese" – § 3º do art. 947; (*ii*) no incidente de uniformização de jurisprudência (CPC/1973) o Pleno ou o Órgão Especial *não julgava a causa*, mas apenas estabeleciam o entendimento a ser observado no órgão fracionário suscitante, quando da retomada do julgamento sobrestado – *cisão interna de competência*, pois – ao passo que no incidente de assunção de competência o Pleno ou o órgão Especial, ao ratificarem a existência do interesse público, como antes parecera ao órgão fracionário suscitante, então *assumiam a causa* (daí o nome do instituto), julgando o recurso (CPC/1973, § 1º do art. 555).

Numa comparação com o que se passa com a assunção de competência no vigente CPC, verifica-se que a competência do órgão colegiado, instado para fixação do entendimento sobre a *questio iuris*, aparece *ampliada*, já que ele "julgará o recurso, a remessa necessária ou o processo de competência originária" – § 2º do art. 947.

É dizer, no incidente de assunção de competência *não se verifica cisão de competência*, já que tanto a fixação da tese como o julgamento da causa são concentrados no órgão colegiado julgador, ao contrário do que se dava no incidente de uniformização de jurisprudência no CPC/1973, no qual o julgamento no órgão fracionário, antes sobrestado, vinha depois, a ser *retomado*. Na comparação com o que se passa com o IRDR, no CPC/2015, verifica-se que ele, ordinariamente, será suscitado em primeiro grau (arts. 976 e incisos c/c 977 e incisos), sendo, depois, no tribunal, decidido pelo "órgão indicado pelo regimento interno, dentre aqueles responsáveis pela uniformização de jurisprudência do tribunal" – art. 978, *caput*, c/c art. 981. Deve-se, porém, atentar para o fato de que, apesar do *nomen iuris*, esse procedimento, *de per si*, não se preordena a julgar *demandas*, mas, como alerta José Miguel Garcia Medina, "está-se diante de *incidente de resolução de questões repetitivas*". [22]

Ao tempo do CPC/73, verificou-se que as diferentes *cargas eficaciais* dos incidentes de uniformização de jurisprudência e de assunção de competência, como antes exposto, fizeram com que este último, sendo mais efetivo, tenha se tornado *mais atraente*, e, por isso mesmo, mais utilizado na *praxis* judiciária.

Embora a normação sobre o incidente de assunção de competência não preveja que o entendimento ao final firmado levará à emissão de *súmula*, com o que se alcançaria uma eficácia pan-processual, não há negar que o

22. *Novo Código de Processo Civil comentado*, 5. ed., 2017, cit., nota nº II ao art .976, p. 1.438.

acórdão lançado ao cabo do incidente de assunção de competência reúne condições de operar como *paradigma* ou *padrão decisório* para solução dos demais casos subsumidos no acórdão aí prolatado, não só porque figura no rol dos padrões decisórios impositivos (art. 927, III, c/c § 3º do art. 947), como também porque sua inobservância desafia *reclamação* – art. 988, IV, redação do inciso cf. Lei 13.256/2016. Nesse sentido, José Rogério Cruz e Tucci, ao trifurcar os precedentes judiciários brasileiros em: "com eficácia meramente persuasiva"; "relativa eficácia vinculante (*force de facto*)"; e "com eficácia vinculante", enquadra no âmbito do segundo desses tipos o incidente de assunção de competência.[23]

O vigente CPC potencializa a eficácia do acórdão lançado no incidente de assunção de competência, ao dispor que ele "vinculará todos os juízes e órgãos fracionários, exceto se houver revisão de tese" (§ 3º do art. 947) em simetria, pois, com o art. 927, dispondo que os "juízes e os tribunais *observarão*: (...) III – os acórdãos em assunção de competência (...)", certo ainda que, em primeiro grau, a contrariedade entre a pretensão e o entendimento fixado em incidente de assunção de competência autoriza a *liminar improcedência do pedido* – art. 332, III. Já no âmbito dos tribunais, o relator está autorizado, em decisão agravável, a prover ou desprover o recurso a partir do contraste com certos padrões decisórios, dentre eles o acórdão em assunção de competência (art. 932, IV, *c* e V, *c*). Saliente-se ainda que fica *dispensado o reexame necessário* da sentença proferida contrariamente ao interesse fazendário, quando ela se tiver baseado em certos padrões decisórios impositivos, dentre eles o acórdão em assunção de competência (§ 4º, III, do art. 496). Todo esse contexto normativo, reforçado pelo fato de que a inobservância do acórdão em assunção de competência desafia *reclamação* (inciso IV do art. 988, redação do inciso cf. Lei 13.256/2016), concorre para enquadrar claramente o acórdão em incidente de assunção de competência na classe dos *precedentes fortes*, revestidos de *força obrigatória*.

No ponto, afirma José Miguel Garcia Medina: "A decisão em assunção de competência acaba desempenhando papel semelhante ao do julgamento de casos repetitivos (ambas as figuras são habitualmente referidas concomitantemente pela lei processual para servir a fins similares, cf. arts. 332, III; 496, § 4º, III; 927, III; 932, IV *c*, V, *c*; 942, § 4º, I; 955, parágrafo único, II;

23. Parâmetros de eficácia e critérios de interpretação do precedente judicial. In WAMBIER, Teresa Arruda Alvim (coord.), *Direito Jurisprudencial*, São Paulo: Revista dos Tribunais, 2012, p. 114-118, *passim*.

988, IV e § 5º, II, na redação da Lei 13.256/2.016; 1.022, parágrafo único, I do CPC/2015)".[24] Diversamente se passava com a tese firmada ao final do incidente de uniformização de jurisprudência (CPC/1973), a qual se preordenava à solução do caso concreto que lhe dera origem; no mais, quando muito, podia laborar no plano da *influência* (nível persuasivo), facilitando a solução isonômica de outros casos análogos, mormente na hipótese de por ali se ter alcançado a emissão de súmula (simples) – art. 479.

Os pressupostos para instauração do incidente de assunção de competência – questão de "grande repercussão social" e "relevante questão de direito a respeito da qual seja conveniente a prevenção ou a composição de divergência entre câmaras ou turmas do tribunal" (CPC, art. 947, *caput* e § 4º) não se confundem – embora em certa medida se afinem – com os pressupostos do incidente de resolução de demandas repetitivas – "efetiva repetição de processos que contenham controvérsia sobre a mesma questão unicamente de direito; risco de ofensa à isonomia e à segurança jurídica" (art. 976, I, II). Nesse sentido, esclarece Luiz Guilherme Marinoni: "As decisões de questões idênticas, próprias ao incidente de resolução de demandas, resolvem questões que surgem em demandas que se repetem. (...) A decisão da questão de direito, prejudicial ao julgamento das demandas repetitivas, produz coisa julgada *erga omnes*". Já o incidente de assunção de competência, prossegue, "diz respeito a uma questão de direito que, voltando à análise do órgão fracionário ou de juiz do tribunal que a julgou, não pode ser decidida de outra forma. (...) O incidente de assunção é uma técnica para a definição de questões de direito que tem clara relação com 'jurisprudência uniforme'".[25]

Saliente-se que o pressuposto para instauração do incidente de assunção de competência não se restringe à existência de "relevante questão de direito, com grande repercussão social, sem repetição em múltiplos processos" (art. 947, *caput*), mas, ainda, engloba a hipótese em que "ocorrer relevante questão de direito a respeito da qual seja conveniente a prevenção [divergência virtual] ou a composição de divergência [efetiva] entre câmaras ou turmas do tribunal" (§ 4º do art. 947), por aí se recepcionando o pressuposto que antes ensejava a instauração do incidente de análoga nomenclatura no CPC/1973 – § 1º do art. 555. Ao propósito do art. 947, § 4º do CPC/2015, comentam Nery & Nery: "Caso o relator identifique divergência existente

---

24. *Novo Código de Processo Civil comentado*, 5. ed., 2.017, cit., nota ao art. 947, p. 1.378.
25. *Incidente de resolução de demandas repetitivas – Decisão de questão idêntica x Precedente*. São Paulo: Thomson Reuters-Revista dos Tribunais, 2016, p. 169-171, *passim*.

ou que venha a existir, em relação a relevante questão de direito, poderá também propor a instauração do incidente. De certa forma, é uma espécie de compensação em razão da exclusão do procedimento da uniformização de jurisprudência que constava do CPC/1973".[26]

Neste último aspecto pode residir o principal motivo pelo qual o CPC/2015 houve por bem não recepcionar o incidente de uniformização de jurisprudência, antes previsto no CPC/1973, optando por manter o instituto da assunção de competência, mas ampliando sua órbita de incidência, que agora se viabiliza "quando o julgamento de recurso, de remessa necessária ou de processo de competência originária envolver relevante questão de direito, com grande repercussão social, sem repetição em múltiplos processos" (art. 947, *caput*), a par da antes referida hipótese contemplada no § 4º desse artigo. A ressalva constante do *caput* – "sem repetição em múltiplos processos" – explica-se pelo fato de que, se a questão de direito aparece replicada em múltiplos processos, então o caso reclama outras soluções: (*i*) encaminhamento da espécie aos co-legitimados à propositura de ação coletiva (Lei 7.347/85, art. 5º; Lei 8.078/90, art. 82), para aferição quanto à oportunidade e adequação desse ajuizamento (CPC, art. 139, X); (*ii*) instauração do IRDR (art. 976 e incisos); (*iii*) afetação de RE ou REsp como *representativos*, para receber a decisão-quadro no STF ou STJ, que irá parametrizar a solução dos demais recursos repetitivos (CPC, art. 1036 e § único, c/c art. 1.040 e incisos). Em ocorrendo este último alvitre fica excluído manejo do IRDR, a teor do § 4º do art. 976, dispondo (alías, compreensivelmente) que tal incidente é *incabível* "quando um dos tribunasi superiores, no âmbito de sua respectiva competência, já tiver afetado recurso para definição de tese sobre questão de direito material ou processual repetitiva".

Ao propósito do contraponto entre o incidente de assunção de competência e o afluxo de demandas seriais, observa Luiz Guilherme Marinoni: "O que importa é notar que – pela maior dimensão dada à participação no incidente de resolução de demandas repetitivas – o incidente de assunção de competência deve ser evitado para situações em que a efetiva repetição da questão de direito seja *frequente*, *massiva*, no sentido de se repetir constantemente no cotidiano do tribunal. Havendo essa repetição frequente, é caso de usar-se outro instrumento, o incidente de resolução de demandas repetitivas".[27]

---

26. *Comentários ao Código de Processo Civil*..., 2015, cit., nota nº 7 ao art. 947, p. 1.876.
27. *Novo Curso de Processo Civil*, vol. 2, 1ª ed., 2015, cit., p. 568.

Saliente-se ainda que a *iniciativa* para a instauração do incidente de assunção de competência *ampliou-se* no CPC/2015, na comparação com o que se dava no CPC/1973: neste, o impulso ficava a cargo do relator (§ 1º do art. 555), ao passo que no CPC/2015 o incidente de assunção se deflagra por iniciativa do relator, "de ofício ou a requerimento da parte, do Ministério Público ou da Defensoria Pública" (§ 1º do art. 947).

É de se augurar que o incidente de assunção de competência, repaginado e fortalecido no CPC – que também potencializou a eficácia do acórdão aí emitido (arts. 332, III; § 4º, III, do art. 496; art. 927, III; § 3º do art. 947) – passe a ocupar expressivo espaço na luta contra a dispersão jurisprudencial excessiva e seus deletérios efeitos, assim no empenho contra o demandismo judicial exacerbado como na tendência à compulsiva recorribilidade das decisões. No ponto, averbam Teresa Arruda Alvim Wambier *et al.*: "Esperamos que, à luz do mote inspirador do NCPC, consistente em desestimular a jurisprudência dispersa ou conflitante sobre um mesmo tema, seu uso seja intensificado. É necessário que os operadores – todos, inclusive os magistrados se apercebam de sua real utilidade, até no que tange a poder eventualmente levar à diminuição da carga recursal".[28]

(*v*) incidente de arguição de inconstitucionalidade

O controle de constitucionalidade de leis e atos do Poder Público, no sistema jurídico brasileiro, é complexo e abrangente, sendo mesmo considerado *eclético* por José Carlos Barbosa Moreira, [29] certo ainda que, ao longo do tempo, tal regime jurídico passou por vicissitudes diversas, mormente quanto à sua modelagem processual. Inicialmente, e durante muito tempo, prevaleceu o critério de *controle direto*: CF 1934, art. 12, § 2º, com variações posteriores (CF 1946, art 7º, VII, cuja alínea *k* do art. 101, I, foi depois alterada pela EC 16/1965, a qual também inseriu um inciso (XIII) ao art. 124; CF/1967, art. 114, I, *l*; EC 01/1969, art. 25, § 3º, *d* e art. 119, I, *l*, cf. EC 07/1977).

A CF vigente (1988) contempla, ao lado do controle *direto* (ADin, ADCon, ADPF, ação de inconstitucionalidade por omissão, representação interventiva), o *difuso*, este confinado a um dado processo em trâmite, no qual a matéria vem suscitada incidentalmente, ficando a regulação a cargo

28. *Primeiros comentários...*, cit., 2015, p. 1.345.
29. *Código de Processo Civil...*, 16.ed., cit., p. 31.

da legislação processual (CF, art. 22, I), apenas cuidando a CF de preservar a chamada *reserva de plenário*, a saber: enquanto tal arguição *incidental* pode ser conhecida por qualquer magistrado, mesmo em primeiro grau, podendo a norma ou o ato questionados deixarem de ser aplicados *in concreto*, já a *declaração* dessa inconstitucionalidade, portanto *in abstracto*, idônea a projetar eficácia expansiva, é de competência exclusiva dos Tribunais (CF, art. 97), tendo o STF editado a respeito a súmula vinculante nº 10.

Cabe ainda dizer que o modelo de controle direto se reproduz nos Estados – em face da legislação e atos do Poder Público local – por exemplo no Estado de São Paulo, cuja Constituição (*DO* 05.10.1989), no art. 74 diz que compete ao Tribunal de Justiça "(...) processar e julgar originariamente: (...) VI – a representação de inconstitucionalidade de lei ou ato normativo estadual ou municipal, contestados em face desta Constituição, o pedido de intervenção em Município e ação de inconstitucionalidade por omissão, em face de preceito desta Constituição". Bastante expressiva foi a ADin proposta no TJSP em face da lei paulistana que dispõe sobre o uso de sacolas plásticas, matéria sobre a qual oferecemos estudo específico.[30]

Caso peculiar é o dos Juizados Especiais, porque o recurso cabível das sentenças aí proferidas é dirigido ao Colégio Recursal (Lei 9.099/1995, art. 41), que, evidentemente, não é "órgão fracionário de Tribunal", nem tampouco nessa sede existem Plenário ou Órgão Especial, o que implica em afastar a incidência, nessa particular instância judicial, da possibilidade de aplicação da exigência de *reserva de plenário*. Restam, assim, estas possibilidades: (*i*) recurso extraordinário ao STF, se presente a repercussão geral da questão constitucional (CF, § 3º do art. 102; CPC, art. 1.035 e § 1º; Súmulas STF 640 e 727); ou, (*ii*) pedido de uniformização de de interpretação de lei federal dirigido inicialmente às Turmas de Uniformização, e, em última instância, ao STJ (Lei 10.259/2001, art. 14 e parágrafos), visto que o STJ, pela súmula 203, não conhece de recurso especial tirado de decisão em Juizado Especial, o que vem em detrimento da almejada uniformidade na interpretação dos textos de lei federal invocados nas decisões desses Juizados .

Saliente-se que, por conta do acórdão em IRDR aplicar-se, inclusive, aos "Juizados Especiais do respectivo Estado ou região" (CPC, inciso I do

30. necessária eficácia expandida – objetiva e subjetiva – das decisões no âmbito da jurisdição coletiva: especialmente o acórdão do TJSP na ADIn 0121480-62.2011.8.26.0000 (j. 01.10.2014), proposta em face da lei paulistana 15.374/2011, sobre o uso de sacolas plásticas. *Revista de Processo* nº 241, mar./2015, p. 277-309.

art. 985), deliberou-se, em Seminário realizado de 26 a 28.08. 2015 sob os auspícios da Escola Nacional de Formação e Aperfeiçoamento de Magistrados – ENFAM – assentar estes Enunciados: nº 21: "O IRDR pode ser suscitado com base em demandas repetitivas em curso nos juizados especiais"; nº 44: "Admite-se o IRDR nos juizados especiais, que deverá ser julgado por órgão colegiado de uniformização do próprio sistema".

Ao ver de Aluísio Gonçalves de Castro Mendes "a extensão do incidente de resolução de demandas repetitivas aos Juizados Especiais, em conformidade com o disposto no art. 985, I, do novo Código, vem de certa forma suprir as deficiências atualmente existentes no sistema de uniformização dos Juizados Especiais, de forma a permitir, a um só tempo (a) que também os Juizados Especiais Cíveis estaduais passem a contar com um mecanismo de uniformização de jurisprudência; (b) que as questões de direito processual também objeto de lei federal, recebam aplicação uniforme no âmbito dos Juizados Especiais e (c) que eventuais conflitos na jurisprudência no âmbito de um mesmo estado ou região possam ser superados, em prol da da segurança jurídica, e da igualdade de tratamento perante alei, tal qual interpretada pelo Poder Judiciário". Assim, entende o autor que "(...) em sendo instaurado o incidente de resolução de demandas repetitivas no Tribunal de Justiça ou no Tribunal Regional Federal, suspende-se a tramitação dos processos em curso nos Juizados Especiais e Turmas Recursais respectivos, bem como a estes se aplica a tese jurídica definida no incidente". [31]

O sistema de controle de constitucionalidade pode ser assim visualizado: (i) quanto ao objeto: (a) *a norma legal*, como produto final do Legislativo (em sentido largo, compreensivo das leis ordinárias, complementares e mesmo as chamadas leis de efeitos concretos, e ainda as Medidas Provisórias, convertidas ou não em lei e os decretos legislativos); (b) *os atos normativos do Poder Público*, em larga compreensão, tais os decretos, as Resoluções da Câmara ou do Senado, os Regimentos Internos dos Tribunais, os Estatutos das agências reguladoras; (ii) quanto às modalidades e respectivas eficácias decisórias: (*a*) *controle direto, abstrato ou concentrado* (ADIn, ADCon, ADPF, ação de inconstitucionalidade por omissão, representação interventiva), cuja competência decisória fica a depender da origem da lei ou do ato sindicáveis: os *federais* cabem ao STF, cuja decisão de mérito projeta eficácia *erga*

31. *Incidente de resolução...*, 2.017, cit., p. 167.

omnes e efeito vinculante em todo o território nacional (CF, §§ 1º e 2º do art. 102; Lei 9.868/1999, arts. 12-H e parágrafo único do art. 28; Lei 9.882/1999, art. 10), independente de ulterior supressão do texto pelo Senado (CF, art. 52, X), ou, no plano local, pela Assembleia Legislativa concernente); os *locais* (estaduais, municipais) competem aos TJ's (CF, art. 125, § 2º), com ulterior intervenção, sendo o caso, da Assembleia Legislativa (*v.g.*, Constituição do Estado de São Paulo, art. 74, VI e 20, XIII; RITJSP, arts. 229-231); (*b*) *controle incidental, concreto ou difuso*, deferido a qualquer magistrado (e, também, na esfera administrativa a qualquer agente ou órgão público, em sua esfera de competência) que podem, *motivadamente*, deixar de aplicar no caso concreto a lei ou o ato do Poder Público que considerem inconstitucionais, caso em que a efetiva *declaração* de inconstitucionalidade, com eficácia *panprocessual* ou mesmo extraterritorial – sujeita-se à chamada *reserva de Plenário*, nos Tribunais (CF, art. 97; Súmula Vinculante STF nº 10).

Verdade que, de algum tempo a esta parte tem se verificado certa flexibilização na dicotomia *controle direto – controle incidental*, levando a uma tendencial "abstrativização do controle difuso", em paralelo à chamada "objetivação do recurso extraordinário". A questão, em termos práticos, pode ser assim figurada: sendo curial que uma norma ou um ato não podem, essencialmente, "ser e não ser" constitucionais, não haveria como sustentar-se que uma norma tributária, reconhecida, em embargos à execução fiscal, como *incidentalmente inconstitucional*, continuasse, todavia, válida para os demais contribuintes sujeitos ao mesmo fato gerador. Quando menos, caberia reconhecer, com o Min. Gilmar Mendes, do STF, que nesses casos incide um "efeito vinculante virtual",[32] posto ser inegável que os pronunciamentos do tribunal de cúpula, encarregado da "guarda da Constituição" – CF, art. 102, *caput* – configuram o chamado *precedente forte*.

Pedro Lenza esclarece que "(...) respeitável parte da doutrina e alguns julgados do STF ('Mira Estrela' e 'progressividade do regime de cumprimento de pena nos crimes hediondos') e do STJ rumam para uma *nova interpretação dos efeitos da declaração de inconstitucionalidade no controle difuso* pelo STF. Na doutrina, em importante estudo, Gilmar Mendes afirma ser '... possível, sem qualquer exagero, falar-se aqui de uma *autêntica mutação constitucional* em razão da completa *reformulação do sistema jurídico* e, por conseguinte, da *nova compreensão que se conferiu*

32. Voto no RE 363.852, Pleno, j. 03.02.2010, rel. Min. Marco Aurélio, *DJe* 22.04.2010.

à regra do art. 52, X, da Constituição de 1988. Valendo-nos dos subsídios da doutrina constitucional a propósito da mutação constitucional, poder-se-ia cogitar aqui de uma autêntica *reforma da Constituição sem expressa modificação do texto*' (Ferraz, 1986, p. 64 *et seq.*, 102 *et seq.*: Jellinek, 1991, p. 15-31; Hsu, 1998, p. 68 *et seq.*)'. Nessa mesma linha Teori Albino Zavascki, também em sede doutrinária, sustenta a transcendência, com caráter vinculante, de decisões sobre a constitucionalidade da lei, *mesmo em sede de controle difuso*". Na sequência, Pedro Lenza, embora registre pensamento diverso a esse respeito ("No controle difuso, portanto, não havendo suspensão da lei pelo Senado Federal, a lei continua válida e eficaz, só se tornando nula no caso concreto, em razão de sua não aplicação"), concede, todavia, que "em algumas situações, o *legislador* tendeu para a ideia da *abstrativização*, por exemplo, no julgamento da *repercussão geral* no recurso extraordinário (art. 543-A do CPC [1973; no vigente CPC, v. art. 1.035 e § 1º]), que, inclusive, poderá implementar-se por *amostragem* quando houver *multiplicidade de recursos* com fundamento em idêntica controvérsia (art. 543-B do CPC [1973; no vigente CPC, v. art. 1.036, *caput*)". Observa o autor que tal se passa também no STJ, por ocasião do julgamento *por amostragem* do REsp afetado como representativo da controvérsia: "Parte-se de *processos-modelos* (de situações individuais e concretas, com caráter subjetivo e em defesa de interesses das partes), que repercutirão sobre os demais que ficaram sobrestados".[33]

Esclarecedor, ao propósito, o posicionamento de Luiz Henrique Volpe Camargo: "(...) a teoria da objetivação do recurso extraordinário, fundada no argumento central de que a EC 45/204 teria realizado *mutação constitucional* e dado novo sentido à regra do art. 52, X, da CF, é o prenúncio de que no futuro, alteração legislativa possivelmente instituirá, de forma efetiva, a eficácia *erga omnes* e o efeito vinculante aos julgados de recursos extraordinários pelo STF. Entretanto, tal como as normas estão postas atualmente, por mais que se acredite que os precedentes da Corte Constitucional devam inexoravelmente ser seguidos por todos os órgãos que estiverem abaixo na *pirâmide* do Poder Judiciário brasileiro, não se pode concordar com a *equivalência* em termos de eficácia e efeito, dos acórdãos do controle concentrado de constitucionalidade com os do controle

33. *Direito constitucional esquematizado*, 18ª ed., São Paulo: Saraiva, 2014, p. 319, 323, *passim*. (O estudo de Gilmar Mendes, referido no texto colacionado é: O papel do Senado Federal no controle de constitucionalidade: um caso clássico de mutação constitucional". *Revista de Informação Legislativa*, nº 162, p. 165).

difuso".[34] (Observe-se que no rol dos padrões decisórios impositivos, a teor do vigente CPC, constam "os acórdãos do Supremo Tribunal Federal *em controle concentrado de constitucionalidade*" (art. 927, I).

Cremos que a *virtude do meio-termo*, nessa relevante questão foi alcançada no julgamento da Reclamação 10.793/SP, mediante voto condutor da Min. Ellen Gracie, Pleno (j. 13.04.2011, processo eletrônico, *DJe* 107, publ. 06.06.2011), colhendo-se da ementa: "1. As decisões proferidas pelo Plenário do Supremo Tribunal Federal quando do julgamento de recursos extraordinários com repercussão geral vinculam os demais órgãos do Poder Judiciário na solução, por estes, de outros feitos sobre idêntica controvérsia. 2. Cabe ao juízes e desembargadores respeitar a autoridade da decisão do Supremo Tribunal Federal tomada em sede de repercussão geral, assegurando racionalidade e eficiência ao Sistema Judiciário e concretizando a certeza jurídica sobre o tema. 3. O legislador não atribuiu ao Supremo Tribunal Federal o ônus de fazer aplicar diretamente a cada caso concreto seu entendimento. 4. (...) Apenas na rara hipótese de que algum Tribunal mantenha posição contrária à do STF, é que caberá a este se pronunciar, em sede de recurso extraordinário, sobre o caso particular idêntico para a cassação ou reforma do acórdão, nos termos do art. 543-B, § 4º do CPC [1973; no vigente CPC, v. art. 1.040 e incisos]. 6. A competência é dos Tribunais de origem para a solução dos casos concretos, cabendo-lhes, no exercício deste mister, observar a orientação fixada em sede repercussão geral. 7. A cassação ou revisão das decisões dos Juízes contrárias à orientação firmada em sede de repercussão geral há de ser feita pelo Tribunal a que estiverem vinculados, pela via recursal ordinária. 8. A atuação do Supremo Tribunal Federal, no ponto, deve ser subsidiária, só se manifesta quando o Tribunal *a quo* negasse observância ao *leading case* da repercussão geral, ensejando, então, a interposição e a subida de recurso extraordinário para cassação ou revisão do acórdão, conforme previsão legal específica constante do art. 543-B, § 4º, do Código de Processo civil. 9. Nada autoriza ou aconselha que se substituam as vias recursais ordinária e extraordinária pela reclamação. (...) 12. Não conhecimento da presente reclamação".

Em simetria com esse entendimento, Thiago Baldani Gomes de Filippo entende que por conta da *mutação* jurisprudencial do STF, antes

34. A força dos precedentes no moderno processo civil brasileiro. In WAMBIER, Teresa Arruda Alvim (coord.), *Direito Jurisprudencial*, cit., 2.012, p. 638.

referida, as decisões da Corte, "no bojo do exercício de controle difuso de constitucionalidade passam a ter efeitos vinculantes, independentemente de qualquer decisão política do Senado Federal, o que evidencia a preocupação com a uniformização das decisões judiciais quanto à matéria".[35]

À parte a instigante controvérsia quanto à tendencial *aproximação*, ou *nivelamento*, entre os controles concentrado e difuso de constitucionalidade, fato é que tanto o CPC/1973 (arts. 480, 481) como o CPC/2015 (arts. 948-950) recepcionam, basicamente, a dicotomia *controle concentrado ou abstrato – controle difuso ou incidental* e suas respectivas e diversas eficácias, podendo, todavia, ser destacados alguns discrímens entre ambas as ordenações: (*i*) diversamente do disposto no art. 480 do CPC/1973, que incumbia o relator de promover a oitiva do M.P. quando do oferecimento do incidente de arguição de inconstitucionalidade, já o CPC/2015 aí inclui *também as partes* – art. 948, *caput*; (*ii*) o texto – lei ou ato do Poder Público – sindicado nesse incidente pode ser submetido também ao *Órgão Especial*, onde haja, (inciso II do art. 949), e não apenas ao Plenário, como previsto no art. 481, *caput*, do CPC/1973; (*iii*) o § 1º do art. 950 do CPC/2015 restringe às "pessoas jurídicas de direito púbico responsáveis pela edição do ato questionado" o direito de manifestação a respeito, assim suprimindo a menção ao M.P., constante do § 1º do art. 482 do CPC/1973, mantido, no mais, o direito de manifestação de qualquer dos co-legitimados à propositura de ADIn ou ADCon (CF, art. 103 e incisos) – § 2º do art. 950 (*iv*) a intervenção de *amici curiae* é mantida no vigente CPC (§ 3º do art. 950), valendo ressaltar que o CPC dedica um capítulo próprio para essa figura – art. 138 e parágrafos.

A distinção entre *declarar* e *reconhecer* a inconstitucionalidade de um dado texto sindicado é assim posta por Luiz Guilherme Marinoni *et al.*: "A 'declaração de inconstitucionalidade' somente ocorre *principaliter*, como objeto principal da prestação jurisdicional, ou seja, quando a pretensão exposta pela parte, é, precisamente, a de declarar uma norma inconstitucional. Já o reconhecimento de inconstitucionalidade ocorre sempre que, dentro da organização estrutural do direito positivo, se observa que a regra não encontra respaldo na norma constitucional, não merecendo, por isso,

35. necessidade de um Sistema Brasileiro de Precedentes Vinculantes: um estudo comparado entre Brasil e Estados Unidos. *Revista Síntese de Direito Civil e Processual Civil* nº 75, jan./fev. 2012, p. 237.

reger a situação concreta – tornando-se, então inaplicável para a solução da controvérsia nela surgida".[36]

Verifica-se, no controle *difuso* de constitucionalidade, uma *cisão de competência*, na medida em que a querela constitucional, uma vez formalizada no âmbito do órgão fracionário (Turma, Câmara, Seção), vem depois submetida ao Pleno ou ao Órgão Especial, para fixação do entendimento a respeito, e sequencial devolução à origem para continuidade do julgamento da *causa*, que ficara sobrestado, valendo neste passo mencionar a súmula STF nº 513: "A decisão que enseja a interposição de recurso ordinário ou extraordinário não é a do plenário, que resolve o incidente de inconstitucionalidade mas a do órgão (câmaras, grupos ou turmas) que completa o julgamento do feito". (Neste passo, pode ser de utilidade ter presente que também no IRDR verifica-se uma *cisão de competência*, já que esse incidente não se preordena ao julgamento da *demanda* – diversamente do que a denominação do instituto pode sugerir – e sim à emissão da *tese jurídica* que, depois, será aplicada aos processos onde tal questão venha replicada – art. 985 e incisos).

Conquanto o art. 97 da CF não dê margem a alguma exceção à cláusula de *reserva de plenário,* ainda assim houve por bem o legislador ordinário federal, em nome da *instrumentalidade do processo* e da *agilização dos trâmites*, e valendo-se da competência para dispor sobre *matéria processual* (CF, art. 22, I), *dispensar* a submissão ao Pleno ou ao Órgão Especial da querela constitucional incidentalmente arguida, então dispondo no parágrafo único do art. 481 do CPC/1973, acrescido pela Lei 9.756/1998, que tal providência se fazia desnecessária "quando já houver pronunciamento destes ou do plenário do Supremo Tribunal Federal sobre a questão", dicção recepcionada no parágrafo único do art. 949 do CPC.

Daniel Amorim Assumpção Neves esclarece que parcela da doutrina entende que, "tendo sido a declaração de inconstitucionalidade pelo Supremo Tribunal Federal realizada de forma incidental, a eficácia dessa declaração é interpartes, de forma que ninguém estará vinculado a essa decisão, nem mesmo o tribunal de segundo grau ou o Superior Tribunal de Jusitça. O Supremo Tribunal Federal, entretanto, aplica a regra em sua literalidade, admitindo a dispensa do incidente processual quando por meio de seu plenário já tenha tenha declarado, mesmo incidentalmente, a

36. *Novo Curso de Processo Civil*, vol. 2, 2015, cit., p. 571.

inconstitucionalidade da norma (STF, 1ª Turma, RE 370.765 AgRg/RS, rel. Min. Marco Aurélio, j. 08/08/2011 DJ*e* 11/03/2011)". [37]

A rigor, a dispensa da oitiva do Pleno ou do Órgão Especial, nessa hipótese, não fica apenas autorizada, mas na verdade tal cisão do julgamento é *vedada*, uma vez presentes os pressupostos antes referidos, mormente porque, como salientado por Teresa Arruda Alvim Wambier *et al.*, aí cuidar-se-ia de um corolário da chamada *teoria da causa de pedir universal ou aberta*,[38] pela qual o Pleno ou o Órgão Especial, ao se pronunciarem sobre a querela constitucional, não ficam jungidos à fundamentação exposta pelo suscitante, a teor do acórdão do STF, colacionado pelos comentaristas, em cuja ementa se afirma que a *vexata quaestio* deve ser considerada pela Corte "sob todos os aspectos em face da Constituição e não apenas diante daqueles focalizados pelo autor. É de se presumir, então, que, no precedente, ao menos implicitamente, hajam sido considerados quaisquer fundamentos para eventual arguição de inconstitucionalidade, inclusive os apresentados na inicial da presente ação". (Adin 1896/DF, Pleno, j. 18.02.1999, rel. Min. Sydney Sanches, *DJ* 28.05.1999).

Cuidar-se-ia, portanto, no plano *panprocessual*, da configuração de uma *eficácia preclusiva geral* a partir do pronunciamento do Pleno ou do Órgão Especial sobre a querela constitucional, com vistas a prevenir que a mesma venha replicada em outros processos, postergando os trâmites e pondo em risco o tratamento isonômico aos jurisdicionados.

Ao propósito, esclarecem Nery & Nery: "A turma ou câmara examinará a alegação de inconstitucionalidade, como questão prejudicial ao julgamento do recurso ou ação. Rejeitando-a, prossegue o julgamento pelo próprio órgão do tribunal; acolhendo-a, o órgão lavra o acórdão e submete a questão prejudicial relativa à inconstitucionalidade de lei ao plenário do tribunal, a quem comete declarar ou não referida inconstitucionalidade. (...) O acórdão do pleno sobre a prejudicial de inconstitucionalidade é irrecorrível, pois não causa gravame a ninguém, dado que resolve *abstratamente* a matéria constitucional. Proclamada a inconstitucionalidade pelo órgão especial, devolvem-se os autos ao órgão fracionário para a resolução do mérito da ação ou recurso, sobrestado pela prejudicial de inconstitucionalidade. Somente do acórdão proferido pelo órgão parcial

37. *Novo Código de Processo Civil comentado artigo por artigo*, 3. ed., Salvador, JusPodivm, 2.018, nota nº 3 ao art. 949, p. 1.604.

38. *Primeiros comentários...*, cit., 2015, p. 1.348, remetendo à nota de rodapé nº 63, p. 1.381.

do tribunal (câmara, turma etc.) resolvendo o *caso concreto*, aplicando a tese firmada pelo pleno ou órgão especial, é que eventualmente pode caber recurso".[39]

Embora ao cabo da arguição incidental de constitucionalidade, com a resposta do Pleno ou do Órgão Especial à questão suscitada e consequente retomada do julgamento no órgão fracionário, não decorra emissão de súmula a respeito – como se passava, ao tempo do CPC/73, no incidente de uniformização de jurisprudência, quando a decisão viesse tomada por maioria absoluta no Pleno (art. 479) não há negar que o incidente de constitucionalidade se insere, de modo expressivo, na pauta geral da uniformização da jurisprudência (ou, se se quiser, na luta contra a dispersão jurisprudencial excessiva), pela curial razão de que o posicionamento do Tribunal (TJ, TRF, STJ, STF) acerca de uma dada questão constitucional, ainda que suscitada incidentalmente, por certo não se preordena a confinar-se apenas em dimensão endoprocessual, mas tende a irradiar decisiva influência sobre os demais órgãos judiciais, parametrizando suas decisões quando venham a se deparar com análoga querela constitucional.

Aí se configuraria, pois, o chamado *precedente forte*, ou *superprecedente*, valendo mencionar que, na experiência do *common law*, Michael Gerhardt cita como exemplo de tais precedentes potencializados o decidido pela US Supreme Court no emblemático caso *Marbury v. Madison* (1803), justamente em matéria de controle incidental de constitucionalidade.[40]

Registre-se, enfim, que, sendo a arguição incidental de inconstitucionalidade, factível de ocorrer em *qualquer processo*, em trâmite em *qualquer instância* – dado o evidente interesse público na definição da querela surgida no bojo de processo em curso – tal incidente há de ser cabível, até por maioria de razão, no bojo do IRDR, dado que este, embora não se destine à resolução de uma *demanda* (malgrado o *nomen iuris*) e sim à fixação da *tese jurídica* replicada em muitos processos (art. 985 e incisos), reveste-se de *relevante interesse público*, como se constata de seus pressupostos de admissibilidade: o manejo racional da multiplicação de processos envolvendo a mesma *quaestio iuris*; a preservação da isonomia e da segurança jurídica: CPC/2015, art. 976 e incisos.

39. *Comentários ao Código de Processo Civil*, 2015, cit., notas nº 2 e 5 ao art. 949, p. 1.879, 1.880.

40. *The power of precedent*, New York: Oxford University, 2008, p. 178, 179.

Nesse caso, uma vez retomado o julgamento do IRDR com a aplicação do entendimento fixado pelo Plenário ou Órgão Especial no incidente de arguição de inconstitucionalidade, e em sucedendo de o acórdão no IRDR vir a ser objeto de RE ou REsp, então se potencializará a eficácia da tese jurídica que venha firmada pelo STF ou pelo STJ, a qual "será aplicada no território nacional a todos os processos individuais ou coletivos que versem sobre idêntica questão de direito" (§ 2º do art. 987).

Ao propósito da virtualidade de a "questão unicamente de direito", que constitui objeto do IRDR (CPC, art. 976, *caput*), ser de extração constitucional, esclarece Aluísio Gonçalves de Castro Mendes: "No âmbito interno, a competência será do órgão responsável pela uniformização da jurisprudência, sendo altamente recomendável, sempre que possível, a especialização. Entretanto, versando o incidente sobre arguição de inconstitucionalidade ou sobre tema afeto a mais de um órgão especializado, a competência será do Pleno ou do Órgão Especial, em observância à reserva constitucionalmente prevista no art. 97 [CF] ou por decorrência lógica da limitação material, respectivamente". [41]

(*vi*) Questões de Ordem no Pleno ou Órgão Especial

Ainda no plano da uniformização *interna*, impende mencionar as chamadas *Questões de Ordem*, nos órgãos de cúpula dos Tribunais. Embora não haja uma definição legal acerca do conteúdo correspondente a tal nomenclatura, há que se dar o devido peso ao fato de que tais orientações, no CPC vigente, vêm elencadas no rol dos produtos judiciários otimizados, de eficácia expandida e impositiva, a teor do art. 927: "Os juízes e tribunais *observarão*: (...) V – a orientação do plenário ou do órgão especial aos quais estiverem vinculados". Assim, não parece excessivo qualificar tais *Questões de Ordem* como *binding precedents*, valendo-nos da terminologia corrente no *common law*, sendo que, nessa família jurídica tais produtos pretorianos vinculativos, não raro, resultam de julgados em casos complexos e singulares (*hard cases*).

Focando a experiência brasileira, Teresa Arruda Alvim Wambier elenca alguns exemplos: "(...) as ações em que se pleiteia a liberação de verba por parte dos Estados, para a realização de cirurgia cara, não prevista como realizável pelo SUS; a possibilidade de adoção de crianças por 'casais' de homossexuais; a alteração da ordem da fila para obter órgão para transplante,

---

41. *Incidente de resolução...*, 2.017, cit., p. 264, conclusão nº 63.

a possiblidade de se alimentarem à força prisioneiros políticos que fazem greve de fome, por estarem morrendo de inanição".[42]

Nada impede, e não raro ocorre na *praxis* dos Tribunais brasileiros que em casos que tais venha a se configurar um *superprecedente*, idôneo a parametrizar a solução dos demais casos enquadráveis em sua *ratio*, pendentes nas instâncias judiciais de todo o país, mormente quando o *leading case* provém do STJ, a quem cabe enunciar a última palavra na interpretação do direito federal comum (CF, art. 105, III, *c*), especialmente no rito dos recursos repetitivos; e, com mais razão, quando o paradigma provém do STF, o *guarda da Constituição* (CF, art. 102, *caput*), em recurso extraordinário reconhecido com repercussão geral.

A Questão de Ordem não se identifica, exatamente, com o sentido de *jurisprudência dominante*, que pressupõe uma coleção harmônica e razoavelmente duradoura de acórdãos consonantes sobre uma dada *quaestio iuris*, nem tampouco com a *súmula*, que corresponde ao extrato desse entendimento reiterado, ou mesmo com a súmula vinculante do STF, já que esta pressupõe a existência de "reiteradas decisões sobre matéria constitucional" (CF, art. 103-A, *caput*), tendo por objetivo (*rectius*: objeto) "a validade, a interpretação e a eficácia de normas determinadas, acerca das quais haja controvérsia atual entre órgãos judiciários ou entre esses e a administração pública que acarrete grave insegurança jurídica e relevante multiplicação de processos sobre questão idêntica".

Exemplo emblemático de Questão de Ordem ocorreu no STJ, por ocasião do trâmite de certo recurso especial afetado como *representativo da controvérsia* (CPC/1973, art. 543-C), tendo o advogado da parte recorrente, tão logo avisado de tal ocorrência, optado por desistir do recurso, respaldando-se no caráter facultativo dos recursos em geral, donde não poder a desistência do recurso ser obstada, nem condicionada, a teor do art. 501 do CPC/1973 (CPC, art. 998). Todavia, a relatora, Min. Nancy Andrighi, forte no *interesse público* subjacente àquela afetação – já que a decisão-quadro nos REsps repetitivos servirá a formatar o deslinde dos demais recursos afins, sobrestados no Tribunal de origem – houve por bem indeferir tal desistência: "É inviável o acolhimento de pedido de desistência recursal formulado quando já iniciado o procedimento de julgamento do Recurso Especial representativo da controvérsia, na forma

42. Precedentes e evolução do direito. In _______(coord.), *Direito Jurisprudencial*, 2.012 cit., p. 28.

do art. 543-C do CPC. Resolução nº 08/08 d STJ" (REsp 1.063.343-RS. Corte Especial, j. 17.12.2008, *DJe* 04.06.2009), tendo, na oportunidade dito julgado sido formalizado em *Questão de Ordem*. (Posteriormente, a mesma Ministra houve por bem ampliar tal entendimento, por ocasião do julgamento do REsp 1.308.830/RS, 3ª T., j. 08.05.2012, *DJe* 19.06.2012): "Agora, numa reflexão mais detida sobre o tema, vejo que essa premissa na realidade é válida de forma indistinta para o julgamento de todos os recursos especiais, cujo resultado sempre abrigará intrinsecamente um interesse coletivo, ainda que aqueles sujeitos ao procedimento do art. 543-C possam tê-lo em maior proporção".

Cabe ressaltar que aquela Questão de Ordem serviu a parametrizar não só o desfecho de outros REsps afetados como representativos da controvérsia nos quais houvesse pedidos de desistência, mas ainda veio a repercutir no CPC, como se colhe do parágrafo único do art. 998: "A desistência do recurso não impede a análise de questão cuja repercussão geral já tenha sido reconhecida e daquela objeto de julgamento de recursos extraordinários ou especiais repetitivos". (Sem embargo, Nery & Nery entendem que o recurso desistido em verdade deixou de existir, de sorte que a leitura correta do parágrafo único do art. 998 apenas autoriza inferir a "sobrevivência da competência do STF e do STJ, mesmo quando tenha havido desistência do recurso utilizado como paradigma, com a tomada de outro recurso que cumpra a função que o extinto cumprira. O mesmo raciocínio vale para a desistência de RE representativo de tema considerado de repercussão geral".[43]

Outra emblemática *Questão de Ordem* foi emitida pelo STF envolvendo duas relevantes controvérsias: (***i***) saber se a exigência de *repercussão geral*, para admissão do recurso extraordinário (CF, art. 102, § 3º), se aplicaria, também, em matéria *criminal*, dado o fato de a Lei 11.418/2006, que regulamentara a matéria, ter inserido dispositivo – art. 543-A e parágrafos – no Código de Processo *Civil* (1973); (***ii***) saber qual seria o termo inicial para aplicação de tal exigência: se desde a EC 45/2004, que inserira na CF o § 3º do art. 102 ou a partir da vigência da citada Lei 11.418/2006. O STF, ao julgar o AI 664.567 (j. 18.06.2007, rel. Min. Sepúlveda Pertence, *DJe* 096, publ. 06.09.2007, Pleno) emitiu *Questão de Ordem*, de cuja ementa se colhe: "I. 1. O requisito constitucional da repercussão geral (CF, art. 102, § 3º, red. EC 45/2004), com a regulamentação da Lei 11.418/2006, e

43. *Comentários ao Código de Processo Civil*, 2015, cit., nota nº 7 ao art. 998, p. 2.022.

as normas regimentais necessárias à sua execução, aplica-se aos recursos extraordinários em geral, e, em consequência, às causas criminais". (...) II. (...) 2. As alterações regimentais, imprescindíveis à execução da Lei 11.418/2006 somente entraram em vigor no dia 03.05.2007 – data da publicação da ER 21, DE 30.04.2007. 3. No art. 327 do RISTF foi inserida norma específica tratando da necessidade da preliminar sobre repercussão geral, ficando estabelecida a possibilidade de, no Supremo Tribunal, a presidência ou o relator sorteado negarem seguimento aos recursos que não apresentem aquela preliminar, que deve ser 'formal e fundamentada'. 4. Assim sendo, a exigência da demonstração formal e fundamentada, no recurso extraordinário, da repercussão geral das questões constitucionais só incide quando a intimação do acórdão recorrido tenha ocorrido a partir de 03 de maio de 2007, data da publicação da ER 21, de 30.04.2007".

À vista da previsão legal no tocante à impositividade vertical e horizontal dos entendimentos paradigmáticos emanados dos órgãos de cúpula dos tribunais – Pleno e Órgão Especial: CPC, art. 927, V – parece-nos que eles passam a operar como *precedentes*, por analogia com outros produtos judiciários otimizados (jurisprudência dominante, pacífica ou sumulada; súmula vinculante; decisões-quadro em RE ou REsp; acórdãos em IRDR, em incidente de assunção de competência e em arguição incidental de inconstitucionalidade), donde, por extensão, aplicar-se às Questões de Ordem os dispositivos do CPC que consideram *não fundamentada* (e, pois, nula: CF, art. 93, IX) a decisão judicial que "deixar de seguir enunciado de (...) *precedente* invocado pela parte, sem demonstrar a existência de distinção no caso em julgamento ou a superação do entendimento" (inciso VI do § 1º do art. 489).

É bem de ver que uma Questão de Ordem oriunda dos órgãos de cúpula de um tribunal – Pleno ou Órgão Especial – por certo não se destina a confinar seus efeitos ao próprio processo do qual se originara, mas, antes e superiormente, se preordena a ir além disso, operando em modo de um *precedente*, capaz de irradiar efeitos em perspectiva *panprocessual* e isonômica, em face dos feitos onde venha agitada a mesma *vexata quaestio*. Nesse sentido, é útil ter presente os subsídios aportados por José Miguel Garcia Medina, ao discorrer sobre o *conceito de precedente* no CPC: "Costuma-se afirmar que a natureza vinculante de um precedente decorre da máxima geral de que casos semelhantes ou idênticos devem ser decididos da mesma forma. Esta noção está baseada na ideia de que as decisões judiciais, a fim de serem justas e previsíveis, devem ser consistentes com outras decisões proferidas anteriormente". [44]

Poder-se-ia, porventura, contra-argumentar que os produtos judiciários otimizados, antes lembrados, preordenam-se a irradiar uma eficácia pan-processual que se projetará assim em face dos operadores do Direito como dos próprios jurisdicionados, ao passo que as Questões de Ordem, por sua natureza *interna corporis*, ao serem emitidas pelo Pleno ou Órgão Especial dos tribunais, se endereçariam, *precipuamente*, aos operadores do Direito, tecnicamente capacitados a compreendê-las e implementá-las. Tal argumento *reducionista*, porém, além de não vir respaldado pela norma de regência – inciso V do art. 927 – parece-nos especioso, porque os jurisdicionados, enquanto sujeitos parciais de uma relação processual - pendente ou virtual – são, ao menos indireta ou reflexamente, alcançados pelos efeitos emanados das Questões de Ordem. De observar-se que a ocorrência em questão não diverge, essencialmente, do que se passa com as próprias súmulas do STF e do STJ: apesar de manejadas pelos operadores do Direito, acabam alcançando a esfera dos jurisdicionados, podendo dar-se, por exemplo, que uma dada pretensão, por ser contrária a um desses enunciados, seja descartada em decisão de *liminar improcedência* – CPC, art. 332, I.

Registre-se, porém, o posicionamento de Nery & Nery, que sustentam a inconstitucionalidade do antes referido inciso V do art. 927 do CPC, forte em que tal dispositivo "cria vinculação, não apenas a súmula de tribunal, mas a qualquer outra orientação, administrativa ou jurisdicional, provinda do pleno ou do órgão especial do tribunal, sem expressa e anterior previsão constitucional para tanto".[45] Note-se que o citado inciso V refere-se à *orientação* e não à decisão do Pleno ou do Órgão Especial, mas nos parece que esse aspecto terminológico não empece a eficácia impositiva dos parâmetros estabelecidos pelos órgãos de cúpula dos tribunais, de ofício ou quando instados pelos órgãos fracionários. Sem embargo, Daniel Amorim Assumpção Neves entende que "passam a ter eficácia vinculante as decisões colegiadas proferidas no Tribunal Pleno no Supremo Tribunal Federal e na Corte Especial do Superior Tribunal de Justiça". [46]

---

44. *Novo Código de Processo Civil comentado*, 5. ed., 2017, cit., nota nº IV ao art. 927, p. 1.336.

45. *Comentários ao Código de Processo Civil...*, 2015, cit., nota nº 23 ao art. 927, p. 1.841, 1.842.

46. *Novo Código de Processo Civil comentado...*, 3. ed., 2.018, cit., p. 1.333, 1.334.

2. DISSÍDIO ENTRE TRIBUNAIS

(*i*) Decisões-quadro do STF e STJ nos RE's reconhecidos com repercussão geral e nos REsp's afetados como representativos da controvérsia

Registra-se uma zona de tensão no contraste entre, de um lado, (***i***) os textos que dispõem sobre a admissibilidade do RE no STF e do REsp no STJ (CF, § 3º do art. 102, c/c art. 102, III; art. 105; III), cujo atendimento, a par dos demais pressupostos (preparo, adequação, prequestionamento, esgotamento das vias ordinárias, interesse, legitimidade), deve(ria) bastar para a resolução do seu mérito (Súmula STF 456; RISTJ, art. 257; CPC/2015, art. 1.034, *caput*), e, de outro lado, (***ii***) a notória sobrecarga desses Tribunais da Federação, a que se tem buscado enfrentar (ou amenizar) com uma política de contenção do afluxo de tais recursos, ora pelo viés de uma jurisprudência *defensiva*, ora pela colocação de óbices e obstáculos legais e regimentais.

Essa política judiciária aparece refletida na PEC 358/2005, nos termos da qual (também) o REsp teria sua admissibilidade no STJ condicionada à demonstração da *repercussão geral*, já agora com relação à questão federal discutida. Com o advento do CPC/2015 auguram-se novos tempos, por meio de disposições voltadas a imprimir uma *reengenharia* na instância recursal, vindo agrupadas, por André Luís Monteiro em duas linhas: (***i***) "valorização das decisões paradigmáticas dos tribunais", e (***ii***) "dispositivos que contornam, pontualmente, a chamada jurisprudência defensiva".[47]

Afinal, como alertava José Carlos Barbosa Moreira, "a Constituição prevê as hipóteses de cabimento do recurso e não se admitem restrições à lista".[48] Sem embargo, tirante a exigência da demonstração da *repercussão geral da questão constitucional* para admissibilidade do RE no STF – que radica na própria Constituição (§ 3º do art. 102: EC 45/2004) – no mais, *a rigor*, não poderiam ser impostas exigências outras ou precisões adicionais, seja em sede regimental (*v.g.*, o RISTJ, no rito dos RESp's repetitivos, prevê que o tribunal de origem, no juízo de admissibilidade "delimitará a questão de direito a ser processada e julgada sob o rito dos recursos especiais repetitivos, com a indicação dos respectivos códigos de assuntos da Tabela

---

47. Duas providências do projeto de novo Código de Processo Civil para o fim da chamada jurisprudência defensiva. Uma evolução rumo ao pleno acesso à Justiça. *Revista de Processo* nº 204, fev./2012, p. 267-279, *passim*.

48. *Comentários ao Código de Processo Civil*, vol. V, 16. ed., 2012, cit., p. 613.

Processual Unificada do Conselho Nacional de Justiça" – § 2º, I, do art. 256, cf. ER 24/2.016), seja na emissão de súmula.

E isso, sem embargo da competência do legislador ordinário federal para dispor sobre matéria processual (CF, art. 22, I): tal atribuição deve ser vista com temperamento, quando se trata dos recursos excepcionais dirigidos aos Tribunais da Federação, cujos quesitos de admissibilidade vêm indicados na própria Constituição.

Por vezes agita-se um contra-argumento que se afigura próximo àquele conhecido como *reserva do possível*, qual seja a eximente representada pelo *déficit* entre a capacidade instalada do STF e do STJ e o afluxo crescente de REs e REsps, com isso pretendendo-se em certo modo *justificar* a imposição de óbices, barreiras e elementos de contenção da avalanche de processos que, de outro modo, arriscaria inviabilizar o trabalho nessas Cortes superiores: *ad impossibilia, nemo tenetur.*

Na experiência de diversos países tem-se buscado equacionar essa tensão entre o *in put* de recursos à Corte Constitucional e sua capacidade instalada, podendo ser lembrado que a *US Supreme Court* beneficia do *discricionary review*, pelo qual lhe é dado, em sessão reservada, sem divulgação dos votos, escolher – um tanto *pro domo sua* – quais *petitions of certiorary* irá efetivamente conhecer, descartando as demais, relegadas à chamada *dead list.*[49] Semelhante modelo, *mutatis mutandis*, observa-se na Argentina, desde a Lei 23.774, que alterou os arts. 280 e 285 do *Código Procesal Civil y Comercial de la Nación*, por modo que, segundo disposto na segunda parte da primeira alínea desse Código, "La Corte, según su sana discrecion y con la sola invocación de esta norma, podrá rechazar el recurso extraordinário, por falta de agravio federal suficiente o cuando las cuestiones planteadas resultarem insubstanciales o carentes de transcendencia".[50]

(Note-se que, também dentre nós, a admissão do recurso de revista, no TST, sujeita-se ao reconhecimento de que "a causa oferece *transcendência* com relação aos reflexos gerais de natureza econômica, política, social ou

49. respeito, v., por todos, Lawrence Baum, *The Supreme Court*, 9. ed., Washington, 2007, p. 86 e s.

50. respeito, v., por todos, Augusto M. Morello, *La nueva etapa del recurso extraordinário: el 'certiorari'.* La Plata-Buenos Aires, 1990, p. 91 e s. A seu turno, aduz José Carlos Barbosa Moreira, focando esse modelo argentino: "Aproximou-se o regime, assim do adotado para o *certiorari* norte-americano". (*Comentários ao Código de Processo Civil*, vol. V, 16ª ed., cit., 2012, p. 579).

jurídica"(CLT, art. 896-A), tendo a Lei 13.467/2.017 acrescido o § 1º-A, informando os *indicadores da transcendência* (sócio-político-econômico--jurídicos), sendo que este último aspecto reclama "a existência de questão nova em torno da interpretação da legislação trabalhista" (inciso IV).

De todo modo, as decisões-quadro do STF e do STJ, nos RE's reconhecidos com *repercussão geral* (CPC, art. 1.035 e § 1º) e nos REsp's afetados como *representativos da controvérsia* (CPC, art. 1.036, *caput*) vocacionam-se a projetar eficácia pan-processual, operando destarte como *elemento de contenção* do afluxo de RE's e RESp's massivos e repetitivos, já que estes ficam sobrestados no Tribunal *a quo*, no aguardo da emissão da decisão--quadro pelo STF ou STJ (CPC, § 1º do art. 1.036), o que, depois, permitirá, conforme o caso, ou o *descarte automático* ou a *retratação* (CPC, art. 1.039 e § único; art. 1.040 e incisos), tornando evidente o propósito *restritivo e reducionista* de tais dispositivos.

Ao propósito, aduzem Nery & Nery: "Tendo em vista a vinculatividade própria da decisão tomada em relação a recursos especiais ou extraordinários repetitivos (CPC 927 III) para os juízes e tribunais inferiores, tais órgãos deverão se pronunciar perante os demais recursos, de acordo com a decisão proferida".[51]

A técnica de *julgamento em bloco*, ou *por amostragem*, além da pragmática finalidade de contenção do afluxo excessivo de recursos excepcionais aos Tribunais da Federação, labora ainda em prol da *uniformização da jurisprudência* (ou, se se quiser, para conter/amenizar sua dispersão excessiva), já que as decisões-quadro do STF e do STJ, pela ordem, no RE piloto, reconhecido com *repercussão geral* ou no REsp afetado como *representativo da controvérsia*, servem a parametrizar a resolução dos demais recursos envolvendo a mesma *quaestio iuris*, sobrestados nos Tribunais de origem.

Essa finalidade de contenção pode mesmo estender-se até onde *começa o problema*, a saber, a *judicialização massiva de demandas isomórficas* – que depois dará azo a interposição de recursos repetitivos – prevendo o CPC a *improcedência liminar do pedido* (ou da ação, se contiver pretensão única), quando, nos moldes do art. 332, o pedido "*contrariar*: II – acórdão proferido pelo Supremo Tribunal Federal ou do Superior Tribunal de Justiça em julgamento de recursos repetitivos", o que está em simetria com a ênfase que o CPC empresta aos precedentes, a teor do art. 927: "Os juízes

---

51. *Comentários ao Código de Processo Civil...*, 2.015, cit., nota nº 2 ao art. 1.039, p. 2.216.

e tribunais *observarão*: (...) II – os acórdãos (...) em julgamento de recursos extraordinário e especial repetitivos".

As finalidades perseguidas através da técnica de *julgamento em bloco, por amostragem*, ou *por pinçamento*, a saber, a contenção do afluxo excessivo de recursos nos Tribunais superiores, a par da uniformização da jurisprudência, ficam evidenciadas em várias passagens do CPC. Ao propósito, comentam Luiz Guilherme Marinoni *et al.*: "Resolvida a questão, *a solução formulada deverá disciplinar todos os casos idênticos* (arts. 1.039 e 1.040). Vale dizer: as razões oriundas do julgamento servem tendencialmente como precedente e nessa linha devem irradiar seus efeitos para todas as questões idênticas ou semelhantes. (...) Decidido o recurso representativo da controvérsia, os órgãos colegiados têm o dever, conforme o caso, de inadmitir, desprover ou aplicar a tese aos demais recursos versando idêntica controvérsia (art. 1039 – o novo Código fala em declarar 'prejudicados' os demais recursos, mas é certo que está querendo se referir aí, em sendo o caso, à necessidade de *inadmissão* ou de *desprovimento* do recurso. Ainda, negada a existência de repercussão geral no recurso extraordinário afetado e no representativo da controvérsia, serão considerados automaticamente inadmitidos os recursos extraordinários cujo processamento tenha sido sobrestado (art. 1.039, parágrafo único)".[52]

Nesse sentido já decidiu o Pleno do STF na Reclamação 10.793 (j. 13.04.2011, rel. Min. Ellen Gracie, *DJe* 107, publ. 06.06.2011), colhendo-se da ementa: "1. As decisões proferidas pelo Plenário do Supremo Tribunal Federal quando do julgamento de recursos extraordinários com repercussão geral *vinculam os demais órgãos do Poder Judiciário* na solução, por estes, de outros feitos sobre idêntica controvérsia" 2. Cabe aos juízes e desembargadores *respeitar a autoridade da decisão do Supremo Tribunal Federal tomada em sede de repercussão geral*, assegurando racionalidade e eficiência ao Sistema Judiciário e concretizando a certeza jurídica sobre o tema" (*omissis*).

Ao propósito da observância, por parte dos tribunais de origem, da tese fixada pelo STF ou pelo STJ na decisão-quadro, afirma Rebbeca Corrêa Porto de Freitas: "Não parece exagerado dizer que os Tribunais Superiores possuem a função de uniformizar as decisões judiciais, de modo a impedir a proliferação da desigualdade jurídica. E foi em atendimento a esta função que os mecanismos de julgamento por amostragem, seja no STF pelo

52. *Novo Curso de Processo Civil*, vol. 2, 2.015, cit., p. 553, 554.

reconhecimento da repercussão geral, seja no STJ pela eleição de recurso especial repetitivo, foram introduzidos no sistema recursal brasileiro".[53]

Evidentemente, a legitimidade – inclusive social – da emissão da decisão-quadro no RE ou REsp afetado como representativo da controvérsia coloca-se na razão direta em que o STF e o STJ sejam municiados com plexo suficiente de informações acerca da(s) questão(ões) de direito replicada(s) nos recursos repetitivos, sobrestados nos tribunais de origem. Justamente por isso, compete aos TJ's e TRF's *selecionar* "dois ou mais recursos representativos da controvérsia" para encaminhamento àquelas Cortes superiores, com vistas à *afetação* (CPC, § 1º do art. 1.036, c/c art. 1.037, incisos e parágrafos), o que vem explicitado no § 1º do art. 256 do RISTJ, indicando que, para tal seleção, os tribunais de origem deverão levar em consideração: "I – a maior diversidade de fundamentos constantes do acórdão e dos argumentos no recurso especial; II – a questão de mérito que puder tornar prejudicadas outras questões suscitadas no recurso; III – a divergência, se existente, entre órgãos julgadores do tribunal de origem, caso em que deverá ser observada a representação de todas as teses em confronto".

Embora o art. 1.041, *caput*, do CPC preveja a possibilidade de ser *mantido* o acórdão divergente da decisão-quadro fixada pelo STF ou pelo STJ (hipótese de não retratação por parte do tribunal de origem), esse alvitre é de ser tido como excepcional – e, a bem dizer, *contrário* à racionalidade e a finalidade do regime dos REs e REsps repetitivos – anotando, ao propósito, Nery & Nery: "A retratação do tribunal de origem, quando o STF ou o STJ tiver acolhido o RE ou REsp representativo e cassado a decisão impugnada, embora seja faculdade dada pela norma comentada [1.041, *caput*, CPC/2015] ao órgão do tribunal *a quo* que proferiu o acórdão impugnado, deverá, sempre que possível, ser regra geral, evitando, assim, o envio desnecessário dos autos ao STF e ao STJ em perda de tempo inadmissível em face da garantia constitucional da celeridade".[54]

Outrossim, considerando-se que o afluxo excessivo de RE's e RESp's repetitivos radica, em boa medida, em controvérsias envolvendo searas de competência da Administração Pública, direta e indireta, dispõe o inciso IV do art. 1.040 que na hipótese de o RE ou o REsp afetados como

---

53. Recurso especial repetitivo e seus efeitos em relação aos recursos sobrestados. *Revista da Escola Superior da Procuradoria Geral do Estado* (SP), v. 4, nº 1, jan./dez. 2013, p. 329.

54. *Comentários...*, cit., 2015, nota nº 3 ao art. 1.041, p. 2.218.

representativos envolverem "questão relativa à prestação de serviço público objeto de concessão, permissão, autorização, o resultado do julgamento será comunicado ao órgão, ao ente ou à agência reguladora competente para fiscalização da efetiva aplicação, por parte dos entes sujeitos a regulação, da tese adotada". Aliás, análoga providência, sob os mesmos pressupostos e análoga finalidade, vem prevista no tocante à *tese jurídica* firmada ao cabo do IRDR, nos termos do § 2º do art. 985.

Se a técnica de julgamento em bloco ou por amostragem, visando ulterior emissão de uma decisão-quadro no processo afetado como piloto, serve ao pragmático fim de coartar o afluxo massivo de RE's e REsp's repetitivos, otimizando o trabalho do STF e do STJ e contribuindo para a missão paradigmática dessas Cortes, em contrapartida tal expediente tem dado margem à crítica pela qual, bem vistas as coisas, os Tribunais da Federação aí estão para *julgar a causa* que lhes fica submetida por força dos efeitos devolutivo e mesmo translativo do RE ou do REsp, nos quadrantes de sua competência recursal excepcional (CF, arts. 102, III e 105, III), e, não, singelamente, para *fixar teses*, o que implica em relegar aos TJ's e TRF's o mister de "completar o julgamento". Com efeito, dispõe a súmula STF nº 456 – "O Supremo Tribunal Federal, conhecendo do recuso extraordinário, *julgará a causa aplicando o direito à espécie*", dicção replicada, no essencial, no art. 257 do RISTJ. Bem por isso, aliás, dispõe o art. 1.034, *caput*, do CPC: "Admitido o recurso extraordinário ou o recurso especial, o Supremo Tribunal Federal ou o Superior Tribunal de Justiça *julgará o processo*, aplicando o direito".

Escrevendo ao tempo do CPC/1973, Vitor Toffoli perscrutou na técnica de julgamento *por pinçamento* o risco de que "o recurso selecionado não represente jurídica e tecnicamente a controvérsia existente", a par de vislumbrar afronta à *reserva legal* no fato de a regulamentação da matéria ter vindo em Resolução do STJ (nº 08/2008), que confinou a decisão-quadro à *questão central discutida*: "A omissão legislativa quanto aos critérios de seleção dos recursos repetitivos – que tem sido suprida por meio da aplicação de normas internas dos tribunais e de orientações doutrinárias – se torna mais grave quando se analisa como esses recursos, que representam a controvérsia, já selecionados na origem e encaminhados ao STJ, serão nele selecionados para julgamento e quão relevante é a força e o alcance da decisão tomada no julgamento dos repetitivos".[55]

---

55. Recursos especiais repetitivos: critérios de seleção dos recursos paradigmas. *Revista de Processo* nº 197, jul. /2011, p. 281, 285, 286.

Sem embargo, o CPC recepciona a técnica de julgamento *em bloco ou por amostragem* dos RE's e REsp's repetitivos, tratando-os *conjuntamente* nos arts. 1.036 a 1.041 (e não mais separadamente, como se dava no CPC/1973 - arts. 543-B e 543-C), prevendo-se o prazo de *um ano* para o julgamento do recurso afetado (§ 4º do art. 1.037), sendo que igual prazo vem assinado para o julgamento do RE reconhecido com repercussão geral - § 9º do art. 1.035.

De todo modo, não há negar que as decisões-quadro, emitidas pelo STF, no RE reconhecido com *repercussão geral* ou pelo STJ, no REsp afetado como *representativo da controvérsia*, revestem-se de força impositiva, enquadrando-se na classe dos *precedentes-fortes* (aproximados, pois, aos *hard precedents*, na experiência do *common law*), seja porque se impõem à *observância* (*sic*) de todos os juízes e tribunais (CPC, art. 927, III), seja porque a recusa imotivada ou a aplicação equivocada desafiam *reclamação*, antes do trânsito em julgado e caso já esgotadas as instâncias ordinárias (incisos do § 5º do art. 988, redação da Lei 13.256/2016, interpretados *contrario sensu*), por modo que, acolhida tal impugnação, "o tribunal cassará a decisão exorbitante de seu julgado ou determinará a medida adequada à solução da controvérsia" (art. 992).

Afinal, o próprio princípio da *igualdade de todos perante a lei* (CF, art. 5º e inciso II) ficaria fragilizado ou reduzido a uma norma programática, se o texto constitucional ou de direito federal comum se apresentasse isonômico apenas enquanto posto abstratamente no ordenamento (*in the books*) - a *norma legislada* - mas, depois, perdesse tal qualidade quando tivesse o seu momento judiciário (*norma judicada*); daí que, ao nosso ver, não há antinomia entre o império da lei e a interpretação - impositiva - dessa mesma lei, quando venha veiculada nos produtos judiciários otimizados: jurisprudência dominante ou sumulada; súmula vinculante; decisões-quadro nos REs e REsps repetitivos; acórdãos nos incidentes de resolução de demandas repetitivas, de assunção de competência e de arguição incidental de inconstitucionalidade; Questões de Ordem emitidas no Pleno ou Órgão Especial dos tribunais.

Disse-o, com precisão, Luiz Guilherme Marinoni: "(...) a tarefa de uma corte de vértice não pode ser a de tutela da norma do legislador contra eventual arbítrio do judiciário (simplesmente porque o direito antes da interpretação é duplamente indeterminado), mas deve ser de colaboração com o legislador a fim de que se logre unidade do direito - e, portanto, vigência efetiva, e não imaginária ou retórica, dos princípios da *segurança jurídica*, da *liberdade* e da *igualdade* de todos perante o direito".[56]

Daí a relevante contribuição que as decisões-quadro, do STF e do STJ, no RE reconhecido com repercussão geral de questão constitucional replicada em muitos processos e no REsp afetado como representativo da controvérsia, podem aportar para o tratamento isonômico aos jurisdicionados, a segurança jurídica e a prevenção da proliferação de demandas isomórficas.

A simples enunciação dessa tríplice finalidade exibe a afinidade entre o regime de RE's e REsp's repetitivos e o incidente de resolução de demandas repetitivas, já que este último tem como pressupostos de admissibilidade a "efetiva repetição de processos que contenham controvérsia sobre a mesma questão unicamente de direito", a par do "risco de ofensa à isonomia e à segurança jurídica" (CPC, art. 976 e incisos). Bem por isso, três elos conectam os ambientes processuais do IRDR e dos recursos repetitivos: ***(i)*** o recurso extraordinário tirado do acórdão do TJ ou do TRF que firmou a *tese jurídica* firmada ao final do IRDR (art. 985, *caput*) beneficia da *presunção de repercussão geral*, assim pavimentando a admissibilidade de tal recurso (§ 1º do art. 987); ***(ii)*** a eficácia – subjetiva e territorial – do acórdão em IRDR, do TJ ou do TRF, que firma a *tese jurídica*, inicialmente limitada, nessa ordem, ao Estado, ou à região (art. 985, I) fica *potencializada* em sobrevindo acórdão de mérito do STF ou do STJ proferido em RE ou REsp tirado daquele acórdão, quando então a tese jurídica "será aplicada no território nacional a todos os processos individuais ou coletivos que versem sobre idêntica questão de direito" (§ 2º do art. 987); ***(iii)*** a regra da "ordem cronológica de conclusão para proferir sentença ou acórdão" (CPC, art. 12, *caput*, redação da Lei 13.256/2016) fica excepcionada, dentre outros casos, no tocante ao "julgamento recursos repetitivos ou de incidente de resolução de demandas repetitivas" (inciso III do art. 12).

Em sucedendo a interposição de RE ou REsp tirados do acórdão em IRDR, Nery & Nery afirmam que "os que são partes em outros processos versando sobre o tema, mas em área fora da competência do TJ ou TRF no qual foi suscitado o incidente, também são legitimados para interposição do RE ou REsp, pois têm interesse recursal configurado pela necessidade de segurança jurídica em relação ao seu próprio caso. Isso é corroborado pelo disposto no CPC art. 982 § 3º, segundo o qual a parte em processo que versa sobre a mesma questão, mas que tramita fora da área de competência

---

56. *Novo Curso de Processo Civil*, 2015, cit., p. 544.

do TJ ou TRF, pode pedir a suspensão dos processos em nível nacional. Ora, se a parte pode resguardar seus interesses mediante o pedido de suspensão, pode também provocar a atuação do STF ou STJ para estender os efeitos da decisão em nível nacional, se o interesse for ressaltado pelo quanto constar da decisão que julgou o incidente".[57]

Indo ainda além dessa percepção, Luiz Guilherme Marinoni sustenta que "a decisão firmada em recurso interposto contra decisão tomada em incidente de resolução pode ser aplicada não apenas em processos que versem sobre a mesma questão (idêntica) em outros estados ou regiões mas também em casos que tratem de questões *similares*, marcadas por or circunstâncias fáticas diferentes mas que exijam a mesma *ratio decidendi*. Assim, por exemplo, tendo sido reconhecida a responsabilidade do fabricante em determinadas condições, não há motivo para afastar a responsabilidade de outro fabricante em condições *distintas* desde que, considerando-se as razões do precedente, a diversidade fática de circunstâncias não tenha qualquer relevância para afastar a responsabilidade no caso sob julgamento".[58]

(*ii*) Recurso de revista no TST

Em mais de um tópico o recurso de revista, na Justiça do Trabalho, apresenta pontos em comum com o recurso extraordinário, este no processo civil, tanto assim que o CPC de 1939 previa o recurso de revista, voltado à superação da divergência entre frações do Tribunal, "quanto ao modo de interpretar o direito em tese" (art. 853, *caput*), recurso esse não recepcionado no CPC/1973. Ainda sob a perspectiva histórica, na seara especificamente trabalhista, esclarece Sérgio Pinto Martins: "Existia, portanto, no processo trabalhista a possibilidade da interposição de dois recursos extraordinários, um para o TST, outro para o STF. O Decreto 6.596, de 12 de outubro de 1940, que regulamentou o Decreto-lei 1.237 chamou o apelo de recurso extraordinário. A redação original do art. 896 da CLT denominou-o recurso extraordinário. O termo recurso extraordinário somente foi modificado para recurso de revista com a edição da Lei 861, de 13.10.1949".[59]

Ao propósito da finalidade de uniformização da jurisprudência (e corolária superação da divergência), saliente-se que, sob a égide da EC 01/69,

57. *Comentários ao Código de Processo Civil*, 2015, cit., nota nº 4 ao art. 987, p. 1.977.

58. *Incidente de resolução...*, 2.016, cit., p. 126.

59. *Direito Processual do Trabalho*, 29.ed., São Paulo: Atlas, 2009, p. 423.

o recurso extraordinário ao STF (art. 119, III) era cabível, dentre outras hipóteses, quando "a decisão recorrida: (...) *d*) der à lei federal interpretação divergente da que lhe tenha dado outro Tribunal ou o próprio Supremo Tribunal Federal". Com o advento da CF de 1988 e a criação do STJ, encarregado da interpretação derradeira sobre o direito federal comum, o recurso especial, então criado (art. 105, III), passou a ser manejável, dentre outras hipóteses, "quando a decisão recorrida (...) *c*) der a lei federal intepretação divergente da que lhe haja atribuído outro tribunal".

Ainda outro tópico aproxima a revista trabalhista do recurso extraordinário ao STF e do recurso especial ao STJ: é que, buscando inserir um filtro ou um elemento de contenção do afluxo excessivo de recursos de revista ao TST, envolvendo análoga *quaestio iuris*, a Lei 13.015, de 21.07.2014 acresceu à CLT os arts. 896-B e 896-C, dispondo o primeiro que se aplicam à revista, no que couber, as normas do CPC "relativas ao julgamento dos recursos extraordinário e especial repetitivos" (no vigente CPC, v. os arts. 1.036 a 1.041) e, o segundo, prevendo: "Quando houver multiplicidade de recursos de revista fundados em idêntica questão de direito, a questão poderá ser afetada à seção Especializada em Dissídios Individuais ou ao Tribunal Pleno, por decisão da maioria simples de seus membros, mediante requerimento de um dos Ministros que compõem a Seção Especializada, considerando a relevância da matéria ou a existência de entendimentos divergentes entre os Ministros dessa Seção ou das Turmas do Tribunal". Ademais, considerando a eventualidade de a controvérsia trabalhista envolver, *também*, questão constitucional, dispõe o § 13 do art. 896-C da CLT, ambos acrescidos pela Lei 13.015/2014, que a decisão do Pleno do TST na revista "afetada e julgada sob o rito dos recursos repetitivos (...) não obstará o conhecimento de eventuais recursos extraordinários sobre a questão constitucional", caso em que, completa o § 14 desse artigo, acrescido por aquela lei, caberá ao Presidente do TST "selecionar um ou mais recursos representativos da controvérsia e encaminhá-los ao Supremo Tribunal Federal, sobrestando os demais até o pronunciamento definitivo da Corte, na forma do § 1º do art. 543-B da Lei 5.869, de 11 de janeiro de 1973 (Código de Processo Civil)". (No vigente CPC, v. art. 1.036, *caput*).

(Saliente-se que o vigente CPC houve por bem tratar *conjuntamente* os RE's e RESp's repetitivos – arts. 1.036 a 1.041).

Na interface que se pode estabelecer entre a revista trabalhista e o recurso extraordinário ao STF pode-se dizer, atentando à *especialidade* de ambos em face dos demais recursos (ditos de tipo comum, fundados basicamente na sucumbência), que ambos são extraordinários, ou excepcionais, por serem impugnações *de estrito direito*, dirigidas a Tribunais de cúpula (TST, STF), pressupondo o esgotamento das vias ordinárias, exigindo prequestionamento e, ainda, o atendimento de um *plus*, para além dos pressupostos básicos (objetivos e subjetivos), qual seja: no caso do recurso extraordinário, a demonstração da "repercussão geral da questão constitucional" (CF, § 3º do art. 102; CPC, art. 1.035 e § 1º); no caso do recurso de revista, a demonstração da "*transcendência* com relação aos reflexos gerais de natureza econômica, política, social ou jurídica" (CLT, art. 896-A), tendo a Lei 13.467/2.017 acrescido o § 1º, fornecendo os indicadores dessa transcendência.

Conquanto a avaliação da *transcendência* da questão, para fim de admissão do recurso de revista consinta um inevitável viés subjetivo, aproximando-se de um conceito vago ou indeterminado, Sérgio Pinto Martins procura explicá-la em termos de "algo que excede ou ultrapassa os limites comuns, tanto que se fala em reflexos de natureza econômica, política, social ou jurídica. Entretanto, a transcendência pode acabar compreendendo um critério subjetivo do julgador".[60] (Como antes assinalado, a Lei 13.467/2.017 veio inserir na CLT o § 1º ao art. 896-A, trazendo os *indicadores da transcendência* da questão, o que, por certo, fornece subsídios suficientes para a aferição objetiva desse requisito de admissibilidade).

Dentre as hipóteses de admissibilidade da revista trabalhista, é de especial interesse para o tema da uniformização da jurisprudência a alínea *a* do art. 896 da CLT, autorizando a interposição de tal recurso, segundo o *caput*, "das decisões proferidas em grau de recurso ordinário, em dissídio individual, pelos Tribunais Regionais do Trabalho, quando: *a*) derem ao mesmo dispositivo de lei federal interpretação diversa da que lhe houver dado outro Tribunal Regional do Trabalho, no seu Pleno ou Turma, ou a Seção de Dissídios Individuais do Tribunal Superior do Trabalho, ou contrariarem súmula de jurisprudência uniforme dessa Corte ou súmula vinculante do Supremo Tribunal Federal"(alínea com redação da Lei 13.015/2014).

O sentido de *divergência jurisprudencial*, para efeito de conhecimento da revista trabalhista, com base na citada alínea *a* do art. 896 da CLT, é dado pela Súmula TST nº 296, I: "A divergência jurisprudencial ensejadora da admissibilidade do prosseguimento e do conhecimento do recurso há de ser

60. *Direito Processual do Trabalho*, 29ª ed., cit., p. 425.

especifica, revelando a existência de teses diversas na interpretação de um mesmo dispositivo legal, embora idênticos os fatos que as ensejaram". Nesse sentido, dentre os requisitos para a admissibilidade do recurso de revista, consta o ônus de o recorrente "indicar, de forma explícita e fundamentada, contrariedade a dispositivo de lei, súmula ou orientação jurisprudencial do Tribunal Superior do Trabalho que conflite com a decisão regional"; "expor as razões do pedido de reforma, impugnando todos os fundamentos jurídicos da decisão recorrida, inclusive mediante demonstração analítica de cada dispositivo de lei, da Constituição Federal, de súmula ou orientação jurisprudencial cuja contrariedade aponte" (CLT, § 1º-A, I e II, do art. 896, cf. Lei 13.015/2014).

Não há, pois, como negar que a revista trabalhista manejada pela alínea *a* do art. 896 da CLT - assim como se dá com o recurso especial pela alínea *c* do art. 105, III da CF - se insere no esforço geral pela uniformização da jurisprudência (ou, se se quiser, pela contenção de sua dispersão excessiva), não aquela formada ao interno de um Tribunal Superior, mas em face do dissídio *exógeno*, instalado *entre* Tribunais (no caso da revista, os TRT's; no caso do recurso especial, os TJ's e TRF's) acerca de uma mesma *quaestio iuris*.

Mais que isso, o advento da antes referida Lei 13.015/2014 em verdade veio ensejar a instalação de todo um *ambiente precedentalista* na instância recursal trabalhista, o que se reforçou com o advento da Lei 13.467/2.017 que introduziu o §1º ao art. 896-A da CLT, trazendo os *indicadores da transcendência*, necessários à admissibilidade do recurso de revista no TST. Saliente-se que o CPC, de notório perfil precedentalista, aplica-se subsidiariamente ao processo trabalhista - art. 15 [61]

Duas conclusões exsurgem da normação antes colacionada, interpretada sistemática e finalísticamente: *(i)* as súmulas dos TRT's passam a ter um caráter impositivo, senão já vinculativo na *praxis* judiciária; *(ii)* o § 4º do art. 986 da CLT, cf. Lei 13.015/2014 parece autorizar uma sorte de aplicação *retroativa* da jurisprudência sumulada, já que, em essência, por ali se dá ensejo a um *rejulgamento* da causa por não ter o julgado originário atentado aos termos de "súmula regional ou a tese jurídica prevalecente no Tribunal Regional do Trabalho (...)" (§ 6º do art. 896 da CLT, redação da Lei 13.015/2014) .

61. V., ao propósito, no CPC: art. 332 e incisos; 947 e § 3º; 927 e incisos; 988 e incisos.

Analisando a Lei 13.015/2014 e o Ato TST 491/2014, Ivan Alemão aponta como *novidade* – ao seu ver exclusiva da Justiça do Trabalho – a de "possibilitar que o procedimento de uniformização venha a modificar o que *já foi julgado*. O CPC já tratou do procedimento de uniformização antes do julgamento pelo colegiado. Já a Lei 13.015/2014 trata de possibilidade de essa uniformização ser promovida após o julgamento feito por uma Turma, desde que seja interposto recurso de revista". Para o articulista, o art. 3º do Ato 491/TST "(...) aponta na direção de a Turma vir a ter que modificar (ou adaptar, expressão utilizada no artigo) o que já foi julgado", o que abriria espaço para questionamento acerca de eventual atrito ao princípio da reserva legal. Todavia, ao seu ver, esse argumento se enfraquece ante a consideração de que o art. 896-B da CLT, acrescido por aquela Lei 13.015/2014, manda aplicar à revista trabalhista, no que couber, as normas do CPC "relativas ao julgamento dos recursos extraordinário e especial repetitivos", certo ainda que o inciso II do § 11 do art. 896-C da CLT dispõe que os recursos de revista sobrestados na origem "serão *novamente examinados* pelo Tribunal de origem na hipótese de o acórdão recorrido *divergir da orientação do TST a respeito da matéria*". O articulista vê nesse novo regime "uma conotação disciplinar, o que pode tornar o exercício jurisdicional mais rígido", parecendo-lhe, outrossim, que "a súmula do TRT pode passar a ter um sabor vinculante para os desembargadores, embora não seja uma posição defendida abertamente pelo ordenamento jurídico, e nem poderia, já que as súmulas com efeitos vinculantes são apenas do STF segundo a Constituição Federal". Em contrapartida, aduz o jurista, alcança-se o "aumento da *segurança jurídica*. O cidadão deve ter noção do que o judiciário julga ou de como ele interpreta a lei. Decisões totalmente díspares com base em entendimentos jurídicos diferentes geram falta de credibilidade do judiciário, aumentando os transtornos nas relações entre empregados e empregadores.[62]

Ainda a respeito da revista trabalhista, saliente-se que a Lei 13.015/2014 incorporou dois instrumentos que evocam a experiência do *common law*: (*i*) o *distinguishing*, ao permitir que "a decisão firmada em recursos repetitivos não será aplicada aos casos em que se demonstrar que a situação de fato

62. Uniformização de jurisprudência e consequências na Justiça do Trabalho após a Lei 13.015/2014 e o ato 491/2014 do TST. *Revista Justiça do Trabalho* nº 376, abr./2015, p. 33, 39, 42, 43, 44, 45, *passim*.

ou de direito é distinta das presentes no processo julgado sob o rito dos recursos repetitivos" (§ 16 do art. 896-C); (no vigente CPC, v. § 9º do art. 1.037); (*ii*) o *prospective overruling*, [63] ao autorizar a "revisão da decisão firmada em julgamento de recursos repetitivos quando se alterar a situação econômica, social ou jurídica, caso em que será respeitada a segurança jurídica das relações firmadas sob a égide da decisão anterior, podendo o Tribunal Superior do Trabalho modular os efeitos da decisão que a tenha alterado" (§ 17 do art. 896-C da CLT). (No CPC, ao propósito do IRDR, consulte-se o disposto no inciso II do art. 985, parte final, e o art. 986).

(*iii*) Recurso especial pela alínea *c* do art. 105, III, da CF

Até a EC 01/69, quando então o STF estava incumbido de zelar pela higidez e autoridade não só da Constituição Federal mas também do direito federal comum, a Corte conhecia e decidia o recurso extraordinário, além das demais hipóteses elencadas no art. 119, III, ainda "quando a decisão recorrida (...) *d*) dar à lei federal intepretação divergente da que lhe tenha dado outro Tribunal ou o próprio Supremo Tribunal Federal". Com o advento da CF 1988 e a correlata criação do STJ, deu-se uma sorte de desmembramento ou defecção na competência recursal excepcional do STF, repassando-se ao STJ atribuição para conhecer e decidir do recurso especial (então criado), dentre outras hipóteses previstas no art. 105, III, "quando a decisão recorrida: "(...) III – der a lei federal intepretação divergente da que lhe haja atribuído outro tribunal".

Há mais de uma evidência de que o recurso especial ao STJ resulta de uma derivação do recurso extraordinário: ambos são recursos excepcionais, de estrito direito, dirigidos aos Tribunais da Federação; pressupõem o esgotamento dos recursos ordinários; podem (e em certos casos até devem) ser interpostos conjuntamente – Súmulas STF 283 e STJ 126; CPC, art. 1.031 e §§; sujeitam-se ao prequestionamento; têm como finalidade última a preservação da higidez e autoridade do direito objetivo. Bem por isso a Lei 8.038/1990 – dita *Lei dos Recursos* – tratara conjuntamente ambos

---

63. José Rogério Cruz e Tucci esclarece que a *prospective overruling* foi "instituída pela Suprema Corte norte-americana, na qual o precedente é revogado com eficácia *ex nunc*, isto é, somente em relação aos casos sucessivos, significando que a *ratio decidendi* substituída continua a ser emblemática, como precedente vinculante, aos fatos anteriormente ocorridos". (Parâmetros de eficácia e critérios de interpretação do precedente judicial. In WAMBIER, Teresa Arruda Alvim (coord.), *Direito Jurisprudencial*, 2012, cit., p. 109).

os recursos nos arts. 26 a 28;[64] igual técnica fora seguida pelo CPC/1973 (arts. 541 a 545). Apenas posteriormente, com a inserção no CPC/1973 do regime de *julgamento por amostragem* de RE's e RESp's repetitivos é que a afetação do RE ou REsp como processo piloto deu ensejo a positivações distintas (Lei 11.418/2006: art. 543-B; Lei 11.672/2008: art. 543-C). No CPC/2015, o RE e o REsp *singulares* vêm tratados conjuntamente (arts. 1.029 a 1.035), o mesmo se passando quando eles se apresentam *repetitivos* (arts. 1.036 a 1.041).

A expectativa, à época da instalação do STJ era alvissareira, prognosticando-se que o STF, aliviado da carga representada pelo manejo do direito federal comum (em termos quantitativos mais extenso do que o direito constitucional), poderia enfim exercer em melhores condições o elevado mister de *guarda da Constituição* (art. 102, *caput*). Nesse sentido a avaliação de Cândido Rangel Dinamarco, pouco tempo após o início dos trabalhos na nova Corte: "Caracterizado o Supremo Tribunal Federal como *corte constitucional* e confiada a matéria infraconstitucional ao Superior Tribunal de Justiça, essa *bipartição* funcional do antigo recurso extraordinário trouxe consigo, pelo aspecto aqui considerado, o mérito de alargar a via de acesso à instância de superposição. Já temos dois, não mais somente um órgão de *superposição*. Na prática, são ao todo quarenta e quatro ministros nessa instância e não mais somente os antigos onze do Supremo Tribunal. A capacidade de trabalho, portanto, ficou quadruplicada. Esse é um inegável fator de ampliação do conhecimento das *federal questions*, ao menos reduzindo aquele crescente estrangulamento que representa ilegítima restrição ao *desideratum* de pleno acesso à ordem jurídica justa".[65]

Fatores diversos, porém, emergentes ao longo das mais de duas décadas de operação do STJ, vieram enuviar o horizonte inicialmente descerrado, a começar pela enorme extensão do direito federal comum, agravado pela conhecida *cultura demandista* que insufla a judicialização das controvérsias e, depois, instiga o sucumbente a esgotar todas as instâncias até o último patamar; esse contexto ainda se exacerbou pela inexistência de um elemento de contenção do massivo e crescente afluxo de recursos especiais ao STJ (diversamente do que se passou com o STF que antes beneficiava da

64. O art. 1.072, inciso IV, do CPC/2.015, revogou esses e outros artigos da Lei 8.038/1990.

65. Superior Tribunal de Justiça e acesso à ordem jurídica justa. In FIGUEIREDO TEIXEIRA, Sálvio (coord.), *Recursos no Superior Tribunal de Justiça*, São Paulo: Saraiva, 1991, p. 252, 253.

arguição de relevância (RISTF, parágrafo único do art. 325; ER 02/1985) e, desde a EC 45/2004, conta com o filtro propiciado pela *repercussão geral da questão constitucional* para a admissão do recurso extraordinário (CF, § 3º do art. 203; CPC, art. 1.035 e § 1º). Não por acaso, a PEC 209/2012 se preordenava a inserir um § 1º ao art. 105 da CF, instituindo a exigência da *relevância das questões de direito federal infraconstitucional* para admissão do recurso especial no STJ.[66]

Nesse quadro, cabe ainda dar o devido peso à pletora de processos que assombra o Judiciário como um todo, informando o anuário *Justiça em Números*, do CNJ, divulgado no segundo semestre de 2.018, ano-base 2.017: "O Poder Judiciário finalizou o ano de 2017 com 80,1 milhões de processos em tramitação, aguardando alguma solução definitiva".[67]

A dispersão jurisprudencial ao interno das Cortes de justiça - especialmente as da cúpula do sistema - dissemina, ao interno da coletividade, a mensagem subliminar de instabilidade e falta de coesão na interpretação dos textos - dita *jurisprudência lotérica* - assim operando como *estímulo*, ou como *gatilho*, tanto para o ajuizamento de ações como para o esgotamento dos recursos, sob a perspectiva de que a aleatória distribuição da causa a este ou aquele órgão jurisdicional pode, eventualmente, redundar em alguma vantagem para o jurisdicionado "livre-atirador". Tal fenômeno vem assim descrito por Bruno Dantas: "Quando a mesma situação fática, num dado momento histórico, é decidida por juízes da mesma localidade de forma diametralmente antagônica, a mensagem enviada à sociedade é de que ambas as partes têm (ou podem ter) razão. Ora, se todos podem ter razão, até mesmo quem, por estar satisfeito com o tratamento jurídico que sua situação vinha recebendo, não havia batido às portas do judiciário, terá forte incentivo a fazê-lo".[68]

Na instância recursal, a instabilidade jurisprudencial insufla o exercício e o esgotamento das impugnações possíveis, pela boa razão de que o sucumbente na instância precedente sente-se estimulado a "tentar a sorte", fiando-se em que o seu caso poderá, eventualmente, ser distribuído a uma

---

66. Segundo o sítio [www2.camara.leg.br/proposicoesWeb/fichadetramitacao?idProposicao=553947], consultado em 21.02.108, consta que a citada PEC ainda segue em trâmite.
67. Sítio www.cnj.jus.br, acesso em 18.11.2018. Os dados colacionados constam à p. 73 do documento impresso.
68. Jurisprudência dos tribunais e o dever de velar por sua uniformização e estabilidade. *Revista de Informação Legislativa* nº 190, abr./jun. 2011, p. 65. (V., também, rodapé nº 17).

fração do Tribunal *ad quem*, na qual, porventura, prevaleça a tese de seu interesse. Nesse sentido, o ideário expresso no bojo do item 1º da Exposição de Motivos do anteprojeto do vigente CPC: "Evidentemente, porém, para que tenha eficácia, a recomendação no sentido de que seja a jurisprudência do STF e dos Tribunais superiores, efetivamente, norte para os demais órgãos integrantes do Poder Judiciário, é necessário que aqueles Tribunais mantenham jurisprudência razoavelmente estável".

Nesse sentido, o pensamento de Daniel Mitidiero: "O Supremo Tribunal Federal e o Superior Tribunal de Justiça têm por função *interpretar* de forma adequada a Constituição e a legislação infraconstitucional federal, promovendo a *unidade do Direito* mediante a formação de *precedentes vinculantes*. Com isso, a atuação dessas Cortes Supremas situa-se na raiz do Estado Constitucional, na medida em que a regra do *stare decisis* implicada na adoção de um sistema de precedentes visa a assegurar a *igualdade* de todos perante o Direito e a promover a *segurança jurídica*. Igualdade e segurança jurídica funcionam aí como princípios que justificam a adoção de precedentes".[69]

Vem ao encontro desse ideário a previsão, no CPC, de uma *segunda sucumbência*, já agora no caso de revés na instância recursal – § 1º do art. 85. A par da finalidade de remunerar o trabalho advocatício desempenhado em segundo grau, Teresa Arruda Alvim Wambier *et al.* destacam a "tentativa de impedir recursos infundados e protelatórios, pois a parte que desta forma agir sofrerá imposições pecuniárias adicionais").[70] A seu turno, esclarecem Nery & Nery: "(...) no caso dos recursos, a cada fase recursal será acrescida uma condenação em honorários. No caso de, por exemplo, o autor ser o vencedor em segunda instância e o réu na instância excepcional, compensar-se-ão as condenações em honorários (CC 368 e s.)".[71]

É sob esse ideário de absoluta necessidade de imprimir-se *unidade interpretativa* aos textos e *coesão interna* ao sistema judiciário como um todo, que avultam, no STJ, as *funções nomofilácia* (preservação da higidez do ordenamento positivo infraconstitucional) e *paradigmática* (formatação de padrões decisórios), sem o que não restaria atendido seu elevado mister de pronunciar a *ultima ratio* na interpretação do direito federal comum. Ao propósito, escrevemos em outra sede: "Trata-se aí, pois da *função*

69. *Cortes superiores e Cortes supremas – do controle à interpretação; da jurisprudência ao precedente*. São Paulo: Thomson Reuters-Revista dos Tribunais, 2013, p. 113.
70. *Primeiros comentários*..., cit., 2015, p. 168.
71. *Comentários ao Código de Processo Civil*..., 2015, cit., nota nº 19 ao art. 85, p. 432.

paradigmática, imanente assim ao STJ como ao STF, enquanto *guardas*, respectivamente, do direito federal comum e da Constituição Federal".[72]

Dada a relevância que o CPC empresta à *fundamentação* e à *motivação* – elevando tais exigências à condição de validade dos julgados (art. 489, parágrafo único e incisos), verifica-se que no caso do recurso especial ao STJ pela alínea *c* do art. 105, III da CF, incide o § 1º do art. 1.029, a exigir a *demonstração analítica* do dissídio, como ônus do recorrente, cabendo-lhe "mencionar as circunstâncias que identifiquem ou assemelhem os casos confrontados".

De tudo resulta para o STJ o *dever de uniformizar sua jurisprudência* (ou prevenir/superar sua dispersão excessiva), o que lhe incumbe fazer quando conhece do recurso especial pela alínea *c* do art. 105, III da CF – dissídio exegético exógeno, entre Tribunais, acerca da interpretação da lei federal – dando azo a que a Corte possa preservar o *sentido unitário do Direito*, seja *prevenindo* a divergência sinalizada, seja *superando* aquela já instalada. No ponto, afirma Edilton Meireles: "Daí se tem, então, que quando o Estado-juiz, por seu órgão competente, em última instância, define o que seja a norma (texto normativo interpretado), cabe a esse mesmo Estado-juiz, por todos os seus órgãos, aplicar essa norma ao invés de procurar fazer valer outras normas (outras interpretações dadas ao mesmo texto normativo). O respeito ao precedente, assim, é a aplicação da norma vigente (texto normativo interpretado em última instância pelo órgão constitucionalmente competente".[73]

Ou seja: impende fazer confluir, em sintonia, a *norma legislada* e a *norma judicada*, porque, do contrário, se terá uma "igualdade de todos perante a lei" capenga e apenas retórica, porque, num Estado de direito, se é verdade que todos estão sob o império da lei, não é menos verdade que o *sentido da lei* é aquele estabelecido pelo Judiciário, como condição para que todos e cada um estejam cientes de seus direitos e obrigações; esse objetivo só pode ser alcançado se o Estado-juiz fornece parâmetros decisórios firmes, estáveis e razoavelmente duradouros.

Nesse sentido, alertava a Exposição de Motivos do anteprojeto do novo CPC, no bojo do item 1º: "(...) haver, indefinidamente, posicionamentos diferentes e incompatíveis, nos Tribunais, a respeito da mesma norma

72. *Recurso extraordinário e recurso especial*, 14ª ed., São Paulo: Thomson Reuters-Revista dos Tribunais, 2018, p. 338.

73. Vinculação do STF e das Justiças eleitoral e do trabalho às decisões do STJ. *Revista de Processo* nº 243, maio/2015, p. 404, 405.

jurídica, leva a que jurisdicionados que estejam em situações idênticas, tenham de se submeter a regras de conduta diferentes, ditadas por decisões judiciais emanadas de tribunais diversos".

Esse ideário está recepcionado no art. 926, *caput* do CPC: "Os tribunais *devem* uniformizar sua jurisprudência e mantê-la estável, íntegra e coerente" – portanto: *dever de uniformização* – que se completa com o disposto n § 4º do art. 927: "A modificação de enunciado de súmula, de jurisprudência pacificada ou de tese adotada em julgamento de casos repetitivos observará a necessidade de fundamentação adequada e específica, considerando os princípios da segurança jurídica, da proteção da confiança e da isonomia".

No caso do recurso especial pela letra *c* do art. 105, III da CF fica evidente o propósito de superação da divergência exógena – entre Tribunais – e consequente uniformização da interpretação do direito federal comum, certo que os ramos *especiais* da Justiça Federal – trabalhista, militar, eleitoral – são encimados pelo TST, STM e TSE, respectivamente. Esclarece José Carlos Barbosa Moreira que "o dissídio jurisprudencial pode ocorrer entre dois tribunais federais, entre um tribunal federal e outro local, ou entre tribunais locais de distintas unidades federadas, ou da mesma unidade (por exemplo: Tribunal de Justiça e Tribunal de Alçada de um Estado-membro). Não basta a divergência de interpretação entre órgãos distintos de um mesmo tribunal".[74] É, aliás, o que dispõe a Súmula STJ nº 13: "A divergência entre julgados do mesmo Tribunal não enseja recurso especial"; até porque, tal dissídio *endógeno* – entre frações do STF ou do STJ desafia *embargos de divergência* – CPC, art. 1.043, incisos e parágrafos.

No legítimo exercício de sua *função paradigmática*, cabe ao STJ emitir *padrões decisórios* (jurisprudência dominante ou sumulada; Questões de Ordem; decisões-quadro no REsp afetado como representativo da controvérsia), produtos judiciários otimizados que, por isso mesmo, se preordenam a projetar eficácia pan-processual, como se colhe de vários dispositivos do CPC: *(**i**) liminar improcedência do* pedido que contrarie "enunciado de súmula" ou "acórdão proferido (...) em julgamento de recursos repetitivos" (art. 332, I e II); *(**ii**) observância obrigatória das súmulas* do STF e do STJ (art. 927, IV); *(**iii**) reclamação* para "garantir a observância de acórdão proferido em julgamento de incidente de resolução de demandas repetitivas ou de incidente

---

74. *Comentários ao Código de Processo Civil*, vol. V, 16ª ed., 2012, cit., p. 590. (Nota: os Tribunais de Alçada, referidos no texto colacionado, foram extintos pela EC 45/2.004, art. 4º, *caput*).

de assunção de competência" (inciso IV do art. 988, redação do inciso cf. Lei 13.256/2016); (***iv***) *desprovimento liminar*, pelo relator (art. 932), de (...) IV – "(...) recurso que for contrário a: *a*) súmula do (...) Superior Tribunal de Justiça (...)"; "*b*) acórdão proferido pelo (...) Superior Tribunal de Justiça em julgamento de recursos repetitivos"; (***v***) *provimento* de recurso pelo relator (inciso V do art. 932), "(...) se a decisão recorrida for contrária a: *a*) súmula do (...) Superior Tribunal de Justiça (...)"; "*b*) acórdão proferido pelo (...) Superior Tribunal de Justiça em julgamento de recursos repetitivos", desenho replicado no tocante às atribuições do presidente ou do vice-presidente do tribunal recorrido, a teor do art. 1.030, I e alíneas, o *caput* com redação e o inciso e alíneas acrescidos pela Lei 13.256/2016; (***vi***) julgamento de plano do conflito de competência, pelo relator (art. 955, *caput*), quando sua decisão fundar-se em "I – súmula do (...) Superior Tribunal de Justiça (...); (***vii***) *ação rescisória* com fundamento no inciso V do art. 966 (decisão de mérito que "violar manifestamente norma jurídica") quando o julgado rescidendo se tiver baseado "em enunciado de súmula ou acórdão proferido em julgamento de casos repetitivos que não tenha considerado a existência de distinção entre a questão discutida no processo e o *padrão decisório* que lhe deu fundamento" (§ 5º do art. 966, parágrafo inserido pela Lei 13.256/2016).

Observe-se, ainda, que em sendo tirado recurso especial de acórdão do TJ ou TRF no IRDR, a decisão de mérito do STJ sobre a *tese jurídica* antes firmada – local ou regionalmente – ganhará notável expansão em sua eficácia, passando a ser "aplicada no território nacional a todos os processos individuais e coletivos que versem sobre idêntica questão de direito" (CPC, § 2º do art. 987).

O ambiente *precedentalista* que se deflagra com as intervenções do STJ se extrai, segundo Luiz Guilherme Marinoni *et al.*, das diversas passagens do CPC que "pressupõem a caracterização do Supremo Tribunal Federal e do Superior Tribunal de Justiça como verdadeiras Cortes Supremas, isto é, como cortes de *interpretação* e de *precedentes* – e não mais como simples cortes de *controle* e de *jurisprudência*". Na sequência o autor lembra que "a tarefa de uma corte de vértice não pode ser a de tutela da norma do legislador contra eventual arbítrio do judiciário (...) mas deve ser de colaboração com o legislador a fim de que se logre unidade do direito – e, portanto, vigência efetiva, e não apenas imaginária ou retórica, dos princípios da *segurança jurídica*, da *liberdade* e da *igualdade* de todos perante o direito".[75]

75. *Novo Curso de Processo Civil*, vol. 2, 2015, cit., p. 544.

Note-se que, por descaber recurso especial a partir de decisão dos Juizados Especiais (Súmula STJ nº 203), a Lei 10.259/2001 veio ensejar que, uma vez instalado o dissídio exegético entre Turmas Recursais, seja oferecido *pedido de uniformização* dirigido à Turma de Uniformização (art. 14, *caput*); [76] em sucedendo que o posicionamento desta última contrarie "súmula ou jurisprudência dominante no Superior Tribunal de Justiça – STJ – a parte interessada poderá provocar a manifestação deste, que dirimirá a divergência" (§ 4º desse artigo). Neste passo, saliente-se que no Seminario "O Poder Judiciário e o novo Código de Processo Civil", realizado em 2015 na Escola de Formação e Aperfeiçoamento de Magistrados – Enfam – fixaram-se estes Enunciados: nº 21. "O IRDR pode ser suscitado com base em demandas repetitivas em curso nos juizados especiais"; nº 44: "Admite-se o IRDR nos juizados especiais, que deverá ser julgado por órgão colegiado de uniformização do próprio sistema".

Ao propósito, afirma Aluísio Gonçalves de Castro Mendes: "Os dois enunciados, que devem ser interpretados de forma conjunta, orientam-se no sentido da possibilidade de instauração do IRDR no âmbito do microssistema dos juizados especiais, a partir de processos nestes em curso, sendo apreciado e julgado pelos órgãos de uniformização dos Juizados previstos em lei. Desta forma, a inexistência de previsão legislativa específica no CPC/2015 não é óbice à instauração do incidente nos Juizados Especiais, a fim de que este possam igualmente se beneficiar de sua utilização, nas matérias que lhes são de competência exclusiva ou naquelas, em que concorrente a competência, não houver sido instaurado o incidente nos Tribunais de Justiça ou Regionais Federais". [77]

No tocante à *vinculação vertical* projetada pelos padrões decisórios firmados pelo STJ, afirma Luiz Guilherme Marinoni: "Os tribunais inferiores se submetem aos precedentes do STJ simplesmente porque, depois de definido o sentido do direito federal, nada mais pode ser feito – no que respeita à questão federal – por qualquer tribunal ordinário. Na verdade, quando as coisas são vistas de modo intelectualmente honesto, fica claro que a violência ao Poder Judiciário não está na submissão dos tribunais

---

76. Sobre a Turma Nacional de Uniformização de Jurisprudência, v. Res. nº 345/2.015 do Conselho da Justiça Federal.

77. *Incidente de resolução...*, 2.017, cit., p. 165.

ao que foi definido pela Corte Suprema, mas na usurpação da função das Cortes Supremas e no desrespeito ao sistema e à ordem constitucional".[78]

78. *O STJ enquanto Corte de precedentes*, 2ª ed., São Paulo: Thomson Reuters-Revista dos Tribunais, 2014, p. 181.

Capítulo VII

DIVERGÊNCIA LOCAL/REGIONAL: O INCIDENTE DE RESOLUÇÃO DE DEMANDAS REPETITIVAS NO CPC

1. A INSERÇÃO DO IRDR NA SEARA DO DISSÍDIO JURISPRUDENCIAL

Nos itens 1º e 2º do capítulo precedente (VI) cuidou-se do dissídio jurisprudencial que se instala: (*i*) ao *interno* de um tribunal e (*ii*) *entre* tribunais, bem como dos remédios disponibilizados no ordenamento processual para prevenção da divergência sinalizada ou superação daquela já instalada.

O caso precípuo do IRDR, todavia, parece resistente ao encaixe em uma ou outra dessas topologias: embora possa ser deflagrado, de ofício, pelo relator, no tribunal, é razoável intuir-se que tal incidente preordena-se, de ordinário, a vir provocado *em primeiro grau*, até pela pluralidade dos agentes para tal credenciados: a requerimento de parte, Ministério Público, Defensoria Pública, ou, de ofício, pelo juiz (art. 977 e incisos), seguindo-se o encaminhamento ao tribunal, quando então será direcionado "ao órgão indicado pelo regimento interno dentre aqueles responsáveis pela uniformização de jurisprudência do tribunal" – art. 978, *caput*.

À vista da inexistência de um *terceiro locus* – além do primeiro grau e dos órgãos colegiados em segundo grau – houve por bem o CPC enquadrar o IRDR nessa segunda categoria, isto é, dentre as "causas de competência originária dos tribunais", no título I do Livro III, situando o IRDR no capítulo VIII, após aqueles referentes aos incidentes de *assunção de competência*, de *arguição de inconstitucionalidade*, de *conflito de competência*, da *homologação de sentença estrangeira*, da *ação rescisória*, e antes da *reclamação*. Ou seja: apesar de o IRDR, tendencialmente, iniciar-se em primeiro grau, fato é que, em termos de sua topologia no CPC e de seu manejo, ele é considerado causa de *competência originária de tribunal*.

A segunda questão propedêutica que se apresenta diz com o âmbito da divergência que se pretende prevenir ou superar, mediante a fixação da *tese jurídica*, ao final do IRDR. Nesse ponto, a tradicional bifurcação entre "divergência endógena, ao interno de um tribunal" e "divergência exógena ou externa, entre tribunais" parece-nos não fornecer critério suficiente, ou um discrímen seguro, porque, embora o julgamento do IRDR se dê num determinado tribunal – TJ ou TRF – fato é que a *tese jurídica* ao final firmada (art. 985, *caput*) se preordena a projetar eficácia, a um tempo, *horizontal*, em face dos órgãos componentes da Corte – Pleno, Órgão Especial, Turma, Seções, Câmaras – e *vertical*, em face dos *demais órgãos* integrantes da Justiça de que se trata: estadual, assim na capital como nas comarcas do interior; federal, assim na sede da região (*v.g.*, cidade de São Paulo, no caso do TRF3), como nas seções, assim as localizadas no estado de São Paulo como naquelas situadas no Mato Grosso do Sul. Ainda, tal irradiação alcança os "juizados especiais do respectivo Estado ou região" (inciso I do art. 985) e isso mesmo veio confirmado no Seminário "O Poder Judiciário e o novo Código de Processo Civil", realizado em 2015 na Escola Nacional de Formação e Aperfeiçoamento de Magistrados – Enfam – a teor destes Enunciados: nº 21: "O IRDR pode ser suscitado com base em demandas repetitivas em curso nos juizados especiais"; nº 44: "Admite-se o IRDR nos juizados especiais, que deverá ser julgado por órgão colegiado de uniformização do próprio sistema".

Por conta dessas singularidades, optamos, no presente trabalho, por alocar o IRDR em capítulo próprio, porque, embora se cuide de instrumento inserido no ideário de prevenir/superar a "dispersão excessiva da jurisprudência", a que alude a Exposição de Motivos do anteprojeto do vigente CPC, fato é que a *tese jurídica* alcançada ao final do IRDR preordena-se a uma eficácia diferenciada e ainda mais abrangente do que aquela projetada pelas demais técnicas de uniformização da jurisprudência: (*i*) *endoprocessual*, ao ser aplicada (naturalmente), na resolução do processo-piloto donde se originou; (*ii*) *panprocessual*, ao servir de paradigma para deslinde isonômico dos demais processos nos quais a mesma questão de direito venha agitada, assim no Estado (caso dos TJ's) como na região (caso dos TRF's), inclusive autorizando a *improcedência liminar do pedido* que se mostra contrário à tese jurídica firmada no tribunal (art. 332, III), a par de ensejar *reclamação* em caso de resistência injustificada na aplicação do referido padrão decisório (art. 988, IV, inciso com redação da Lei 13.256/2.016, c/c § 4º desse artigo); (*iii*) *extraprocessual*, como pode ocorrer por aplicação de tal tese jurídica no âmbito da administração pública, nos moldes do previsto no § 2º do art. 985, à semelhança do que acontece com a decisão-quadro firmada no regime dos RE's ou RESp's repetitivos (inciso IV do art. 1.040).

Assim é que, além da eficácia no plano *horizontal* (ao interno dos órgãos que compõem o tribunal), a tese jurídica se projeta também no plano *vertical*, sobre os demais órgãos funcionalmente vinculados, valendo lembrar que, nos termos do art. 927, "juízes e tribunais *observarão* (aí não se diz "*poderão* observar"): (...) III – os acórdãos em incidente de (...) resolução de demandas repetitivas (...)", comando reforçado pelo disposto no art. 928, I. Enfim, mas não menos importante, considere-se que a eficácia territorial da tese firmada ao final do IRDR poderá *irradiar-se nacionalmente*, em sobrevindo acórdão de mérito em RE ou REsp prolatado pelo STF ou STJ (§ 2º do art. 987). Saliente-se que o RE interposto do acórdão do TJ ou do TRF em IRDR *beneficia da presunção da repercussão geral da questão constitucional* ali discutida – § 1º do art. 987.

Ainda no plano da eficácia projetada pela *tese jurídica* alcançada ao final do IRDR tenha-se presente que, a certos respeitos, ela se avantaja sobre a "sentença de condenação genérica" prevista na ação coletiva envolvendo interesses individuais homogêneos, na medida em que tal julgado só aproveita às pretensões individuais na medida em que as *beneficie* (projeção da coisa julgada *secundum eventum probationis* e *in utilibus* – Lei 8.078/1990, arts. 95; 103, III e § 3º; art. 104) ao passo que o acórdão em IRDR se irradia, indistintamente, *pro et contra*. Além disso, a ação coletiva em nome de interesses individuais homogêneos pressupõe a existência de situações jurídicas isomórficas, caracterizadas pela origem comum (Lei 8.078/90, art. 81, § único, III), donde tal ação se preordenar a *prevenir* a atomização da macro-lide em multifárias demandas seriais, ensejando a prolação de uma sentença de *condenação genérica* (Lei8.078/90, art. 95) ao passo que o IRDR pressupõe a existência de uma mesma questão de direito replicada em muitas demandas, visto que sua instauração exige a "*efetiva* repetição de processos que contenham controvérsia sobre a mesma questão unicamente de direito" (art. 976, I), a par do "risco de ofensa à insomia e à segurança jurídica" (art. 976, II).

Situação instigante pode deflagrar-se quando o processo pendente, de onde vem extraído o IRDR, seja uma ação *coletiva* em nome de interesses individuais homogêneos: a rigor, a coisa julgada aí formada só opera em prol dos indivíduos lesados na hipótese de *procedência* da ação (Lei 8.078/90, § 3º do art. 103, c/c art. 104); mas, na hipótese de o IRDR se originar de uma ação coletiva, opera-se uma sorte de mutação *ex lege* no regime de coisa julgada ao qual aquele processo coletivo vinha originalmente preordenado, porque já agora a tese jurídica firmada ao final do IRDR não se estenderá apenas *in utilibus* aos demais processos, mas, indistintamente, *pro e contra*, como deflui do art. 985 e incisos, podendo ainda estender-se à administração pública, se presentes os requisitos do § 2º do art. 985.

Ao propósito, argumentam Andrea Carla Barbosa e Diego Martinez Fervenza Cantoario: "Logo, nada impede, muito pelo contrário, tudo recomenda que a ação-piloto seja a coletiva, até porque há uma presunção (relativa!) de que os extraordinariamente legitimados à sua propositura possuem melhor preparo técnico, jurídico e econômico para a disputa e, portanto, melhores condições de defender ponto de vista que é do interesse de muitos. Portanto, entre optar-se por eleger uma ação individual ou uma coletiva como a ação modelo, deve-se dar primazia àquela".[1]

É, também, como pensa Antonio do Passo Cabral: "Claro que a lógica das demandas coletivas, com as ficções representativas de legitimidade (...) é diversa do formato das 'ações de grupo', gênero dentro o qual os incidentes de resolução de processos repetitivos se colocam. Contudo, selecionada uma demanda coletiva para afetação, a atuação destes legitimados extraordinários no próprio procedimento dos incidentes parece-nos atribuir ao contraditório uma maior legitimação política e social, reduzindo os descontentamentos com o resultado e contribuindo para uma mais ampla aceitação e reconhecimento da vinculação decorrente da decisão final".[2]

---

1. O incidente de resolução de demandas repetitivas no projeto de Código de Processo Civil: apontamentos iniciais. In FUX, Luiz (coord.), *O novo processo civil brasileiro – direito em expectativa*, Rio de Janeiro: Gen-Forense, 2011, p. 493.
2. A escolha da causa-piloto nos incidentes de resolução de processos repetitivos. *Revista de Processo* nº 231, maio/2014, p. 219-220.

Aliás, de tal porte é a eficácia expansiva da tese jurídica firmada ao final do IRDR que o próprio legislador a reputa de interesse público e social, tanto assim que consente a participação de *amici curiae* no procedimento (CPC, art. 983 e §§), aos quais, inclusive, é dado "recorrer da decisão" – § 3º do art. 138; a par disso, prevê-se *reclamação* para a hipótese de *descumprimento* (= recusa imotivada/ aplicação indevida) da citada tese, nos termos do inciso IV do art. 988, redação do inciso cf. Lei 13.256/2016, c/c § 4º do art. 988.

Em boa medida, essa notável irradiação da eficácia do acórdão em IRDR se explica por conta da baixa *performance* revelada pelo incidente de uniformização da jurisprudência existente no CPC/1973 (não recepcionado no CPC/2015), porque, embora aquele incidente pudesse resultar na emissão de súmula que constituiria "precedente na uniformização da jurisprudência" – art. 479 – fato é que ele veio a ter parca utilização, mormente ante o entendimento de que sua instauração era deixada à livre discrição dos tribunais. Em modo diverso, o IRDR, por seu evidente interesse público e social, uma vez presentes os seus pressupostos – art. 976 e incisos, c/c § 4º desse artigo – *deve*, ao nosso ver, ser instaurado.

Assim já o sustentavam Aloísio Gonçalves de Castro Mendes e Roberto de Aragão Ribeiro Rodrigues, escrevendo ao tempo do trâmite do projeto legislativo voltado à implantação do CPC: "(...) realizando-se uma interpretação sistêmica dos dispositivos que regulamentam o instituto [IRDR], parece possível concluir que, uma vez preenchidos os requisitos estabelecidos pelo *caput* do art. 930 [novo CPC, art. 976 e incisos], ou seja, 'sempre que identificada controvérsia com potencial de gerar relevante multiplicação de processos fundados em idêntica questão de direito e de causar grave insegurança jurídica, decorrente do risco de coexistência de decisões conflitantes', a instauração do incidente consistirá em poder-dever para os órgãos de cúpula dos tribunais". [3]

A Exposição de Motivos do anteprojeto do novo CPC alinhava o IRDR dentre os instrumentos voltados a combater a "dispersão excessiva da jurisprudência", buscando assim "atenuar o assoberbamento de trabalho no Poder Judiciário, sem comprometer a qualidade da prestação jurisdicional. (...) Com os mesmos objetivos, criou-se, com inspiração no direito alemão, o (...) incidente de Resolução de Demandas Repetitivas, que consiste na identificação de processos que contenham a mesma questão de direito, que estejam ainda no

---

3. Reflexões sobre o incidente de resolução de demandas repetitivas previsto no projeto de novo Código de Processo Civil. *Revista de Processo* nº 211, set./2012, p. 197.

primeiro grau de jurisdição, para decisão conjunta. O incidente de resolução de demandas repetitivas é admissível quando identificada, em primeiro grau, controvérsia com potencial de gerar multiplicação expressiva de demandas e correlato risco da coexistência de decisões conflitantes".

2. PRESSUPOSTOS E PRECISÕES CONCEITUAIS

O CPC estabelece claramente o *dever de uniformizar*, ao dispor no *caput* do art. 926: "Os tribunais *devem* uniformizar sua jurisprudência e mantê-la estável, íntegra e coerente"; correlatamente, vem afirmado o *dever de sumular*, nos termos do § 1º desse artigo: "(...) os tribunais *editarão* enunciados de súmula correspondentes a sua jurisprudência dominante", valendo desde logo enfatizar a forma *imperativa* dos verbos empregados nesses dispositivos.

Para mais, o CPC impõe restrições ou condicionamentos para a eventualidade de alteração da jurisprudência assentada ou sumulada, explicitando que tais ocorrências devem ser precedidas de "fundamentação adequada e específica, considerando os princípios da segurança jurídica, da proteção da confiança e da isonomia" (§ 4º do art. 927). Tal disposição está em sintonia com o afirmado no bojo do item 1º da citada Exposição de Motivos: "A segurança jurídica fica comprometida com a brusca e integral alteração do entendimento dos tribunais sobre questões de direito", valendo lembrar que a *segurança jurídica* é um dos valores cuja tutela se almeja alcançar com o IRDR, a par da *prevenção de ofensa à isonomia* (incisos do art. 976), objetivos aderentes à constatação de "efetiva repetição de processos que contenham controvérsia sobre a mesma questão unicamente de direito" – art. 976, *caput*.

Ao contrário do inicialmente cogitado no PLS 166/2010, art. 930, falando em "controvérsia com *potencial* de gerar relevante multiplicação de processos fundados em idêntica controvérsia", já segundo a fórmula positivada no art. 976 do CPC não basta a *virtual* ou *potencial* replicação de processos, mas exige-se que ela seja *ocorrente*, como afirmam Luiz Guilherme Marinoni *et al.*: "Note-se que não basta o *potencial* risco de multiplicação. Ou seja, não basta que a questão de direito *tenda* a repetir-se em outras causas futuras. É necessário que a reprodução dessa questão em outros processos seja concreta, efetiva, existente, já no momento em que é instaurado o incidente". [4]

4. *Novo Curso de Processo Civil*, vol. 2, 2015, cit., p. 579.

Já os outros dois quesitos – a preservação da isonomia e da segurança jurídica – dizem com a questão da *divergência jurisprudencial*, sobre a qual já anotamos em outra sede que ela "em si mesma e contida em lindes razoáveis, não se constitui num vero *problema* ou num *mal* a ser debelado radicalmente, mas antes deve o dissídio exegético ser visto como uma *virtualidade previsível* e mesmo *inevitável*, num sistema jurídico cujo primado reside na norma legal, que por definição é *geral, abstrata* e *impessoal*, a reclamar a devida interpretação, para aplicação ao caso concreto".[5] Ou seja, como averbado na Exposição de Motivos do anteprojeto do novo CPC, o vero problema reside na dispersão *excessiva* da jurisprudência, caso em que esse qualificativo serve a sinalizar que o dissenso ganhou proporção exacerbada e até temível para o sistema como um todo, devendo, conforme o caso, ser contido ou superado.

É sob tal perspectiva que se justifica o emprego do IRDR, na avaliação de Luiz Guilherme Marinoni *et al.*: "Para o incidente, é necessário que esse tratamento anti-isonômico repercuta na segurança jurídica, ou seja, no grau de cognoscibilidade, estabilidade e confiança, para a população e para as próprias estruturas judiciais, a respeito de como dada situação será tratada pela Justiça Civil". O autor anota que enquanto a produção de decisões diferentes sobre um mesmo tema "não afeta a visão de inevitabilidade da resposta jurisdicional única para aquela específica questão de direito, essa divergência é tida como normal, sendo internalizada pelo sistema. Todavia, quando essas respostas diferentes importem em risco de que se perca a referência a respeito de qual é a orientação jurisdicional sobre determinada conduta (*rectius*, sobre a interpretação adequada para determinada questão de direito), aí se terá o risco à isonomia e à segurança jurídica de que fala o art. 976, II".[6]

Registre-se, outrossim, que o CPC instaura um regime de *obrigatoriedade*, assim no poder-dever atribuído aos tribunais de uniformizar a jurisprudência e de sumular os entendimentos assentados (art. 926 e e §§), como na aplicação dos padrões decisórios, a saber, súmulas, teses jurídicas e decisões-quadro fixadas ao final de certos instrumentos voltados à prevenção ou superação da divergência jurisprudencial, tal como se dá nos incidentes de resolução de demandas repetitivas, de assunção de competência e de julgamento de Re's e REsp's repetitivos, a par das orientações do Pleno ou

5. *Divergência jurisprudencial e súmula vinculante*, 6ª ed., Salvador: Jus Podivm, 2.018, p. 195.
6. *Novo Curso de Processo Civil*, vol. 2, 2015, cit., p. 579-580.

dos Órgãos Especiais dos tribunais (art. 927 e incisos), tudo reforçado pela possibilidade de *reclamação* para os casos de descumprimento (= recusa imotivada; aplicação indevida) de tais paradigmas, nos moldes do disposto no art. 988 e incisos, c/c § 1º.do art. 985. A *força vinculante* de tais padrões decisórios se expressa claramente em outras passagens do CPC: art. 313, IV; art. 332 e incisos; § 3º do art. 947; art. 521, IV; § único do art. 955; art. 1.040 e incisos.

O CPC, como dito no tópico precedente, não recepcionou o incidente de uniformização de jurisprudência (CPC/1973, art. 476-479), dando azo à abertura de outras opções, propostas e frentes de trabalho, voltadas, basicamente, a estas finalidades: prevenção ou superação do dissídio exegético acerca de um mesmo *thema decidendum*; otimização do trabalho nos Tribunais, por modo que o tempo assim poupado possa ser investido na resolução de questões realmente singulares e complexas (*cases of first impression*; *hard cases*, na terminologia do *common law*); tratamento igualitário aos jurisdicionados envolvidos em demandas isomórficas; preservação da segurança jurídica.

Em suma, cuida-se da *proteção da confiança*, na medida em que constitui um direito subjetivo público a prévia e eficiente divulgação aos jurisdicionados – efetivos ou virtuais – do entendimento assentado pelos tribunais sobre certas *quaestiones iuris*, assim como das devidas sinalizações acerca de eventual prognóstico de alteração de precedentes antes firmados, como se passa no sistema do *common law* mediante o emprego de certas técnicas, assim expostas por Patrícia Perrone Campos Mello: "a) *overruling*: integral superação do precedente anterior: b) *overriding*: revogação parcial de uma decisão; c) *transformation*: atribuição de um novo significado a um entendimento, ensejando os mesmos efeitos práticos de sua revogação; d) *prospective overruling*: mudança da doutrina com efeitos futuros; e) *signaling*: mera sinalização da intenção de se alterar o direito aplicável a determinadas circunstâncias". [7] Já na experiência brasileira, vale ressaltar o disposto no § 4º do art. 927 do CPC: "A modificação de enunciado de súmula, de jurisprudência pacificada ou de tese adotada em julgamento de casos repetitivos observará a necessidade de fundamentação adequada e específica, considerando os princípios da segurança jurídica, da proteção da confiança e da isonomia".

---

7. *Precedentes – o desenvolvimento judicial do direito no constitucionalismo contemporâneo*, Rio de Janeiro-São Paulo-Recife: Renovar, 2.008, p. 236.

Nesse contexto de prevenção/superação da dispersão jurisprudencial excessiva se insere, superlativamente, o IRDR, na avaliação de Daniel de Andrade Levy: "Sob uma ótica 'macroprocessual', a reunião dos processos repetitivos, acabará por gerar uma economia temporal para os juízos que não precisarão conhecer as questões jurídicas coletivizadas, podendo-se dedicar a outras demandas, inclusive durante a suspensão determinada pelo incidente. Outro princípio processual norteador do incidente é a preocupação em afastar as decisões contraditórias, em busca da harmonia do ordenamento jurídico o que, em última instância, deságua na exigência de maior segurança jurídica para o litigante". Adiante, o articulista anota que o IRDR "tem o mérito de formar um entendimento uníssono sobre a questão em debate, diminuindo a margem de incerteza não apenas dos sujeitos do processo, mas de todos aqueles que calcularem as condutas com base no entendimento exarado pelo precedente".[8]

Verdade que análogas finalidades poderiam – e até deveriam – ser buscadas mediante o correto manejo da *ação coletiva* por interesses individuais homogêneos (Lei 8.078/1990, inc. III do art. 81, parágrafo único, c/c arts. 91 a 100 e 103, III), na medida em que por esse alvitre se vai à raiz do problema, previndo-se o mal maior, qual seja a pulverização da macrolide em multifárias e replicadas demandas individuais, mediante a prolação de uma sentença de condenação genérica (lei supra, art. 95); bem por isso, de resto, o CPC autoriza o juiz, em constatando o afluxo importante de demandas seriais, a oficiar aos co-legitimados do art. 5º da Lei 7.347/85 e do art. 82 da Lei 8.078/90, para que avaliem a oportunidade de proppostirua da ação coletiva adequada à espécie: art. 139, X.

Vale salientar que os dispositivos antes citados da Lei 8.078/90 (CDC), por se encontrarem em sua parte processual (arts. 81 a 104), estendem-se à ação civil pública da Lei 7.347/1985 (cf. art. 117 da citada Lei 8.078/90), certo ainda que o art. 1º da Lei 7.347/1985 evoca a *ação popular*, tudo assim fechando um círculo de integração e complementaridade, a que se tem chamado *microssistema processual coletivo*, o qual pode ser eventualmente suprido ou complementado pelo CPC, já que este se aplica subsidiariamente à legislação processual extravagante, por força do disposto no § 2º do art. 1.046 desse Código. Em outra sede, apresentamos um quadro sinóptico que nominamos "Sistema integrado de tutela judicial dos interesses

---

8. O incidente de resolução de demandas repetitivas no anteprojeto do novo Código de Processo Civil. *Revista de Processo* nº 196, jun./2011, p. 169, 170.

metaindividuais", formado por um núcleo de normas básicas, envolto por um conjunto de leis que consentem a tutela judicial a situações específicas, envolvendo interesses difusos, coletivos em sentido estrito e individuais homogêneos, de diversa extração.[9]

Ao longo do tempo, a *praxis* judiciária foi exibindo certas deficiências ou incompreensões no manejo da ação coletiva por interesses individuais homogêneos, as quais de início eram insuspeitadas: dificuldades de natureza conceitual, dando azo, por exemplo, à judicialização de interesses *pseudoindividuais*[10] ou *pseudocoletivos*;[11] o trâmite *paralelo* de mais de uma ação coletiva sobre um mesmo bem jurídico, ao risco da formação de coisas julgadas discrepantes ou até antagônicas; restrições à legitimação ativa, por exemplo a exigência da *pertinência temática* com relação a certos agentes, etc. Nesse sentido, Eduardo Cambi aponta, dentre outras carências na operacionalidade de tais ações coletivas o fato de que a extensão da decisão "depende, em primeiro lugar, de que o autor individual, acaso esteja em curso processo individual, requeira sua suspensão. E mais, que a decisão coletiva seja favorável. Portanto, a sistemática atual das ações coletivas fracassou no intento de conter a enxurrada das ações que são ajuizadas em prol da tutela de direitos originados de um mesmo contexto fático-jurídico".[12]

Ante tal contexto, compreende-se que, dada a natureza *instrumental* do Processo Civil, tenham os estudiosos entrado a excogitar uma *nova fórmula*, postada num ponto intermédio, equidistante das jurisdições coletiva e individual, tutela essa que, gradualmente, viria a ocupar o espaço deixado aberto pelas antes referidas deficiências da tutela coletiva, proposta essa a que se vem chamando *tutela plurindividual*. Ao contrário do que se passa no processo coletivo, essa nova tutela não se preordena a prevenir a pulverização da macro-lide em multifárias demandas replicadas, mas, antes, pressupõe que tal *spread* já ocorreu, e, então, busca-se alcançar um

---

9. *Manual do Consumidor em Juízo*, 5ª ed., São Paulo: Saraiva, 2013, p. 31.

10. V., ao propósito, Kazuo Watanabe: Relação entre demanda coletiva e demandas individuais. In GRINOVER, Ada Pellegrini *et al.* (coords.), *Direito Processual Coletivo e o anteprojeto de Código Brasileiro de Processos Coletivos*, São Paulo, Revista dos Tribunais, 2007, p. 158.

11. V., ao propósito, Luiz Paulo da Silva Araújo Filho: *Ações coletivas: a tutela jurisdicional dos interesses individuais homogêneos*, Rio de Janeiro: Forense, 2000, p. 199 e s.

12. Incidente de resolução de demandas repetitivas no novo Código de Processo Civil. *Revista de Processo* nº 243, maio/2015, p. 336.

padrão decisório capaz de imprimir uma resposta unitária, para aplicação nos processos nos quais a mesma *quaestio iuris* venha agitada.

Assim é que, desde as últimas décadas de vigência do CPC/73 se foram positivando, gradualmente, técnicas e procedimentos voltados à agilização dos trâmites, à otimização da resposta jurisdicional e ao tratamento isonômico aos jurisdicionados, tais o *julgamento antecipadíssimo do mérito* (CPC/73, art. 330, I); o *julgamento em bloco, por amostragem*, de RE's e REsp's repetitivos (CPC/73, arts. 543-B e 543-C; CPCvigente, art. 1.036 e § 1º); a *improcedência liminar do pedido* (CPC vigente, art. 332 e incisos); o *incidente de resolução de demandas repetitivas* (CPC vigente, arts. 976-987); o *incidente de assunção de competência* (CPC/73, § 1º do art. 555; CPC vigente, art. 947 e § 3º). Essas técnicas, em maior ou menor dimensão, apresentam como denominador comum a constatação de um ambiente de repetição de ações ou de recursos envolvendo uma dada questão de direito, dando azo à fixação de uma tese ou decisão-quadro, enfim, um *precedente*, capaz de parametrizar, em modo igualitário, o deslinde de demandas e recursos isomórficos.

Uma evidência do antes afirmado se colhe a partir de um pressuposto processual *negativo* na admissibilidade do IRDR: estando pendente de apreciação no STF ou no STJ um RE ou REsp já afetado como representativo da controvérsia, como tal idôneo a receber a decisão-quadro, então fica afastada a instauração daquele incidente, justamente para evitar-se a sobreposição de medidas com análoga finalidade: CPC, § 4º do art. 976.

De outra parte, o CPC não interfere na seara do *processo coletivo*, e isso, por mais de uma razão: de um lado, trata-se de um ordenamento basicamente voltado à jurisdição *singular* (sujeitos determinados; legitimação ativa fundada na afirmada titularidade do direito controvertido; coisa julgada de eficácia *inter partes*); de outro lado, o CPC preserva "as disposições especiais dos procedimentos regulados em outras leis, aos quais se aplicará supletivamente este Código" (§ 2º do art. 1.046), inclusive, portanto, a *ação civil pública* (Lei 7.347/1985), a *ação popular* (Lei 4.717/1965), o *mandado de segurança coletivo* (Lei 12.016/2009, arts. 21, 22); o *mandado de injunção coletivo* (Lei 13.300/2.016, art. 12, incisos e § único; art. 13 e § único; as *ações coletivas consumeristas* (Lei 8.078/1990, arts. 91 a 100).

Outra indicação de que o CPC não se vocaciona à tutela dos interesses metaindividuais se podia colher da (vetada) *conversão da ação individual em ação coletiva* (art. 333 e parágrafos), cujo § 2º advertia que tal conversão não poderia "implicar a formação de processo coletivo para tutela de direitos individuais homogêneos", justamente porque, tal fosse o caso, ficaria, por definição, afastada a aplicação do CPC. O veto ao mencionado dispositivo (assim como a alusão à conversão nele prevista, constante do inciso XII do art. 1.015), deu-se ao argumento de que a redação exposta deixava a desejar, ao risco de ensejar que tal conversão operasse "de maneira pouco criteriosa, inclusive em detrimento do interesse das partes. O tema exige disciplina própria para garantir a plena eficácia do instituto. Além disso, o novo Código já contempla mecanismos para tratar demandas repetitivas. No sentido do veto manifestou-se também a Ordem dos Advogados do Brasil - OAB". [13]

Sem embargo, o veto a essa técnica acabou em certa medida *contornado* com a previsão, no texto ao final positivado, de que cabe ao juiz, "quando se deparar com diversas demandas individuais repetitivas, *oficiar* o Ministério Público, a Defensoria Pública e, na medida do possível, outros legitimados a que se referem o art. 5º da Lei 7.347, de 24 de julho de 1985 e o art. 82 da Lei 8.078, de 11 de setembro de 1990, para, se for caso, promover a propositura da ação coletiva respectiva" - inciso X do art. 139.

Em contrapartida a esse *distanciamento* do processo coletivo, o CPC optou por consentir o manejo, ao lado da jurisdição singular, da chamada *tutela plurindividual*, a qual não se preordena a prevenir a atomização do macroconflito, mas antes até pressupõe a existência de tal pulverização massiva, cuidando então, de "agrupar" as demandas seriais, em contemplação da oportuna emissão de um *padrão decisório* que permita resolvê-las uniformemente, com isso otimizando o tempo dos órgãos judiciais, ao tempo em que preserva o prestígio da Justiça estatal e assegura tratamento isonômico aos jurisdicionados.

O fato de o CPC albergar instrumentos para a tutela de pretensões isomórficas, mediante técnicas de agrupamento ou aglutinação, não basta para que aí se identifiquem veras *ações coletivas* nem tampouco *incidentes de coletivização*, cabendo, antes e superiormente, inserir os instrumentos positivados no âmbito da chamada *tutela judicial plurindividual*, a qual pressupõe que uma controvérsia de largo espectro (*mass tort claim*, na nomenclatura norte-americana) já se defractou em múltiplas e repetitivas demandas, restando então sobrestá-las, no aguardo da fixação, no tribunal, da tese jurídica ou da decisão-quadro que irá parametrizar a solução

13. V. *Código de Processo Civil e Constituição Federal*, 47ª ed., São Paulo: Saraiva, 2.018, nota ao art. 333.

isonômica de todas essas ações seriais. Nessa técnica se insere o incidente de resolução de demandas repetitivas (CPC, art. 976 e s.), o qual, uma vez admitido no tribunal (art. 981), o relator "suspenderá os processos pendentes, individuais ou coletivos, que tramitam no Estado ou na região" (inciso I do art. 982), sobrestamento esse que, em havendo ulterior interferência do STF ou do STJ, se estenderá a "todos os processos individuais ou coletivos em curso no território nacional que versem sobe a questão objeto do incidente já instaurado" (§ 3º do art. 982).

Nesse sobrestamento das ações pendentes, onde venha agitada a mesma questão de direito objeto do IRDR se constata, pois, mais um discrímen entre a tutela *plurindividual* e o regime processual da ação coletiva envolvendo interesses individuais homogêneos, já que o ajuizamento desta última *não impede o prosseguimento* das demandas individuais concernentes ao *thema decidendum*, nos termos do § 3º do art. 103, c/c art. 104 da Lei 8.078/1990 – CDC. (Sem embargo, o STJ, conhecendo de recurso especial tirado de acórdão do TJSP em IRDR, fixou, no *tema* nº 50060: "Ajuizada ação coletiva atinente a macro-lide geradora de processos multitudinários, suspendem-e as ações individuais, no aguardo do julgamento da ação coletiva"

Ainda no campo das precisões conceituais, vale dizer que não se deve enquadrar como *tutela plurindividual* aquela prevista no CPC, permitindo ao juiz, "quando se deparar com diversas demandas individuais repetitivas, oficiar o Ministério Público, a Defensoria Pública e, na medida do possível, outros legitimados a que se referem o art. 5º da Lei 7.347, de 24 de julho de 1985 [ação civil pública] e ao art. 82 da Lei 8.078, de 11 de setembro de 1990 [CDC], para, se for o caso, promover a propositura da ação coletiva respectiva" (inciso X do art. 139). É que, no caso objetivado nesse dispositivo, a causa, inicialmente manejada nos moldes da jurisdição singular, é *redirecionada* à jurisdição coletiva, ambiente no qual os interesses são *metaindividuais* (essencialmente, no caso dos *difusos* e *coletivos em sentido estrito*; episodicamente, no caso dos interesses individuais homogêneos), certo ainda que a legitimação ativa, nesse plano, é de tipo extraordinário, calcada no binômio *repercussão social do interesse/representatividade adequada* do portador judicial (Lei 7.347/1985, art. 5º; Lei 8.078/1990, art. 82).

Nesse ambiente de largo espectro processual, a coisa julgada apresenta eficácia expandida: *erga omnes* ou ao menos *ultra partes* (Lei 7.347/1985, art. 16; Lei 8.078/1990, art. 103 e incisos), desenho bastante distinto do que se apresenta na jurisdição singular, regrada pelo CPC e legislação complementar extravagante: coisa julgada *inter partes* (art. 506).

Note-se ainda que, enquanto o incidente de uniformização de jurisprudência era instaurável por integrantes da fração do tribunal, com possível provocação da parte (CPC/1973, art. 476 e parágrafo único), já o IRDR apresenta uma legitimação ampliada: a *requerimento*, pela parte, Ministério Público e Defensoria Pública; *de ofício*, pelo juiz, em primeiro grau ou pelo relator, no tribunal - CPC, art. 977 e incisos. Naturalmente, sendo o IRDR informado, claramente, por razões de interesse público e social, não se trata do exercício de um singelo direito de petição, mas sim da instauração de um procedimento voltado a projetar relevante efeito *panprocessual* (art. 985 e incisos) e até *extraprocessual* (§ 2º do art. 985), donde resulta que tal pedido deve ser instruído com elementos de convicção que evidenciem a *necessidade* e *utilidade* de instauração do incidente, em ordem à preservação do tratamento isonômico aos jurisdicionados e, bem assim, da segurança jurídica (art. 976 e incisos). No ponto, afirma José Miguel Garcia Medina: "Com o pedido, podem ser juntadas, por exemplo, cópias de petições juntadas ou decisões proferidas em vários casos, de modo a permitir-se extrair com precisão, desses documentos, a questão sobre a qual se deverá decidir. O risco de ofensa à segurança jurídica, por sua vez, pode ser demonstrado não apenas através de documentos extraídos dos processos que estejam em trâmite, mas por exemplo, de notícias veiculadas em meios de comunicação, em que se demonstre haver dúvida entre parte da população sobre o modo como deve ser observada determinada disposição legal".[14]

Quanto à exigência de o objeto do IRDR dever confinar-se à "questão unicamente de direito" (inciso I do art. 976), cabe desde logo observar que, apesar da referência explícita, na Exposição de Motivos do novo CPC, ao *Musterverfahren* alemão, como fonte inspiradora do IRDR, fato é que esse modelo tedesco consente a imbricação de *questões de fato e de direito*, como elucida Antonio dos Passos Cabral: "(...) o objeto da cognição judicial neste procedimento pode versar tanto sobre questões de fato como de direito, o que denota a possiblidade de resolução parcial dos fundamentos da pretensão, com a cisão da atividade cognitiva em dois momentos: um coletivo e outro individual. Esse detalhe é de extrema importância pois evita uma potencial quebra da necessária correlação entre fato e direito no juízo cognitivo. Vale dizer, se na atividade de cognição judicial, fato e direito estão indissociavelmente imbricados, a abstração excessiva das questões jurídicas referentes às pretensões individuais poderia apontar para um artificialismo

14. *Novo Código de Processo Civil comentado*, 5. ed., 2015, cit., nota ao art. 977, p. 1.441.

da decisão, o que não ocorre aqui, com vantagem de evitar as críticas aos processos-teste".[15]

Com efeito, é praticamente impossível proceder-se um *corte cirúrgico* entre fato e direito, que permitisse a identificação de questão "unicamente de direito", até pela boa razão de que o direito é aderente aos fatos: *ex facto oritur jus*. Dentre tantos exemplos, considere-se que a prova é atinente à matéria fática, mas os aspectos atinentes à *avaliação* da prova, aos meios lícitos e ilícitos através dos quais ela vem produzida, são, por certo, questões jurídicas. Nesse sentido, Aluísio Gonçalves de Castro Mendes e Roberto de Aragão Ribeiro Rodrigues, escrevendo ao tempo do projeto legislativo preordenado ao vigente CPC, relatavam que chegou-se a excogitar a inclusão das "questões fáticas no escopo do incidente de resolução de demandas repetitivas" [§ 3º do art. 930]. Para os articulistas, tratava-se de uma ideia salutar, que permitiria aproximar o IRDR "de seu modelo inspirador do Direito alemão, a saber, o *Musterverfahren*. Embora sustentemos que sua utilização será indiscutivelmente maior nas questões estritamente jurídicas, não vislumbramos óbices à sua aplicabilidade também nas questões fáticas comuns a diversas ações judiciais.[16]

3. CATEGORIZAÇÃO PROCESSUAL

A Exposição de Motivos do anteprojeto do novo CPC, no bojo de seu item 1º, dá ênfase aos meios e instrumentos voltados a "evitar a dispersão excessiva da jurisprudência", enquadrando nesse desiderato o "regime de julgamento de recursos repetitivos" e, "com inspiração no direito alemão, o incidente de resolução de demandas repetitivas, que consiste na identificação de processos que contenham a mesma questão de direito, que estejam ainda no primeiro grau de jurisdição, para decisão conjunta".

Cabe desde logo ressaltar que na fórmula cogitada no PLS 166/2010 bastava a *potencialidade* da dispersão de demandas isomórficas (art. 930); já o PLC 8.046/2010 referia-se, inicialmente, ao "risco de ofensa à isonomia e à segurança jurídica, quando houver efetiva repetição de processos", mas a versão revista (art. 973) passou a exigir a presença *cumulativa* de dois

15. O novo procedimento-modelo (*Musterverfahren*) aemão: uma alternativa às ações coletivas. *Revista de Processo* nº 147, maio/2007, p. 132-133.

16. Reflexões sobre o incidente de resolução de demandas repetitivas previsto no projeto de novo Código de Processo Civil. *Revista de Processo* nº 211, set./2012, p. 194, rodapé nº 5.

pressupostos: a "efetiva repetição de processos que contenham controvérsia sobre a mesma questão unicamente de direito; II – risco de ofensa à isonomia e à segurança jurídica", opção que ao final resultou positivada, com alterações de pormenor, renumerada como art. 976 e incisos I e II.

Ao propósito, aduzem Luiz Guilherme Marinoni *et al.*: "Em primeiro lugar, como afirma o art. 976, I, esse incidente só se presta quando houver efetiva multiplicação de processos. Obviamente, se uma questão de direito não se repetir em várias demandas, de modo a potencialmente comprometer o princípio da isonomia e a racionalidade do sistema encarregado de administração da justiça, por mais relevante que seja, não admitirá a instauração do incidente de resolução de demandas repetitivas que, como próprio nome indica, se presta apenas para a solução de casos repetitivos". Adiante, referindo-se ao inciso II do art. 976, explicam os autores que o "risco de ofensa à isonomia e a segurança jurídica", ali referido, "se traduz pelo perigo de que, diante da mesma controvérsia a respeito de questão de direito, pessoas recebam tratamento jurisdicional distinto, tratamento esse que comprometa a segurança jurídica. Assim, o simples tratamento diverso da mesma questão de direito por órgãos diferentes não basta, até porque esse em determinado momento é normal, sendo que para solucionar esse problema preveem-se outras técnicas processuais (consistentes na observância dos precedentes ou em outros institutos assemelhados)".[17]

Nem por outra razão, aliás, o *incidente de assunção de competência*, voltado à resolução paradigmática de "relevante questão de direito, com grande repercussão social", só é cabível quando tal contexto ocorra "*sem repetição em múltiplos processos*" (art. 947, *caput*), justamente para não imbricar com a finalidade própria do IRDR.

Há, pois, interesse em se examinar possíveis alvitres ou alternativas que se abrem ao enquadramento conceitual do IRDR – até por conta da novidade do instituto dentre nós – para o que se considerarão estas hipóteses de trabalho, a serem na sequência contempladas: A) Ação coletiva, concomitante ao trâmite de demandas individuais; B) Incidente de coletivização; C) Instrumento de padronização exegética de questão de direito replicada em demandas seriais: espécie do gênero *tutela plurindividual.*

Vejamos essa pontuação, pela ordem.

17. *O novo processo civil*, São Paulo: Thomson Reuters-Revista dos Tribunais, 2015, p. 578, 579.

A) Ação coletiva, concomitante ao trâmite de demandas individuais

O Processo Civil, no plano da jurisdição singular, prevê algumas ações *incidentais* (ou seja, intercorrentes numa dada ação em curso), calcadas em certos eventos que, posto não constituam o foco da demanda originalmente judicializada, todavia lhe são adjacentes em maior ou menor intensidade e dimensão, podendo mesmo colocar-se como uma questão *prejudicial*, a condicionar o resultado da ação à qual aderem, como se dava ao tempo do CPC/73 com a *ação declaratória incidental* - arts. 5º, 325, 470 - não recepcionada no CPC/2015.

Com efeito, o vigente CPC adota - e potencializa - o princípio da *eventualidade* ou da *concentração* da defesa numa mesma oportunidade processual, assim atribuindo ao réu o ônus de "alegar, na contestação, toda a matéria de defesa, expondo as razões de fato e de direito com que impugna o pedido do autor e especificando as provas que pretende produzir" (art. 336), indicando no art. 337 e incisos o rol de alegações disponibilizadas ao réu "antes de discutir mérito", a par da eventual reconvenção (art. 343 e §§).

Conquanto o IRDR tenha objeto próprio (a emissão da *tese jurídica* replicada em muitas demandas), e radique num processo em trâmite, tomado como piloto, preordenando-se a uma decisão de notável eficácia expandida (art. 985 e incisos; § 2º do art. 987), tais elementos, ao nosso ver, não bastam para aí se reconhecer uma *ação autônoma*, nesse sentido de configurar uma nova e distinta relação processual (como por exemplo se dá na ação de embargos de terceiro (CPC, art. 674), ou ainda naquela ação coletiva que pode vir a formar-se, *iussu iudicis*, nos termos do inciso X do art. 139 do CPC, até porque no IRDR não se promove *citação*, condição necessária para a triangularização e configuração de um vero *processo* (*actum trium personarum*) que, por sua estrutura dialética, contrapõe os polos ativo e passivo.

Trata-se pois, em tudo e por tudo, de um *incidente processual* (como o é, *v.g.*, a *reclamação* - CPC, art. 988 e incisos), porém singularizado pelo interesse público e social de que se reveste, como resulta do seu elevado objetivo de prevenir ou superar a dispersão interpretativa acerca de uma dada questão jurídica replicada em muitas demandas. De outra parte, o fato de a decisão nele proferida projetar eficácia pan-processual ou até mesmo extraprocessual, por modo a preservar valores transcendentes, tais a isonomia e a segurança jurídica, tal configuração não basta para ter-se o IRDR como uma ação *coletiva* instaurada *em paralelo* às demandas individuais replicadas, onde um mesmo *thema decidendum* venha agitado.

A *Comissão de Juristas*, instituída pelo Ato do Presidente do Senado nº 379, de 30.09.2009 (*DOU* 02.10.2009, Seção 2, p. 46) ao oferecer o Anteprojeto de novo CPC [18] revelava nítida preocupação com o tendencial crescimento das demandas seriais no país, assim propondo uma *reengenharia* no manejo de processos afins, os quais, por sua expansão, não comportam redução a conhecidas técnicas que relevam da jurisdição singular, mormente a reunião de ações conexas para julgamento conjunto. Dizia a Exposição de Motivos anexa a tal anteprojeto que o então proposto *incidente de resolução de demandas repetitivas*, respaldava-se no argumento de que "(...) levam a um processo mais célere as medidas cujo objetivo seja o julgamento conjunto de demandas que gravitam em torno da mesma questão de direito (...)". Na sequência, prosseguia a Comissão: "Por outro lado, haver, indefinidamente, posicionamentos diferentes e incompatíveis, nos Tribunais, a respeito da mesma norma jurídica, leva a que jurisdicionados que estejam em situações idênticas, tenham de submeter-se a regras de conduta diferentes, ditadas por decisões judiciais emanadas de tribunais diversos. Esse sistema fragmenta o sistema, gera intranquilidade e, por vezes, verdadeira perplexidade na sociedade".[19]

Escrevendo ao tempo daquele anteprojeto, Daniel de Andrade Levy avaliara: "A segurança jurídica não apenas cobre toda a discussão do Anteprojeto, como se tornou fundamental diante das críticas que o o Poder Judiciário brasileiro vem sofrendo como propagador de uma insegurança que afeta diretamente a potencialidade de investimentos no país. O incidente de resolução de demandas repetitivas tem o mérito de formar entendimento uníssono sobre a questão em debate, diminuindo a margem de incerteza não apenas dos sujeitos do processo, mas de todos aqueles que calcularem as condutas com base no entendimento exarado pelo precedente".[20]

Assim como se passa na ação coletiva por interesses individuais homogêneos (Lei 8.078/1990, arts. 91-100), na qual não é possível fixar *a priori* um número mínimo de pretensões isomórficas para deflagrar a judicialização da macro-lide, também no IRDR não há como exigir-se tal

18. [www.senado.gov.br/senado/novocpc/pdf/Anteprojeto.pdf.], acesso em 12.10.2014.
19. Idem, p. 15-16.
20. O incidente de resolução de demandas repetitivas no anteprojeto do novo Código de Processo Civil, *Revista de Processo* nº 196, jun./2011, p. 169-170.

quantificação prévia, restando entender-se que a expressão "efetiva repetição de processos que contenham controvérsia sobre a mesma questão unicamente de direito" (art. 976, I) configura um *conceito indeterminado*, deixado à prudente intelecção dos operadores do Direito, atentos à razoabilidade e à racionalidade que devem presidir o labor hermenêutico.

Com efeito, parece a José Miguel Garcia Medina que os "termos usados pela lei para explicar as circunstâncias que devem estar presentes para que caiba o incidente são muito vagas". Buscando imprimir alguma densidade ao conceito, propõe o autor: "(...) sem que tenha havido prévio e exaustivo debate sobre a questão, é inadmissível a instauração do incidente. Não se admite o incidente, assim, quando há controvérsia doutrinária que não se reproduz em grande número de casos, e tampouco quando, diante de um ou dois casos, se conjeture que sobre a questão poderá vir a surgir controvérsia. Esta deve ser atual e não potencial".[21]

Um subsídio importante, nessa delicada questão, veio aportado pela conclusão nº 87, alcançada no *III Encontro de Fórum Permanente de Processualistas Civis* (25 a 27.04.2014): "A instauração do incidente de resolução de demandas repetitivas não pressupõe a existência de grande quantidade de processos versando sobre a mesma questão, mas preponderantemente o risco de quebra da isonomia e de ofensa à segurança jurídica".[22] Esse entendimento afina-se com o sustentado por Teresa Arruda Alvim Wambier *et al.*: "Parece, todavia, que os objetivos do instituto ficariam inteiramente frustrados, se se exigisse, para a instauração do incidente, que já se tivesse instalado o caos na jurisprudência de 1º grau, com milhares de sentenças resolvendo de modos diferentes a mesma questão de direito".[23]

Parece-nos, todavia, que o *elemento quantitativo* é inafastável do tipo normativo expresso no inciso I do art. 976 do CPC, levando a que se exija um número importante de processos nos quais venha replicada a mesma questão de direito, para que se justifique a deflagração do IRDR. Nesse sentido, afirma Aluísio Gonçalves de Castro Mendes: "Portanto, se a efetiva repetição de processos, que dependam da resolução da questão controversa,

21. *Novo Código de Processo Civil comentado*, 5. ed., 2017, cit., nota nº V ao art. 976, p. 1.439, 1.440.

22. V. Fredie Didier Júnior, Cassio Scarpinella Bueno, Ronaldo Cremer: III Encontro do Fórum Permanente de Processualistas Civis. *Revista de Processo* nº 233, p. 304.

23. *Primeiros comentarios ao novo Código de Processo Civil*, São Paulo: Thomson Reuters-Revista dos Tribunais, 2015, p. 1.397.

não for efetivamente significativa em termos numéricos, o resultado obtido poderá não ser tão relevante, a ponto de compensar as mudanças processuais decorrentes, especialmente a suspensão dos processos e o procedimento especial estabelecido nos tribunais".[24]

Enquanto a ação coletiva por interesses individuais homogêneos integra, sem dúvida, o ambiente da *jurisdição coletiva* (interesses metaindividuais; legitimação ativa por critério de representação adequada, podendo ainda exigir-se a *pertinência temática*; coisa julgada de eficácia *erga omnes*), já o IRDR, conquanto tenha finalidade específica – a fixação da tese jurídica a ser depois replicada nos processos concernentes: art. 985 e incisos – não forma, *de per si*, uma vera relação processual, mas antes radica numa ação pendente da qual vem a ser extraído, não se cuidando (em que pese a nomenclatura empregada) de uma "resolução de demandas" e sim da emissão de um *padrão decisório* idôneo a parametrizar a exegese de uma dada questão de direito replicada em muitos processos. Aliás, pode dar-se que estes últimos nem sejam exatamente uniformes (e, pois, não sejam *repetitivos*), mas, antes, importa que uma dada *quaestio iuris* neles venha replicada massivamente, justificando-se a instauração do incidente.

Outra evidência de que o IRDR não é *ação coletiva*, é que, justamente, ele foi se estruturando e se configurando no espaço deixado pelas incompreensões e dificuldades na judicialização dos interesses individuais homogêneos, como o reconhecem Aluísio Gonçalves de Castro Mendes e Roberto de Aragão Ribeiro Rodrigues, salientando que o IRDR "vem para suprir eventuais lacunas das ações coletivas brasileiras na tutela dos direitos individuais homogêneos, que são justamente as 'espécies de direito material' que dão ensejo à propositura das ações repetitivas".[25]

Um derradeiro argumento, a afastar a configuração do IRDR como ação coletiva, a tramitar *em paralelo* às ações individuais é o fato de ter o legislador atentado para não outorgar a legitimação ativa a muitos agentes, como se passa nos processos coletivos, especialmente a ação civil pública da Lei 7.347/1985, cujo art. 5º defere dita ação, em modo *concorrente-disjuntivo*, ao Ministério Público, Defensoria Púbica, órgãos da Administração Pública direta e indireta, entes políticos, associações. Já no caso do IRDR, por certo tendo presente o interesse público e social que o preside, optou-se por limitar sua instauração a certos operadores do Direito, a saber: (*i*) *de*

24. *Incidente de resolução de demandas repetitivas*, Rio de Janeiro: Gen-Forense, 2.017, p. 111.
25. Reflexões sobre o incidente..., cit., *Revista de Processo* nº 211, set./2012, p. 195.

ofício, ao juiz ou ao relator; (*ii*) *a requerimento*, ao Ministério Público e Defensoria Pública e mesmo às partes, estas, naturalmente, representadas nos autos por seus advogados.

Daniel de Andrade Levy, escrevendo à luz do antes referido anteprojeto de novo CPC, conjecturava que esse texto, "talvez por uma preocupação em não associar o incidente à ação coletiva, afasta sugestões surgidas durante as reuniões da Comissão, de dotar de legitimidade para o incidente, além das partes, os mesmos legitimados para a ação civil pública. Além de eliminar qualquer comparação, a vedação aos legitimados para a ação civil pública evita a profissionalização desses incidentes, a partir de associações que, cada vez mais, veem a sua razão de ser na propositura de demandas que, em certos casos, sequer beneficiam os seus membros. Assim, restringe-se o incidente, para que seja um instrumento restrito às partes da demanda ou ao órgão representativo do amplo interesse público".[26]

B) Incidente de coletivização

A ciência jurídica, como um todo, e o Processo Civil, em particular, valorizam a precisão na formulação de seus conteúdos, atentando ao risco de que a escolha menos feliz de uma dada expressão pode comprometer a real mensagem que se quer transmitir, ou pior, passar uma outra, não desejada pelo legislador. O que ora se afirma não excepciona os chamados conceitos vagos ou indeterminados: *a uma*, porque o Direito, não sendo ciência exata, muita vez opta por reunir as *características* de uma dada ocorrência (por exemplo: união estável – Código Civil, art. 1.723), ao invés de tentar, propriamente, defini-la, atentando ao aviso romano: *omnia definitio in iuris civilis periculosa est*; *a duas*, porque os conceitos vagos ou indeterminados operam relevante papel no discurso jurídico, na medida em que são mais flexíveis e aderentes ao evolver dos acontecimentos, podendo assim imprimir maior duração à norma legal.

No caso do IRDR, o contexto em que ele pode instaurar-se – "efetiva repetição de processos" com "risco de ofensa à isonomia e à segurança jurídica" (CPC, incisos do art. 976) – em que pese esses elementos do tipo normativo, não resulta precisamente delineado, permitindo aí se entrever um conceito indeterminado, a reclamar redobrado empenho do intérprete. Muita vez a lei tem que valer-se de tais formulações um tanto vagas, assim

26. incidente..., cit., *Revista de Processo* nº 196, jun./2011, p. 175,-176.

optando por indicar os elementos caracterizadores da situação retratada, ao invés de propriamente *defini-la*, deixando à doutrina e mesmo à *praxis* judiciária a tarefa de ir aclarando a *mens legis*.

Por conta de o IRDR originar-se de uma ação em curso no primeiro grau ou de um recurso pendente no tribunal, tendo por objetivo a fixação de uma *tese jurídica* voltada a parametrizar a resolução de outras tantas questões de direito replicadas em muitos processos, torna-se atraente a ideia de compreender tal procedimento como um *incidente de coletivização*, tomando-se tal termo no senso de uma ocorrência radicada num processo em curso, interessando a definição de uma dada tese jurídica, com finalidade paradigmática, preordenada a projetar eficácia expandida, pan-processual ou mesmo extraprocessual. Ao propósito, assim se pronuncia Daniel Carneiro Machado: "Trata-se o IRDR, em essência, de um incidente de coletivização dos denominados litígios de massa, com o propósito de evitar a multiplicação de demandas, resolvendo, em bloco, causas que versam sobre as mesmas questões jurídicas".[27]

A terminologia *incidente de coletivização* tem em seu prol o fato de pôr em destaque o fato de que o IRDR não constitui em si mesmo uma ação incidental (como se passa com a reconvenção ou com os embargos de terceiro), mas uma ocorrência processual extraída de uma ação em andamento, mas, ainda assim, aquele conceito implica o risco de se baralhar a *natureza* ou a *essência* do IRDR com o seu *efeito*, isto é, a carga expansiva projetada pela tese jurídica nele firmada. De outra parte, por aí se estaria a criar outra dificuldade, qual seja a inserção de uma tutela *coletiva* num texto legal claramente voltado à jurisdição *singular* como é o Código de Processo Civil. Note-se que, tão expressivo é o propósito do legislador em prestigiar a dicotomia entre jurisdição singular e coletiva, que, ao se deparar o juiz "com diversas demandas individuais repetitivas", deve oficiar aos colegitimados ativos do art. 5º da Lei 7.347/1985 (ação civil pública) e do art. 82 da Lei 8.078/1990 (CDC) para que, sendo o caso, promovam "a propositura da ação coletiva respectiva" que, por certo,há de ser aquela que instrumentaliza os interesses individuais homogêneos (Lei 8.078/1990, art. 81, § único, III, c/c arts. 91-100), permitindo inferir-se o claro propósito do legislador de não trazer para o ambiente do CPC um instrumento típico dos processos coletivos.

27. Uma visão crítica da inclusão do IRDR no sistema de precedentes do CPC 2015. *Revista do Tribunal Regional Federal da 1ª Região*, v. 30, n. 11/12, nov./dez. 2.018, p. 23.

Não por acaso, e ainda nessa linha de argumentação, considere-se que veio a ser *vetada* a então cogitada *conversão de ação individual em coletiva* (art. 333, incisos e parágrafos) sendo significativa a restrição então constante do § 2º daquele projetado dispositivo, de que tal conversão *não poderia* "implicar a formação de processo coletivo para a tutela de direitos individuais homogêneos", justamente para não trazer ao âmbito do CPC um instrumento típico da jurisdição coletiva.

Verdade que, segundo relata Daniel de Andrade Levy, a expressão "incidente de coletivização" fora "a primeira denominação do instituto nas propostas anteriores ao trabalho final do Anteprojeto [do novo CPC]", [28] opção terminológica que, como se sabe, veio depois a ser preterida em prol da expressão "incidente de resolução de demandas repetitivas". O IRDR, como o nome já o indica, é um incidente (como o é a arguição incidental de inconstitucionalidade), mas, ao nosso ver, *não de coletivização* (nesse sentido de *converter* os interesses individuais, esparsos nas ações repetidas num interesse *metaindividual*), até porque outro é seu objetivo: fixar, num "procedimento-piloto", a tese jurídica que formatará a resolução da questão de direito replicada em muitas ações.

Se é verdade que a tese fixada no IRDR se preordena a projetar eficácia territorial expandida, em maior ou menor dimensão (CPC, art. 985 e incisos; § 2º do art. 987), não é menos verdade que essa irradiação de efeitos é restrita ao âmbito da tese fixada, a qual, de futuro, pode até mesmo ser revista (art. 986), liberando-se, então, o trâmite dos processos que inicialmente tinham sido sobrestados nos termos do previsto no art. 982, I e §§ 3º e 4º.

Ao nosso ver, a palavra "coletivização", em linguagem e conotação processuais, deve ficar reservada a situações passíveis de tutela *metaindividual* propriamente dita (interesses difusos, coletivos em sentido estrito, individuais homogêneos), nas quais um *adequado representante* (Ministério Público, Defensoria Pública, entes políticos, órgãos públicos, associações) é credenciado como portador judicial de tais interesses de largo espectro, sendo que, no caso dos individuais homogêneos, a ideia nuclear consiste em prevenir a pulverização da macrolide em multifárias e repetitivas ações individuais, o que se busca obter com uma sentença de *condenação genérica* (Lei 8.078/90, art. 95).

---

28. incidente ..., cit., *Revista de Processo* nº 196, jun./2011, p. 168, rodapé nº 6.

Já no caso do IRDR, impende ter presente que tal *atomização* ou *pulverização já aconteceu*, tratando-se, pois, de fato consumado ("efetiva repetição de processos" diz o inciso I do art. 976 do CPC), donde observar Daniel de Andrade Levy que tal instituto "visa, sobretudo, a reunião das ações que, embora propostas individualmente, derivam de um mesmo fato gerador de direito, e cuja união permitirá tornar mais eficiente e equilibrada a relação processual".[29]

É dizer, as *dinâmicas processuais* do IRDR e das ações coletivas são diversas: enquanto o primeiro parte da consideração de que uma dada questão jurídica está disseminada em muitos processos, projetando risco para a isonomia e segurança jurídica, caso não seja adrede firmado um padrão decisório a respeito, já as segundas focam uma controvérsia de largo espectro, cujo objeto é indivisível e concernente a sujeitos indeterminados (interesses difuso, coletivo em sentido estrito, individual homogêneo). Nesse sentido, tipificar o IRDR como incidente de *coletivização*, parece não contribuir para aclarar sua efetiva natureza, a par de baralhar esse incidente com outros instrumentos e técnicas que, posto alinhados à finalidade comum de obtenção de um padrão decisório, todavia apresentam características diferenciadas.

Afinal, é sempre relevante ter presente que *malgré le nom*, o IRDR não se vocaciona a "resolver demandas repetitivas" e sim a fixar a *tese jurídica* que naquelas ações aparece massivamente repercutida. É dizer: a *atividade judicante*, propriamente dita, no que tange ao efetivo desfecho daquelas ações remanesce com o *juiz natural*, ou seja, aquele ao qual cada uma daquelas ações isomórficas fora regularmente distribuída, ao passo que ao tribunal cabe o labor paradigmático de firmar a *tese jurídica* acerca da questão de direito agitada naquelas ações, registrando-se aí, pois, uma *cisão de competência*. Ao passo que, nas ações coletivas, como observam Andrea Carla Barbosa e Diego Martinez Fervenza Cantoario, "diversamente, há, além da resolução conjunta da(s) questão(ões) jurídica(s) pertinente(s) às diversas lides aglutinadas, exame do contexto fático litigioso. Ademais, conforme for, a própria coisa julgada coletiva (e não apenas a razão de decidir) irá vincular a universalidade substituída em juízo. Em suma, a solução da própria lide e não apenas da questão jurídica é passível de projetar-se em caráter geral, para além dos lindes subjetivos do processo".[30]

29. incidente de resolução..., cit., *Revista de Processo* nº 196, jun./2011, p. 168.
30. incidente de resolução..., cit., in FUX, Luiz (coord.), *O Novo Processo Civil Brasileiro...*, 2011, cit., p. 505.

Bem por isso, *ex lege*, o IRDR é enquadrado na rubrica "julgamento de casos repetitivos" (art. 928, I) – ou seja: decisão homogênea de questão jurídica replicada em muitos processos – a reafirmar a inadequação de sua tipificação como *incidente de coletivização*, denominação que acabaria por mesclá-lo ao ambiente dos processos coletivos, seara estranha aos lindes do CPC.

C) Instrumento de padronização exegética de questão de direito replicada em demandas seriais: espécie do gênero *tutela plurindividual*

O IRDR promove uma *coalização* de idênticas questões jurídicas espraiadas em muitos processos, valendo observar que o verbo coalizar tem o sentido de "unir-se, aliar-se, coligar-se".[31] De fato, através do IRDR opera-se uma sorte de *aglutinação* ou *agregação* das ações individualmente propostas, nas quais se apresenta replicada uma dada *questão jurídica* (por exemplo, saber se é lícito aos planos de saúde privados limitarem o tempo de permanência de paciente em UTI), certo que o livre trâmite dessas demandas isomórficas induziria o risco de respostas jurisdicionais discrepantes acerca de um mesmo tema jurídico. A par disso, tal ambiente errático congestionaria ainda mais a já sobrecarregada pauta da Justiça estatal, em detrimento da racionalidade da prestação jurisdicional, da segurança jurídica e do tratamento isonômico devido aos jurisdicionados.

Note-se que o CPC/2015, confinado ao plano da jurisdição *singular*, prevê no § 3º do art. 55: "Serão reunidos para julgamento conjunto os processos que possam gerar risco de prolação de decisões conflitantes ou contraditórias casos decididos separadamente, mesmo sem conexão entre eles", devendo entender-se, porém, que tal agrupamento é consentido quando não envolva número muito expressivo de processos (do mesmo modo que o cúmulo de co-autores não pode induzir a formação de litisconsórcio *multitudinário* (CPC, § 1º do art. 113).

Assim, em se apresentando um macro-conflito, com aptidão para se pulverizar em multifárias demandas individuais, deve a espécie ser conduzida, ou ao plano da ação coletiva por interesses individuais homogêneos (Lei 8.078/1990, art. 81, § único, III, c/c arts. 91 a 100; CPC, art. 139, X), ou, então caberá a deflagração do incidente de resolução de demandas repetitivas, instrumento inserido no âmbito da *tutela plurindividual*, que

31. *Novo dicionário Aurélio*, Rio de Janeiro, 1ª ed., Nova Fronteira, p. 337.

se apresenta como um *tertium genus*, equidistante da jurisdição singular e da coletiva. Nesse sentido, afirma Bruno Dantas do Nascimento: "Tutela plurindividual, por um lado, não se confunde com tutela coletiva e, por outro, possui notórios traços distintivos da tutela individual clássica, razão pela qual merece tratamento separado".[32]

Conforme se procurou demonstrar anteriormente (cap. VII. 3. A), o IRDR não configura *ação coletiva* desenvolvida *em paralelo* às demandas individuais envolvendo uma dada questão de direito, até porque não coincidem perfeitamente os *tria eadem* – partes/pedido/causa. Além disso, esse procedimento não resulta na instauração de uma vera *relação processual* que tenha por objeto uma *lide* propriamente dita, porque não é a controvérsia judicializada massivamente que resulta decidida, mas sim uma *tese jurídica*, em modo de uma questão prejudicial, é que fica ao final assentada, configurando um padrão decisório; nem tampouco aí se configura um *incidente de coletivização*, como demonstrado *supra* (cap. VII.3. B).

Antes e superiormente, o IRDR é de ser visto como um *instrumento de coalização de demandas isomórficas* – sob a égide da tendencial *tutela plurindividual* – à semelhança de ocorrências congêneres, tal o *julgamento em bloco ou por amostragem* de RE's e REsp's repetitivos, através de decisão-quadro lançada no recurso afetado como representativo da controvérsia (CPC, arts. 1.036 a 1.040); a *liminar improcedência do pedido* que se revela em contrariedade a certos padrões decisórios (CPC, art. 332 e incisos); o *incidente de assunção de competência*, cabível quando o julgamento no tribunal envolve "relevante questão de direito, com grande repercussão social, sem repetição em múltiplos processos" (CPC, art. 947 e § 3º). Em tais técnicas e instrumentos busca-se, em maior ou menor dimensão, racionalizar o manejo de ações e recursos isomórficos, otimizando a resposta jurisdicional.

Vale observar que na "decisão" por amostragem do REsp afetado como *representativo da controvérsia*, o STJ cuidou de esclarecer que o tribunal de origem, no juízo de admissibilidade do REsp afetado como representativo "delimitará a questão de direito a ser processada e juglada sob o rito do recurso especial repetitivo (...)" (art. 256, § 2º, I, cf. Er 24/2.016); passada essa fase, a Corte adentra a apreciar o recurso-piloto, assim cumprindo o disposto no § 5º do art. 255 do Regimento Interno, redação da ER nº 24/2016: "No julgamento do recurso especial, verificar-se-á, preliminarmente, se o recurso é cabível. Decidida a preliminar pela negativa, a Turma

32. Tutela recursal plurindividual..., cit., tese de doutorado, PUC – São Paulo, 2013, p. 148.

não conhecerá do recurso; se pela afirmativa, julgará a causa, aplicando o direito à espécie, com observância da regra prevista no art. 10 do Código de Processo Civil" (ou seja, atentando-se ao direito à não-surpresa); tal dicção, no essencial, está recepcionada no art. 1.034, *caput*, do CPC. Quanto aos *demais* recursos isomórficos, sobrestados nos TJ's e TRF's, caberá a essas Cortes, em regra, aplicar-lhes a tese paradigma, *completando*, por assim dizer, o julgamento, a teor do art. 1.040 e incisos do CPC. Nesse sentido, afirma José Miguel Garcia Medina afirma: "Vê-se que, quanto aos recursos sobrestados, a atuação do STJ será muito parecida à de um tribunal de cassação, na medida em que se terá definida apenas a tese a ser aplicada pelo tribunal *a quo* no reexame da decisão recorrida".[33]

Já no que tange ao juízo de admissibilidade dos RE's e REsp's repetitivos no TJ ou no TRF, dispõe o art. 1.030 do CPC, redação da lei 13.256/2016, que cabe ao presidente ou vice-presidente: "I – negar seguimento: *a*) a recurso extraordinário que discuta questão constitucional à qual o Supremo Tribunal Federal não tenha reconhecido a existência de repercussão geral ou a recurso extraordinário interposto contra acórdão que esteja em conformidade com entendimento do Supremo Tribunal Federal exarado no regime de repercussão geral; *b*) a recurso extraordinário ou a recurso especial interposto contra acórdão que esteja *em conformidade com entendimento do Supremo Tribunal Federal ou do Superior Tribunal de Justiça, respectivamente, exarado no regime de julgamento de recursos repetitivos*" (alíneas acrescida pela Lei 13.256/2.016). Tais disposições se explicam a partir destas premissas: (*i*) a admissão do recurso extraordinário no STF depende do reconhecimento da repercussão geral da questão constitucional nele agitada (CF, § 3º do art. 102; CPC, art. 1.035, § 1º); (*ii*) a decisão-quadro firmada no RE ou REsp afetado como representativo da controvérsia (CPC, art. 1.037, incisos e §§), apresenta-se como um padrão decisório impositivo, a teor do art. 927, III, do CPC.

Já quanto ao IRDR, ele se alinha ao tendencial movimento pela uniformização da jurisprudência mediante *padronização decisória*, com vistas ao manejo racional da litigância de massa instaurada pela reprodução exacerbada de demandas seriais, o que se confirma pela própria dicção do *caput* do art. 978 do CPC: tal procedimento é de ser julgado pelo "órgão indicado pelo regimento interno dentre aqueles responsáveis pela *uniformização de jurisprudência* do tribunal", certo que o CPC atribui aos tribunais

---

33. *Novo Código de Processo Civil comentado*, 2015, cit., nota nº 1 ao art. 1.039, p. 1.457.

o poder-dever de"uniformizar sua jurisprudência e mantê-la estável, integra e coerente" (art.926, *caput*).

Considerando-se que sob a égide do CPC os produtos judiciários otimizados – jurisprudência dominante ou sumulada; questões de ordem fixadas pelo Pleno ou Órgão Especial dos Tribunais; decisões-quadro em REsp's e RE's repetitivos; acórdãos em incidente de assunção de competência – revestem-se de eficácia obrigatória, compreende-se que nesse rol se inclua a *tese jurídica* fixada ao final do IRDR (art. 985, *caput*), a teor do art. 927: "Os juízes e tribunais *observarão*: (...) III – os acórdãos em incidente de (...) resolução de demandas repetitivas (...)". Bem por isso, a *inobservância* (= recusa imotivada / aplicação indevida) da tese alcançada ao final daquele procedimento desafia *reclamação* (§ 1º do art. 985, c/c inc. IV do art. 988, redação do inciso cf. Lei 13.256/2016, c/c § 4º do art. 988).

É útil para o tópico ora focado uma análise da passagem constante da Exposição de Motivos do anteprojeto do novo CPC em que se informava ter sido o IRDR forjado "com inspiração no direito alemão", consistindo "na identificação de processos que contenham a mesma questão de direito, que estejam ainda no primeiro grau de jurisdição, para decisão conjunta", sendo "admissível quando identificada, em primeiro grau, controvérsia com potencial de gerar multiplicação expressa de demandas e correlato risco da coexistência de decisões conflitantes". Em nota de rodapé se adita: "No direito alemão a figura se chama *Musterverfahren* e gera decisão que serve de modelo (= *Muster*) para a resolução de uma quantidade expressiva de processos em que as partes estejam na mesma situação, não se tratando necessariamente, do mesmo autor nem do mesmo réu (Ralf-Thomas Wittmann. *Il 'contencioso di massa'*, in Germania, in Giogetti Alessandro e Valerio Vallefuoco, *Il Contencioso di massa in Italia, in Europa e nel mondo*, Milão, Giuffrè, 2008, p. 178)".

A D. Comissão de Juristas, então designada pelo Senado Federal para apresentar o anteprojeto do novo CPC, presidida por Luiz Fux, fora bastante sensibilizada pelo empenho contra a dispersão jurisprudencial excessiva, anotando Aluísio Gonçalves de Castro Mendes que sob esse ideário o IRDR recebera, "inicialmente, a denominação de Incidente de Coletivização. A ideia, acolhida pela Comissão, buscava estabelecer um mecanismo que pudesse ser utilizado a partir da primeira instância, sempre que identificada controvérsia com potencial de gerar relevante multiplicação de processos fundados em idêntica questão de direito e de causar grave insegurança jurídica. Pretendia-se o fortalecimento do precedente, sucedendo, mas diferenciando-se, contudo, do incidente de uniformização de jurisprudência do Código de Processo Civil 1973". [34]

Desde logo, cabe dizer que, por razões multifatoriais, que vão desde a cultura jurídica até a realidade judiciária de cada país, passando pela filiação ao *civil law* ou ao *common law*, a judicialização massiva - concausa da crise numérica de processos - tem sido vista e tratada por diversas técnicas e critérios, donde não se poder analisar o tema sob um registro simplista ou reducionista do que fosse "melhor" ou "pior", cabendo, antes e superiormente, augurar que cada país, tendo presente suas próprias circunstâncias (necessidades, fontes financeiras, capacidades instaladas), busque diagnosticar e gerir por seus próprios meios o problema da carga judiciária excessiva. Nesse sentido, Daniel de Andrade Levy alerta para o risco de um "importacionismo desatento das peculiaridades do direito brasileiro, sempre primando pela adaptação dos institutos à nossa realidade, sob pena de nos tornarmos, nas sábias palavras de Sérgio Buarque de Holanda, 'desterrados em nossas terras'".[35]

Esse prudente aviso, obviamente, não desmerece minimamente a importância da aferição e avaliação dos subsídios das experiências estrangeiras, na *justa medida da utilidade* que possam aportar à nossa realidade judiciária, como, por exemplo, se passou com a *class action* norte-americana, no tocante à configuração de nossa ação civil pública. [36] A não se entender assim, arrisca-se a supervalorizar o "direito estrangeiro", baralhando-o com o sentido profícuo do "direito comparado".

O problema da judicialização exacerbada tangencia, em certa medida, o controle judicial de políticas públicas, na medida em que grande parcela das ações replicadas radica em temas que concernem, igualmente, ao Poder Público (questões envolvendo saúde, educação, segurança, telefonia, financiamento, planos governamentais), autorizando intuir que, se tais prestações fossem ofertadas a tempo e de modo satisfatório pela Administração Pública direta e indireta e agências reguladoras, provavelmente se reduziria expressivamente o *in put* dessas ações, que

34. *Incidente de resolução...*, 2.017, cit., p. 63.

35. O incidente de resolução..., cit., *Revista de Processo* nº 196, jun./2011, cit., p. 172. (O excerto colacionado pelo articulista é do clássico *Raízes do Brasil*, São Paulo: Cia das Letras, 2002, p. 31).

36. De modo geral sobre o tema, v. o nosso *Ação civil pública*, 13. ed., São Paulo: Ed. RT, 2014.

têm sobrecarregado a já congestionada pauta do Judiciário. Buscando responder, de algum modo, essa impactante demanda, não raro o Judiciário tem incidido na questionável política de *crescimento físico*, numa incessante *oferta de mais do mesmo*, sob uma perversa equação *quantitativa*: mais processos = mais investimento em infraestrutura, fóruns, informática, admissão de pessoal, enfim, *mais custeio*, num deletério e oneroso círculo vicioso.

Ao propósito, observa Daniel de Andrade Levy: "Desde que foi instituída a Comissão de Juristas incumbida de elaborar uma proposta de reforma do Código de Processo Civil brasileiro, em setembro de 2009 [Ato do Presidente do Senado Federal 379, de 30.09.2009, publicado no *DOU* de 02.10.2009, seção 2, p. 46] uma das preocupações fundamentais daquele grupo na busca pela evolução do sistema foi a hipertrofia quantitativa do Poder Judiciário".[37]

É bastante significativa, no ponto que ora se vai tocando, a determinação do CPC para que, na hipótese de o IRDR ter "por objeto questão relativa a prestação de serviço concedido, permitido ou autorizado, o resultado do julgamento será comunicado ao órgão, ao ente ou à agência reguladora competente para *fiscalização da efetiva aplicação, por parte dos entes sujeitos a regulação, da tese adotada*" (§ 2º do art. 985). É que, sabidamente, grande parcela das demandas isomórficas que assolam a Justiça estatal deriva de descumprimento ou oferta insuficiente de prestações atinentes a serviços públicos concedidos, permitidos ou autorizados, em áreas como saúde pública, transportes, telefonia, financiamentos, programas governamentais, áreas geralmente sujeitas à normatização e fiscalização por órgãos administrativos e agências reguladoras.

Há tempos se vem buscando refrear a judicialização massiva de pretensões envolvendo o Poder Público – ou abreviar as ações já propostas – tendo o art. 19 da Lei 10.522/2002 autorizado a Procuradoria da Fazenda Nacional a "a não contestar, a não interpor recurso ou a desistir do que tenha sido interposto, desde que inexista outro fundamento relevante(...)" (redação da Lei 11.033/2004) em face de decisão judicial versando sobre "(...) IV – "matérias decididas de modo desfavorável à Fazenda Nacional pelo Supremo Tribunal Federal, em sede de julgamento realizado nos termos do art. 543-B da Lei 5.869, de 11 de janeiro de 1973 – Código de Processo Civil" [CPC/2015, art. 1.036 e § 1º]; V – matérias decididas de

37. incidente de resolução..., cit., *Revista de Processo* nº 196, jun./2011, p. 166.

modo desfavorável à Fazenda Nacional pelo Superior Tribunal de Justiça, em sede de julgamento realizado nos termos do art. 543-C da Lei 5.869, de 11 de janeiro de 1973 – Código de Processo Civil [CPC/2015, art. 1.036 e § 1º], com exceção daquelas que ainda possam ser objeto de apreciação pelo Supremo Tribunal Federal". A teor do § 1º daquele art. 19, em tais casos o Procurador oficiante "deverá expressamente: I – reconhecer a procedência do pedido, quando citado para apresentar resposta, inclusive em embargos à execução fiscal e exceções de pré-executividade, hipóteses em que não haverá condenação em honorários; ou II – manifestar o seu desinteresse em recorrer, quando intimado da decisão judicial" (art. 19, *caput*, da Lei 10.522/2002 cf. redação da Lei 11.033, de 2004; incisos IV e V desse artigo, acrescidos pela Lei 12.844/2013; § 1º e incisos I e II do art. 19 da Lei 10.522/2002, cf. redações da Lei 12.844/2013).

Nota-se nas ocorrências *supra* referidas uma expressiva aplicação da eficácia *panprocessual* e até *extraprocessual* das decisões-quadro nos RE's e REsp's repetitivos, sob a égide da tendencial e crescente *tutela plurindividual*, na qual igualmente se insere o IRDR.

Tem sido apontado que o surgimento e expansão da tutela plurindividual deve-se, em boa medida, às incompreensões conceituais e dificuldades operacionais no manejo do processo coletivo, mormente a ação coletiva por interesses individuais homogêneos, a qual não tem conseguido refrear a judicialização massiva de ações individuais acerca de um mesmo *thema decidendum*, já que a pendência do processo coletivo não induz litispendência para as ações individuais concernentes ao mesmo objeto as quais, portanto, seguem seu curso, a menos que o interessado pleiteie a suspensão (Lei 8.078/1990, § 3º do art. 103; art. 104). Sem embargo, não raro têm-se se apresentado situações em que, na pendência da ação coletiva, sobrevem o ajuizamento massivo de demandas individuais seriais, envolvendo o mesmo *thema decidendum*, tumultando o ambiente forense, que muita vez não dispõe de capacidade instalada para gerir tal sobrecarga de processos. Bem por isso, o STJ houve por bem, conhecendo de recurso especial interposto no regime dos recursos repetitivos, manejado contra acórdão do TJSP em sede de IRDR, fixar como tese jurídica, sob o Tema nº 60: "Ajuizada ação coletiva atinente a macro-lide geradora de processos multitudinários, suspendem-se as ações individuais, no aguardo do julgamento da ação coletiva".[38]

38. REsp 1.110.549/RS, DJe 14.12.2.009.

Outro fator que laborou contra a esperada efetividade do processo coletivo adveio com a vedação da ação civil pública para "veicular pretensões que envolvam tributos, contribuições previdenciárias, o Fundo de Garantia do Tempo de Serviço – FGTS ou outros fundos de natureza institucional, cujo beneficiários podem ser individualmente determinados" (Lei 7.347/1985, parágrafo único do art. 1º), ou seja: justamente os temas propícios à formação de demandas isomórficas massivas, que, depois, darão azo a recursos repetitivos. Já o IRDR não apresenta tais restrições, bastando que se trate de "questão unicamente de direito" (CPC, art. 976, I), replicada em um número expressivo de demandas. Nesse sentido, a conclusão nº 88 alcançada no *III Encontro do Fórum Permanente de Processualistas Civis* (25 a 27.04.2014): "Não existe limitação de matérias de direito passíveis de gerar a instauração do incidente de resolução de demandas repetitivas e, por isso, não é admissível qualquer interpretação que, por tal fundamento, restrinja seu cabimento".[39]

Bruno Dantas entende que a *tutela plurindividual*, gênero no qual se insere o IRDR, "por um lado, não se confunde com tutela coletiva e, por outro, possui notórios traços distintivos da tutela individual clássica, razão pela qual merece tratamento separado. (...) Da forma que existe hoje, a tutela coletiva é insuficiente para dar vazão à crescente demanda por proteção jurisdicional em casos que veiculam direitos individuais homogêneos, motivo pelo qual o desenvolvimento de novas técnicas de tutela plurindividual vem a compor o instrumental à disposição da sociedade brasileira". (...) Pode-se definir a tutela plurindividual como a atividade estatal voltada à justa composição das lides concernentes a direitos individuais homogêneos que se multiplicam em diversas demandas judiciais nas quais haja controvérsia, preponderantemente, sobre as mesmas questões de direito, de modo a, por um lado, racionalizar e atribuir eficiência ao funcionamento do Poder Judiciário, e, por outro, assegurar a igualdade e a razoável duração do processo".[40]

Em princípio, a ação coletiva por interesses individuais homogêneos deveria servir (e bastar) para prevenir a pulverização do macroconflito

39. V., ao propósito, Fredie Didier Júnior, Cassio Scarpinella Bueno e Ronaldo Cremer: III Encontro do Fórum Permanente de Processualistas Civis, *Revista de Processo* nº 233, jul./2014, p. 295.

40. Tutela recursal plurindividual no Brasil: formulação, natureza, regime jurídico, efeitos. Tese de doutorado, PUC – São Paulo, sob orientação da Profa. Teresa Arruda Alvim Wambier, 2013, conclusões nºs 21, 24, 30, p. 148-150.

em multifárias e repetitivas demandas individuais, mas, pelas razões antes lembradas, a experiência forense acabou por não confirmar aquela expectativa inicial, com isso gerando bolsões de insatisfação dentre os jurisdicionados, mormente aqueles cujas pretensões são de parca expressão econômica; deste contingente, grande parcela afluiu aos Juizados Especiais (Lei 9.099/95; Lei 10.259/2001), levando a que as respectivas pautas ficassem sobrecarregadas e, consequentemente, morosas. Em que pese se controverter acerca da aplicabilidade do IRDR nos Juizados Especiais – pelo fato de não se vincularem, no plano recursal, aos TJ's e TRF's – alcançaram-se, no Seminário "O Poder Judiciário e o novo Código de Processo Civil", realizado na Escola Nacional de Formação e Aperfeiçoamento de Magistrados (ENFAM) a emissão destes Enunciados: nº 21. "O IRDR pode ser suscitado com base em demandas repetitivas em curso nos juizados especiais"; nº 44: "Admite-se o IRDR nos Juizados Especiais, que deverá ser julgado por órgão colegiado de uniformização do próprio sistema".[41]

Ao propósito, comenta Aluísio Gonçalves de Castro Mendes: "Desta forma, a inexistência de previsão legislativa específica no CPC/2015 não é óbice à instauração do incidente nos Juizados Especiais, a fim de que estes possam igualmente se beneficiar de sua utilização, nas matérias que lhes são de competência exclusiva ou naquelas, em que concorrente a competência, não houver sido instaurado o incidente nos Tribunais de Justiça ou Regionais Federais". [42]

Em simetria com as ponderações antes expostas, Eduardo Cambi e Mateus Vargas Fogaça avaliam que as ações coletivas "não foram suficientes para prevenir ou para reduzir a litigiosidade de massas, nem para proteger satisfatoriamente ampla gama de situações repetitivas, seja pela falta de representatividade dos legitimados, por sua inadmissão para a defesa de determinados direitos ou mesmo em razão da restrição da eficácia subjetiva e territorial da coisa julgada nas ações coletivas. Ademais, o modelo nacional de ações coletivas não retira do titular do direito material a legitimação para propor a sua própria ação individual, tenha ou não sido instaurado um processo coletivo".[43]

---

41. Evento realizado em Brasília, de 26 a 28.08.2015.
42. *Incidente de resolução...*, 2.017, cit., p. 165.
43. Incidente de resolução de demandas repetitivas. *Revista de Processo* nº 243, maio/2015, p. 335-336.

4. O CONTRIBUTO DAS EXPERIÊNCIAS INGLESA, ALEMÃ, PORTUGUESA E DA CORTE EUROPEIA DE DIREITOS HUMANOS

A referência, na Exposição de Motivos do novo CPC, à experiência com o *Mustervenfahren* do direito alemão, como fonte de inspiração para o IRDR, veio confirmada, em sede doutrinária, por Luiz Fux, Presidente da Comissão de Juristas então encarregada de elaborar o anteprojeto de novo CPC (Ato nº 379, de 30 de setembro de 2009 do Presidente do Senado), tendo o articulista acrescido, ainda, outras informações relevantes: "O excesso de demandas é fruto de cultura exorbitante do fenômeno processual e encartável no aspecto filosófico e cultural que marca a tendência à beligerância judicial do povo brasileiro. Acresce a esses fatores o direito inafastável de acesso à justiça, garantido pelo princípio constitucional de que nenhum direito ou ameaça a direito deve escapar à apreciação do Poder Judiciário. Esses possíveis entraves não impediram à Comissão observar, por meio de dados empíricos, que o volume das demandas estava intimamente vinculado ao contencioso de massa. Isto é, milhares de ações em trâmite no território nacional versavam a mesma questão jurídica. Revelavam-se ações homogêneas, mas que não podiam ser tratadas como a litigiosidade de varejo nos dizeres de Sergio Mencini, ao doutrinar sobre pretensões isomórficas no cognominado Encontro de Pisa em 2007. A Comissão, então, optou pela criação do incidente de resolução de demandas repetitivas, instaurado em cada unidade da federação, perante o primeiro grau de jurisdição para o tribunal, possibilitando ao juiz, às partes, à Defensoria Pública ou ao Ministério Público provocarem uma manifestação dos tribunais locais sobre as ações com identidade de questões jurídicas. (...) O modelo de matiz germânica (*musterverfahren*) e espanhola, este utilizado na jurisdição administrativa, encontra, também, paradigmas no sistema inglês nas *group litigation* e *test claims*".[44]

Esta última afirmação do então Presidente da Comissão de Juristas nomeada pelo Senado Federal para elaborar o anteprojeto do novo CPC, [45]

44. O novo Processo Civil, in FUX Luiz *et al.* (coords.), *O novo Processo Civil brasileiro – direito em expectativa (reflexões acerca do projeto do novo Código de Processo Civil*, Rio de Janeiro: Gen Forense, 2011, p. 8-10.

45. Ato do Presidente do Senado nº 379/2009. *Anteprojeto do novo Código de Processo Civil*, disponível em www.senado.gov.br, acesso em 10.07.2015.

mencionando a *GLO* inglesa dentre as fontes inspiradoras do IRDR merece algum desenvolvimento.

Até 1999, quando passou a vigorar o novo Código de Processo Civil inglês (*Rules of Civil Procedure*), não havia, segundo Neil Andrews, meios adequados para o manejo da litigância de massa. [46] Verdade que já desde 1965 as *Rules of the Supreme Court* previam as *representative actions* (Order 15, rule 12), a par da *consolidated litigation* ou *ordinary joinder of co-claimants*, porém tais técnicas não se afeiçoavam aos casos com expressivo número de interessados, aproximando-se, a certos respeitos, das hipóteses de agrupamento litisconsorcial no direito brasileiro.[47]

A singela normação acerca da *GLO* inglesa é atestada por Daniel de Andrade Levy: "(...) a doutrina aponta a inexistência de regras sobre uma série de situações, como a realização de acordos, as *cut-off dates*, a distribuição de danos entre demandados etc. A minucia dos regramentos da *class action*, sobretudo nos EUA, onde são exaustivamente reguladas em cada estado, contrapõe-se com uma legislação apenas diretiva da GLO, o que não é de se estranhar, considerando 'que o desenvolvimento das ações de grupo na Inglaterra tiveram origem em uma natureza totalmente prática, e não doutrinária'".[48]

Na Inglaterra o manejo judicial dos macroconflitos continuou insatisfatório até 1997, quando o *Civil Procedure Act* buscou promover uma unificação das duas dimensões judiciárias que, em nosso contexto corresponderiam às jurisdições singular e coletiva, para tal encampando sugestões do Relatório apresentado por Lord Harry Woolf, especialmente o capítulo 17, nominado *Access to Justice – Final Report*, dedicado aos conflitos coletivos.[49] Essa nova normação permitia que o tribunal, constatando o ajuizamento massivo de demandas replicadas, tomasse providências para o seu manejo eficiente, as quais, segundo Marcos de Araújo Cavalcanti, respaldando-se no referido *Relatório Woolf*, "seriam adotadas com três principais objetivos: (a) verificação

46. *O moderno processo civil: formas judiciais e alternativas de resolução de conflitos na Inglaterra*. Revisão da tradução por Teresa Arruda Alvim Wambier, 2. ed., São Paulo: Revista dos Tribunais, 2012, p. 561.

47. Idem, ibidem.

48. O incidente de resolução..., *Revista de Processo* nº 196, jun./2011, p. 200. (No excerto colacionado o articulista remete ao trabalho Group Actions, de M. Mildred, in Howells, GG. (ed.), *The law of Product Liability*, London: Butterworth, 2001, p. 462).

49. *Stationery Office*, 1996. Disponível em [http://webarchives.nactionalarchives.gov.uk], acesso em 03.06.2015.

(certificação) de que uma questão configura situação jurídica de múltiplas partes (*multi-party situation* - MPS), a nomeação de um juiz competente e a verificação da representatividade do 'líder' do grupo; (b) escolha de estratégias prioritárias para o gerenciamento das demandas repetitivas, incluindo a definição de um grupo, a criação de um registro e a fixação dos custos; e (c) a proteção dos interesses dos litigantes, mediante a supervisão dos advogados e a nomeação de um administrador".[50] A caracterização de um vero litígio coletivo - *multi-party-situation* - exigiria, ainda segundo Marcos de Araújo Cavalcanti, o atendimento destes requisitos: "(a) deve haver dez ou mais processos contra uma ou mais partes; (b) os processos devem estar relacionados a circunstâncias idênticas ou semelhantes; (c) deve haver um número substancial de demandas que suscitem questões comuns de fato ou de direito; e (d) os interesses da Justiça devem ser alcançados com a aplicação do procedimento escolhido".[51]

Na sequência, advieram, em 1999 as *Rules of Civil Procedure* (CPR) - o Código de Processo Civil da Inglaterra e País de Gales - arrolando em sua *Part 19* (*Parties and Group Litigation*) os mecanismos de tutela coletiva, a saber (*i*) as *representative actions* (processos por representação) e (*ii*) as *group litigations orders* - *GLOs* (ordens de litigância grupal). Importante salientar que, nos moldes da Rule 19:10 das CPR não há restrições quanto à matéria, que pode ser de fato e/ou de direito (diversamente do nosso IRDR, focado na "questão unicamente de direito" - inciso I do art. 976); outrossim, merece realce o fato de que as *GLOs* operam em registro *subsidiário*, somente sendo autorizadas ante a demonstração de que os *outros* mecanismos processuais voltados à litigância de massa - *consolidated litigation/ordinary joinder of co-claimants/representative actions* não se apresentavam adequados na espécie.

Ao propósito, Daniel de Andrade Levy afirma que a *GLO* "só será admitida caso não houver outra solução de resolução coletiva das demandas. Assim, determina o art. 2.3 das *PDs* que o autor do incidente, antes de propô-lo, deverá verificar se não seria mais apropriada uma consolidação das ações ou a sua substituição processual, pela representação única e homogênea dos interessados. A GLO torna-se, assim, instrumento residual,

---

50. Mecanismos de resolução de demandas repetitivas no direito brasileiro: um estudo sobre o procedimento-modelo alemão e as ordens de litígios em grupo inglesas. *Revista de Processo* nº 238, dez./2014, p. 363.

51. Idem, *Revista de Processo* nº 238, p. 364

só podendo ser instaurada quando não cabível outra solução coletiva para o caso".[52]

Interessante observar que as determinações, no regramento do nosso IRDR, para a "mais ampla e específica divulgação e publicidade, por meio de registro eletrônico no Conselho Nacional Justiça" e para que os tribunais mantenham "banco eletrônico de dados atualizados com informações específicas sobre questões de direito submetidas ao incidente, comunicando-o imediatamente ao Conselho Nacional de Justiça para inclusão no cadastro" (CPC, art. 979, *caput* e § 1º), evocam o contido na *Rule* 19:11 da *CPR* inglesa, que, basicamente, atribui análogas incumbências à *management court* – tribunal encarregado do trâmite da *GLO* – notadamente quanto à criação e manutenção do *group registrer* (cadastro de processos coletivos, em tradução aproximada), o que denota o interesse público e social que permeia o manejo judicial da litigância massiva.

Outro contraponto que se pode estabelecer entre a *GLO* inglesa e o nosso IRDR é que, neste último, a eficácia da tese se aplica em modo abrangente e impessoal, projetando-se em face de todos os processos concernentes à *questão de direito* objeto do IRDR, variando apenas a *irradiação espacial*, a qual pode alcançar, segundo a regulação constante do CPC: ***(i)*** "todos os processos individuais ou coletivos que versem sobre idêntica questão de direito e que tramitem na área de jurisdição do respectivo tribunal, inclusive àqueles que tramitem nos juizados especiais do respectivo Estado ou região" – inciso I do art. 985; ***(ii)*** os "casos futuros que versem idêntica questão de direito e que venham a tramitar no território de competência do tribunal, salvo revisão na forma do art. 986" – inciso II do art. 985; ***(iii)*** todo o território nacional, caso o acórdão do TJ ou do TRF que fixou a tese jurídica ao final do IRDR venha a ser impugnado por RE ou REsp, caso em que a decisão do STF ou pelo STJ, em vista dos efeitos devolutivo e translativo desses recursos, "será aplicada no território nacional a todos os processos individuais ou coletivos que versem sobre idêntica questão de direito" (§ 2º do art. 987).

Já no caso da *GLO* inglesa – ao contrário do que se passa nas *class actions* norte-americanas, onde vige o critério *opt out* – o interessado em beneficiar-se dos efeitos do julgamento coletivo deve manifestar-se positiva e tempestivamente nesse sentido (*opt in*), no lapso temporal para tal assinado (*cut-off date*), restando-lhe, caso contrário, promover ação individual,

---

52. incidente... cit., *Revista de Processo* nº 196, jun./2011, p. 188-189.

ou, se a GLO já foi autorizada, pleitear sua exclusão do cadastro coletivo (*Rule* 19:14).[53]

Ainda outra interface se pode identificar, desta vez entre o regime de julgamento por amostragem de REsps repetitivos, mediante a emissão de decisão-quadro, pelo STJ no recurso afetado como representativo da controvérsia (CPC, art. 1.036 e § 1º) e a *GLO* inglesa, certo que nesta última é dado à *management court* escolher uma demanda incluída no cadastro coletivo para operar a almejada finalidade paradigmática. Ao passo que dentre nós, no julgamento por amostragem, no STJ, do REsp afetado como representativo da controvérsia, deverá o tribunal de origem, nos termos do art. 256, § 1º do RISTJ "levar em consideração o preenchimento dos requisitos de admissibilidade e preferencialmente: I – a maior diversidade de fundamentos constantes do acórdão e dos argumentos no recurso especial", disposição repercutida no CPC: § 6º do art. 1.036, c/c inciso IV do art. 1.030, inciso acrescido pela Lei 13.256/2016.

Já a *afetação* do processo-piloto, para fins do IRDR, deverá ser feita com redobrado zelo e acuidade porque, como salienta Antonio do Passo Cabral, a "seleção da causa-teste tem importância crucial na efetividade do julgamento do incidente. De um lado, ao escolher para afetação ao procedimento dos repetitivos um processo inadequado, também a decisão do incidente pode não vir a ser a melhor solução da controvérsia de massa, com evidente impacto sistêmico deletério pela multiplicação da conclusão a todos os outros processos". Dado que a normação sobre o IRDR não traz maiores precisões sobre esse tópico, o articulista propõe "dois vetores básicos para guiar a escolha da causa-piloto. O primeiro é a *amplitude do contraditório*. Sempre que houver restrições ao contraditório, seja no procedimento do processo originário, seja quando a escolha da causa puder limitar o contraditório no próprio incidente, deve-se rever ou corrigir a seleção do processo-teste". Para o articulista, esse primeiro vetor inclui: a "completude da discussão (maior quantidade de argumentos"; a "qualidade da argumentação"; a "diversidade dos argumentos"; o "contraditório efetivo" (contra argumentação e completude da decisão"); e a "inexistência de restrições à cognição e à prova no processo originário". Já o segundo vetor para a seleção do processo-teste, segundo o autor, é a "*pluralidade* e *representatividade* dos sujeitos do processo originário. Isso porque, de acordo com o desenho estrutural dos procedimentos, muitas vezes o papel

53. Cf. Neil Andrews, ob. cit., p. 556, *passim*.

das partes do processo originário é maior no âmbito do incidente. Assim, o próprio contraditório no incidente pode ser impactado se dele participar litigante mal preparado ou inexperiente, por exemplo".[54]

Justamente por conta de todos esses fatores, cremos que, no relevante tópico da *seleção* dos processos cujos dados instruirão o pedido de instauração do IRDR (§ único do art. 977), os elementos informativos de eventual ação coletiva em trâmite haverão de *preferir* aos dados constantes das ações individuais envolvendo a mesma questão de direito, por conta de certas características da jurisdição coletiva: legitimação concorrente-disjuntiva, calcada na representação adequada do portador judicial (Lei 7.347/1985, art. 5º; Lei 8.078/1990, art. 82); judicialização de um interesse metaindividual (difuso, coletivo em sentido estrito, individual homogêneo); coisa julgada de eficácia expandida – *erga omnes* ou *ultra partes*, conforme o caso.

Tornando à GLO inglesa – uma das fontes inspiradoras do IRDR – vale referir que na síntese ofertada por Marcos de Araújo Cavalcanti, reportando-se a Neil Andrews, a GLO "instaura uma espécie de incidente de resolução coletiva de conflitos de massa com os seguintes componentes: (a) o tribunal é quem deve aprovar a GLO; (b) ao contrário do modelo das *representative actions*, a participação no incidente coletivo instaurado pela GLO exige requerimento expresso do interessado (*opt in*); (c) o membro do grupo é titular tanto de uma cota do grupo quanto do *status* geral de parte do processo: (d) durante a tramitação das GLO, o tribunal exerce administração intensa do caso e da instrução; (e) os efeitos da decisão sobre as questões comuns atingem o grupo; e (f) os membros do grupo compartilham a responsabilidade pelas custas que decorrem das questões comuns".[55]

Já no tocante ao modelo tedesco do *Musterverfahren*, expressamente evocado na Exposição de Motivos do novo CPC, cabe desde logo ressaltar que naquele país predomina a percepção de que o Processo Civil é, precipuamente, vocacionado à resolução das controvérsias *individuais*, donde resulta que a tutela coletiva é vista sob um registro *excepcional*, como explica Rolf Stürner: "A ideia fulcral do processo civil alemão bilateral é a sua magreza. Admite-se com parcimônia e reservas a intervenção de terceiros (oposição e assistência), denunciação à lide, litisconsórcio. Esse

---

54. A escolha da causa-piloto nos incidentes de resolução de processos repetitivos. *Revista de Processo* nº 231, maio/2014, p. 210 e s., *passim*.
55. Mecanismos..., cit., *Revista de Processo* nº 238, dez./2014, p. 373.

processo procura principalmente evitar qualquer vinculação a outros que possam sobrecarregar as partes originais. Internacionalmente considerado, o processo alemão consagra praticamente a solução mais enxuta. A curta duração do processo pode também estar relacionada a isso. A regra é a seguinte: é melhor muitos processos bem curtos do que um único processo 'monstro' bem longo e com muitos envolvidos".[56]

Sem embargo, admitem-se na experiência alemã ações ajuizadas por entidades associativas – *Verbandsklage* – na defesa de interesses metaindividuais em matéria de largo espectro, como o consumerismo, a livre-concorrência ou o meio ambiente, com a particularidade de que a representatividade adequada do portador judicial é, num primeiro momento, aferida por um órgão da Administração Pública concernente à matéria controvertida, a quem cabe, inclusive, avaliar a higidez estrutural da entidade que se candidata a promover tal judicialização, interessando saber a sua capacidade representativa em face da dimensão do interesse controvertido. Segundo a doutrina, a *Verbandsklage* não tem, todavia, desestimulado o ajuizamento de ações individuais repetitivas, em parte por conta da parca credibilidade na técnica de legitimação extraordinária, [57] e, por outro lado, segundo relata Aluísio Gonçalves de Castro Mendes, por conta de sua "imprestabilidade para a persecução de indenizações decorrentes de perdas e danos. Não há, até o presente momento, qualquer instrumento processual coletivo voltado para as providências condenatórias em relação às obrigações de pagar, o que vem sendo indicado e reclamado, cada vez mais, pela doutrina alemã".[58]

Além da *Verbandsklage*, a experiência alemã consente as ações de grupo (*Gruppenklage*), versadas nos §§ 59 a 63 do Código de Processo Civil (ZPO), as quais, a rigor, não são veras ações coletivas mas antes uma técnica otimizada de litisconsórcio, no tocante aos sujeitos envolvidos, propiciando a reunião de demandas afins, para julgamento conjunto. Tanto quanto se passa com a antes referida *Verbandsklage*, também a *Gruppenklage* não tem conseguido refrear o ajuizamento das demandas individuais, neste último caso porque tal técnica de aglutinação – dos sujeitos litisconsorciados e

56. Sobre as reformas recentes no direito alemão e alguns pontos em comum com o projeto brasileiro para um novo Código de Processo Civil, trad. Márcio Flávio Mafra Leal, *Revista de Processo* nº 193, 2011, p. 360.

57. Cf. Antonio do Passo Cabral, O novo procedimento-modelo (*Musterverfahren*) alemão: uma alternativa às ações coletivas. *Revista de Processo* nº 147, maio/2007, p. 130.

58. *Ações coletivas no direito comparado e nacional* (Coleção Temas Atuais de Direito Processual Civil, vol. 4), São Paulo: Revista dos Tribunais, 2002, p. 126.

das demandas conexas – ressuma do ambiente do Processo Civil, e este, segundo Harald Koch, "es inadequado para enfrentar los desastres de masa o las acciones de responsabilidad civil extracontractual como los accidentes aéreos o las catástrofes ambientales".[59]

De todo modo é de se registrar o alerta de Rolf Stürner no tocante às expectativas que cercam o nosso IRDR, afirmadamente inspirado no *Musterverfharen* da experiência alemã: "A Lei dos Processos Modelos dos Investidores de Capital (*Kapitalanlegermusterverfahrensgesetz*), que se aplica para as sanções referentes a investidores logrados ou fraudados, não renuncia à concepção de que, em última análise, trata-se de processos individuais reunidos e introduz apenas a novidade de uma decisão-modelo na instância mais alta sobre questões prejudiciais comuns submetidas pela instância inferior. Alguns processos ficam suspensos, nenhum processo é decidido. Até agora não há nenhum resultado visível que não tivesse sido igualmente alcançado sem essa lei por uma habilidosa e pragmática condução processual, mediante uma qualificada magistratura. Para os colegas brasileiros, que cogitam na atual reforma para a uniformização do Direito e celeridade processual um incidente de resolução de demandas repetitivas, talvez seja interessante analisar o sucesso desse processo alemão. Ele não é muito animador".[60]

Aliás, é oportuno ter presente que o *Musterverfharen* não emergira de intensa e acurada elaboração doutrinária, mas em verdade, entrou em vigor em 2005, calcado numa ocorrência pontual, como esclarecem Andrea Carla Barbosa e Diego Martinez Fervenza Cantoario: "Sua instituição deu-se no contexto de danos causados a milhares de investidores da bolsa de Frankfurt, e temia-se que o efeito multiplicador deste litígio abarrotasse o Judiciário". [61] A seu turno, complementa Guilherme Rizzo Amaral, com esteio em Dietmar Baetge: "(...) a chamada KapMug, legislação que instituiu a Musterverfahren, é considerada na Alemanha como uma 'lei experimental'. Em 01.10.2010, restaria inclusive encerrado o seu período de vigência, não fosse uma lei publicada em 24.07.2010 (e que

59. Procedimientos colectivos y representativos em el procedimiento civil alemán. In GIDI, Antonio e FERRER-MACGREGOR, Eduardo (coords.), *La tutela de los derechos difusos, colectivos e individuales en una perspectiva comparada*, México: Editorial Porrúa, 2004, p. 241.

60. Sobre as reformas recentes..., cit., *Revista de Processo* nº 193, mar./2011, p. 361, 362.

61. O incidente de resolução..., cit., in FUX, Luiz (coord.) *O Novo Processo Civil Brasileiro...*, cit., 2011, p. 472.

entrou em vigor em 30.07.2010) que estendeu a vigência da KapMug para 31.10.2012".[62] Acerca dessa previsão temporal esclarece Aluísio Gonçalves de Castro Mendes: "Por fim, uma nova versão da lei entrou em vigor no dia 01.11.2.012, sofrendo pequena alteração em 04.07.2.013. O texto atual manteve o caráter temporário da KapMug, prevendo expressamente, no seu § 28, a sua derrogação a partir de 01.11.2.020".[63]

É interessante observar que o processo veramente *coletivo*, calcado em técnicas de representação (como a *adequacy of representation*, na *class action* do direito norte-americano) ou a ação civil pública brasileira, a exigir cumulativamente os quesitos da *relevância do interesse metaindividual* e da *representação adequada do portador judicial* (cf. Lei 7.347/1985, arts. 1º e 5º; Lei 8.078/1990, arts. 81 e 82), igualmente vêm apresentando problemas na experiência forense, ora em decorrência de incompreensões conceituais, ora por deficiências na implementação prática do direito reconhecido, ora, enfim, pela frustrante constatação de que seu ajuizamento não tem desestimulado - ao menos na dimensão que se esperava - o afluxo de demandas individuais adjacentes ao *thema decidendum*. Numa palavra, a judicialização do macroconflito não tem, significativamente, tolhido sua fragmentação em multifárias demandas individuais.

Sobre este último aspecto, observa Daniel de Andrade Levy: "O problema mais comum enfrentado pelos ordenamentos jurídicos que adotam mecanismos de reunião de demandas individuais é a coexistência paralela da ação coletiva e de ações individuais não englobadas no grupo. O surgimento dessas duas frontes acaba por anular os benefícios do incidente de coletivização ao expor o réu, novamente, a um número indeterminado de autores. Quanto aos indivíduos que já estão no grupo, uma demanda impede que haja um controle da estratégia do grupo formado. Em oposição, aparece o direito fundamental - entre nós, constitucional, art. 5º, XXXV, CF/1988 - de submeter seu pleito ao exame do Poder Judiciário, independentemente da formação de um grupo".[64]

Focando a delicada questão do *trâmite em paralelo* de ação coletiva com demandas individuais tangenciando um mesmo bem jurídico, escrevemos,

---

62. Efetividade, segurança, massificação e a proposta de um 'incidente de resolução de demandas repetitivas'. *Revista de Processo* nº 196, jun./2011, p. 258,-259.V. infra, nota nº 259.
63. *Incidente de resolução...*, 2.017., cit., p. 35.
64. O incidente de resolução..., *RePro* nº 196, jun./2011, p. 194.

em outra sede, que em casos de "flagrante discrepância entre as respostas judiciárias sobre um mesmo tema, impende evitar *o mal maior*, que seria o desbordamento da contradição entre coisas julgadas, do plano lógico para o plano prático. Como proposta de trabalho, pode-se pensar no transporte da coisa julgada mais benéfica, para aplicação aos casos porventura julgados de forma diversa, tendo em vista a insustentabilidade de que, num mesmo espaço-tempo, e num mesmo ambiente judiciário, uma coisa possa *ser e não ser* (*v.g.*, uma coisa julgada *coletiva*, mandando ressarcir os danos à saúde causados pelo tabagismo, e outra, *individual*, negando tal ressarcimento): aplicar-se-ia, então, a parêmia *odiosa restringenda, benigna amplianda*".[65]

A parca eficiência do processo coletivo, para o fim específico de coalizar as pretensões individuais em torno de um mesmo bem jurídico, assim prevenindo a atomização da macrolide, não se confina à experiência brasileira com o processo coletivo, mas transparece até mesmo na *class action* norte-americana, como se extrai do estudo de Robert H. Klonoff, sugestivamente nominado "*The decline of Class Actions*",[66] onde o autor faz um diagnóstico das causas que têm concorrido para uma queda na eficiência desse sistema. A seu turno, Rolf Stürner também não expressa uma avaliação animadora sobre as *class actions* norte-americanas: "Outra razão para a cautela da Europa continental em relação às *class actions* e à *private law enforcement* é o histórico medíocre dessa instituição norte-americana. Deve fascinar qualquer observador como os norte-americanos conseguem, no *law marketing*, exitosamente vender produtos de sua cultura jurídica que em seu próprio país funcionam mal ou de maneira pífia, cujos atribuídos efeitos, em última análise, não se operam. *Class actions* duram muito tempo e raramente terminam em sentença, e em mais de 95% dos casos, acabam em acordos que abordam a questão de maneira muito diversa da situação jurídica posta. Por isso, para uma sanção cabal, as ações afiguram-se de aplicação muito restrita. (...) Pode-se quase dizer que as *class actions* preenchem, em parte, a função de um placebo social. Elas se prestam – em linguagem militar – não para um ataque de artilharia, mas como um fuzil com efeito pontual".[67]

---

65. A concomitância de ações coletivas, entre si e em face das ações individuais. In GRINOVER, Ada Pellegrini *et al.*, (coords.). *Processo coletivo – do surgimento à atualidade*, São Paulo: Revista dos Tribunais, 2014, p. 169.
66. Washington University Law Review, vol. 90, *Issue 3 Hodge O'Neal Corporate and Securities Law Symposium*: the future of class actions, 2013.
67. Sobre as reformas recentes..., cit., *Revista de Processo* nº 193, mar./2011, p. 364.

Neste breve escorço acerca das fontes estrangeiras que inspiraram o nosso IRDR vale ainda uma palavra sobre técnica de *agregação de demandas isomórficas*, existente no direito português. Desde logo, vale relembrar que o antigo direito lusitano albergara os *assentos* da Casa de Suplicação, que eram enunciados extraídos da jurisprudência remansosa, os quais, referendados e publicados por ordem do rei, projetavam verdadeira eficácia normativa, solucionando em modo isonômico as controvérsias subsumidas em sua dicção; essa técnica depois foi praticada pelo Supremo Tribunal de Justiça, vindo prevista no art. 768, nº 3 do Código de Processo Civil e no art. 2º do Código Civil. Como se sabe, a normação que respaldava tais assentos foi, depois, declarada inconstitucional, mormente ao argumento de afronta à separação entre os Poderes.[68] Gisele Leite, colacionando a doutrina de Nuno de Lemos Jorge, esclarece que tal sistema de agregação "se assenta em duas premissas principais: aprofundamento do princípio da adequação formal, permitindo que o juiz flexibilize o procedimento para ajustá-lo às peculiaridades do caso concreto e, por outro lado, a possibilidade de praticar atos processuais únicos destinados a produzir efeitos em vários processos. Assim permite-se a realização de atos processuais de forma conjunta, inclusive com a prolação de decisão que vem surtir efeitos para todos os processos reunidos temporariamente".[69]

Outrossim, guarda afinidade com o ideário de tratamento isonômico às demandas afins, mediante a eleição de um caso representativo ou *test claim*, o julgamento de ações repetitivas perante a Corte Europeia de Direitos Humanos: o *pilot-judgment procedure*. Uma primeira aplicação dessa técnica deu-se em 2004 no caso Broniowski *versus* Polonia,[70] no qual se controvertia sobre a compatibilidade entre a lei polonesa e a Convenção Europeia de Direito Humanos, envolvendo direito de propriedade. Andrea Carla Barbosa e Diego Martinez Fervenza Cantoario informam que à época do julgamento, "estimou-se que 80.000 (oitenta mil) pessoas foram afetadas diretamente pelos dispositivos da legislação polonesa, o que poderia dar ensejo a milhares de petições perante a Corte". No julgamento, alcançado com base em mediação, foram estabelecidas, segundo os articulistas,

68. V., ao propósito, José de Oliveira Ascensão: *O direito – introdução e teoria geral*, 2ª ed., Rio de Janeiro: Renovar, 2001, p. 337.

69. Análise do incidente de resolução de demandas repetitivas. Sítio www.ambito-juridico.com.br 15910, acesso em 05.01.2016.

70. The pilot-Judgment Procedure. Information note issued by the Registrar. Disponível em: http://www.coe.int/. Acesso em 15.07.2015.

"condições gerais que visavam tanto a satisfação do indivíduo requerente quanto da coletividade afetada".[71]

5. AS EFICÁCIAS *PANPROCESSUAL* E *EXTRAPROCESSUAL* DA TESE *JURÍDICA FIRMADA* NO IRDR

No lapso temporal da vigência do CPC/1973 (janeiro/1974 - março/2016) dois produtos judiciários otimizados projetaram eficácia equiparada à da norma legal, ou seja, *geral, abstrata, impessoal* e *obrigatória*: os acórdãos de mérito no controle concentrado de constitucionalidade (ADIn, ADCon, ADPF - CF, art. 102, §§ 1º e 2º;) e a súmula vinculante do STF (CF, art. 103-A e §§). Outros elementos jurisprudenciais vocacionados a projetar irradiação *panprocessual* - decisões-quadro do STF e do STJ no julgamento por amostragem de RE's e RESps repetitivos (CPC/1973, arts. 543-B e 543-C); acórdãos em assunção de competência (CPC/1973, § 1º do art. 555); súmulas (simples) do STF e do STJ; jurisprudência dominante nos tribunais – em verdade sempre laboraram no plano da *influência*, vale dizer, com efeito persuasivo, portanto sem caráter impositivo.

Ressalve-se que, como toda regra tem exceção, pode dar-se que um dado produto judiciário, em princípio não preordenado a projetar carga expansiva, venha porventura a irradiar efeito para além do processo onde fora emitido, como, por exemplo, no caso de o relator, no STF, com base no art. 4º, *caput*, da Lei 9.868/1999, descartar liminarmente ADIn ou ADCon "inepta, não fundamentada e a *manifestamente improcedente*", sendo que esta última ocorrência pode fundar-se em anterior pronunciamento do STF no controle incidental: assim ocorreu no descarte liminar da Adin 4.071, relator Min. Menezes Direito, com base no antes decidido nos RE's 377.457 e 381.964, nos quais se reconhecera a *constitititucionalidade* do art. 56 da Lei 9.430/1996. Ao ver de Caio Marcio Gutterres Taranto, trata-se aí de "exemplo apto a demonstrar que um precedente persuasivo pode figurar como paradigma para o indeferimento da petição inicial de ação direta compreendida, a partir da norma judicada, dos processos anteriores, como manifestamente improcedente".[72]

---

71. incidente de resolução..., cit., in FUX, Luiz (coord.), *O Novo Processo Civil Brasileiro...*, cit., 2011, p. 474,-475.

72. *Precedente judicial - autoridade e aplicação na jurisdição constitucional*, Rio de Janeiro: Gen-Forense, 2010, p. 240.

O contexto configurado no período de vigência do CPC/1973 foi se alterando gradualmente, tendência reafirmada em cores fortes com o advento do CPC/2015, como se colhe do ideário anunciado no bojo do item 1º da Exposição de Motivos do anteprojeto, de assestar baterias contra a *dispersão excessiva da jurisprudência*: "(...) haver, indefinidamente, posicionamentos diferentes e incompatíveis, nos Tribunais, a respeito da mesma norma jurídica, leva a que jurisdicionados que estejam em situações idênticas, tenham de submeter-se a regras de conduta diferentes, ditadas por decisões judiciais emanadas de tribunais diversos. Esse fenômeno fragmenta o sistema, gera intranquilidade e, por vezes, verdadeira perplexidade na sociedade. (...) A dispersão excessiva da jurisprudência produz intranquilidade social e descrédito do Poder Judiciário".

Assim é que muitas passagens do CPC/2015 revelam claramente a intenção do legislador de imprimir *força vinculativa* a um rol de produtos judiciários otimizados (art. 927 e incisos), embora acreditados juristas tenham levantado suspeita de que essa carga obrigatória atrita o princípio constitucional da legalidade, ou da reserva legal (art. 5º, *caput* e inciso II), ao argumento de que somente o produto final do Parlamento – a norma legal – pode, num país de *civil law*, parametrizar, impositivamente, condutas comissivas e omissivas, assim no setor público como no privado. Ao propósito, comentam Nery & Nery, à vista do referido art. 927 do CPC: "Portanto, saber que é necessário alterar-se a Constituição para criar-se decisão vinculante todos sabem. Optou-se, aqui, pelo caminho mais fácil, mas inconstitucional".[73]

Sem embargo, impende desde logo ter presente que a própria dicotomia *civil law/common law*, não mais apresenta, de algumas décadas a esta parte, a nitidez e a rigidez de outrora, registrando-se naquela primeira *família* o tendencial prestígio do direito pretoriano, em contraponto ao fortalecimento do direito escrito, na segunda *família*. Assim, dentre tantos autores, Michele Taruffo reconhece uma *opacità* entre aqueles sistemas antes bem delimitados, favorecendo uma "circolazione dei modelli processuali", a qual "aiuta a ridurre il provincialisimo culturale dei giuristi".[74]

Além disso, tomando-se o princípio constitucional da legalidade (ou da reserva legal) sob uma perspectiva atualizada e contextualizada, vale

---

73. *Comentários ao Código de Processo Civil...*, 2015, cit., nota nº 5 ao art. 927, p. 1.837.

74. Dimensioni transculturali dela giustizia civile. *Rivista Trimestrale di Diritto e Procedura Civile*, nº 4, dez./2000, p. 1.075, 1.077.

reconhecer que o primado da norma legal como paradigma dos direitos e obrigações – em seu sentido profícuo e substancial – implica consentir que tal igualdade não pode confinar-se, num senso reducionista, apenas perante a *lei*, mas em face do *Direito como um todo*, isto é: perante o *sistema jurídico* no qual a lei é *um dos elementos*, enquanto forma principal de expressão, a par de outros elementos, complementares, subsidiários, integrativos. Aliás, o reconhecimento da lei como forma *principal* de expressão do Direito, implica, *ipso facto*, admitir-se que ela *não é a única* forma de expressão. O próprio ordenamento admite que sua *completude* é apenas *relativa*, ou *presumida*, donde ele próprio admitir a inevitabilidade das *lacunas da lei*, credenciando elementos para a colmatação desses vazios: analogia, costumes, princípios gerais de direito (*Lei de Introdução às normas do Direito Brasileiro*, redenominação dada pela Lei 12.376/2010 ao Dec. Lei 4.657/1942, art. 4º), a par da autorização para o juiz decidir por *equidade* em certos casos (CPC, § único do art. 140; Lei 9.099/95, art. 6º) e até mesmo o árbitro (Lei 9.307/96, art. 2º, *caput*). Não se vê razão lógica ou jurídica para se excluir desse rol a *jurisprudência*, mormente em suas modalidades otimizadas – dominante, pacífica, sumulada – ante o seu notório e indispensável contributo para o aclaramento do vero conteúdo (extensão-compreensão) das normas, e para o precípuo cumprimento da missão paradigmática dos tribunais.

Afinal, se é verdade que todos estão sob o império da lei, não é menos verdade que o sentido precípuo e definitivo da lei provém da interpretação judicial, como, superlativamente, o faz o STJ no âmbito do recurso especial pela alínea *c* do art. 105, III, da CF, a saber: quando o acórdão recorrido "der à lei federal *interpretação divergente* da que lhe haja atribuído outro tribunal". Esse ambiente de *integração e complementaridade* entre o Parlamento, que produz a lei, e o Judiciário, que a interpreta, é que confere o desejável *sentido unitário* ao Direito.

Antonio do Passo Cabral reconhece uma tendencial e crescente potencialização da eficácia do direito pretoriano: "Nesse cenário, e diante de tantas inserções legislativas com o intuito de aumentar a vinculatividade da jurisprudência, vários autores passaram a constatar um acréscimo de força dos precedentes judiciários no sistema processual brasileiro. Ainda que se adote a teoria dualista do ordenamento, com a consequente natureza declaratória da decisão judicial, passamos a admitir que a jurisprudência consolidada condiciona comportamentos, gerando padrões de conduta estáveis. Com efeito, em se tornando cristalizado, estável, o entendimento sólido dos tribunais a respeito de um tema é um relevante dado do tráfego jurídico, e utilizado frequentemente para tomada de conduta individual. É que muitos atos decisórios – sobretudo dos Tribunais Superiores e especialmente aqueles que têm função uniformizadora (...) – assumem uma capacidade de generalização e irradiação que outras decisões não possuem, sinalizando padrões de comportamento para uma grande quantidade de casos similares. Trata-se de um relevante aspecto da segurança jurídica, normalmente referido como a *calculabilidade* do resultado normativo de uma conduta humana, que fornece aos indivíduos 'segurança de orientação'".[75]

Para que as premissas da *preponderância da lei* e da *igualdade de todos* perante ela, operem em modo consistente, harmônico e efetivo (e não apenas retórico ou principiológico) impende que tal impositividade e isonomia não se restrinjam à norma enquanto posta *abstratamente* no ordenamento, mas *também* remanesça quando a norma vem a ter sua *passagem judiciária*, porque, do contrário, se ao ser aplicada num processo judicial ela vem consentir as mais diversas inteligências – até mesmo antagônicas – sem alcançar um estágio de *unidade exegética*, então o que se tem é a formação de um ambiente errático e paradoxal, propício a situações de injustiça, que induzem perplexidade e desorientação aos jurisdicionados, a par de desacreditar a função judicial do Estado, implicando em desprestígio aos seus agentes. Numa palavra, o tratamento isonômico deve ser assegurado assim perante a norma *legislada* como em face da norma *judicada*.

Nesse sentido, Caio Marcio Gutterres Taranto afirma que "(...) uma norma judicada assume a função de confirmar, declarar, aditar, substituir, criar, revogar e distinguir, seja em relação a outra norma judicada já editada, seja em relação a ato legislativo. Quando um precedente confirma a orientação de outro precedente, consagram-se os princípios da isonomia e da segurança, pois se atribui a mesma resposta jurisdicional a jurisdicionados na mesma situação jurídica. A prestação jurisdicional torna-se, pois, coerente, estável e previsível, reproduzindo-se, adequando-se e se inovando o direito vivo".[76]

Tanto é fundamental o quesito da *previsibilidade* no ambiente jurídico em geral e na *praxis* forense em especial, que, em contemplação a valores transcendentes, tais a segurança jurídica, a proteção da confiança e o direito

---

75. técnica do julgamento – alerta na mudança de jurisprudência consolidada. *Revista de Processo* nº 221, jul./2013, p. 15, 16.

76. *Precedente judicial...*, 2010, cit., p. 101.

à não-surpresa, o CPC estabelece que, em caso de alteração da jurisprudência dominante do STF, dos tribunais superiores ou daquela oriunda de julgamento de casos repetitivos (expressão que inclui o IRDR: art. 928, I), "pode haver modulação dos efeitos da alteração no interesse social e no da segurança jurídica" (§ 3º do art. 927), assim como a modificação de súmula, de jurisprudência pacificada ou de tese adotada no julgamento de casos repetitivos, deve observar "a fundamentação adequada e específica, considerando os princípios da segurança jurídica, da proteção da confiança e da isonomia" (§ 4º do art. 927). Isso porque os padrões decisórios, uma vez estabelecidos, preordenam-se à estabilidade (*stare decisis et non quieta movere*), de sorte que sua alteração deve ser vista sob registro excepcional, como tal reclamando a devida e consistente fundamentação.

O sentido contemporâneo, profícuo e substancial da "igualdade de todos perante a lei", veio, claramente afirmada pelo STJ, ao proceder uma releitura do art. 485, V, do CPC/73 (ação rescisória por violação a "literal disposição de lei"), à vista da súmula STF 343 ("Não cabe ação rescisória por ofensa à literal disposição de lei, quando a decisão rescindenda se tiver baseado em texto legal de interpretação controvertida nos tribunais"), tendo a Corte acolhido tal ação desconstitutiva num caso em que decisão guerreada se afastara de orientação jurisprudencial assentada sobre texto *constitucional*, como se colhe da ementa do acórdão no REsp 479.909, *DJ* 23.08.2004, rel. Min. Teori Zavascki: "(...) 5. Esta, portanto, a orientação a ser seguida nos casos de ação rescisória fundada no art. 485, V, do CPC: em se tratando de norma infraconstitucional, não se considera existente 'violação à literal disposição de lei" e, portanto, não se admite ação rescisória, quando a decisão rescindenda se tiver baseado em texto legal de interpretação controvertida nos tribunais (Súmula n. 343). Todavia, esse enunciado não se aplica quando se trata de texto constitucional. (...) 7. Assim sendo, concorre decisivamente para um tratamento diferenciado do que seja literal violação a existência de precedente do STF, guardião da Constituição. Ele é que justifica nas ações rescisórias a substituição do parâmetro negativo da Súmula n. 343 por um parâmetro positivo segundo o qual há violação à Constituição na sentença que, em matéria constitucional, é contrária a pronunciamento do STF 8. Recurso especial provido".

Registre-se, neste passo, ser significativo que o vigente CPC tenha alterado a expressão "violar literal disposição de lei" (CPC/73, art. 485, V) para "violar manifestamente norma jurídica" (art. 966, V), em se considerando que a *norma* tem um sentido mais abrangente do que a *lei*, já que aquela primeira expressão remete ao ordenamento jurídico como um todo, o qual inclui, além da forma de expressão principal – a lei – ainda os princípios e outros subsídios, tais os meios de integração, necessários à colmatação dos vazios da legislação: costumes, equidade, analogia, regras de experiência comum. Ao propósito, José Miguel Garcia Medina, analisando o inciso V do art. 966 do vigente CPC, esclarece que "a jurisprudência do STJ e do STF sempre foi no sentido de que não é toda e qualquer violação à lei que pode comprometer a coisa julgada, dando ensejo à ação rescisória, mas apenas aquela especialmente qualificada".[77]

No caso da antes referida súmula 343 do STF, justifica-se tal enunciado, em se considerando que ele é o "guarda da Constituição" (CF, art. 102, *caput*), e, portanto, o intérprete máximo do *sentido* das normas constitucionais, donde se extrai a conclusão de que refugiria a toda racionalidade pretender-se que sua final intelecção a respeito se oferecesse às demais instâncias judiciárias em modo de uma singela *proposição*, sem caráter impositivo, em desprestígio à Corte Suprema e em detrimento da função paradigmática de suas decisões.

Focando a *força geral, obrigatória e impessoal da lei* e a *igualdade* de todos perante ela (CF, art. 5º, *caput* e inciso II), Teresa Arruda Alvim Wambier observa: "De fato, de nada adiantaria a existência de comando constitucional dirigido ao legislador, *se o Poder Judiciário não tivesse, a seu turno, que seguir idêntica orientação. Se o Poder Judiciário pudesse decidir, com base na mesma lei, no mesmo momento histórico (ou seja, sem que fatores históricos possam influir no sentido que se deva dar à lei) em face de idênticos casos concretos*, de modos diferentes, ambos os princípios estariam comprometidos".[78]

É com base nesse ideário que o CPC, em vários dispositivos, respaldados na principiologia exposta na Exposição de Motivos do anteprojeto, recepciona a eficácia impositiva do acórdão em IRDR, em perspectiva horizontal e vertical, em face de processos pendentes e futuros, como se colhe da pontuação a seguir:

(*i*) *tutela da evidência*: tal resposta jurisdicional – que não é atrelada a histórico de *periculum in mora*, como se passa no âmbito cautelar

77. *Novo Código de Processo Civil...*, 5. ed., 2.017, cit., nota XVIII ao art. 966, p. 1.407.

78. Súmula vinculante: desastre ou solução? *Revista de Processo* nº 98, abr./jun. 2000, p. 299.

– pode ser concedida, dentre outras circunstâncias, quando "as alegações de fato puderem ser comprovadas apenas documentalmente e houver *tese firmada em julgamento de casos repetitivos* (...)" (art. 311 e inc. II), nomenclatura essa que abrange o IRDR, cf. art. 928, I;

(*ii*) *desprovimento liminar*, pelo relator (art. 932, IV) de "recurso que for *contrário* a: "*c*) entendimento firmado em incidente de resolução de demandas repetitivas (...)";

(*iii*) *provimento pelo relator*, após as contrarrazões (art. 932, V), de "recurso se a decisão recorrida for contrária a: (...) *c*) entendimento firmado em incidente de resolução de demandas repetitivas (...)";

(*iv*) *observância obrigatória (art. 927)* dos "(...) III – acórdãos em incidente de (...) resolução de demandas repetitivas (...)";

(*v*) *reclamação* contra decisão judicial contrária à tese jurídica firmada em IRDR (inciso IV do art. 988, redação do inciso cf. Lei 13.256/2016, c/c § 1º do art. 985);

(*vi*) *dispensa da remessa necessária* (art. 496) de sentença fundada em (§ 4º): "(...) III – entendimento firmado em incidente de resolução de demandas repetitivas (...)";

(*vii*) *dispensa de caução*, na execução provisória (art. 521), quando a sentença "(...) IV – estiver em consonância com (...) acórdão proferido no julgamento de casos repetitivos", expressão que engloba o IRDR, cf. art. 928, I;

(*viii*) *modulação dos efeitos da decisão*, no interesse social e da segurança jurídica, na "hipótese de alteração de jurisprudência (...) oriunda de julgamento de casos repetitivos (...)" (§ 4º do art. 927, c/c art. 928, I e art. 986);

(*ix*) *presunção de repercussão geral* do RE interposto contra acórdão proferido no IRDR (§ 1º do art. 987);

(*x*) *improcedência liminar* do pedido (art. 332) quando "contrariar (...) III – entendimento firmado em incidente de resolução de demandas repetitivas (...)";

(*xi*) *embargos de declaração, para tal* considerando-se (art. 1.022, § único) "omissa a decisão que: I – deixar de se manifestar sobre tese firmada em julgamento de casos repetitivos (...)", expressão que abrange o IRDR, cf. art. 928, I;

(*xii*) *eficácia panprocessual* (contemporânea e futura) e projeção territorial expandida (estadual, regional ou nacional) do acordão de mérito do STF ou do STJ no julgamento do RE ou do REsp tirados de acórdão prolatado por TJ ou TRF em incidente de resolução de demandas repetitivas (art. 985 e incisos; § 2º do art. 987; § 3º do art. 982; § 4º do art. 1.029);

(*xiii*) *eficácia extraprocessual* do acórdão em IRDR, relativamente à Administração Pública, em decorrência da comunicação "ao órgão, ao ente ou à agência reguladora competente para fiscalização da efetiva aplicação, por parte dos entes sujeitos a regulação, da tese adotada" (§ 2º do art. 985);

(*xiv*) *exclusão, preferencial, da "ordem cronológica de conclusão para proferir sentença ou acórdão"* (art. 12, *caput*, redação da Lei 13.256/2016), quando se trate (§ 2º) do "(...) III – julgamento (...) de incidente de resolução de demandas repetitivas";

(*xv*) *suspensão do processo* (art. 313) "(...) IV – pela admissão de incidente de resolução de demandas repetitivas".

A esse expressivo rol, bastante a evidenciar a eficácia *panprocessual* – horizontal e vertical – e até *extraprocessual* do acordão em IRDR, cabe acrescer o tópico objeto do Enunciado nº 20, aprovado no Seminário "O Poder Judiciário e o novo Código de Processo Civil", na Escola Nacional de Formação e Aperfeiçoamento de Magistrados – ENFAM: "O pedido fundado em tese aprovada em IRDR *deverá ser julgado procedente*, respeitados o contraditório e a ampla defesa, salvo se for o caso de distinção ou se houver superação do entendimento pelo tribunal competente".[79]

A ampla irradiação da eficácia do acórdão em IRDR, como deflui do elenco antes exposto, parece bastar para deixar estreme de dúvida de que ele se projeta em modo *vinculante*, horizontal e verticalmente, assim em face dos processos pendentes como dos futuros, nos quais venha suscitada a *questão de direito* que constituiu objeto desse poderoso instrumento de uniformização da jurisprudência (ou, se se quiser, de prevenção/superação da dispersão jurisprudencial excessiva).

A *tese jurídica* assentada ao final do rito do IRDR no tribunal não é mera criação jurisprudencial, em modo de uma geração espontânea, mas

79. Evento realizado em Brasília, de 26 a 28.08.2015.

antes expressa o *sentido da própria norma de regência* que regula a questão de direito suscitada nesse procedimento. Nesse sentido, não há excesso em dizer que tal resposta jurisdicional é como se fora a própria lei, agora em sua passagem judiciária, como tal submetida à devida exegese pela instância estatal competente, e, portanto, não se vislumbra ofensa ao principio da legalidade nem tampouco à separação entre os Poderes. Nesse sentido, o pensamento de Aluísio Gonçalves de Castro Mendes: "O efeito vinculativo previsto no Código de Processo Civil em relação ao Incidente de Resolução de Demandas Repetitivas é dotado de constitucionalidde porque não viola qualquer norma expressa prevista na Carta Magna, encontra-se em sintonia com a nova concepção de jurisdição e é consentâneo com o principios constitucionais e com as funções previstas para os tribunais (...)". [80]

E, quanto ao efeito *prospectivo*, projetado pelo acórdão que fixou a tese paradigmática acerca da questão de direito objeto do IRDR, observam Eduardo Cambi e Mateus Vargas Fogaça: "Aliás, não teria sentido que a decisão do incidente valesse, tão somente, para os casos já instaurados, já que se isto acontecesse a toda nova ação ajuizada o tribunal teria que voltar a se manifestar, o que causaria enorme desperdício de tempo e energia, comprometendo a duração razoável do processo e a eficiência da prestação jurisdicional". Já no tocante à impositividade da tese firmada sobre a questão jurídica veiculada no IRDR, averbam os articulistas: "É intuitivo que toda a construção legislativa do incidente de resolução de demandas repetitivas de nada serviria caso não fosse assegurada a observância da tese jurídica definida por intermédio de seu julgamento".[81]

6. A AFIRMADA INFLUÊNCIA DO *MUSTERVERFAHREN* ALEMÃO NO IDEÁRIO E CONFIGURAÇÃO PROCESSUAL DO IRDR

A Exposição de Motivos do anteprojeto do novo CPC é expressa ao reconhecer a positivação de medidas voltadas a finalidades coalizadas em torno do ideário de racionalizar e imprimir eficiência à prestação jurisdicional: coartar a dispersão excessiva da jurisprudência; otimizar o trabalho nos tribunais; proporcionar tratamento isonômico aos jurisdicionados; concretizar a segurança jurídica.

---

80. *Incidente de resolução...*, 2.017, cit., p. 269, conclusão nº 89.

81. Incidente de resolução de demandas repetitivas..., cit., *Revista de Processo* nº 211, set./2012, p. 355, 357.

Assim é que nesse texto introdutório se colhem estes excertos: "Criaram-se figuras, no novo CPC, para evitar a dispersão excessiva da jurisprudência. (...) Dentre esses instrumentos está a complementação e o reforço da eficiência do regime de julgamento de recursos repetitivos, que agora abrange a possibilidade de suspensão do procedimento das demais ações, tanto no juízo de primeiro grau, quanto dos demais recursos extraordinários ou especiais, que estejam tramitando nos tribunais superiores, aguardando julgamento, desatreladamente dos afetados. Com os mesmos objetivos, criou-se, com inspiração no direito alemão, o já referido Incidente de Resolução de Demandas Repetitivas, que consiste na identificação de processos que contenham a mesma questão de direito, que estejam ainda no primeiro grau de jurisdição, para decisão conjunta. O incidente de resolução de demandas repetitivas é admissível quando identificada, em primeiro grau, controvérsia com potencial de gerar multiplicação expressiva de demandas e o correlato risco da coexistência de decisões conflitantes". Em nota de rodapé nº 19 se acrescentava: "No direito alemão a figura se chama *Musterverfahren* e gera decisão que serve de modelo (= *Muster*) para a resolução de uma quantidade expressiva de processos em que as partes estejam na mesma situação, não se tratando necessariamente, do mesmo autor nem do mesmo réu".

A primeira consideração a ser feita é que a experiência alemã tem se mostrado refratária ao manejo processual coletivo de demandas seriais, como afirma Marcos de Araújo Cavalcanti: "A cultura jurídica alemã dificilmente simpatiza com a ideia de progresso social via ações coletivas e de massa. O direito processual civil alemão tem preferência natural pela resolução de processos bilaterais, que digam respeito somente a duas partes. Evita-se, assim, vinculação com outras demandas que possam sobrecarregar ou dificultar a resolução do conflito bilateral. A celeridade da justiça alemã na resolução de processos individuais é, talvez, a razão para a formação bilateral do direito processual alemão".[82]

Verdade que leis sobre temas específicos – concorrência desleal; ações inibitórias em matéria consumerista; cláusulas gerais de contratos; limitações da concorrência e de formação de cartéis – [83] têm credenciado associações

82. Mecanismos de resolução..., cit., *RePro* nº 238, dez./2014, p. 336.

83. V., ao propósito, Aluísio Gonçalves de Castro Mendes, Ações coletivas e meios de resolução coletiva de conflitos no direito comparado. In MARINONI, Luiz Guilherme; BEDAQUE, José Roberto dos Santos (coords.), *Coleção temas atuais de direito processual civil*, 3. ed., São Paulo: Ed. RT, 2012, vol. 4, p. 112.

a proporem ações de natureza coletiva (*Verbandsklage*), a par das chamadas ações de grupo (*Gruppenklage*), estas últimas mais afeiçoadas a uma sorte de litisconsórcio facultativo, quando presentes questões comuns de fato e de direito. Todavia, a doutrina registra que, de um lado, essas práticas não têm desestimulado a propositura massiva de demandas individuais isomórficas (em boa medida porque as *Verbandsklage* não se prestam ao ressarcimento dos prejuízos individuais), e, de outro lado, pelo entendimento de que as *Gruppenklage* não são adequadas aos litígios de largo espectro, tais os que envolvem acidentes aéreos, ou desastres ambientais. Por um e outro desses motivos, afirma Marcos de Araújo Cavalcanti: "a tutela jurisdicional coletiva, também na Alemanha, vem sendo, constantemente, objeto de críticas pela doutrina". [84]

Em linhas gerais, no *Musterverfahren* (procedimento- modelo, em tradução livre) o Tribunal é instado a afetar um proceso-piloto, como representativo de um certo núcleo de questões de fato e de direito, replicadas em muitos processos, buscando-se ao fim e ao cabo, que a estes seja estendida, oportunamente, a decisão firmada no processo-piloto. Na síntese de Luiz Guilherme Marinoni *et al.*, uma vez instaurado o incidente, com a afetação do caso-piloto, "realiza-se uma cisão no julgamento da causa, de modo a destacar a(s) questão(ões) comum(ns) a várias demandas individuais, deixando-as para apreciação conjunta. As questões comuns serão julgadas por um tribunal de segundo grau (atuando como instância originária) e, depois, disso, cada processo será apreciado por seu juízo natural, aplicando a solução da questão comum".[85] (Observe-se que o nosso IRDR também promove uma *cisão de competência*, porque, apesar do nome do instituto, ele não se destina, *de per si*, a "resolver demandas", e sim a fixar uma *tese jurídica*, no tribunal, a ser, depois, aplicada às ações sobrestadas em primeiro grau, na quais aquela *quaestio iuris* aparece replicada – art. 985 e incisos.

Nota-se alguma semelhança entre o ideário inspirador do *Musterverfahren*, e aquele perseguido em algumas técnicas e expedientes já positivadas dentre nós: ***(i)*** julgamento *em bloco, por amostragem*, de RE's e RESp's repetitivos (CPC, art. 1.036 e § 1º; art. 1.039 e parágrafo único); ***(ii)*** suspensão de liminares, "para evitar grave lesão à ordem, à saúde, à segurança e à economia públicas" – Lei 8.437/1992, art. 4º, *caput*; ***(iii)*** pedido de uniformização de interpretação da lei federal no

---

84. Mecanismos de resolução..., cit., *Revista de Processo* nº 238, dez./2014, p. 339.
85. *Novo Curso de Processo Civil*, vol. 2, 2015, cit., p. 577.

âmbito dos Juizados Especiais - Lei 10.259/2001, art. 14 e § 4º; (*iv*) avaliação, pelo STF, da repercussão geral da questão constitucional - CF, § 3º do art. 102; CPC, art. 1.035 e § 1º; § único do art. 1.039; (*v*) julgamento antecipadíssimo do mérito de demandas isomórficas, com base em precedente do Juízo (CPC/1973, art. 285-A); (*vi*) improcedência liminar do pedido que se revela contrário a certos produtos judiciários otimizados (CPC, art. 332 e incisos); (*vii*) competencia do tribunal *a quo*, nos termos do art. 1.030 do CPC para: "I - *negar seguimento*: (...) *b*) a recurso extraordinário ou a recurso especial interposto contra *acórdão que esteja em conformidade* com entendimento do Supremo Tribunal Federal ou do Superior Tribunal de Justiça, respectivamente, exarado no regime de *julgamento de recursos repetitivos*" (*caput* com redação e inciso e alínea cf. Lei 13.256/2.016); (***viii***) competência do relator, nos tribunais, para, em decisão agravável, prover ou desprover recurso a partir do contraste com certos padrões decisórios impositivos (CPC, art. 932, IV e alíneas; V e alíneas).

Registre-se que desde o anteprojeto do novo CPC já se cogitava de um instituto análogo ao referido modelo alemão, conforme noticiavam o Min. Luiz Fux *et al.*, integrantes da Comissão de Juristas constituída pelo Ato do Presidente do Senado nº 379/2009: "(...) criou-se, com inspiração no direito alemão, o já referido incidente de resolução de demandas repetitivas, que consiste na identificação de processos que contenham a mesma questão de direito, que estejam ainda no primeiro grau de jurisdição, para decisão conjunta".[86]

O *Musterverfahren* remonta a 1991, tendo surgido em paralelo à *Verbandklage*, inicialmente pensado como um instrumento voltado a uma resolução racional e padronizada de conflitos massificados. Um forte impulso para seu desenvolvimento adveio em 2005, quando a Lei de Introdução do Procedimento-Modelo para os Investidores em Mercado de capitais (*KapMuG*) credenciou aquele instrumento para a resolução otimizada e isonômica de tal gênero de controvérsia, tendo sido emblemático, à época, a eclosão do chamado "Caso Telekom", envolvendo a Bolsa de Valores de Frankfurt. Certo ainda que, entre 2001 e 2003, mais de 13 mil ações de investidores lesados foram propostas em primeiro grau (*Landesgericht*). Alertado pela lentidão no deslinde dessa pletora de processos, o Tribunal Constitucional (*BVerfG*) excogitou a estruturação do *Musterverfahren*.

86. Anteprojeto de novo Código de Processo Civil: www.senado.gov.br, acesso em 10.06.2015.

É importante a particularidade de que a *KapMuG* (2005), antes referida, fora inicialmente concebida para uma vigência temporária (inicialmente, até 01.11.2010 e depois até 31.10.2012), com vistas a possibilitar uma avaliação de seu desempenho na resolução das demandas massivas e replicadas. Posteriormente, como informa Marcos de Araújo Cavalcanti, "em 01.11.2012 entrou em vigor a nova Kapmug, prorrogando por mais oito anos, ou seja, até 01.11.2020, o instituto do *Musterverfahren* no âmbito das controvérsias do mercado de capitais". Ainda segundo o articulista, ampliou-se o plexo de matérias que poderiam passar por dito procedimento, passando a abranger a atividade bancária e de investimentos, além da previdência social. Citado procedimento passou a ser regrado por um plexo normativo: (*i*) § 114ª da Lei dos Tribunais Sociais (SGG). (*ii*) art. 93ª do Código de Justiça Administrativa (VwGO); (*iii*) nova Lei de Introdução do Procedimento-Modelo para os Investidores em Mercado de Capitais (*KapMuG*). [87]

No contraponto que ora se vai traçando entre o *Musterverfahren* e o IRDR instituído pelo CPC/2015, cabe ainda destacar: (***i***) o instituto alemão abrange questões *de fato e de direito*, diversamente do IRDR, restrito às demandas repetitivas que "contenham controvérsia sobre a mesma questão *unicamente de direito*" – inciso I do art. 976; (***ii***) o juízo de admissibilidade do modelo alemão, instaurado por provocação da parte interessada, é, após o contraditório, feito pelo juízo de primeiro grau em decisão irrecorrível, ao passo que o juízo de admissibilidade do IRDR cabe, no tribunal, ao "órgão indicado pelo regimento interno dentre aqueles responsáveis pela uniformização de jurisprudência do tribunal" – art. 978, *caput*; (***iii***) a deflagração do *Musterverfahren* deve ser inadmitida quando presentes quaisquer destas circunstâncias: "um processo semelhante já estiver próximo de ser julgado";[88] inconsistência dos argumentos apresentados para a instauração do dito instrumento; inadequação do meio de prova indicado; intuito protelatório na instauração pretendida; já o IRDR deve ser inadmitido na ausência dos pressupostos indicados nos incisos do art. 976, e, também, na pendência, perante o STF ou o STJ de recurso já afetado como representativo em casos repetitivos (§ 4º do art. 976); (***iv***) o IRDR tanto pode iniciar-se, (*a*) *de ofício*, pelo juiz em primeiro grau, e, no tribunal, pelo relator, ou, (*b*) *por petição* de qualquer das partes, do Ministério Público ou da Defensoria Pública

87. Mecanismos de resolução..., cit., *Revista de Processo* nº 238, dez./2014, p. 345, *passim*.
88. Cf. Marcos de Araújo Cavalcanti: Mecanismos de resolução..., cit., *Revista de Processo* nº 238, dez./2014, p. 349.

(art. 977 e incisos), ficando em qualquer caso a admissibilidade e o julgamento do incidente afetados ao órgão fracionário indicado regimentalmente (art. 978, *caput*, c/c art. 981), que, inclusive, julgará "o recurso, a remessa necessária ou o processo de competência originária de onde se originou o incidente" (CPC, § único do art. 978); (*v*) no modelo alemão, a lei determina que o juiz de primeiro grau aguarde por seis meses a apresentação de pelo menos dez requerimentos de instauração do procedimento-modelo sobre um mesmo tema, após o que poderá admiti-lo (*Vorlagebeschluss*), seguindo-se a publicação de um cadastro com os dados relevantes a respeito da controvérsia de massa (*Klageregister*), acarretando *ipso facto* a suspensão dos processos concernentes ao tema (*Unterbrechung des Verfahrens*); tal decisão de admissão – irrecorrível – deflagra a competência do tribunal (*Oberlandesgericht* – OLG). Com isso, ficam igualmente suspensos os demais *Musterverfahren* sobre o mesmo assunto (*Aussetzungsbeschluss*) [89], ao passo que, dentre nós, a suspensão dos processos concernentes ao tema *sub judice* se dá por determinação do relator (CPC, art. 982, I, c/c art. 313, IV). No tocante ao cadastro, também o nosso IRDR, uma vez admitido no tribunal, deve ser objeto da "mais ampla e específica divulgação e publicidade, por meio de registro eletrônico no Conselho Nacional de Justiça", certo ainda que dito registro eletrônico "conterá, no mínimo, os fundamentos determinantes da decisão e os dispositivos normativos a ela relacionados" (art. 979 e § 2º); (***vi***) o modelo alemão prevê uma sorte de *opt out* para o autor individual que pretende excluir-se aos efeitos da decisão no *Musterverfahren*, desde que o faça em um mês contado da decisão admissional desse incidente; tal alvitre não é previsto no IRDR, cujo julgamento, aliás, se aplica, indistintamente, "a todos os processos individuais ou coletivos que versem sobre idêntica questão de direito (...)" e até mesmo "aos casos futuros" (incisos do art. 985).

Verdade que o CPC não foi claro no tocante à questão de saber se um dado processo, no universo das demandas replicadas, já precisaria estar em trâmite no tribunal, para que operasse como *incubador* do IRDR, hipótese essa que pareceria respaldada pelo parágrafo único do art. 978, ao dizer que o "órgão colegiado incumbido de julgar o incidente e de fixar a tese jurídica julgará igualmente o recurso, a remessa necessária ou o processo

89. De modo geral, sobre esses pressupostos de admissibilidade do *Musterverfahren*, v. Marcos de Araújo Cavalcanti: Mecanismo de resolução..., cit., *Revista de Processo* nº 238, dez./2014, cit., p. 349 e s.

de competência originária de onde se originou o incidente", sugerindo, *à primeira vista*, que uma causa, envolvendo uma dada *quaestio iuris* com aptidão para reproduzir-se em muitos processos, já precisaria estar em trâmite no tribunal.

Todavia, a interpretação sistemática, em simetria com a racionalidade e a praticidade esperadas do citado incidente, induz exegese diversa: o § único do art. 978, em verdade, busca tornar *prevento* o órgão fracionário que julgou o IRDR, por modo a garantir que àquele órgão venham depois encaminhados o recurso, a remessa necessária ou a causa de competência originária derivados daquele processo-raiz, exegese que parece respaldada pela *ratio* contida no §o único do art. 930 do CPC/2015: "O primeiro recurso protocolado no tribunal tornará prevento o relator para eventual recurso subsequente interposto no mesmo processo ou em processo conexo". Afinal, como acertadamente argumentam Luiz Guilherme Marinoni *et al.*, "seria um disparate imaginar que, só depois que a questão já estivesse submetida à análise do tribunal –e, portanto, que tivesse tramitado longamente em 1º grau – é que o incidente poderia ser instaurado".[90]

Esse, de resto, o entendimento alcançado no Seminário "O Poder Judiciário e o novo Código de Processo Civil", realizado em 2015 sob os auspícios da Escola Nacional de Formação e Aperfeiçoamento de Magistrados – Enfam, assentado no Enunciado nº 22: "A instauração do IRDR não pressupõe a existência de processo pendente no respectivo tribunal". Esse enunciado se completa com a afirmação de Aluísio Gonçalves de Castro Mendes: "Embora se preveja expressamente apenas ao relator a legitimidade para a provocação do Incidente de Resolução de Demandas Repetitivas, a melhor interpretação é no sentido de que qualquer integrante do colegiado poderá efetuar a provocação durante o processamento ou julgamento de causas em que estejam presentes os pressupostos para a instauração do incidente".[91]

Vale ainda destacar que, no modelo alemão, o tribunal designa o autor-principal (*Musterkläger*) e o réu-principal (*Musterbeklagten*), desenho que se mantem na instância recursal (*Musterrechtsbeschwerdeführer* – recorrente principal; *Musterrechtsbeschwerdegegner* – recorrido principal) e ainda as partes interessadas (*Beigeladenen*), a saber, os integrantes das demandas individuais repetitivas. Já o IRDR não prevê tal configuração

90. *O novo processo civil*, cit., 2015, p. 568.

91. *Incidente de resolução...*, cit., 2.017, p. 263, conclusão nº 57.

de representante/acompanhante/portador judicial (o *ideological plaintiff* das *class actions* norte-americanas), mas apenas credencia os legitimados ativos à instauração do incidente – *partes*, na ação individual com aptidão para ser replicada; M.P.; Defensoria; juiz; relator (art. 977 e incisos) – podendo, além disso, ocorrer uma pluralização do debate, com a ampliação do contraditório, se, a juízo do relator, forem admitidos *amici curiae* e outros interessados, inclusive em audiência pública (art. 983 e § 1º), valendo lembrar que o *amicus curiae* é legitimado a recorrer da decisão que julga o IRDR – § 3º do art. 138.

No modelo alemão, ultimados os trâmites no tribunal, será proferida a decisão-modelo (*Musterentscheid*), que irá parametrizar o julgamento de todas as demais demandas individuais repetitivas até então sobrestadas, afirmando Marcos de Araújo Cavalcanti: "Nos termos do *KapMug*, a decisão-modelo, proferida pelo OLG no julgamento do mérito do incidente coletivo, tem efeito vinculante (*Bindungswirkung*) para os juízes de origem nos quais tramitam os processos individuais suspensos. Portanto, deve ser aplicada aos processos em tramitação no juízo de origem, independentemente de os litigantes dos processos individuais terem requerido a instauração ou atuado, como partes-intervenientes, no *Musterverfahren*. (...) Portanto, a decisão de mérito do incidente coletivo, independentemente do resultado, emanará efeitos vinculantes para todas as partes do procedimento-modelo, ou seja, o autor-principal, o réu-principal e as partes-interessadas, ainda que não tenham participado ou se manifestado sobre todos os pontos da questão deduzida no incidente coletivo".[92]

Análoga eficácia *panprocessual* projeta o acórdão em IRDR, e em dimensão até mais expandida, já que a expressiva irradiação dos efeitos do acórdão aí proferido (art. 985 e incisos) poderá estender-se a todo o território nacional, em sucedendo intervenção do STF ou do STJ por força de interposição de RE ou de REsp (§ 2º do art. 987), valendo desde logo ter presente que o acórdão em IRDR *deve ser observado* por todos os "juízes e tribunais" (art. 927, III), sob pena de dar ensejo à *reclamação* (art. 988, IV, redação do inciso cf. Lei 13.256/2.016, e § 4º; § 1º do art 985). Embora no art. 927 e incisos não tenha o legislador empregado os termos *vinculante* ou *obrigatório*, a interpretação sistemática, iluminada pelo ideário revelado na Exposição de Motivos, legitima inferir a eficácia *impositiva* dos produtos

92. Mecanismos de resolução de demandas..., cit., *RePro* nº 238, dez./2014, p. 358-359.

judiciários otimizados, relacionados nos incisos do art. 927, inclusive o acórdão em IRDR (inciso III).

Ao propósito da impositividade no cumprimento dos precedentes, Teresa Arruda Alvim Wambier *et al.* distinguem três níveis de obrigatoriedade – *forte, média* e *fraca* – caracterizando-se a primeira delas no fato de que, "se não respeitada cabe, para correção da decisão que a desrespeitou, um remédio especificamente concebido com esta finalidade". [no caso do IRDR, a *reclamação*: § 1º do art. 985, c/c inciso IV do art. 988, redação do inciso cf. Lei 13.256/2016]. Adiante, afirmam os autores: "Os incisos III e IV [do art. 927] trazem hipóteses também da *obrigatoriedade* no sentido *forte* – são os acórdãos proferidos em incidente de assunção de competência, resolução de demandas repetitivas, julgamento de recursos especial ou extraordinário repetitivos".[93] Esse pensamento é também perfilhado por Aluísio Gonçalves de Castro Mendes, ao afirmar que a *tese jurídica* firmada no IRDR "pode ser considerada como resultado de uma técnica concentrada para o estabelecimento do entendimento do tribunal com efeito vinculativo em relação aos órgãos situados no seu âmbito material, funcional e territorial e com efeito persuasivo no que diz respeito aos demais órgãos judiciais". [94]

No tocante ao regime de coisa julgada, registra-se um símile entre os regimes do *Musterverfharen* e do IRDR: no primeiro, a coisa julgada opera *pro et contra* (*Rechtskraft*), inclusive em face dos indivíduos ausentes, a saber, aqueles que não participaram do procedimento coletivo, justamente por se presumir que eles, embora não tenham expressamente formulado o *opt in*, ainda assim integram a classe ou o segmento concernente à tese fixada no processo-piloto, assim se *enquadrando*, em alguma medida, no perímetro do objeto litigioso. Algo semelhante se passa no IRDR, porque a tese aí fixada se aplica assim aos processos individuais e coletivos aos quais ela seja pertinente, mas ainda aos casos futuros (incisos do art. 985); além disso, em sobrevindo interposição de REsp ao STJ ou RE ao STF, contra o acórdão no IRDR proferido por TJ ou TRF, a decisão daquelas Cortes superiores projetará eficácia impositiva ao largo e ao longo do território nacional (§ 2º do art. 987).

No contraponto que ora se vem traçando entre o modelo alemão e o IRDR, saliente-se que aquele primeiro prevê um engenhoso sistema de distribuição equitativa ou proporcional das custas do processo (*Kosten*),

93. *Primeiros comentários...*, 2015, cit., p. 1.315, 1.317.

94. *Incidente de resolução...*, 2.017, cit., p. 259, conclusão nº 43.

pelo qual tais despesas são distribuídas entre os litigantes dos processos individuais que ficaram suspensos, na proporção dos valores pretendidos em cada qual. Marcos de Araújo Cavalcanti explica a *ratio* dessa opção feita pela *KapMug*: "O legislador pretendeu tornar atraente a instauração do incidente coletivo por meio de uma regulamentação que distribui os custos entre os vários litigantes dos processos individuais suspensos, considerando, para tanto, a proporção dos valores das pretensões individuais deduzidas em juízo".[95]

Já a regulação do IRDR não prevê norma diferenciada no tocante às despesas processuais, que assim segue o regime geral do CPC (arts. 82-97), com destaque para o "segundo ônus da sucumbência" na instância recursal (§ 1º do art. 85). Ao propósito, aduzem Teresa Arruda Alvim Wambier *et al.*: "Se o autor, por exemplo, tiver sua ação julgada improcedente pelo juízo de 1º grau e for condenado ao pagamento de honorários advocatícios no percentual de 10%, sendo provido o seu recurso de apelação, além da inversão do ônus da sua sucumbência, o tribunal fixará honorários recursais, no limite de até 10% (considerando que o percentual máximo para a fase de conhecimento é de 20%)".[96] Sem embargo, cabe ter presente que o IRDR não é um *processo de partes* (Tício *versus* Caio), onde se polarizam pretensão e resistência, mas um incidente voltado à fixação de uma tese jurídica, a ser depois aplicada aos processos em que ela venha suscitada, desenho que dificulta falar-se em *sucumbência* ou em *vencedor e vencido*.

Aluísio Gonçalves de Castro Mendes reconhece que as "despesas processuais, incluindo a dos honorários advocaticios, incorridas com o Incidente de Resolução de Demandas Repetitivas, é uma questão que precisa ser melhor equacionada, em especial quando entes privados se encontram atuando"; *de lege lata*, todavia, afirma o autor: "Embora a isenção prevista no art. 976, § 5º do Código de Processo Civil mencione expressamente apenas as custas judiciais, não haverá a fixação de honorários de sucumbência no Incidente de Resolução de Demandas Repetitivas, salvo na hipótese de interposição de recurso, nos termos do art. 85, § 1º do Estatuto Processual Civil".[97]

95. Mecanismos de resolução de demandas repetitivas..., cit., *Revista de Processo* nº 238, dez./2014, p. 360.

96. *Primeiros comentários*..., cit., 2015, p. 168.

97. *Incidente de resolução*..., 2.017, cit., p. 263 e 264, conclusões nºs 59 e 60, esta última ora colacionada parcialmente.

Em remate ao contraponto que se vem traçando entre o *Musterverfahren* e o IRDR, vale registrar as ressalvas que setores da doutrina tedesca têm feito no tocante àquele instituto do direito tedesco, mormente no que tange à sua idoneidade para controlar, eficientemente, a multiplicação de demandas envolvendo uma mesma *quaestio iuris*. Assim, Rolf Stürner anota que a *Kapitalanlegermusterverfahrensgesetz* (*KapMug*), base normativa daquele incidente, para além de restringir-se às "ações referentes a investidores logrados ou fraudados, não renuncia à concepção de que, em última análise, trata-se de processos individuais reunidos e introduz apenas a novidade de uma decisão-modelo na instância mais alta sobre questões prejudiciais comuns submetidas pela instância inferior. Até agora não há nenhum resultado visível que não tivesse sido igualmente alcançado sem essa lei por uma habilidosa e pragmática condução processual, mediante uma qualificada magistratura". Na sequência, o articulista complementa sua análise, afirmando que o resultado com o *Musterverfahren* "não é muito animador. Se se pretende garantir, nos processos-modelo, o contraditório de todas as partes que tiverem suas ações individuais suspensas, eles se tornarão muito lentos e complicados. Se tais processos forem acolhidos apenas para a elaboração de enunciados jurídicos não vinculantes, sempre haverá espaço para a *distinguishing*, além de seus efeitos uniformizadores e de celeridade serem também questionáveis. A *ratio* dos tribunais, por meio da aplicação de uma jurisprudência consolidada não pode substituir a legislação".[98]

7. A EXPANDIDA IRRADIAÇÃO DOS EFEITOS DO ACÓRDÃO EM IRDR, PROJETANDO EFICÁCIA ANÁLOGA À DA NORMA LEGAL

Posta a premissa afirmada no item precedente quanto à obrigatoriedade da aplicação da tese jurídica alcançada no IRDR, há interesse em aferir as ocorrências processuais evidenciadoras da notável irradiação – vertical e horizontal – dos efeitos do acórdão de mérito no IRDR, o qual deve aplicar-se, nos termos do CPC:

(*i*) "*a todos os processos individuais ou coletivos* que versem sobre idêntica questão de direito e que tramitem na área de jurisdição do

---

98. Sobre as reformas recentes no direito alemão e alguns pontos em comum com o projeto brasileiro para um novo Código de Processo Civil. *Revista de Processo* nº 193, nov./2011, p. 361-362.

respectivo tribunal, inclusive àqueles que tramitem nos juizados especiais do respectivo Estado ou região" – inciso I do art. 985. Acerca deste último tópico, no Seminário "O Poder Judiciário e o Novo Código de Processo Civil", realizado em 2015 na *Escola Nacional de Formação e Aperfeiçoamento de Magistrados* – ENFAM, alcançaram-se estes Enunciados: nº 21. "O IRDR pode ser suscitado com base em demandas repetitivas em curso nos juizados especiais"; nº 44: "Admite-se o IRDR nos Juizados especiais, que deverá ser julgado por órgão colegiado de uniformização do próprio sistema";

(***ii***) "*aos casos futuros* que versem idêntica questão de direito e que venham a tramitar no território de competência do tribunal, salvo revisão na forma do art. 986"– inciso II do art. 985;

(***iii***) *a todo o território nacional*, no caso de sobrevir acórdão de mérito do STF em recurso extraordinário ou do STJ em recurso especial, tirados do acórdão proferido no TJ ou TRF em IRDR, caso em que a *tese jurídica* "será aplicada no território nacional a todos os processos individuais ou coletivos que versem sobre idêntica questão de direito" (§ 2º do art. 987). (Note-se que essa expandida eficácia poderia até então estar *suspensa* pelo STF ou pelo STJ, atendendo requerimento a respeito, e tendo presente "razões de segurança jurídica ou de excepcional interesse social" (§ 4º do art. 1.029);

(***iv***) *ao interno da Administração Pública*, em ocorrendo de o objeto do IRDR concernir "a prestação de serviço concedido, permitido ou autorizado", a teor do § 2º do art. 985: "(...) o resultado do julgamento será comunicado ao órgão, ao ente ou à agência reguladora competente para fiscalização da efetiva aplicação, por parte dos entes sujeitos à regulação, da tese adotada"; (análoga providência vem prevista para transmissão da decisão-quadro firmada no regime dos RE's e RESp's repetitivos: art. 1.040, IV).

(***v***) *a todo processo cujo pedido contrarie a tese jurídica* firmada no IRDR, caso em que o juiz fica autorizada a julgar *liminarmente improcedente* o pedido (art. 332, III).

Reforçando todos esses expandidos efeitos, o acórdão em IRDR ainda beneficia da *presunção de repercussão geral da questão constitucional*, para efeito de admissão do recurso extraordinário ao STF (CF, § 3º do art. 102; CPC, § 1º do art. 987); a par disso, tenha-se presente que eventual pedido de desistência do recurso extraordinário tirado de acórdão em IRDR não impede a análise do mérito recursal se a questão aí versada já tiver repercussão geral reconhecida no STF, o mesmo valendo para o caso de REsp já afetado como *representativo da controvérsia* (§ único do art. 998). Completando esse contexto de eficácia potencializada, vale ressaltar que a recusa imotivada ou a aplicação equivocada da tese jurídica fixada no IRDR desafia *reclamação* (§ 1º do art. 985, c/c inciso IV do art. 988, redação da Lei 13.256/2016; § 4º do art. 988), podendo levar à *cassação* do julgado (art. 992), o que bem se compreende, porque a reclamação é indicada, dentre outros casos, para "garantir a autoridade das decisões do tribunal" e para "garantir a observância de acórdão proferido em julgamento de incidente de resolução de demandas repetitivas (...)" – incisos II e IV do art. 988, este último inciso com redação da Lei 13.256/2016.

Como se vê da resenha antes exposta, o acórdão de mérito no IRDR espraia uma *difusa eficácia impositiva*: (*i*) *panprocessual*, alcançando os sujeitos das demandas repetitivas onde venha agitada a *tese jurídica* ali firmada; (***ii***) *em sentido vertical*, vinculando juízes e tribunais em todo o país, no que toca à aplicação do entendimento assentado sobre a *vexata quaestio*; (***iii***) *em sentido horizontal*, abrangendo as parcelas ou frações do tribunal e os órgãos judiciais abrangidos na sua jurisdição territorial; (***iv***) *em sentido extraprocessual*, ao projetar-se em face da Administração Púbica, quando a questão de direito concernir a "prestação de serviço concedido, permitido ou autorizado" (§ 2º do art. 985); (***v***) *em dimensão atemporal*, já que a *tese jurídica* fixada ao cabo do incidente tem eficácia bidimensional, assim em face dos processos pendentes como daqueles que futuramente venham a ser ajuizados (inciso II do art. 985).

Uma tal força *expansiva e obrigatória* de um produto judiciário – portanto, não oriundo do Parlamento – tem despertado questão preliminar, senão já prejudicial, quanto a saber de sua compatibilidade com o sistema jurídico nacional, firmado no primado da norma legal enquanto *fonte* dos direitos e obrigações (art. 5º e inciso II), dito princípio da *legalidade* ou ainda da *reserva legal* e o consectário princípio da *igualdade*. A questão não despertaria maior interesse caso a força obrigatória do acórdão de mérito no IRDR se limitasse a irradiar efeito *endoprocessual*, assim confinando às partes de um dado processo a observância do entendimento sobre a *quaestio iuris* assentada, até porque em tal caso a coisa julgada se restringiria aos que integraram o contraditório (CPC, art. 506), embora *representados* pelos credenciados à propositura do incidente. Mas tal alvitre, ora figurado apenas *gratia argumentandi*, configuraria um bizarro *non sense*, dado não fazer o menor sentido que o legislador se empenhasse em positivar um poderoso instrumento de uniformização da jurisprudência, vocacionado à resolução isonômica de uma dada questão de direito replicada em muitos processos, para depois, *apequenar* seus efeitos, confinando-os tão só ao processo pendente do qual se originara! Vale sempre lembrar a regra de exegese pela qual se deve prestigiar a interpretação que confere maior aplicação e eficiência ao texto, em detrimento daquela que o enfraquece ou lhe compromete a eficácia esperada.

A rigor, tal questionamento, sequer se instalaria se o IRDR tivesse previsão na Carta Magna, como se deu com a súmula vinculante do STF (art. 103-A, cf. EC 45/2004), a cujo respeito afirma Maurício Ramires: "A súmula vinculante, disciplinada pelo art. 103-A da CF (introduzido pela EC 45/2004), pode ser considerada uma exceção ao art. 5º, II, mas não chega a alterar o caráter *legicêntrico* do sistema como um todo, em razão da restrição de aplicabilidade das súmulas".[99]

Sem embargo, impende ter presente, de um lado, que, na distribuição das competências, cabe ao legislador ordinário federal dispor sobre matéria processual (CF, art. 22, I), parecendo inegável que nessa rubrica se insere o IRDR, enquanto *procedimento* voltado a propiciar a uniformização da jurisprudência em escala importante, por aí se propiciando o tratamento isonômico aos jurisdicionados concernentes a uma dada questão de direito replicada em muitos processos, desse modo preservando-se a segurança jurídica (CPC, art. 976 e incisos).

De outra parte, não se pode roborar uma leitura acanhada do princípio da *legalidade* - e da corolária *igualdade* - confinando esses transcendentes valores exclusivamente aos quadrantes da *lei*, enquanto abstratamente posta no ordenamento, cabendo, antes e superiormente, entender-se este vocábulo, empregado no art. 5º, *caput* e inciso II da CF, no senso de *ordenamento jurídico*, ou, se se quiser, do *Direito como um todo*, o qual se compõe, *além da lei*, ainda pela equidade, analogia, costumes, princípios gerais, bem por isso chamados *meios de integração*, ao pressuposto, portanto, de que a *completude* da ordem jurídica é apenas *presumida*, consentindo certos vazios a serem devidamente colmatados. Dentre esses subsídios que servem a *fechar o arco normativo*, hoje cabe dar especial realce à *jurisprudência*, mormente em suas formas potencializadas: dominante, pacífica, sumulada.

---

99. *Crítica à aplicação dos precedentes no direito brasileiro*, Porto Alegre: Livraria do Advogado, 2010, p. 61.

Afinal é o Judiciário a instancia competente para firmar, em *ultima ratio*, o *sentido da lei*, e, para que essa exegese se aplique em modo isonômico, impõe-se a fixação de certos padrões decisórios, como se passa com a tese jurídica firmada no IRDR; assimilação, pois, entre a *norma legislada* e a *norma judicada*, como forma de se prevenir a dispersão errática da jurisprudência, que compromete a segurança jurídica e acirra as animosidades ao interno da coletividade.

É dizer, o sentido mais profícuo e completo da *lei* abrange a *norma legislada* – formatada no Parlamento – e a norma *judicada*, a saber, aquela que vem a ter sua *passagem judiciária*, daí resultando que a lei fica melhor esclarecida, integrada e *empoderada*, como tal melhor capacitada a cumprir a finalidade que inspirara seu surgimento. Em outra sede, já afirmamos: "(...) não há como negar que, apesar do parâmetro no ordenamento jurídico brasileiro ainda remanescer na norma escrita (CF, art. 5º, *caput* e inciso II), o fato é que cada vez mais se destaca a importância da jurisprudência, nesse sentido de *norma judicada*, a saber, aquela que teve o seu *momento judiciário*, e cuja exegese reiterada passa a servir como precedente, em face dos demais casos análogos".[100]

Nesse sentido, observa Caio Marcio Gutterres Taranto: "As normas judicadas no Direito brasileiro diferenciam-se das normas legisladas basicamente pela fonte, pelo procedimento de formação e pela estrutura semântica. Contudo, cumpre ressaltar que o reconhecimento de normas jurídicas decorrentes dos precedentes judiciais altera o plano normativo de abstração. (...) Os precedentes declaram e sistematizam ao mesmo tempo que normatizam para fomentar uma simbiose entre as normas legisladas e as judicadas, que devem ser entendidas como instrumentos de determinação do Direito".[101]

Trata-se, pois, de uma visão *holística* da norma legal, compreensiva dos dois parâmetros antes indicados – formulação e interpretação – permitindo superar, em modo consistente e satisfatório, o argumento que perscruta um atrito entre a eficácia expandida e obrigatória do acórdão em IRDR e os princípios constitucionais da legalidade e o seu corolário – a igualdade. Pois, justamente, o que se pretende com o IRDR é conferir um sentido *unitário* à questão de direito replicada em múltiplas demandas, com isso

100. *Divergência jurisprudencial e súmula vinculante*, 6ª ed., Salvador: Jus Podivm, 2.018, p. 74.

101. *Precedente judicial...*, cit., 2010, p. 99-100.

imprimindo-se tratamento isonômico às partes nelas envolvidas, com isso preservando-se a *unidade do Direito.*

À vista das tantas ocorrências já positivadas, imprimindo eficácia expandida aos produtos judiciários otimizados – jurisprudência dominante, pacífica, sumulada; questões de ordem no Pleno ou Órgão Especial nos tribunais; acórdãos no controle direto de constitucionalidade; decisões-quadro nos REs e REsps repetitivos; acórdãos em incidente de assunção de competência e no incidente de resolução de demandas repetitivas – não há negar que já se encontra instalada dentre nós uma cultura jurídica *precedentalista*, com seus corolários, dentre os quais ressalta a força obrigatória dos enunciados, sua aplicação *panprocessual* e por vezes até *extraprocessual*, e, principalmente, sua finalidade paradigmática, ao fornecer *padrões decisórios* para a resolução isonômica dos casos aí subsumidos, presentes e futuros.

Ao propósito, Caio Marcio Gutterres Taranto identifica *quatro fases históricas* na evolução dos precedentes judiciais no Brasil, localizando a quarta delas a partir da instalação da "jurisdição constitucional pós-88", contexto que "potencializa a aplicação dos precedentes judiciais ao exigir do Poder Judiciário o *munus* da filtragem constitucional e a construção de um novo paradigma de compreensão do direito, sobretudo pelo reconhecimento de normatividade dos princípios. Eis, então, a razão, o fundamento e o norte para o abandono de velhos dogmas, como a impossibilidade de atuação do Judiciário como legislador atípico positivo. (...) A conjugação da força normativa das normas constitucionais como fundamento dos precedentes com o caráter normativo das normas judicadas representa, no pós-88, a superação, na experiência brasileira, da teoria normativa (*law-making theory*) pela teoria determinativa (*determinative theory*) dos precedentes judiciais".[102]

Impende, portanto, que o operador do Direito, no Brasil, procure, gradualmente, se desvencilhar de velhos dogmas, senão já de alguns preconceitos, superados e inoperantes à vista de uma leitura atualizada e contextualizada dos textos de regência e da própria acepção contemporânea do Direito, assim a percepção de uma radical separação entre os Poderes, a pretensa redução do Direito à *norma legislada*, ou mesmo o apego à dicotomia *civil law/common law.* Quanto ao primeiro daqueles tópicos, o que hoje se tem, claramente, é um *compartilhamento de funções* ao interno do Estado contemporâneo (concepção *dinâmica*, superando a clássica divisão *estática* entre os Poderes); quanto ao confinamento estrito do Direito aos

102. *Precedente judicial...*, 2010, cit., p. 42-44.

quadrantes da *lei*, pode-se dizer igualmente superado, tanto pelo tendencial crescimento dos *elementos de integração* (equidade, analogia, princípios gerais, costumes, jurisprudência, doutrina) como pela chamada *nomogênese difusa*, tantos são os órgãos, instâncias e agentes credenciados a normatizar (*v.g.*, o CADE, definido como "entidade judicante, com jurisdição em todo o território nacional (...)" - art. 4º da Lei 12.529/2009); enfim, no tocante à dicotomia *civil law/common law*, a doutrina é, hoje, consonante em reduzir tal divisão a uma perspectiva histórica, dada a crescente e notória aproximação e até assimilação entre ambas as famílias.

Ao propósito, afirma Marcelo Barbi Gonçalves: "Assim, não é a existência de leis escritas, a *juridicização* dos costumes locais ou o *stare decisis* que, isoladamente, caracterizam o *common law*, senão o *método* de aplicação e desenvolvimento do direito em contraposição àquele manejado nos ordenamentos de raiz romano-germânica. Esse *direito desenvolvido pelos juízes* não decorre de qualquer previsão normativa, senão de um modo de pensar a aplicação normativa e uma ordenação particular dos institutos jurídicos".[103]

A tendencial aproximação entre as famílias *civil law* e *common law*, propicia uma sorte de *nivelamento* entre a *norma legislada* (inserida em abstrato no ordenamento positivo, pela atuação do Parlamento) e a *norma judicada* (aquela que tem a sua passagem judiciária, sendo aplicada aos casos concretos), com reflexo direto no próprio princípio da igualdade, pela curial razão de que pouco ou mesmo nada significaria a *isonomia* na lei e perante ela, se, depois, na *praxis* judiciária, se vem a consentir uma multiplicidade de interpretações sobre ela, sem que num dado estágio ou momento se alcance um *parâmetro definidor e uniformizador*, tudo a induzir um clima de insegurança, instabilidade e, mesmo de uma verdadeira *aporia*,[104] no qual ninguém mais está seguro de seus direitos, nem tampouco consciente de suas obrigações.

O ponto ora tocado vem assim versado por Hermes Zanetti Júnior: "As objeções teóricas ligadas ao princípio da legalidade, ao invés de contribuírem para a melhor compreensão do papel da jurisprudência, escondem um preconceito ideológico em relação à atividade dos tribunais, formado em

---

103. O incidente de resolução de demandas repetitivas..., cit., *Revista de Processo* nº 222, ago. /2013, p. 227.

104. "Conflito entre opiniões, contrárias e igualmente concludentes, em resposta a uma mesma questão". *Novo Dicionário Aurélio*, Rio de Janeiro: Nova Fronteira, 1975, p. 118.

séculos de luta pela afirmação da artificialidade do direito e pela necessidade de segurança interpretativa, decorrentes de uma já superada concepção formalista da interpretação (...). Especialmente em ordenamentos jurídicos mistos ou híbridos, como o brasileiro, nos quais a tendência é a autorização constitucional e legal para a vinculação aos precedentes, trata-se de repensar a separação de tarefas entre legislador, juiz e doutrina, evitando-se a insegurança da atuação solipsista que gera contrastes irracionais. Assim a afirmação da vinculação aos precedentes deixa de ser contraditória ao princípio da legalidade, da mesma forma que não é contraditória à legalidade a existência de princípios com força normativa, cláusulas gerais e conceitos jurídicos indeterminados. O próprio legislador autoriza a interação de conteúdo pelo Poder Judiciário, nos limites da legalidade e da Constituição".[105]

Daí que, independentemente da filiação de um país a uma ou outra das *famílias* jurídicas – *civil law*; *common law* – hoje, mais do que nunca, impende que as pessoas físicas e jurídicas, no setor público e privado, possam contar com o sentido *unívoco* do Direito – que em *ultima ratio* cabe ao Judiciário fornecer – permitindo aos destinatários da norma usufruir as utilidades daí resultantes, especialmente a isonomia e a segurança jurídica, valores a que vem devotado o IRDR (CPC, art. 976 e incisos). Tal ideário, por certo, não tem como ser atingido num ambiente de *dispersão jurisprudencial excessiva*, como o reconhece a Exposição de Motivos do anteprojeto do novo CPC em mais de uma passagem, mormente ao afirmar no bojo do item 1º: "(...) haver, indefinidamente, posicionamentos diferentes e incompatíveis, nos Tribunais, a respeito da mesma norma jurídica, leva a que jurisdicionados que estejam em situações idênticas, tenham de submeter-se a regras de conteúdo diferentes, ditadas por decisões judiciais emanadas de tribunais diversos. Esse fenômeno fragmenta o sistema, gera intranquilidade e, por vezes, verdadeira perplexidade na sociedade".

Tal leitura parece bastar para afastar, em modo consistente, alguma suspeita de incompatibilidade entre a eficácia expandida e impositiva do acórdão de mérito no IRDR e os princípios constitucionais da legalidade, da reserva legal e da separação entre os Poderes. Antes e superiormente, cabe reconhecer a inserção desse novo elemento do direito pretoriano no rol dos produtos judiciários otimizados, a par de outros, igualmente preordenados a relevantes finalidades de interesse público e social: prevenção ou

---

105. Precedentes (*treat like cases alike*) e o novo Código de Processo Civil, *Revista de Processo* nº 235, 2014, p. 294.

superação da dispersão jurisprudencial excessiva; tratamento isonômico às partes; prevenção da oferta de respostas jurisdicionais distintas, em face de uma mesma questão de direito replicada em muitos processos; otimização da resposta jurisdicional; racionalização do trabalho forense; preservação da segurança jurídica. Tudo em ordem a se imprimir melhor racionalidade e maior efetividade ao sistema como um todo, atendendo-se, ainda, à diretriz da duração razoável dos processos (CF, art. 5º, LXXVIII).

Nesse sentido, afirma Daniel de Andrade Levy: "Sob uma ótica 'macroprocessual', a reunião dos processos repetitivos, acabará por gerar uma economia temporal para os juízos que não precisarão conhecer as questões jurídicas coletivizadas, podendo-se dedicar a outras demandas, inclusive durante a suspensão determinada pelo incidente".[106]

É nesse sentido que o CPC, ao tempo em que eleva ao patamar de eficácia impositiva os produtos otimizados da função jurisdicional (art. 927 e incisos) e concita os tribunais a editarem "enunciados de súmula correspondente à sua jurisprudência dominante" (§ 1º do art. 926), inclui no rol daqueles elementos pretorianos potencializados as decisões finais nos instrumentos processuais preordenados à padronização decisória: os acórdãos de mérito no IRDR, no incidente de assunção de competência e no julgamento de RE's e REsp's repetitivos (inc. III do art. 927, c/c art. 928 e incisos).

Nem por isso o IRDR se forra a alguma massa crítica, sob instigantes aspectos, de fundo e de forma. Sob o primeiro prisma, pode-se questionar o acerto de paralisar-se uma dada relação processual ainda incipiente em primeiro grau, portanto ainda *não madura*, para daí se extrair a questão de direito que aparece replicada em outros processos, a fim de que sobre ela o tribunal fixe a *tese jurídica* a ser observada, em todos os processos individuais e coletivos onde ela venha suscitada, até mesmo aos casos futuros (art. 985 e incisos). Sob o aspecto formal, pode-se questionar a estratégia de convocar-se o tribunal – que, em princípio é preordenado a uma função *revisora* – para, ainda na fase postulatória das ações em primeiro grau, *adiantar-se*, fixando desde logo o sentido de uma dada questão de direito replicada em muitos processos.

---

106. O incidente de resolução de demandas repetitivas no anteprojeto do novo Código de Processo Civil – exame à luz da *Group Litigation Order* britânica. *Revista de Processo* nº 196, jun./2011, p. 169.

Tal política legislativa – ao menos em princípio – parece atropelar a ordem natural das coisas no plano processual (postulação, demonstração, decisão, revisão) já que o TJ ou o TRF, ao serem instados, no bojo do IRDR, a fixar *a priori* entendimento sobre uma questão jurídica replicada massivamente em outros processos, como que *se antecipam* aos acontecimentos, intervindo num momento em que, possivelmente, a controvérsia não esteja ainda *madura*, podendo, assim, *desestimular* proveitoso debate que, de outro modo, poderia desenvolver-se na base da pirâmide judiciária.

É justamente por isso que o *duplo grau de jurisdição*, ao propiciar que a decisão monocrática de primeiro grau seja *reapreciada* (revisão/cassação) por órgão colegiado superior é regra no nosso sistema processual, com raríssimas exceções, notadamente aquela em que se dispensa tal exigência quando, a despeito de não ter sido examinado o mérito em primeiro grau, o tribunal, ao receber a apelação, constata, ao seu prudente aviso, que já constam dos autos os elementos necessários à boa compreensão do objeto litigioso, assim tornando dispiciendo o retorno ao Juízo recorrido (CPC, § 3º e incisos do art. 1.013); assim como se *dispensa* o reexame necessário, a teor do § 4º do art. 496, "(...) quando a sentença estiver fundada em: (...) III – entendimento firmado em incidente de resolução de demandas repetitivas (...)". É que em tais casos o tribunal, a quem é endereçada a apelação, constata que a causa já está *madura*, seja pela suficiência da prova produzida, seja porque a decisão vem respaldada em elemento jurisprudencial de eficácia impositiva, o que tanto basta para deflagrar sua precípua atividade judicante, inclusive quanto à aferição da admissibilidade do recurso (CPC, § 3º do art. 1.013). Diversamente, no IRDR, o tribunal é instado a fixar, desde logo (ou seja, tanto que constatada a proliferação de demandas envolvendo uma mesma questão de direito), a *tese jurídica* a ser observada nas numerosas demandas seriais onde ela venha agitada.

De todo modo a exigência, para a instauração do IRDR, da constatação de uma "*efetiva* repetição de processos" (art. 976, *caput*), parece-nos que se avantaja à fórmula antes excogitada no art. 930 do PLS 166/2010, pela qual bastava a *potencialidade* ou a *virtualidade* da multiplicação de processos, o que à época merecera a crítica de Leonardo Carneiro da Cunha: "Seria mais adequado prever o incidente quando já houvesse algumas sentenças antagônicas a respeito do assunto. Vale dizer que, para caber o incidente, seria mais adequado haver de um lado, sentenças admitindo determinada solução, havendo, por outro lado sentenças rejeitando a mesma solução. Seria, enfim, salutar uma controvérsia já disseminada para que, então, fosse cabível o referido incidente. Dever-se ia, na verdade, estabelecer como requisito para instauração de tal incidente a existência de prévia controvérsia sobre o assunto".[107]

Conceda-se que tanto no Direito, em modo geral, como no Processo Civil, em particular, não é prudente, diante de situações de *norma necessitada*, esperar-se *solução normativa mágica*, que só trouxesse vantagens para todos. Esse *nirvana jurídico* não tem como ser alcançado, seja por conta das próprias limitações do discurso jurídico, seja porque a positivação de um dado alvitre, em detrimento de outro(s) sempre projetará alguma externalidade negativa ou menos desejada, cabendo, antes e superiormente, proceder-se a uma serena ponderação entre custo e benefício, sob a égide de uma política judiciária de resultados.

Sob tal prisma, não há negar que a avaliação final acaba por se revelar favorável ao IRDR, assim em seus pressupostos como nos relevantes objetivos a que ele vem devotado, valendo sempre lembrar que a técnica do IRDR não envolve exatamente o *pinçamento* de um processo que irá operar como modelo ou *test claim*, e sim a identificação de uma *questão de direito*, replicada em muitos outros processos, sobre a qual se debruçará o tribunal, com vistas a fixar a tese jurídica a respeito, que irá parametrizar o deslinde dos processos isomórficos.

107. Anotações sobre o incidente de resolução de demandas repetitivas previsto ano projeto do novo Código de Processo Civil. *Revista de Processo* nº 193, mar./2011, p. 262.

SEGUNDA PARTE

COMENTÁRIOS AOS ARTS. 976 A 987 DO CPC/2015

(Obs.: artigos, parágrafos e incisos sem correspondência no CPC/1973)

Art. 976. É cabível a instauração do incidente de resolução de demandas repetitivas quando houver, simultaneamente:

I – efetiva repetição de processos que contenham controvérsia sobre a mesma questão unicamente de direito;

II – risco de ofensa à isonomia e à segurança pública.

§ 1.º A desistência ou abandono do processo não impede o exame de mérito do incidente.

§ 2.º Se não for o requerente, o Ministério Público intervirá obrigatoriamente no incidente e deverá assumir sua titularidade em caso de desistência ou de abandono.

§ 3.º A inadmissão do incidente de resolução de demandas repetitivas por ausência de qualquer de seus pressupostos de admissibilidade não impede que, uma vez satisfeito o requisito, seja o incidente novamente suscitado.

§ 4.º É incabível o incidente de resolução de demandas repetitivas quando um dos tribunais superiores, no âmbito de sua respectiva competência, já tiver afetado recurso para definição de tese sobre a questão de direito material ou processual repetitiva.

§ 5.º Não serão exigidas custas processuais no incidente de resolução de demandas repetitivas.

Art. 976, *caput* e incisos.

Dois aspectos – possivelmente não muito evidentes a uma leitura rápida dos dispositivos em comento – devem desde logo ser sobrelevados:

(*i*) a palavra "cabível", posta ao início do art. 976, desvela a intenção do legislador de apresentar a instauração do IRDR como uma *possibilidade*, uma *virtualidade*, um instrumento processual *disponibilizado* sob estritos pré-requisitos, portanto em modo um tanto diverso do que se passa em outras ocorrências nas quais um dado modelo, adrede estabelecido, se deflagra tanto que constatada uma dada situação-base, *v.g.*: o manejo em bloco, ou por amostragem, quando os REs e REsps se apresentam *repetitivos* (CPC, arts. 1.036 a 1.041. RISTF, arts. 328, 328-A; RISTJ, art. 256, cf. ER24/2.016); o incidente de arguição de inconstitucionalidade, deflagrável, com a cisão do julgamento em curso, tanto que suscitada tal questão prejudicial (CF, art. 97 – "reserva de plenário"; CPC, § 1º do art. 949; súmula vinculante STF nº 10).

O ora afirmado, porém, não significa que haja uma *discricionariedade* na instauração do IRDR pelo tribunal (como se entendia com relação ao incidente de uniformização de jurisprudência – CPC/1973, arts. 476-479,[1] e como se depreendia do § 1.º do art. 933 do PLS 166/2010, ao falar na "*conveniência* de se adotar a decisão paradigmática"), mas, apenas, significa que o relator designado, assim como a fração do tribunal regimentalmente competente (arts. 981, 982 e incisos) aferirão, cumpridamente, se a afirmada proliferação de processos envolvendo a mesma questão de direito é de fato *existente*, a ponto de pôr em risco a isonomia e a segurança jurídica. Aliás, mesmo em face do citado § 1.º do art. 933 do PLS 166/2010, a doutrina aí não reconhecia tal juízo discricionário, entendendo que presentes os pressupostos de admissibilidade, "a instauração do incidente consistirá em poder-dever para os órgãos de cúpula dos tribunais".[2]

(*ii*) os dois pressupostos *positivos* de admissibilidade do IRDR – ou seja, que *devem* estar presentes – a saber, (*a*) replicação massiva da mesma questão de direito, capaz de (*b*) pôr em risco a isonomia e a segurança jurídica (incisos do artigo em comento), além de se apresentarem *cumulativamente*, devem revelar-se como *ocorrências reais e evidentes,* e não apenas *potenciais* ou *virtuais* (como previa o art. 930, *caput*, do PLS 166/2010, falando em "controvérsia com *potencial* de gerar relevante multiplicação de processos"). Ao propósito, Luiz Guilherme Marinoni *et al.*, à luz do direito posto, explicam que "não basta o *potencial* risco de multiplicação. Ou seja, não basta que a questão de

1. Cf. o nosso *Incidente de uniformização de jurisprudência*, São Paulo: Saraiva, 1989, p. 58-59.

2. Cf. Aluísio Gonçalves de Castro Mendes e Roberto de Aragão Ribeiro Rodrigues: Reflexões sobre o incidente de resolução de demandas repetitivas previsto no projeto de novo Código de Processo Civil. *Revista de Processo* n. 211, set./2012, p. 197.

direito *tenda* a repetir-se em outras causas futuras. É necessário que a reprodução dessa questão em outros processos seja concreta, efetiva, existente já no momento em que é instaurado o incidente".[3]

Essa exigência de uma *real* constatação da situação-base - expressiva dispersão de ações envolvendo uma mesma questão de direito – aplica-se, ao nosso ver, inclusive no tocante à *segunda* das condições de admissibilidade do IRDR - o *risco* para a isonomia e a segurança jurídica - dado que esse *dano temido* deve igualmente ser verossímel, palpável, evidenciado pela notória profusão de uma mesma questão de direito em muitos processos, não bastando, evidentemente, que *algumas* ações guardem afinidade entre si por um ponto comum, até porque, para tais casos, o CPC disponibiliza outras técnicas, mormente a reunião para julgamento conjunto no Juízo prevento (CPC, § 1.º do art. 55; arts. 57, 58, 286). Sem embargo, esse aspecto *quantitativo* do tema em questão tem o seu peso, devendo ser considerado sob uma interpretação razoável, aduzindo Teresa Arruda Alvim Wambier *et al.*, que não se há de exigir, "para a instauração do incidente, que já se tivesse instalado o caos na jurisprudência de 1.º grau, com milhares de sentenças resolvendo de modos diferentes a mesma questão de direito. Não. Se a lei exige que haja processos 'repetidos' *em curso*, é razoável que se entenda que bastem duas ou três dezenas, antevendo-se a inexorabilidade de a multiplicação destas ações passarem a ser muito maior". [4]

A exegese ora exposta vem, ao nosso ver, complementada pelo entendimento de Nery & Nery: "(...) se a questão é sempre decidida de modo uniforme, ainda que tenha potencial para multiplicação de ações, não há razão para a instauração do incidente, pois não há o que prevenir. Haveria inútil movimentação do aparelho judiciário, apenas. Por isso o dispositivo comentado [art. 976] tenha exigido que os requisitos para a instauração do incidente estivessem *simultaneamente* presentes". [5]

Aos dois pressupostos positivos de admissibilidade antes comentados se agrega um de feição *negativa*, a saber: *não pode* a questão de direito, replicada massivamente em muitos processos, *já estar pendente* de apreciação no bojo de RE ou REsp afetado, no STF ou no STJ, como *representativo da*

---

3. *Novo Curso de Processo Civil*, vol. 2, São Paulo: Thomson Reuters-Revista dos Tribunais, 2015, p. 579.

4. *Primeiros comentários ao Código de Processo Civil*, São Paulo: Thomson Reuters-Revista dos Tribunais, 2015, p. 1.397-1.398.

5. *Comentários ao Código de Processo Civil - novo CPC - Lei 13.105/2.015*, São Paulo: Thomson Reuters-Revista dos Tribunais, 2015, nota n. 9 ao art. 476, p. 1.968.

controvérsia (CPC, § 4.º do art. 976, c/c art. 1.037, *caput*), e isso pelas razões que indicaremos mais adiante, na análise daquele parágrafo, bastando dizer, por ora, que aí se cuida de compreensível cautela do legislador, buscando prevenir eventual discrepância entre decisões paradigmáticas com eficácia expandida: a decisão-quadro do STF ou do STJ em recursos repetitivos, em face do acórdão em IRDR, ambas modalidades contempladas no art. 927, III, do CPC.

A instauração do IRDR, posta como uma *possibilidade* a ser cumpridamente aferida à vista de estritas condições, justifica-se, ainda, por duas considerações: (*i*) de um lado, porque o CPC se situa no campo da jurisdição *singular*, campo em que as pretensões, em regra, são referenciadas a um dado sujeito – *uti singuli* – (com poucas possibilidades ampliativas nas figuras litisconsorciais, e ainda assim com limitação numérica – CPC, § 1.º do art. 113), preordenando-se a decisão de mérito a imunizar-se pela agregação de uma coisa julgada de eficácia *inter partes* (CPC, art. 506), donde serem restritas as possibilidades de manejo *conjunto* de processos e pretensões afins (reunião de ações, cumulação de pedidos); (*ii*) de outro lado, porque, a se entender de outro modo, ocorreria uma superfetação, uma sobreposição de textos: os que regem o IRDR e o que prevê o poder-dever do juiz de comunicar aos colegitimados ativos do art. 5º da Lei 7.347/85 (ação civil pública) e do art. 82 da Lei 8.078/90 (ação coletiva consumerista), acerca da afluência massiva de "demandas individuais repetitivas" –(CPC, inc. X do art. 139), já que ambas as medidas, em maior ou menor intensidade, se preordenam à finalidade comum de promover resposta unitária às pretensões isomórficas.

Labora em prol da exegese exposta sub (*ii*) supra, a consideração de que, na projetada (e vetada) "conversão da ação individual em ação coletiva" (art. 333 e parágrafos), o § 2.º dispunha que tal providência não seria viável se a conversão implicasse a "formação de processo coletivo para a tutela de interesses individuais homogêneos", com isso pondo à calva a preocupação do legislador em não baralhar os instrumentos de tutela *plurindividual* – gênero a que pertence o IRDR – com os que compõem a *jurisdição coletiva*, na qual a legitimação é deferida, em modo concorrente-disjuntivo, a quem detenha *representação adequada*, tendo por objeto a tutela de interesses metaindividuais – difusos, coletivos em sentido estrito, individuais homogêneos – pretendendo-se com isso alcançar uma resposta unitária, capaz de coartar a pulverização da macro-lide em plúrimas demandas individuais, tudo ao final estabilizado por uma coisa julgada de eficácia expandida – *erga omnes* ou *ultra partes*, conforme o caso – (Lei 8.078/1990, arts. 81, § único e incisos; 95 e 103 e incisos; Lei 7.347/1985, arts. 5.º e 16).

Não há como negar que o IRDR, na medida em que integra o ideário de combate à *dispersão excessiva da jurisprudência* (expressão referida no bojo do item 1.º da Exposição de Motivos do anteprojeto do novo CPC) guarda sintonia com outros instrumentos voltados, em maior ou menor medida, à análoga finalidade: (*i*) a liminar improcedência do pedido, quando ele se revele contrário a certos produtos judiciários otimizados, elencados nos incisos do art. 332, especialmente o inciso III; (*ii*) a comunicação, pelo juiz, aos colegitimados ativos da ação civil pública da Lei 7.347/1985, quanto à existência de "demandas individuais repetitivas", para que promovam, sendo o caso, a ação coletiva adequada (CPC, art. 139, X); (*iii*) o julgamento em bloco, por amostragem, de RE's e REsp's repetitivos, com vistas à emissão de uma decisão-quadro, com finalidade paradigmática (CPC, art. 1.036 a 1.041); (*iv*) a assunção de competência, factível quando, no curso do julgamento em segundo grau, o relator se dá conta de que o objeto litigioso envolve "relevante questão de direito, com grande repercussão social, *sem repetição em múltiplos processos*"(esta última cláusula justificando-se ao propósito de evitar sobreposição de funções com o IRDR).

Tais instrumentos, a rigor, não se enquadram no gênero *processo coletivo* – que se caracterizam pelos elementos antes indicados – mas, antes, configuram um *tertium genus*, a que se vem chamando *tutela plurindividual*, posta a meio-caminho entre as jurisdições singular e coletiva (dir-se-ia, numa alegoria: *mais que a primeira, menos que a segunda...*), parecendo a Bruno Dantas do Nascimento que por *tutela plurindividual* se deve entender "a atividade estatal voltada à justa composição das lides concernentes a direitos individuais homogêneos que se multiplicam em diversas demandas judiciais nas quais haja controvérsia, preponderantemente, sobre as mesmas questões de direito, de modo a, por um lado, racionalizar e atribuir eficiência ao funcionamento do Poder Judiciário e, por outro, assegurar a igualdade e a razoável duração do processo". [6]

Em princípio, os interesses individuais homogêneos, a saber, aqueles *decorrentes de origem comum* (Lei 8.078/90, art. 81, § único, III), devem se endereçar à ação coletiva (lei supra, arts. 91 a 100), com vistas à prolação de uma sentença de condenação genérica idônea a prevenir a atomização

6. Tutela recursal plurindividual no Brasil: formulação, natureza, regime jurídico, efeitos. Tese de doutorado, PUC – São Paulo, sob orientação da Profa. Teresa Arruda Alvim Wambier, 2013, conclusão n. 30, p. 150.

da macro-lide; mas, se tal desiderato não vem alcançado e se deflagra a pulverização do conflito de largo espectro em multifárias demandas individuais, então se abre ensejo à citada tutela plurindividual, com vistas ao tratamento igualitário, seja de questões de direito replicadas em muitos processos (caso do IRDR) seja de RE's e RESp's repetitivos, no caso de cuidar-se, nessa ordem, de questão constitucional ou de direito federal comum replicada em muitos recursos.

No tocante à ação coletiva por interesses individuais homogêneos, tem-se reconhecido que ela veio experimentando percalços em sua trajetória, ora por conta de certas incompreensões conceituais, ora pelo deletério trâmite concomitante de mais de uma delas envolvendo o mesmo objeto, passando ainda pelo vezo da judicialização, por esse meio, de interesses *pseudocoletivos*, explicando Luiz Paulo da Silva Araújo Filho que, em tal caso, "conquanto tenha sido proposta a ação por um único legitimado extraordinário, na verdade estão sendo pleiteados, específica e concretamente, os direitos individuais de inúmeros substituídos, caracterizando-se uma pluralidade de pretensões que, em tudo e por tudo, é equiparável à do litisconsórcio multitudinário, na feliz e consagrada expressão de Cândido Rangel Dinamarco, devendo sua admissibilidade, portanto, submeter-se, em princípio, às mesmas condições, ou seja, somente poderiam ser consideradas admissíveis quando não prejudicassem o pleno desenvolvimento do contraditório ou o próprio exercício da função jurisdicional".[7]

Bem por isso, aliás, Bruno Dantas do Nascimento avalia que o "mau funcionamento do modelo de tutela coletiva de direitos individuais homogêneos, somado à necessidade de se adotar técnicas que permitam a eficiência e a racionalização da atividade do Poder Judiciário, foi a causa eficiente da elaboração em nosso país de técnicas de tutela plurindividual".[8] A isso se soma, ao nosso juízo, a *demanda reprimida*, constituída pelas numerosas pretensões de natureza isomórfica, respeitantes a temas tendencialmente precípuos à multiplicação, que não podem ser recepcionados pela ação civil pública, mercê da vedação dessa via para pretensões de natureza tributária, previdenciária, FGTS "e outros fundos de natureza institucional" (Lei 7.347/1985, § único do art. 1º), ou seja, justamente as áreas propícias à formação massiva de pretensões isomórficas.

---

7. *Ações coletivas: a tutela dos direitos individuais homogêneos*, Rio de Janeiro: Forense, 2000, p. 200.
8. Tutela recursal, cit. Tese de doutorado, PUC – São Paulo, 2013, conclusão n. 33, p.151.

De todo modo, pode-se reconhecer uma certa comunhão de objetivos entre o IRDR, voltado à emissão de uma *tese jurídica* com eficácia paradigmática panprocessual, e o rito dos RE's e REsp's repetitivos, no qual uma decisão-quadro será proferida pelo STJ ou pelo STJ no processo afetado como representativo da controvérsia, com finalidade de resolução isonômica dos recursos represados nos tribunais de origem. Sem embargo, Patrícia Miranda Pizzol afirma a superioridade do processo coletivo em face de outras técnicas de padronização decisória: "a) mesmo com todos os defeitos apontados, com todo o potencial para produzir melhores resultados, o processo coletivo é, sem sombra de dúvida, instrumento eficaz, eficiente e efetivo na solução dos conflitos transindividuais; b) há outros instrumentos destinados à solução de conflitos que atingem a coletividade, como o incidente de resolução de demandas repetitivas e o julgamento dos recursos repetitivos; (...) d) a ação coletiva é o instrumento processual, por excelência, destinado à tutela jurisdicional dos direitos coletivos (...) f) a ação coletiva é o melhor instrumento processual de que dispõe a coletividade para tutela efetiva e adequada de seus direitos". [9]

Não há como negar que, se é verdade que a Constituição Federal garante o acesso à Justiça dos históricos de lesão temida ou sofrida (art. 5.º, XXXV), não é menos verdade que a intervenção jurisdicional - até pelo expressivo custeio da máquina judiciária - deve ocorrer quando se mostre *necessária* e *eficiente*, evitando-se sua banalização, de sorte que a almejada solução adjudicada estatal ("decisão integral do mérito", que o CPC qualifica como direito das partes - art. 4.º) é de ser buscada para dirimir uma singular *quaestio iuris*, e, não, para ser replicada tantas vezes quantas venha ela agitada em massivas ações seriais. Nesse sentido, a avaliação de Luiz Guilherme Marinoni *et al.*: "Demandas repetitivas constituem uma anomalia no sistema processual. De fato, nada justifica que uma *mesma questão* deva ser examinada várias vezes pelo Judiciário apenas porque se refere a pessoas diferentes. Ainda assim, a manifesta índole individual do processo civil brasileiro - e, de modo geral, do processo de origem continental- europeia - restringe apenas às partes em regra a coisa julgada (art. 506), o que torna necessário que relações jurídicas

---

9. Tutela coletiva: processo coletivo e técnicas de padronização das decisões. Tese de livre-docência aprovada na PUC-São Paulo em 11 e 12.12.2018, p. 592, 593. Banca presidida pelo Prof. Nelson Nery Júnior, a qual integramos, juntamente com os Profs. Sérgio Seiji Shimura, Vidal Serrano Nunes Júnior e Nestor Duarte.

de série, ou seja idênticas, travadas com vários sujeitos diferentes, sejam decididas várias vezes".[10]

A Exposição de Motivos do anteprojeto do novo CPC afirmava, no bojo do ítem 1.º, que "criou-se, com inspiração no direito alemão o (...) incidente de Resolução de Demandas Repetitivas, que consiste na identificação de processos que contenham a mesma questão de direito, que estejam ainda no primeiro grau de jurisdição, para decisão conjunta". "(...) No direito alemão a figura se chama *Musterverfahren* e gera decisão que serve de modelo (=*Muster*) para a resolução de uma quantidade expressiva de processos em que as partes estejam na mesma situação, não se tratando necessariamente do mesmo autor nem do mesmo réu (...)".

Sem embargo dessa afirmada etiologia do IRDR, ele não se identifica exatamente com o *Musterverfaren*, dado que entre ambos os institutos registram-se importantes distinções, a começar pelos objetivos de cada qual, como esclarece Antonio do Passo Cabral: "A finalidade do procedimento [*Musterverfahren*] é fixar posicionamento sobre supostos fáticos ou jurídicos de pretensões repetitivas. A lei é clara em apontar estes escopos (*Feststellungsziele*) expressamente, assinalando que devem, inclusive, ser indicados no requerimento inicial. (...) Pode-se dizer, portanto, que o mérito da cognição no incidente compreende elementos fáticos ou questões prévias (*Vorfragen*) de uma relação jurídica ou de fundamentos da pretensão individual".[11]

Já o nosso IRDR tem por pressuposto "controvérsia sobre a mesma *questão unicamente de direito*" (inc. I do art. 976), podendo relevar de direito material ou processual – § 4º desse artigo. A limitação à questão só jurídica, além de se distanciar do modelo alemão evocado na Exposição de Motivos do anteprojeto do novo CPC é de discutível operacionalidade: *a uma*, pela notória dificuldade em se proceder a um *corte cirúrgico* entre questões de fato e de direito (*ex facto oritur jus*); *a duas*, porque os fatos constituem a base do sistema probatório, e há questões *jurídicas* relevantes envolvendo não só a avaliação da prova, como a indicação dos meios pelos quais certos fatos podem ser provados. Nesse sentido, afirma José Miguel Garcia Medina: "Rigorosamente, nenhuma questão pode ser exclusivamente de direito; afinal, pensa-se na construção de normas jurídicas para resolver problemas, e problemas que ocorrem no plano dos fatos". Na sequência,

10. *Novo Curso de Processo Civil*, vol. 2, São Paulo: Thomson Reuters-Revista dos Tribunais, 2015, p. 576.

11. O novo procedimento modelo (*Musterverfahren*) alemão: uma alternativa às ações coletivas. *Revista de Processo* n. 147, maio/2007, p. 132.

buscando uma fórmula conciliatória, o autor propugna: "O que se quer dizer, ao se exigir que a questão seja somente de direito, é que a *controvérsia* diga respeito não ao modo como ocorreram os fatos, mas apenas sobre como deve ser considerada a disposição legal, ou o princípio que servirá de solução da controvérsia". [12]

Aliás, bem vistas as coisas, o objeto do IRDR não consiste – ao menos não exatamente – na resolução de *demandas*, como à primeira vista deflui da denominação do instituto, mas antes preordena-se à emissão de uma *tese jurídica* (art. 985, *caput*), com aptidão paradigmática, de modo a otimizar a resposta jurisdicional, propiciar ganho de tempo e promover o tratamento isonômico de questões jurídicas replicadas massivamente em muitos processos. (Algo semelhante se passa, no STF e no STJ, ao cabo do julgamento por amostragem do RE ou REsp afetado como representativo da controvérsia, quando aquelas Cortes emitem uma *decisão-quadro*, falando o art. 1.040, *caput*, do CPC, em "acórdão paradigma").

De todo modo, dado que o inc. I do art. 976 fala em "*mesma* questão" é bem de ver que não basta a *afinidade* ou a *proximidade* entre questões esparsas em vários processos, para que todos se coalizem, à espera da emissão da *tese* pelo tribunal, mas impende que haja *identidade* entre as questões replicadas. Nesse sentido, José Miguel Garcia Medina exemplifica: "(...) pode-se discutir, em muitos processos, sobre o dever de o Estado custear tratamento médico a portadores de doenças. Esse *tema*, de modo amplo, reproduz-se em muitas ações, mas em cada uma delas o debate envolve peculiaridades que os distinguem, uns dos outros; não se trata da *mesma questão*, e o incidente é inadmissível, em casos como esse.[13]

De outra parte, não resta dúvida de que o IRDR se qualifica como um procedimento de caráter *objetivo* (no senso aproximado do que hoje se fala em *objetivação* do recurso extraordinário), não se tratando, pois, de um processo de partes, no qual uma delas sairá vitoriosa, mas antes cuida-se de um vero *incidente*, como o são, *mutatis mutandis*, os de assunção de competência (CPC, art. 947 e §§) e o de arguição incidental de inconstitucionalidade (CPC, arts. 948-950). Nem tampouco se cuida de uma *ação*, veiculando uma pretensão sustentada pelo autor em face do réu, e bem por isso, o IRDR não se instaura por petição inicial, mas através de singelo pedido, ou, então de ofício, nos moldes do art. 977 e incisos. Tampouco se trata de uma ação incidental, como se passa com os embargos de terceiro

---

12. *Novo Código de Processo Civil comentado*, 5. ed., 2.017, cit., nota IV ao art. 976, p. 1.439.
13. *Novo Código de Processo Civil...*, 5. ed., 2.017, cit., nota III ao art. 976, p. 1.439.

ou com a reconvenção. Descabe, assim, falar-se em *sucumbência* ou em vencedor e vencido, no âmbito do IRDR, donde bem se compreender que o § 5º do art. 976, a ser oportunamente comentado, preveja a inexigibilidade de custas processuais nesse procedimento.

A prevalência do *interesse público e social* no IRDR transparece em mais de um dispositivo, tal a colegitimação ativa ao Ministério Público e à Defensoria Pública (CPC, inc. III do art. 977), cabendo ao *parquet* "assumir sua titularidade em caso de desistência ou de abandono" (§ 2º do art. 976), ou ainda a previsão para que o relator possa "em audiência pública, ouvir depoimentos de pessoas com experiência e conhecimento na matéria" (§ 1º do art. 983), e, sobretudo, a previsão de que eventual desistência ou abandono "não impede o exame do mérito do incidente" (§ 1º do art. 976), à semelhança do que se passa – e por identidade de razão – com a desistência de RE ou REsp já reconhecido com repercussão geral ou já afetado como *representativo da controvérsia* – § único do art. 998.

O fato de os dispositivos atinentes à admissibilidade do IRDR não mencionarem às expressas o *interesse público*, em nada altera a conclusão antes alcançada, porque, como anota Antonio do Passo Cabral, "é da própria natureza destes incidentes [de processos repetitivos] que seu impacto e importância transbordem os limites puramente individuais".[14] (Vale lembrar que o CPC é expresso em abranger sob a rubrica "julgamento de casos repetitivos" o IRDR e o RE e REsp repetitivos – art. 928 e incisos).

Saliente-se que a dicção do inc. II do art. 976, falando em "risco de ofensa à isonomia e à segurança pública", deve, ao nosso ver, ser interpretado no sentido de que a replicação de demandas envolvendo uma mesma questão de direito deve alcançar dimensão importante, não bastando que tal controvérsia se concentre num plexo pouco expressivo de ações, até porque a proximidade entre temas judicializados, além de ser ocorrência comum na *praxis* judiciária, pode ser resolvida mediante outros meios processuais, mormente a reunião de processos afins para julgamento conjunto no juízo prevento (CPC, art. 55 e §§; art. 58) e mesmo nos tribunais, com os recursos fundados em divergência sobre uma mesma questão de direito, tais o recurso especial pela alínea *c* do art. 105, III da CF, ou os embargos de divergência (CPC, art. 1.043, incisos e §§), não se justificando, em tais casos, a instauração de um procedimento do porte do IRDR.

14. A escolha da causa-piloto nos incidentes de resolução de processos repetitivos. *Revista de Processo* n. 231, maio/2014, p. 220, rodapé n. 35.

Ao propósito, observam Luiz Guilherme Marinoni *et al.*: "Para o incidente, é necessário que esse tratamento anti-isonômico repercuta na segurança jurídica ou seja, no grau de cognoscibilidade, estabilidade e confiança para a população e para as próprias estruturas judiciais, a respeito de como dada situação será tratada pela Justiça Civil". Na sequência, os autores observam que enquanto o ambiente de dissídio interpretativo "não afeta a visão de inevitabilidade da resposta jurisdicional única para aquela específica questão de direito, essa divergência é tida como normal, sendo internalizada pelo sistema. Todavia, quando essas respostas diferentes importem em risco de que se perca a referência à respeito de qual é a orientação jurisdicional sobre determinada conduta (*rectius*, sobre a interpretação adequada para determinada questão de direito), aí se terá o risco à isonomia e à segurança jurídica de que fala o art. 976, II".[15]

§ 1º do art. 976.

Ao final do comentário ao *caput* do art. 976 e seus incisos ficou sobrelevado o interesse público e social que permeia o IRDR, por modo que, antes e acima do interesse individual das *partes* – isto é, dos sujeitos componentes das ações repetidas e de quem tenha proposto a instauração do incidente – sobrepaira o interesse maior da coletividade, em que a *questão de direito*, repercutida em número importante de feitos, receba uma resposta judiciária unitária, assim agilizando os trâmites, otimizando a atividade jurisdicional e assegurando tratamento isonômico aos jurisdicionados envolvidos nessas demandas seriais. Bem por isso, o Ministério Público – curador do interesse social e dos individuais indisponíveis – CF, art. 127, *caput* – figura dentre os que podem promover o IRDR (art. 977, III).

Algo semelhante se passa no rito de julgamento por amostragem de RE's e REsp's repetitivos, no qual, sem embargo do interesse individual dos recorrentes, sobrepaira o interesse maior da coletividade na emissão de uma decisão-quadro, capaz de parametrizar o desfecho dos demais recursos isomórficos sobrestados na origem. É por conta dessa *ratio* comum, que permeia tanto o IRDR como o regime de julgamento *em bloco* ou *por amostragem* de RE's e RESp's repetitivos, que o legislador destinou análoga disposição, no sentido de que a *desistência* não impede a continuidade do rito: assim do IRDR (§ 1º do art. 976, em comento) como dos RE's e RESp's repetitivos (parágrafo único do art. 998), com a só diferença de que, no

15. *Novo Curso de Processo Civil*, cit., vol. 2, 2015, p. 579-580.

IRDR, o texto alude à "desistência *ou o abandono*". Saliente-se que no caso de pedido de desistência de REsp já afetado como representativo da controvérsia o STJ firmou posição, já ao tempo do CPC/73, emitindo Questão de Ordem no REsp 1.063.343, julgado na Corte Especial, rel. Min. Nancy Andrighi, j. 17.12.2.008: "É inviável o acolhimento de pedido de desistência recursal formulado quando já iniciado o procedimento de julgamento de Recurso Especial representativo da controvérsia, na forma do art. 543-C do CPC, c/c Resolução n. 08/2008 do STJ". Esse entendimento veio depois reiterado em outros julgados, *v.g.*, 1ª Seção, REsp 1.129.971, v.u., rel. Min. Mauro Campbell Marques, j. 24.2.2.010, DJ*e* 10.03.2.010), valendo lembrar que as orientações do Plenário ou do Órgão Especial dos tribunais, tais as Questões de Ordem, constituem padrões decisórios impositivos: CPC, art. 927, V.

Em ambos esses casos o legislador busca uma fórmula que acomode, em certa medida, dois valores relevantes: de um lado, o direito do autor da ação (no caso do IRDR) ou do recorrente (no caso do RE/REsp afetado como representativo da controvérsia) de desistirem das respectivas ação e recurso; de outro lado, o interesse público e social em que a questão jurídica com aptidão para se multiplicar em outras ações e recursos seja resolvida em modo unitário. E assim é que a *fórmula conciliatória* entre esses dois polos prevê que a "desistência ou o abandono do processo não impede o exame do mérito do incidente (§ 1.º do art. 976), assim como se passa com o antes referido § único do art. 998 dispondo que a "desistência do recurso não impede a análise de questão cuja repercussão geral já tenha sido reconhecida e daquela objeto de julgamento de recursos extraordinários ou especiais repetitivos".

Ao propósito, esclarecem Nery & Nery: "Desistência da ação, renúncia ao direito e desistência do recurso são *direitos potestativos* lícitos da parte. Uma vez manifestada, configura *negócio jurídico unilateral não receptício*, vale dizer, não necessita da concordância da parte contrária nem de homologação judicial para ter validade e eficácia. O texto normativo assegura, contudo, a sobrevivência do IRDR, mesmo quando houver desistência do recurso ou da ação, ou mesmo abandono desta. Nestes termos, a fixação da tese jurídica no IRDR não poderá atingir as partes da ação em que houve a desistência".[16]

Até porque, ao contrário do que se passa no regime dos RE's e REsp's repetitivos, em que um dado recurso é *selecionado* para receber

16. *Comentários ao Código de Processo Civil, cit.* 2015, nota n. 11 ao art. 976, p. 1.968.

a decisão-quadro (CPC, art. 1.037 e incisos), já no IRDR não ocorre a *afetação* de um dado processo para operar como caso-piloto, como se passa naquela primeira ocorrência, mas é a *questão unicamente de direito* (inc. I do art. 976), com aptidão para se reproduzir massivamente, que é alçada ao conhecimento do tribunal, para que este fixe a *tese jurídica* a respeito (art. 985, *caput*). Tal circunstância reforça o sentido do § 1.º do art. 976, em comento: não sendo uma determinada ação (*rectius*: processo) que *sobe* ao tribunal, para receber o pronunciamento paradigmático, isso configura mais um motivo para que não seja obstada a desistência da ação ou desconhecido o abandono do processo, sem embargo do prosseguimento do incidente instaurado, à vista do interesse público e social em sua instauração e em seu desfecho.

De observar-se que o pedido de desistência da ação ou o abandono do processo onde veio gestado o IRDR, constituem condutas facultativas ou voluntárias unilaterais, fazendo incidir o art. 200, *caput*, do CPC: "Os atos das partes consistentes em declarações unilaterais ou bilaterais de vontade produzem *imediatamente* a constituição, modificação ou extinção de direitos processuais". Sucede que o IRDR é presidido pelo interesse público e social, representado pela fixação de uma *tese jurídica* acerca de questão de direito repercutida em muitas ações; esse é o motivo pelo qual o legislador, buscando conciliar os dois polos dessa equação, não impede o pedido de desistência da ação, nem desconhece o abandono do processo; todavia, preserva a continuidade do IRDR, para que este possa atingir sua elevada finalidade.

Análoga *ratio* se aplica, como antes referido, aos pedidos de desistência de RE já reconhecido com repercussão geral ou com REsp já afetado como representativo da controvérsia (CPC, § único do art. 998), já tendo o STJ decidido que "afora os casos onde são identificados razões de interesse público na uniformização da jurisprudência (...) ou os casos onde se evidencia a má-fé processual em não ver fixada jurisprudência contrária aos interesses do recorrente quando o julgamento já está em estado avançado (...) a regra geral é pela possibilidade da desistência do recurso especial a qualquer tempo. Inclusive com o julgamento já iniciado e com pedido de vista" (REsp 689.439/PR, rel. Min. Mauro Campbell Marques, 2.ª T., j. 04.03.2010). Algo semelhante se passa no rito da ADIn e da ADCon – claramente processos objetivos, presididos por evidente interesse público – prevendo os arts. 5º da Lei 9.868/99 e 16 da Lei 9.882/99 que uma vez propostas tais ações "não se admite desistência".

§ 2.º do art. 976.

O parágrafo em comento determina que o Ministério Público, salvo quando for o próprio promovente do IRDR, "intervirá obrigatoriamente no incidente e deverá assumir sua titularidade em caso de desistência ou de abandono". Na verdade, esse dispositivo prende-se à *ratio* subjacente ao parágrafo anterior, dispondo que a desistência ou o abandono do IRDR pelo sujeito da ação que lhe dá suporte, não impede o prosseguimento do incidente - dado o interesse público ou social aí prevalecente - donde compreender-se que o § 2.º, ora em comento, determine que em tal hipótese o *parquet* deve intervir obrigatoriamente e, inclusive, em sobrevindo desistência ou abandono, deve assumir a titularidade do incidente.

O caso remete às funções do Ministério Público no processo civil, lembrando-se que se trata de "instituição permanente, essencial à função jurisdicional do estado, incumbindo-lhe a defesa da ordem jurídica, do regime democrático e dos interesses sociais e individuais indisponíveis" (CF, art. 127, *caput*), dispositivo repercutido no art. 176 do CPC, dizendo que o MP "atuará na defesa da ordem jurídica, do regime democrático e dos interesses e direitos sociais e individuais indisponíveis". Em apertada síntese, o promotor/procurador de justiça/procurador da República atua como: (*i*) parte; (*ii*) representante de parte; (*iii*) fiscal da lei (*custos legis*). Enquanto parte, diz o art. 177 do CPC, ele "exercerá o direito de ação" e, enquanto "fiscal da ordem jurídica", prossegue o art. 178, ele intervirá "nas hipóteses previstas em lei ou na Constituição Federal e nos processos que envolvam: I - interesse público ou social; II - interesse de incapaz; III - litígios coletivos pela posse de terra rural ou urbana".

Tornando ao § 2º do art. 976, em comento, compreende-se que - tirante o caso de o MP já ser o próprio promovente do IRDR (inc. III do art. 977) - nos demais casos, em sobrevindo desistência ou abandono por parte do autor da ação onde fora gestado o IRDR, então o MP, enquanto fiscal da ordem jurídica, deve nele intervir, conduzindo-o até final. Tal participação inclui a possibilidade de se interpor RE ou REsp do acórdão no IRDR, caso em que o STF ou o STJ, conhecendo o mérito, determinará a aplicação da tese jurídica "no território nacional a todos os processos individuais ou coletivos que versem sobre idêntica questão de direito" (§ 2º do art. 987). Como se vê, o interesse público e social que permeia a instauração do IRDR, especialmente no que tange à definição da *tese jurídica* idônea a parametrizar a resolução de numerosas ações, justifica amplamente a intervenção do *parquet*.

Por identidade de razões, verifica-se que em outras ações nas quais se lobriga o interesse público e social, em sobrevindo desistência ou abandono, o MP está autorizado a assumir a condução do feito: assim se passa na ação civil pública e na ação popular (nessa ordem: Lei 7.347/1985, § 3º do art. 5.º;[17] Lei 4.717/1965, art. 9º).[18]

De observar-se que, apesar de a Defensoria Pública ser colegitimada à instauração do IRDR (art. 977, III), o § 2º do art. 976, em comento, credencia apenas o MP a assumir o procedimento em caso de desistência ou abandono; esse discrímen, ao nosso ver, explica-se pelo fato de a intervenção judicial da Defensoria Pública estar sujeita à *pertinência temática*, ou seja, que na causa exista interesse de *necessitado* (CF, arts. 134, *caput*; 5.º, LXXIV). Saliente-se que esta última expressão passou por uma evolução semântica de perfil extensivo, permitindo aí abranger não só o "carente de recursos financeiros", mas também outros sujeitos e segmentos *vulneráveis*, inclusive o *carente organizacional*, definido por Fernanda Tartuce como aquele que "não consegue mobilizar recursos e estruturas para sua própria organização pessoal e encontra restrições logísticas para sua atuação.[19]

Note-se, enfim, que o CPC, ao credenciar a participação do MP no IRDR – tanto como promovente como interveniente – vale-se, no § 2º do art. 976, de locuções verbais de cunho *imperativo* ("intervirá obrigatoriamente"; "deverá assumir"), deixando estreme de dúvida o caráter obrigatório de tais intervenções, o que bem se compreende, dado o notório interesse público e social que permeia o IRDR, dada sua aptidão para, através da emissão da *tese jurídica* (art. 985, caput), parametrizar em modo isonômico a resolução da questão de direito replicada em muitos processos.

§ 3º do art. 976.

O CPC traz alguns dispositivos voltados a prevenir ou superar a chamada *jurisprudência defensiva*, expressão creditada ao Min. Humberto Gomes de Barros, do STJ, ao referir-se à postura dos tribunais na "criação de entraves e pretextos para impedir a chegada e o conhecimento dos

17. Ao propósito, v. o nosso *Ação civil pública – em defesa do meio ambiente, do patrimônio cultural e dos consumidores – Lei 7.347/85 e legislação complementar*, 14. ed., São Paulo: Thomson Reuters-Revista dos Tribunais, 2016, p. 143 e s.

18. Ao propósito, v. o nosso *Ação popular*, 8. ed., São Paulo: Thomson Reuters- Revista dos Tribunais, 2015, p. 269 e s.

19. *Igualdade e vulnerabilidade no processo civil*, Rio de Janeiro: Gen-Forense, 2012, p. 208.

recursos que lhes são dirigidos".[20] Ao propósito, com a proverbial precisão e a *verve* que caracterizaram seus escritos, José Carlos Barbosa Moreira lembra que os julgadores não devem "(...) exagerar na dose: por exemplo, arvorando em motivos de não conhecimento circunstâncias de que o texto legal não cogita, nem mesmo implicitamente, agravando sem razão consistente exigências por ele feitas, ou apressando-se a interpretar em desfavor do recorrente dúvidas suscetíveis de suprimento. (...) É inevitável o travo de insatisfação deixado por decisões de não conhecimento; elas lembram refeições em que após os aperitivos e os *hors d'oeuvre*, se despedissem os convidados sem o anunciado prato principal". [21]

Ao propósito, Márcio Carvalho Faria passa em resenha várias disposições do CPC/2015 tendentes a superar ou ao menos a amenizar tal quadro, augurando que tais medidas "certamente contribuirão, a um só tempo, para facilitar o *acesso à ordem jurídica justa*, a efetividade processual e, notadamente, espancar a aviltante jurisprudência defensiva que se formou, sobretudo, no seio dos Tribunais Superiores".[22]

De fato, a *praxis judiciária*, sobretudo nas Cortes Superiores, tem revelado, de tempos a esta parte, uma tendência *reducionista* no *in put* massivo de processos, ao argumento – velado ou explícito – da desproporção entre a sobrecarga de trabalho e a capacidade instalada, levando a que falhas formais de pequena monta, supríveis, sejam erigidas em motivo para trancamento de ações e recursos, obstando a resolução do mérito. Ao propósito, colhe-se no bojo do item 2º da Exposição de Motivos do anteprojeto do novo CPC: "(...) permite-se no novo CPC que os Tribunais Superiores apreciem o mérito de alguns recursos que veiculam questões relevantes, cuja solução é necessária para o aprimoramento do Direito, ainda que não estejam preenchidos requisitos de admissibilidade considerados menos importantes. Trata-se de regra afeiçoada à processualística contemporânea, que privilegia o conteúdo em detrimento da forma, em consonância com o princípio da instrumentalidade".

Assim é que, dentre algumas ocorrências positivadas no vigente CPC, afinadas a esse ideário, deve o juiz "determinar o *suprimento* de pressupostos

---

20. Discurso de posse na Presidência do STJ, conforme referido por Márcio de Carvalho Faria: O novo Código de Processo Civil vs. a jurisprudência defensiva. *Revista de Processo* n. 210, ago./2012, p. 269, rodapé n. 16.

21. Restrições ilegítimas ao conhecimento dos recursos. *Temas de Direito Processual*, 9.ª série, São Paulo: Saraiva, 2007, p. 270.

22. Restrições ilegítimas..., cit., *Revista de Processo* n. 210, ago/2012, p. 296.

processuais e saneamento de outros vícios processuais" (inc. IX do art. 139); já nos tribunais, dispõe o § único do art. 932: "Antes de considerar inadmissível o recurso, o relator concederá o prazo de 5 (cinco) dias ao recorrente para que seja sanado vício ou complementada a documentação exigível"; ainda nos tribunais, tratando-se de apelação interposta, dentre outros casos arrolados no § 3º do art. 1.013, contra sentença que não decidira o mérito da causa (art. 485 e incisos), é dado ao órgão julgador aferir se o processo se encontra "em condições de imediato julgamento", sendo que, em caso positivo, "deve decidir desde logo o mérito" (§ 3º do art. 1.013 e inciso I). Por certo, também se afina a esse renovado ideário o regime de *fungibilidade* entre RE e REsp, constante do CPC, como se colhe à leitura dos arts. 1.031 a 1.033.

Ao propósito, José Miguel Garcia Medina enquadra os dispositivos desse gênero sob a rubrica "Dever de prevenção contra o surgimento de vícios processuais e contra a decretação de nulidades. Dever de esclarecimento", assinalando, na sequência: "(...) pode o juiz não apenas remediar vício que já tenha ocorrido (evitando-se, assim, que se decrete a nulidade), mas, deparando-se com a possibilidade de surgimento de vício processual, tomar medidas tendentes a evitá-lo (...) O dever de esclarecimento também decorre do dever de cooperação, previsto no art. 6º do CPC/2015. O esclarecimento, conjugado à atuação preventiva, pode também evitar o surgimento de vícios processuais".[23]

Nessa vertente – afinada à *instrumentalidade do processo* e ao princípio do *aproveitamento dos atos processuais* ("utile per inutiler non vitiatur") – se enquadra o § 3º do art. 976 em comento, ao dispor que a inadmissão do IRDR "por ausência de qualquer de seus pressupostos de admissibilidade não impede que, uma vez satisfeito o requisito, seja o incidente novamente suscitado". Dito de outra forma, se numa dada eventualidade o IRDR não pôde ser admitido, à míngua de algum dos pressupostos de admissibilidade indicados nos incisos I e II do art. 976, tal ocorrência não projeta qualquer tipo de *preclusão* – lógica, temporal, consumativa – de sorte que, uma vez suprida a carência antes verificada, o incidente pode ser retomado, ou, a depender da espécie, outro pode ser apresentado.

§ 4.º do art. 976.

O parágrafo em comento declara incabível o IRDR quando o STF ou o STJ "já tiver afetado recurso [RE ou REsp] para definição de tese sobre

23. *Novo Código de Processo Civil comentado*, 5. ed., cit. 2017, nota IX ao art. 276, p. 462.

questão de direito material ou processual repetitiva" (entenda-se: a questão de direito, replicada em muitos processos e passível de ser definida na *tese jurídica*, ao final do IRDR – art. 985, *caput*), tratando-se, pois, de um pressuposto procedimental *negativo*, ou seja: que *não pode* ocorrer, sob pena de inadmissão desse incidente.

A *ratio* do dispositivo ora em comento radica num duplo propósito: (*i*) evitar superfetação de finalidades entre o IRDR e o regime de julgamento *por amostragem* de RE's e REsp's repetitivos (CPC, arts. 1.036-1.041), ao pressuposto, naturalmente, de que a *tese jurídica* que seria buscada no IRDR (art. 985, *caput*) venha a *coincidir* com aquela de direito material ou processual objetivada no RE ou do REsp *já afetado como representativo da controvérsia*, para receber a decisão-quadro do STF ou do STJ, até porque nessas Cortes, uma vez afetado o recurso (CPC, art. 1.037, *caput*), o relator "(...) II – determinará a suspensão do processamento de todos os processos pendentes, individuais ou coletivos, que versem sobre a questão e tramitem no território nacional"; (*ii*) prevenir o risco de decisões discrepantes ou mesmo contraditórias sobre um mesmo tema, o que poderia realmente ocorrer caso ambos os ritos seguissem livre curso *em paralelo*, o que ainda mais se agravaria pelo fato de que tanto as decisões-quadro no RE ou REsp selecionados, como a tese jurídica alcançada ao final do IRDR constituem *padrões decisórios* de aplicação impositiva por juízes e tribunais de todo o país (CPC, arts. 927, III; 985 e incisos).

Acerca do tópico (*ii*), supra, Teresa Arruda Alvim Wambier *et al.* ressaltam a "correlata finalidade" entre o IRDR e o regime de julgamento por amostragem de RE's e REsp's repetitivos, assim concluindo: "Não faz, portanto, sentido que, por meio de ambos os institutos, possa-se estar resolvendo, *simultaneamente, a mesma questão de direito*. Até porque, além do desperdício da atividade jurisdicional, há o risco de decisões conflitantes".[24]

Ocorrendo a hipótese focada no § 4º do art. 976 em comento, parece-nos que dois alvitres se apresentam: (*i*) o IRDR não se inicia ou é descontinuado – em primeiro grau ou no tribunal – à vista da pendência de RE ou REsp já afetado como representativo da controvérsia, envolvendo a *vexata quaestio* que seria objeto do IRDR; (*ii*) o IRDR poderá ser sobrestado, à espera do julgamento por amostragem do RE ou REsp, nos quais se lobrigue a *mesma* questão de direito. Em princípio, esta última alternativa se apresenta como a mais apropriada, porque, como compete

24. *Primeiros comentários..., cit.* 2015, nota ao art. 976, p. 1.399.

ao tribunal de origem *delimitar* "a questão de direito a ser processada e julgada", ou seja, "a questão de direito que puder tornar prejudicadas outras questões suscitadas no recursos" (RISTJ, § 1º, II; § 2º, I, do art. 256, cf. ER 24/2.016), parece adequado aguardar-se a definição da Corte superior a respeito, com vistas a saber se, *realmente*, há uma identificação ou uma sobreposição entre o objeto da decisão-quadro e a questão de direito que seria veiculada no IRDR, inclusive para fins de eventual *distinguishing* (CPC, art. 489, § 1.º, VI; § 9º do art. 1.037; §§ 5º e 6º do art. 966, estes inseridos pela Lei 13.256/2016).

Ao propósito do § 4.º do art. 976, em comento, anotam Nery & Nery: "Se um tribunal superior já tiver afetado recurso sobre a controvérsia cujo entendimento se pretende uniformizar, por meio do incidente, este será manifestamente incabível; a definição do entendimento deverá aguardar a decisão do tribunal superior (CPC 927, III)".[25] Com maior razão tal se dará se o recurso afetado como representativo já tiver sido julgado, com definição da questão jurídica, porque aí ficará evidente a falta de interesse para instauração do IRDR. Naturalmente, se o recurso vier a ser desafetado ou não vier a ser conhecido (*v.g.*, por ausência da repercussão geral da questão constitucional), então não haverá óbice à instauração e prosseguimento do IRDR.

É palpável a hipótese de instauração contemporânea de IRDR's acerca de uma mesma questão de direito em mais de um TJ, TRF ou TRT, mais essa eventualidade só é admissível enquanto o STJ ou o STF não determinarem a "suspensão do processamento de todos os processos pendentes, individuais ou coletivos, que versem sobre a questão e tramitem no território nacional" (CPC, art. 1.037, II).

§ 5.º do art. 976.

A razão da dispensa de custas processuais no IRDR, prevista no parágrafo ora em comento, radica no interesse público e social que permeia esse procedimento, já que ele se preordena a fixar a *tese jurídica* (art. 985, *caput*) acerca de uma questão de direito que aparece replicada em muitos processos; ou seja, busca-se uma *padronização decisória*, idônea a formatar a resolução equânime de um tema massivamente repercutido, assim contribuindo para preservar a isonomia e a segurança jurídica – art. 976 e incisos.

---

25. *Comentários ao Código de Processo Civil, cit.* 2015, nota n. 14 ao art. 976, p. 1.968.

Dado esse desenho, não há exagero em ver-se o IRDR como um procedimento de cunho *objetivo*, já que nele não há, propriamente, uma *pretensão* a ser decidida *pro* ou *contra*, por modo que daí pudesse resultar uma situação de *sucumbência* para uma das partes Justamente por isso, o disposto no § 2º do art. 82 do CPC - "A sentença condenará o vencido a pagar ao vencedor as despesas que antecipou" - não teria, mesmo, como aplicar-se ao IRDR.

De resto, sendo o IRDR um incidente inspirado em razões de interesse público ou social - em modo análogo ao que se passa, *mutatis mutandis*, com os de *assunção de competência* e de *arguição incidental de inconstitucionalidade* - não caberia falar-se em *vencedor e vencido*, como se passa nas ações em geral (CPC, art. 85, *caput*). Ainda quando o IRDR venha promovido por iniciativa do Ministério Público ou da Defensoria Pública (art. 977, III), descabe falar em "condenação nas despesas processuais", não se aplicando aí, portanto, o art. 91, *caput* do CPC, dirigido, claramente, ao caso de sucumbência numa *ação judicial*.

A mesma *ratio* subjacente ao § 5.º do art. 976, em comento, informa, igualmente, outros procedimentos nos quais sobreleva o interesse público, tais os incidentes de assunção de competência, de arguição de inconstitucionalidade, de homologação de sentença estrangeira ou de desconsideração da personalidade jurídica, nos quais, igualmente, não vem prevista a verba sucumbencial (CPC, arts. 947, 948, 960, 133 e §§, nessa ordem).

De todo modo, o legislador revelou-se *muito econômico* na redação do parágrafo em comento, ao se restringir à dispensa das "custas processuais" no IRDR, sem levar em conta outras variáveis, por exemplo as despesas incorridas com a deslocação de advogados, especialmente em caso de interposição de RE ou REsp contra o acórdão do TJ, do TRF ou do TRT que fixara a tese jurídica; além disso, o vigente CPC prevê condenação em honorários em segundo grau, conforme o resultado dos recursos interpostos (§ 1º do art. 85). Com razão, pois, afirma Aluísio Gonçalves de Castro Mendes: "O tema das despesas processuais, quanto às verbas que não configuram custas judiciais, como as despesas de viagem e os honorários advocatícios, precisa ser, portanto, devidamente equacionado e debatido, para que estes custos não representem óbice ao acesso à justiça ou desestímulo à participação no Incidente de Resolução de Demandas Repetitivas". [26]

26. *Incidente de resolução de demandas repetitivas*, São Paulo: Gen-Forense, 2.017, cit., p. 136.

Art. 977. O pedido de instauração do incidente será dirigido ao presidente de tribunal:

I – pelo juiz ou relator, por ofício;

II – pelas partes, por petição;

III – pelo Ministério Público ou pela Defensoria Pública, por petição.

Parágrafo único. O ofício ou a petição será instruído com os documentos necessários à demonstração do preenchimento dos pressupostos para a instauração do incidente.

Art. 977, *caput*.

Dois aspectos sobrelevam, desde logo, no *caput* do art. 977: de um lado, a expressão "pedido de instauração" do IRDR; de outro lado, o fato desse requerimento ser dirigido ao "presidente do tribunal". Vejamos, nessa ordem, esses tópicos.

A terminologia empregada no *caput* do artigo em comento remete ao largo campo das *impugnações* no Processo Civil, gênero compreensivo de três espécies: (*i*) *ações autônomas*, tais a rescisória, o mandado de segurança contra ato judicial ou os embargos de terceiro; (*ii*) *recursos*, restritos às espécies listadas em *numerus clausus* no art. 994 e incisos do CPC; (*iii*) *incidentes*, que se distinguem das duas classes anteriores, seja por não formarem relação processual autônoma, seja por não buscarem, propriamente, infringir uma dada decisão judicial, e ainda por não configurarem, exatamente, um *processo de partes*, caracterizado por "pretensão resistida", e aí temos a *reclamação* (CPC/2015, art. 988), a *assunção de competência* (CPC/2015, art. 947 e parágrafos); o *pedido de exclusão de RE ou de REsp* do rol dos sobrestados no tribunal de origem (CPC, § 6º do art. 1.035; § 2º do art. 1.036); o *incidente de desconsideração da personalidade jurídica* (CPC, art. 133 e §§) e, no que ora mais interessa, o IRDR, enquanto procedimento extraído ou *pinçado* de um processo em trâmite, com vistas à fixação da *tese* sobre *questão de direito* repercutida em muitos processos.

Não configurando, pois, o IRDR uma *ação judicial*, nem tampouco formando um *processo de partes* propriamente dito, compreende-se que sua deflagração não siga o modelo que se deflagra com a petição inicial, sujeita aos quesitos indicados no art. 319, incisos e §§ do CPC, mas que se instaura: (*a*) *por requerimento*, no caso de a iniciativa ser exercida pelas partes, Ministério Público ou Defensoria Pública; (*b*) *de ofício*, no caso de o promovente ser juiz ou relator, o que tudo guarda sintonia com a transcendente finalidade desse procedimento, que é o de resguardar a isonomia e a segurança jurídica, valores que de outro modo ficariam expostos a risco, ante a profusão de demandas envolvendo uma mesma questão de direito que, não raro, apresenta-se prejudicial.

De outra parte, o endereçamento do IRDR ao "presidente do tribunal" deve ser entendido no sentido de caber a essa autoridade *recepcionar* o procedimento e, ato contínuo, *distribuí-lo* ao órgão a quem cabe proceder o juízo de admissibilidade (art. 976), certo que tal órgão fracionário deve ser aquele que, nos termos regimentais, está incumbido da "uniformização da jurisprudência" (art. 978, *caput*). Em resultando positivo o juízo de admissibilidade, então o relator designado determina os atos sequenciais indicados nos art. 982 e §§.

O pedido de instauração do IRDR, como toda postulação judicial, deve estar devidamente *instruído* com a demonstração da existência dos pressupostos *positivos*, indicados nos incisos do art. 976, e, outrossim, da inocorrência do pressuposto *negativo* indicado no § 4.º do art. 976 (inexistência de RE ou REsp já afetado no STF ou no STJ como representativo da controvérsia), vindo essa *demonstração* do cabimento do IRDR determinada no § único do art. 977, a ser oportunamente comentado.

Um contraponto entre o IRDR e a *liminar improcedência da ação* (CPC, art. 332, *caput*) revela um *núcleo comum*: ambas as ocorrências remetem à eficácia panprocessual de certos *precedentes* (art. 927, III, c/c art. 928, I; incisos do art. 332), a par da *diferença específica*, consistente no fato de que no IRDR se busca a superação de divergência instalada acerca de uma dada questão de direito repercutida em muitos processos, ao passo que a liminar improcedência da ação se dá quando o *pedido inicial* da ação judicial já *de per si* se revela contrário a certos enunciados judiciários *assentados e paradigmáticos*, tais as decisões-quadro firmadas no rito do RE's e REsp's repetitivos, as súmulas, os acórdãos em assunção de competência e no próprio IRDR.

Observe-se que a menção a um "pedido de instauração do incidente" (art. 977, *caput*) vem roborar a percepção de que por aí não se forma ação autônoma, nem tampouco ocorre a *afetação* ou *seleção* de uma ação pendente para servir como piloto (*test claim*), como se passa no regime de julgamento *por amostragem* de RE's ou REsp's repetitivos, em que se dá o *pinçamento* de um deles para servir como representativo da controvérsia (CPC, art. 1.036 e § 1.º; art. 1.037, *caput*). No ponto, comentam Nery &

Nery: "Os legitimados para a instauração do incidente estão envolvidos com determinada causa e, a julgar pelo que dispõe o CPC, não há perspectiva de que um outro processo seja escolhido para fazer o papel do piloto".[27]

Quanto à instauração do IRDR no âmbito dos *Juizados Especiais* (Leis 9.099/1995; 10.259/2001) registrou-se certa controvérsia, ora ao argumento de que tais instâncias diferenciadas não se vinculam funcionalmente aos TJ's e TRF's, ora porque o art. 14 da Lei 10.259/2001 (Juizados Especiais Federais) já prevê o *pedido de uniformização* dirigido às Turmas de Uniformização, com eventual acesso ao STJ, a teor do § 4.º desse dispositivo, contexto depois recepcionado no art. 18 e § 3.º da Lei 12.153/2009 (Juizados da Fazenda Pública Estadual). Ao propósito, Frederico Augusto Leopoldino Koehler, escrevendo ao tempo dos projetos sobre o CPC/2015, afirmara: "De fato, entendemos que os juizados especiais não podem ser excluídos da aplicação do IRDR, uma vez que é nesse microssistema que surge a imensa maioria dos casos repetitivos, sendo que os juizados sempre estiveram na vanguarda do estabelecimento de tratamento diferenciado às demandas de massa".[28]

Sobre o tema, no Seminário "O Poder Judiciário e o novo Código de Processo Civil", realizado em 2015 pela Escola Nacional de Formação e Aperfeiçoamento de Magistrados – ENFAM, assentaram-se estes Enunciados: n. 21: "O IRDR pode ser suscitado com base em demandas repetitivas em curso nos Juizados Especiais"; n. 44: "Admite-se o IRDR nos Juizados Especiais, que deverá ser julgado por órgão colegiado de uniformização do próprio sistema". De resto, os Juizados Especiais constam dentre as instâncias judiciais às quais se aplica a *tese jurídica* firmada ao final do IRDR – art. 985, I.

Nesse sentido, Aluísio Gonçalves de Castro Mendes reconhece que "a extensão da aplicação do incidente de resolução de demandas repetitivas aos Juizados Especiais não se afigura inconstitucional, por eventual contrariedade ao disposto no art. 98, I, da CRFB/88, na medida em que (a) de um lado o dispositivo constitucional não veda que órgãos externos à estrutura dos Juizados Especiais possam em alguma medida participar dos mecanismos de uniformização próprios desse microssistema, tal como reconheceu o Supremo Tribunal Federal ao apreciar a disposição da lei n. 10.259/01, que prevê a inserção do Superior Tribunal de Justiça nos mecanismos de uniformização dos Juizados Especiais Federais e (b)

27. *Comentários ao Código de Processo Civil,* 2105, cit., nota n. 10 ao art. 976, p. 1.968.

28. O incidente de resolução de demandas repetitivas e os Juizados Especiais. *Revista de Processo* n. 237, nov./2014, p. 500.

não há um deslocamento do julgamento de causas em tramitação nos Juizados Especiais para os respectivos Tribunais de Justiça ou Tribunais Regionais Federais, mas apenas extensão da aplicação da tese jurídica nestes firmada, de forma a assegurar a plena realização dos valores constitucionais da segurança jurídica e da igualdade de tratamento dos jurisdicionados". [29]

Incs. I, II e III do art. 977.

Os incisos em comento indicam o *modus procedendi* no tocante à iniciativa para a instauração do IRDR, a saber: *de ofício*, pelo juiz ou relator; mediante *petição*, em se tratando das partes, o Ministério Público e a Defensoria Pública.

A referência ao *juiz* sinaliza o caso em que o IRDR se inicia em primeiro grau – conquanto seja dirigido ao tribunal – ao passo que a menção ao *relator* remete, naturalmente, à igual legitimidade atribuída ao desembargador com assento em certa fração do tribunal (TJ, TRF) competente na matéria segundo o critério fixado no art. 978, *caput*. Ao propósito, comentam Teresa Arruda Alvim Wambier *et al.* que a legitimidade é atribuída "(...) não a qualquer *desembargador*, mas exclusivamente ao relator do agravo ou da apelação que girar em torno da questão de direito sobre a qual haja significativa multiplicidade de ações em 1.º grau ou de recursos, no 2.º grau".[30]

Justifica-se tal exegese, tendo presente a *ratio* subjacente ao parágrafo único do art. 930 do CPC, situado no capítulo dedicado à *ordem dos processos no tribunal*: "O primeiro recurso protocolado no tribunal tornará *prevento* o relator para eventual recurso subsequente interposto no mesmo processo ou em processo conexo".

Verdade que o PLC 8.046/2010 dispunha no § 2º do art. 988: "O incidente somente pode ser suscitado na *pendência* de qualquer causa de competência do tribunal", mas a versão final não recepcionou tal alvitre, de sorte que o IRDR pode iniciar-se, *ex novo*, em primeiro grau, sem embargo de cuidar-se de "processo de competência originária de tribunal" (como deflui de sua localização no CPC – título I do Livro III), e ainda, porque ele é direcionado ao tribunal, a quem cabe fixar a *tese jurídica* a respeito da *vexata quaestio* (art. 985, *caput*).

29. *Incidente de resolução...*, 2.017, cit., p. 167.

30. *Primeiros comentários...*, cit. 2015, p. 1.400.

Nesse sentido, Luiz Guilherme Marinoni *et al.* entendem que a menção ao *relator*, no inc. I do art. 977, prende-se à intenção do legislador de "gerar regra de prevenção, sujeitando ao órgão que analisou o incidente a julgar também – ao mesmo tempo, se o 'recurso, a remessa necessária ou o processo de competência originária' [parágrafo único do art. 978] já estiver pendente de análise no tribunal, ou futuramente, quando esses atos chegarem à apreciação da corte – a causa de onde surgir a questão de direito julgada".[31] De fato, o inc. I do art. 977 refere-se ao *relator*, e não a qualquer dos desembargadores, significando dizer que legitimado é aquele a quem está afetado o agravo ou a apelação onde se agita a questão de direito replicada em numerosos processos.

A inserção do Ministério Público e da Defensoria Pública dentre os colegitimados à instauração do IRDR (inc. II do art. 977) prende-se às elevadas missões dessas instituições: o *parquet*, credenciado à "defesa da ordem jurídica, do regime democrático e dos interesses individuais indisponíveis" (CF, art. 127; CPC, art. 176), enquanto a Defensoria vem vocacionada à "orientação jurídica e a defesa, em todos os graus, dos *necessitados*" (CF, art. 134, *caput*; CPC, art. 185), certo ainda que "o Estado prestará assistência jurídica *integral e gratuita* aos que comprovarem insuficiência de recursos" (CF, art. 5.º, LXXIV). Registre-se que a condição de *necessitado*, que legitima a intervenção da Defensoria, foi, gradualmente, evoluindo da inicial acepção de "carente de recursos financeiros" para alcançar um sentido tendencialmente ampliativo, afirmando José Carlos Barbosa Moreira que por conta disso o campo de atuação dessa instituição "já não se delimita em função do atributo 'judiciário', mas passa a compreender tudo que seja 'jurídico'".[32] Por isso, hoje se identificam diversas *vulnerabilidades* – inclusive a *organizacional* – que legitimam a ação ou a intervenção da Defensoria Pública.

Nesse sentido, Aluísio Gonçalves de Castro Mendes afirma que a legitimação da Defensoria para a instauração do IRDR "dá prosseguimento a uma trajetória em que a Defensoria deixou de ter uma atuação apenas como representante judicial em caráter individual para assumir um papel institucional como legitimado extraordinário para defesa de direitos e interesses coletivos. Representa, assim, um salto de qualidade nas suas funções, pois pode deixar de ter um desempenho atomizado, para desenvolver um

---

31. *Novo Curso de Processo Civil*, 2.015, cit., p. 580.

32. O direito à assistência jurídica: evolução no ordenamento brasileiro de nosso tempo. *Revista de Processo* n. 67, p. 130.

trabalho mais amplo, molecularizado e mais eficiente, pois, com o dispêndio de menos recursos, pode pleitear e obter um alcance maior para as pretensões que lhe chegam no dia a dia". [33]

De outra parte, é inegável que consultam ao *interesse da coletividade* as finalidades perseguidas no IRDR: tratamento isonômico aos jurisdicionados e preservação da segurança jurídica, valores que se fragilizam ante a *excessiva dispersão jurisprudencial* instalada acerca de um dado tema jurídico repercutido em muitas ações.

Assim, no tocante ao Ministério Público, sua legitimidade para o IRDR é, basicamente, ampla e presumida, em função da própria finalidade da instituição (CF, art. 127, *caput*; CPC/2015, arts. 176 e 178) e do próprio conteúdo ocupacional de seus integrantes. No tocante à Defensoria Pública registra-se um diferencial, parecendo-nos aplicável a exigência da *pertinência temática*, a saber: impende que o(s) processo(s) ensejador(es) do IRDR veiculem, em maior ou menor dimensão, interesse dos *necessitados*, sob a conotação ampliativa que esta expressão foi gradualmente experimentando, observando José Carlos Barbosa Moreira, que a assistência jurídica *integral* abrange "a instauração e movimentação de processos administrativos, perante quaisquer órgãos públicos, em todos os níveis, os atos notariais e quaisquer outros de natureza jurídica, praticados extrajudicialmente; a prestação de serviço de consultoria, ou seja, de informação e aconselhamento em assuntos jurídicos".[34]

No tocante ao credenciamento das *partes* para a instauração do IRDR (inc. II do art. 977) deve-se a que, paralelamente ao interesse público e social subjacente a tal procedimento, não se pode desconhecer, nem minimizar, o fato de que os sujeitos de um dado processo, para além de seu natural empenho no acolhimento das posições que sustentam, podem, perfeitamente, ter legítimo interesse em que a questão de direito aí veiculada, por conta de vir replicada em muitas ações, ao risco de decisões discrepantes ou contraditórias, venha a ser adrede enfrentada e dirimida pelo tribunal, com a emissão de tese paradigmática a respeito (art. 985, *caput*). Afinal, o CPC busca efetivar um processo de *estrutura cooperatória*, como se colhe do art. 6º.

Dado que há co-legitimados à instauração do IRDR, não é difícil figurar-se a virtualidade de mais de uma provocação a respeito, envolvendo

33. *Incidente de resolução...*, 2.017, cit., p. 133.

34. Idem, ibidem.

uma mesma questão de direito; nesse caso, tanto o juiz, em primeiro grau, como o relator, no tribunal (ou o órgão colegiado competente) devem atentar para a necessidade de agregação dessas postulações afins, com vistas a prevenir sua tramitação em separado, ao risco da final emissão de teses jurídicas discrepantes. Nesse sentido, Aluísio Gonçalves de Castro Mendes e Sofia Temer afirmam que em tal caso "os pedidos ou ofícios deverão ser reunidos e processados pelo tribunal conjuntamente, e ocorrerá prevenção do órgão a quem tiver sido distribuído o incidente para recebimento dos demais pedidos posteriores, caso haja". [35]

Parágrafo único do art. 977

A deflagração do IRDR se inicia, ou *por ofício*, no caso de ser provocado por juiz ou relator, ou através de uma *petição*, no caso de se tratar das partes, Ministério Público ou Defensoria Pública (art. 977 e incisos), não incidindo, em qualquer dos casos, as exigências formais de uma petição inicial propriamente dita (CPC, art. 319 e incisos), até porque não se trata de uma *ação judicial*, nem por aí se instaura uma vera *relação processual* (*actum trium personarum*), cuidando-se antes de um *procedimento incidental*, como, aliás, deflui do *nomen iuris* do instituto e conforme já antes exposto nos comentários ao art. 977, *caput* e incisos.

Tampouco a espécie se reduz ao exercício de um singelo *direito de petição*, que é incondicionado, informal e genérico, podendo ser dirigido a qualquer instância, órgão ou agente (CF, art. 5.º, XXXIV, *a*), mas, no caso de serem promoventes a parte, o Ministério Público ou a Defensoria Pública, trata-se de um *requerimento* dirigido ao tribunal (ou ao relator, se este já estiver prevento – § único do art. 978), com o específico pedido de emissão da *tese jurídica* acerca de certa questão de direito de interpretação controvertida, replicada em muitos processos, tudo em ordem a preservar a isonomia da resposta judiciária e a segurança jurídica.

Nessas condições, compreende-se que o *interessado* – juiz, relator (*ex officio*); parte, MP, Defensoria Pública (por *petição*) devam instruir o pleito com a "demonstração do preenchimento dos pressupostos para a instauração do incidente" (parágrafo único do art. 977, em comento). Ou seja: não basta a mera *afirmação* de que uma dada questão de direito está disseminada em número importante de processos, com "risco de ofensa à

---

35. In SCARPINELLA BUENO, Cassio (coord.), Comentários ao Código de Processo Civil, v. 4, São Paulo: Saraiva, 2.017, nota ao art. 977, p. 213.

isonomia e à *segurança jurídica*" (inc. II do art. 976), mas impende que tais circunstâncias venham cumpridamente demonstradas e detalhadas, mormente com a juntada de documentação que evidencia o afluxo massivo de demandas seriais gravitando em torno de uma mesma questão de direito; e isso, em proporção numérica capaz de colocar em risco aqueles dois valores.

No ponto, esclarece José Miguel Garcia Medina: "Com o pedido, podem ser juntadas, por exemplo, cópias de petições juntadas ou decisões proferidas em vários casos, de modo a permitir-se extrair com precisão, desses documentos, a questão sobre a qual se deverá decidir. O risco de ofensa à segurança jurídica, por sua vez, pode ser demonstrado não apenas através de documentos extraídos dos processos que estejam em trâmite, mas, por exemplo, de notícias veiculadas em meios de comunicação, em que se demonstre haver dúvida entre parte da população sobre modo como deve ser observada determinada disposição legal". [36]

Nem por isso se há de exigir, em manifesto exagero, a demonstração de que já está instalado um caos judiciário, ante a formação de uma avalanche de processos seriais envolvendo uma mesma questão de direito, mas, antes, basta que da documentação acostada se possa, razoavelmente, inferir que se cuida de massiva judicialização de ações afins, por modo a justificar a fixação de uma posição paradigmática do tribunal *ad quem* a respeito da questão jurídica ali repercutida. Ao ver de Nery & Nery, "(...) o ofício ou a petição não podem deixar de conter a documentação que demonstre ser necessário e útil o incidente. A título exemplificativo, podem ser considerados hábeis para tal demonstração a petição da ação em que os legitimados atuam, a contestação da mesma ação, certidão do distribuidor indicando quantos e quais processos discutem a mesma questão no foro de origem daquela mesma ação". [37]

Labora em prol da exegese que ora se vai expondo, a Conclusão 87, alcançada no *III Encontro do Fórum Permanente de Processualistas Civis* (25 a 27.04. 2014): "A instauração do incidente de resolução de demandas repetitivas não pressupõe a existência de grande quantidade de processos versando sobre a mesma questão, mas preponderantemente o risco de quebra da isonomia e de ofensa à segurança jurídica". [38]

---

36. *Novo Código de Processo Civil comentado*,cit. 2015, nota ao art. 977, p. 1.325.
37. *Comentários ao Código de Processo Civil, cit,* 2015, nota ao art. 977, p. 1,969-1.970.
38. V., ao propósito, Fredie Didider Júnior, Cassio Scarpinella Bueno e Ronaldo Cremer: III Encontro do Fórum Permanente de Processualistas Civis, *Revista de Processo* n. 233, p. 304.

Art. 978. O julgamento do incidente caberá ao órgão indicado pelo regimento interno dentre aqueles responsáveis pela uniformização de jurisprudência do tribunal.

Parágrafo único. O órgão colegiado incumbido de julgar o incidente e de fixar a tese jurídica julgará igualmente o recurso, a remessa necessária ou o processo de competência originária de onde se originou o incidente".

Art. 978, *caput*.

O dispositivo ora em comento evoca a normação de regência da chamada *economia interna* dos tribunais: uma vez observadas as diretrizes estabelecidas na CF (art. 96, I, *a*) e na lei de organização judiciária (CF, art. 125, § 2.º) a distribuição da massa de processos em cada tribunal é feita segundo os critérios fixados, *interna corporis*, em seu Regimento Interno, no qual vêm distribuídas as competências de cada uma das *frações* ou *parcelas* da Corte: Turma, Câmara, Grupo de Câmaras, Seções, Pleno, Órgão Especial, tudo sob a égide do *auto-governo* da magistratura (CF, art. 99 e §§).

Tudo, ainda, sem prejuízo – já agora no plano macro – das funções de supervisão, controle e planejamento, do Conselho Nacional de Justiça (CF, art. 103-B). Um exemplo das atividades do CNJ está na Res. nº 235, de 13.06.2.016, dispondo sobre a "padronização de procedimentos administrativos" no STJ, TST, STM, TSE, TJ's, TRT's e TRF's, "decorrentes de julgamentos de repercussão geral, de casos repetitivos e de incidente de assunção de competência previstos na Lei 13.105, de 16 de março de 2015 (Código de Processo Civil)", lendo-se no art. 3º que o TRE's, os TRT's e os TJ's dos Estados e do Distrito Federal "são os gestores do incidente de resolução de demandas repetitivas (IRDR) instaurados no âmbito de sua competência, observadas as determinações legais e o disposto nesta Resolução"; dispõe ainda a citada Resolução que aqueles tribunais "devem organizar, como unidade permanente, o Núcleo de Gerenciamento de Precedentes (NUGEP) no âmbito de suas estruturas administrativas (...)". Outrossim, tal Resolução prevê que os tribunais criarão banco de dados, com registro eletrônico dos temas sujeitos ao regime de recursos repetitivos e dos incidentes de assunção de competência e de resolução de demandas repetitivas (arts. 8º a 14 e §§).

Aluísio Gonçalves de Castro Mendes, tendo presente a citada Res. CNJ 235/2016 informa que "o Cadastro Nacional de Incidentes de Resolução de Demandas Repetitivas enfrenta dificuldades para sua efetivação, reproduzindo situação anteriormente vivenciada para implementação de outros bancos e registros no CNJ, a exemplo do que ocorreu com o Cadastro Nacional de Ações Coletivas", dentre outros fatores por conta da "falta de integração entre os sistemas eletrônicos dos tribunais no âmbito nacional".[39]

O art. 978, *caput*, em comento, conquanto remeta ao *Regimento Interno* de cada tribunal a disciplina da instrução e julgamento do IRDR, todavia desde logo especifica que o órgão a receber tal incumbência deve figurar dentre os "responsáveis pela uniformização da jurisprudência". Verdade que antes se cogitara, no substitutivo da Câmara ao PLS 166/2010, que, "sempre que possível" tal órgão deveria ser "integrado, em sua maioria, por desembargadores que componham órgãos colegiados com competência na matéria discutida no incidente" (§ 2.º do art. 991) (*v.g.*, consumerismo, planos de saúde, empréstimos, financiamento), mas tal alvitre não prosperou na versão final.

Note-se que ao tempo do CPC/73 o *incidente de uniformização da jurisprudência* (arts. 476-479), não recepcionado no CPC/2015, se preordenava a ser decidido pelo *tribunal* (art. 478, *caput*), tomada tal expressão segundo as especificidades de cada Corte: assim é que no RITJSP tal incidente era atribuído às Turmas Especiais ou ao Órgão Especial (art. 190); já o RISTJ indicava para tal missão a Corte Especial ou a Seção (§ 2º do art. 118).

Compreende-se essa sorte de *competência funcional*, de base *regimental* para julgamento do IRDR, como indicado no art. 978, *caput*, porque, assim como as frações de um tribunal se organizam *ratione materiae*, *personae* ou *muneris* (Seções de Direito Público e de Direito Privado; Câmaras especializadas em certas matérias ou para julgamento dos atos de certas autoridades), revela-se conveniente que o IRDR, por sua especificidade, seja encaminhado àquela fração do tribunal que já é competente em matéria de *uniformização da jurisprudência*, já que é a essa finalidade que se vocaciona o IRDR, em cujo âmbito se firmará uma *tese jurídica*, com aptidão para parametrizar a resolução de uma dada questão de direito replicada em muitas ações (CPC, art. 976 e incisos; art. 985, incisos e parágrafos; arts. 927, III e 928, I).

---

39. *Incidente de uniformização...*, 2.017, cit., p. 173.

O art. 978, *caput*, em comento, remete o julgamento do IRDR ao *órgão* responsável pela uniformização da jurisprudência, estando-se aí na fase de *recepção formal* ou *protocolar* do procedimento, cabendo ao Presidente (ou o vice-presidente, segundo as peculiaridades de cada Tribunal) receber os autos e encaminhá-los a tal órgão, para que proceda ao *juízo de admissibilidade* (art. 981), inclusive com a designação do relator, a quem caberá, em caso de avaliação positiva, deliberar sobre as providências sequenciais, tais a suspensão dos processos, a oitiva de interessados e a designação de data para julgamento (arts. 982 e 983).

Saliente-se ainda que, se a *questão de direito*, objeto do IRDR, envolver *declaração de inconstitucionalidade de norma legal*, a competência para conhecer e processar o IRDR se desloca para o *Pleno* ou *Órgão Especial* do Tribunal (como, aliás, vinha previsto no § 3º do art. 991 do PLC 8.046/2010), em cumprimento ao disposto no art. 97 da CF (*reserva de plenário*), a menos que sobre a *vexata quaestio* já se tenham antes pronunciado aqueles órgãos de cúpula do tribunal ou o próprio STF (CPC, § único do art. 949; súmula vinculante do STF nº 10).

Parágrafo único do art. 978.

O órgão competente para julgar o IRDR – a ser indicado no Regimento Interno dentre os "responsáveis pela uniformização de jurisprudência" (art. 978, *caput*) – fica, igualmente, incumbido de julgar "o recurso, a remessa necessária ou processo de competência originária de onde se originou o incidente", nos termos do parágrafo único do art. 978, em comento.

Labora em prol do dispositivo em causa o intuito de *prevenir* eventual contrariedade entre a *tese jurídica* alcançada ao final do IRDR (art. 985, *caput*) e o desfecho de outras ocorrências processuais, a ela concernentes ou que lhe tangenciam, como, por exemplo, eventual *reclamação* (inc. IV do art. 988, redação do inciso cf. Lei 13.256/2016). Aí se cuida, pois, – embora o dispositivo em comento silencie a respeito – de uma *assunção competencial* ou de uma *prevenção* do órgão incumbido de julgar o IRDR, exegese amparada pelo § 3º do art. 55 do CPC: "Serão reunidos para julgamento conjunto os processos que possam gerar risco de prolação de decisões conflitantes ou contraditórias caso decididas separadamente, mesmo sem conexão entre eles" (v. ainda, no CPC, o inc. IIII do art. 286). Por análogo motivo, *não se admite* a formação de IRDR quando o STF ou o STJ já tenham "afetado recurso [RE ou REsp] para definição de tese sobre questão de direito material ou processual repetitiva" – § 4.º do art. 976 – até porque tanto a *decisão-quadro*, nesses recursos, tanto quanto a *tese jurídica*, firmada no

IRDR, são *precedentes* de aplicação impositiva por parte de juízes e tribunais (art. 927, III, c/c art. 928 e incisos), de modo que impende ser desde logo coartado risco de formação de precedentes discrepantes.

Segundo esclarece Cassio Scarpinella Bueno, o parágrafo único do art. 978 "veio eliminar fundada dúvida que, desde o início, o novel instituto vinha suscitando, sobre qual o papel a ser desempenhado pelo órgão do Tribunal competente para fixar a tese jurídica justificadora do incidente: apenas fixá-la ou, indo além, julgar, desde logo, o processo no qual ela, a tese, teve nascimento, aplicando-a *in concreto*".[40]

Dentre as possibilidades interpretativas suscitadas pelo parágrafo único do art. 978, deve-se dar o devido peso ao argumento de que tanto o IRDR quanto o julgamento por amostragem do RE ou REsp afetado como representativo da controvérsia (CPC, art. 1.036 e § 1.º) estão inseridos na rubrica "julgamento de casos repetitivos", conforme expressamente declarado no art. 928 e incisos do CPC. E, justamente, o inc. III do art. 1.040 permite inferir que no regime processual dos RE's e REsp's repetitivos dá-se uma *cisão de competência* entre a instância de origem e o STF/STJ, na medida em que "os processos suspensos em primeiro e segundo graus de jurisdição *retomarão* o curso *para julgamento e aplicação da tese firmada pelo tribunal superior*". Aquele inc. III do art. 1.040 do CPC vem assim comentado por Luiz Guilherme Marinoni *et al.*: "Rigorosamente, tendo em conta a função de outorga de unidade ao direito reconhecida ao Supremo Tribunal Federal e ao Superior Tribunal de Justiça, a necessidade de racionalização da atividade judiciária e o direito fundamental à duração razoável do processo, o *tribunal de origem não pode recusar aplicação do precedente ao caso concreto*, porque aí estará simplesmente negando o seu *dever de fidelidade* ao direito".[41]

Quid iuris, então, quanto à dicção do parágrafo único do art. 978 autorizando o tribunal a julgar "*igualmente* o recurso, a remessa necessária ou o processo de competência originária de onde se originou o incidente"? Tendo presente o que antes se expôs, parece-nos que essa cláusula tem em mira a hipótese de o IRDR ter-se iniciado *de ofício* pelo relator (art. 977, I), caso em que então, naturalmente, o órgão colegiado no qual ele tem assento, segue competente para julgar aquelas ocorrências processuais, até porque elas são típicas da competência – recursal e originária – dos tribunais, de extração constitucional.

40. *Manual de Direito Processual Civil*, São Paulo: Saraiva, 2015, p. 587.

41. *Novo Curso de Direito Processual Civil*, cit. vol. 2, 2015, p. 554.

Outrossim, deve-se ter presente o disposto no parágrafo único do art. 930 do CPC, inserido no capítulo "Da ordem dos processos no tribunal": "O primeiro recurso protocolado no tribunal *tornará prevento* o relator para eventual recurso subsequente interposto no mesmo processo ou em processo conexo". Ou seja, cabe ao relator *(i)* promover, de ofício, o IRDR, sendo o caso - art. 977, I; *(ii)* após distribuído - art. 981 - deve instruí-lo (art. 982), para *(iii)* ser julgado pela parcela do tribunal, que deve figurar dentre as vocacionadas à "uniformização da jurisprudência do tribunal" - art. 978, *caput*, c/c art. 984.

Ao propósito, expõe Cassio Scarpinella Bueno: "Somente quando os pressupostos do art. 976 surgirem no âmbito do próprio Tribunal ao julgar um recurso, um processo de competência originária, ou, até mesmo, a remessa necessária, é que ele terá competência para, desde logo, aplicá-la [a tese jurídica] ao caso concreto, sendo suficiente, mas necessária, previsão regimental para tanto. É que, nesses casos, sua competência deriva não do parágrafo único do art. 978 (lei federal), mas, bem diferentemente, do arcabouço constitucional (federal, estadual e regimental) prévio, que outorga a competência para julgamento do recurso, do processo ou da remessa necessária".[42]

De sorte que a interpretação *holística* da normação e do ideário que regem o chamado *microssistema de processos repetitivos* autoriza inferir que, em modo análogo ao que se passa com a *decisão-quadro* do STF ou do STJ no regime de RE's e REsp's repetitivos, a qual se apresenta em modo impositivo em face dos tribunais de origem, *também* no caso do IRDR dá-se uma *cisão de competência*, de sorte que a emissão da *tese jurídica* (art. 985, *caput*) esgota a missão do tribunal nesse estágio, restando à instância *a quo* aplicar tal entendimento paradigmático na resolução isonômica dos casos concretos nos quais tal questão de direito venha agitada. Bem por isso, aliás, o art. 927 do CPC manda que juízes e tribunais *observem* "III - os acórdãos em incidente de (...) resolução de demandas repetitivas e em julgamento de recursos extraordinário e especial repetitivos".

Sem embargo, José Miguel Garcia Medina alerta que o disposto no parágrafo único do art. 978 "deve ser interpretado e aplicado com cuidado. Caso, por exemplo, a questão se repita em milhares de processos que tramitem em 1º Grau de jurisdição, atribuir-se ao órgão que julgou o incidente

---

42. *Manual de Direito Processual Civil*, cit. 2015, p. 588.

competência para julgar os recursos oriundos daqueles processos poderia inviabilizar o funcionamento do referido órgão".[43]

Registre-se, ainda, entendimento doutrinário que perscruta inconstitucionalidade formal e substancial no § único do art. 978 do CPC, tendo presente falhas importantes ocorridas no processo legislativo então em curso na Câmara dos Deputados e no Senado Federal, como informa Aluísio Gonçalves de Castro Mendes: "a) a norma contida no parágrafo único do art. 978 não constava em nenhuma das versões anteriormente aprovadas, no Senado e na Câmara dos Deputados, não obtendo assim a necessária aprovação nas duas Casas Legislativas, devendo ser reconhecida a sua inconstitucionalidade formal, decorrente da violação ao art. 65 da Carta Magna; b) houve a supressão de importante previsão quanto à suspensão da prescrição durante o período de tramitação do Incidente de Resolução de Demandas Repetitivas, disposição esta que propiciaria segurança jurídica aos interessados e economia processual, porque os titulares dos direitos poderiam aguardar a decisão final do IRDR antes de proceder ao ajuizamento precoce de demandas repetitivas". [44]

Sem embargo, em outra sede, Aluísio Gonçalves de Castro Mendes e Sofia Temer concedem que o citado §único do art. 978 do CPC "também pode ser interpretado, todavia, como regra de prevenção do órgão para julgamento da causa do(s) processos(s) de onde tenha se originado o incidente (mesmo que em primeiro grau), após a definição da tese jurídica". [45] Essa nos parece, efetivamente, a melhor exegese para o citado dispositivo do CPC, assim sobrelevando a fixação da competência por *prevenção*, subjacente à *mens legis*, valendo lembrar que o intérprete deve optar pela leitura que leve ao melhor aproveitamento do texto, do que aquela que lhe irá desfavorecer ou reduzir a aplicação prática.

Art. 979. A instauração e o julgamento do incidente serão sucedidos da mais ampla e especifica divulgação e publicidade, por meio de registro eletrônico no Conselho Nacional de Justiça.

---

43. *Novo Código de Processo Civil comentado*, cit. vol. 2, 2105, p. 1.325.
44. *Incidente de resolução...*, 2.017, cit., p. 257, 258, conclusão nº 33.
45. In SCARPINELLA BUENO, Cassio (coord.), *Comentários ao Código de Processo Civil*, v.4., São Paulo: Saraiva, 2.017, nota a art. 978, p. 215.

§ 1.º Os tribunais manterão banco eletrônico de dados atualizados com informações específicas sobre questões de direito submetidas ao incidente, comunicando-o imediatamente ao Conselho Nacional de Justiça para inclusão no cadastro.

§ 2.º Para possibilitar a identificação dos processos abrangidos pela decisão do incidente, o registro eletrônico das teses jurídicas constantes do cadastro conterá, no mínimo, os fundamentos determinantes da decisão e os dispositivos normativos a ela relacionados.

§ 3.º Aplica-se o disposto neste artigo ao julgamento de recursos repetitivos e da repercussão geral em recurso extraordinário.

Art. 979, *caput*.

O CPC inaugura um *novo modo de ser* na condução e gerenciamento dos processos, com ênfase em três aspectos: (***i***) dever de escorreita fundamentação das decisões judiciais, sob pena de nulidade (art. 489, § único e incisos); (***ii***) atribuição ao juiz para promover a condução *finalística* do processo, priorizando a instrumentalidade, com vistas à resolução do mérito da lide e a efetividade prática do comando (art. 4.º), podendo para tal "dilatar os prazos processuais e alterar a ordem de produção dos meios de prova" (inc. VI do art. 139) – o *case management*; (***iii***) visibilidade, transparência e publicidade das atividades judiciais, notadamente no tocante aos produtos jurisdicionais potencializados, vocacionados à eficácia panprocessual, tais as súmulas, as decisões-quadro emitidas no julgamento de RE's e RESp's afetados como representativos da controvérsia, as *teses jurídicas* fixadas no IRDR, os acórdãos em incidente de assunção de competência, inclusive "divulgando-os, preferencialmente, na rede mundial de computadores" (§ 5.º do art. 927).

A par disso, a "Presidência do STF promoverá ampla e específica divulgação do teor das decisões sobre repercussão geral, bem como formação e atualização do banco eletrônico de dados a respeito" (RISTF, art. 329). Já no âmbito do STJ dispõe o art. 257-D do Regimento Interno: "Afetado o recurso ou admitido o incidente, os dados serão incluídos no sistema informatizado do Tribunal, sendo-lhe atribuído número sequencial referente ao enunciado de tema". A seu turno, o CNJ emitiu a Res. 235/2.016, dispondo sobre a "padronização de procedimentos administrativos decorrentes de julgamentos de repercussão geral, de casos repetitivos e de incidente de assunção de competência" no STJ, TST, TSE, STM, TJ's, TRT's e TRF's, tendo essa Resolução mencionado, dentre os seus *consideranda* "o disposto no art. 979, *caput*, §§ 1º e 3º" do CPC", assim criando no âmbito do CNJ o Banco Nacional de Dados (art. 5º e §§) e determinando que aqueles tribunais organizem, "como unidade permanente, o Núcleo de Gerenciamento de Precedentes (NUGEP)" (art. 6º e §§). Saliente-se que a *divulgação e publicidade* em torno da *tese jurídica* fixada no IRDR (art. 979, *caput*, em comento), aplica-se, igualmente, "ao julgamento de recursos repetitivos e da repercussão geral em recurso extraordinário" – § 3º do art. 979.

É sob a égide do tópico *sub* (***iii***), supra, que se enquadra o disposto no art. 979, *caput*, ora em comento, determinando que a "instauração e o julgamento do incidente serão sucedidos da mais ampla e específica divulgação e publicidade, por meio de registro eletrônico no Conselho Nacional de Justiça", o que, de resto, se afina ao disposto no art. 11, *caput*, do CPC: "Todos os julgamentos dos órgãos do Poder Judiciário serão públicos, e fundamentadas todas as decisões, sob pena de nulidade", comando já antes determinado no inc. IX do art. 93 da CF.

Compreende-se o comando do art. 979, *caput*, para que seja amplamente divulgada a *tese jurídica* firmada ao final do IRDR, em se considerando que ela se preordena a projetar expressiva eficácia panprocessual (*v.g.*, CPC, art. 332, III) e até extraprocessual (*v.g.*, § 2º do art. 987), servindo a parametrizar o deslinde da *questão de direito* replicada nos massivos processos pendentes, o que *de per si* já evidencia o interesse público e social de que se reveste dito procedimento.

Elucidando o conteúdo do art. 979, *caput*, comentam Nery & Nery: "Por se tratar de tema de interesse público – qual seja, a segurança jurídica decorrente das decisões dos tribunais –, deve haver efetiva e ampla divulgação e publicidade do processamento e julgamento do incidente. Além disso, se, no caso, a multiplicação dos processos baseados na mesma questão já tiver ocorrido em grande escala, o simples fato de haver tantas ações debatendo o mesmo tema demonstra que a sociedade quer, de fato, uma resposta definitiva sobre o tema. O registro no CNJ é providência prevista na lei para proceder a essa divulgação, e deve ser a base dessa divulgação, não o único meio possível e disponível".[46]

---

46. *Comentários ao Código de Processo Civil*, cit. 2015, nota n. 2 ao art. 979, p. 1.971.

Nesse sentido, vale enfatizar o cumprimento obrigatório, por parte de juízes e tribunais, dos "acórdãos em incidente de assunção de competência ou de resolução de demandas repetitivas (...)" – inc. III do art. 927 – por modo que a recalcitrância ou a resistência imotivada a tais padrões decisórios abre ensejo à *reclamação*, nos termos do inc. IV do art. 988 do CPC, redação do inciso cf. Lei 13.256/2016.

Aliás, a ampla publicidade a ser dada, assim à instauração como à tese jurídica firmada no IRDR serve, também, para facilitar o seu conhecimento por parte de eventuais *amici curiae*, aos quais é dado, tanto participar da instrução (CPC, § 1º do art. 983) como, eventualmente, *recorrer* da decisão aí proferida – CPC, § 3º do art. 138. Bem se compreende essa possível ampliação do contraditório porque, como afirmam Aluísio Gonçalves de Castro Mendes e Sofia Temer: "Os efeitos do julgamento e definição de uma tese jurídica objeto de demandas seriadas abrangem não só as esferas jurídicas dos detentores do direito objeto de controvérsia, mas geram repercussão social, econômica e também política". [47]

Além disso, tal divulgação justifica-se também em contemplação das pessoas físicas e jurídicas em geral, devendo para tal a comunicação ser feita em modo acessível (evitando-se, no limite, o chamado "juridiquês"), alertando Nery & Nery para os "termos da linguagem utilizada, que deve ser clara o suficiente para que o jurisdicionado compreenda a questão".[48] Ressalte-se que a divulgação não se restringe ao *julgamento* do IRDR, mas se estende, desde logo, à sua *instauração* (art. 979, *caput*), o que serve a oportunizar eventual intervenção de interessados em geral, que poderão aportar relevantes subsídios (art. 983, *caput* e § 1º; art. 984, II, *b*), com isso ampliando-se o contraditório e democratizando-se o procedimento, com o que se agrega legitimidade e eficiência ao julgado a ser ao final prolatado.

Por fim, saliente-se o Enunciado nº 591, assentado no Fórum Permanente de Processualistas Civis, realizado em São Paulo, em 2016: "O tribunal dará ampla publicidade ao acórdão que decidiu pela instauração do incidente de arguição de inconstitucionalidade, incidente de assunção de competência ou incidente de resolução de demandas repetitivas, cabendo, entre outras medidas, sua publicação em seção específica no órgão oficial e indicação clara na página do tribunal na rede mundial de computadores"

47. In SCARPINELLA BUENO, Cassio (coord.). *Comentários ao Código de Processo Civil*, v. 4, 2.017, cit., nota ao art. 979, p. 215.

48. *Comentários...*, cit., 2.015, nota n. 3 ao art. 979, p. 1.971.

§ 1.º do art. 979.

Em complemento ao disposto no *caput* do art. 979 – onde vem determinada a "mais ampla e específica divulgação e publicidade", assim da *instauração* como do *julgamento* do IRDR – o parágrafo ora em comento dispõe que os "tribunais manterão banco eletrônico de dados atualizados com informações específicas sobre questões de direito submetidas ao incidente, comunicando-o imediatamente ao Conselho Nacional de Justiça para inclusão no cadastro". Cássio Scarpinella Bueno avalia que tal "providência é louvável, até para viabilizar o maior número possível de intervenções para os fins do art. 983 e, consequentemente, da discussão mais aprofundada possível da tese a ser fixada, levando em conta todos os seus argumentos, em favor ou contra, seu acolhimento, bem assim as consequências de seu acolhimento ou de sua rejeição".[49]

Por análoga razão – isto é, por conta do *interesse público e social* que permeia os produtos jurisprudenciais otimizados – também as decisões-quadro, firmadas nos recursos afetados como *representativos da controvérsia*, os acórdãos em RE's reconhecidos com repercussão geral e os acórdãos em incidentes de assunção de competência devem constar do banco de dados do CNJ (Res. CNJ nº 235/2.016, art. 5.º e §§), sem prejuízo de que os temas constitucionais reconhecidos com *repercussão geral* pelo STF, igualmente devem merecer, por parte da Presidência dessa Corte, "ampla e específica divulgação", a par de promover-se a "formação e atualização de banco eletrônico de dados a respeito" (RISTF, art. 329).

Toda essa irradiação *midiática* desses padrões decisórios antes referidos, a par de servirem ao tratamento isonômico dos processos e de propiciar segurança ao comércio jurídico, projetam ainda eficácia panprocessual, devendo ser *observados* por juízes e tribunais, nos termos do art. 927, III, c/c art. 928 e incisos, a par da possibilidade de *reclamação*, quando constatado *descumprimento* por parte de juízes e tribunais, esclarecendo o § 4º do art. 988 que tal conduta compreende "a aplicação indevida da tese jurídica e sua não aplicação aos casos que a ela correspondam".

Escusado dizer que as inserções das teses firmadas ao final do IRDR, nos cadastros e registros eletrônicos dos tribunais e do CNJ, deverão primar pela clareza na verbalização, isto é, na expressão vernacular, por modo a que tais enunciados sejam bem compreendidos pelos operadores do Direito e pelos jurisdicionados – efetivos ou virtuais – e, ainda, para que se

---

49. *Manual de Direito Processual Civil*, 2.015, cit., p. 590.

processe em modo seguro e escorreito a *suspensão* dos processos pendentes envolvendo a questão de direito debatida no IRDR (art. 982, I). Note-se que análoga *ratio* apresenta-se na fase de *afetação* do RE com repercussão geral ou do REsp selecionado como representativo da controvérsia, nessa ordem, prevendo o art. 1.037 do CPC que o "relator, no tribunal superior (...) I – *identificará com precisão* a questão a ser submetida a julgamento".

§ 2.º do art. 979.

O parágrafo em apreço indica os elementos mínimos que devem constar do registro eletrônico das teses jurídicas alcançadas ao final do IRDR, a saber: "os fundamentos determinantes da decisão e os dispositivos normativos a ela relacionados".

Os "fundamentos determinantes da decisão" remetem ao conceito de *ratio decidendi*, na experiência do *common law*, elemento que consubstancia o efeito vinculativo do julgado – *binding precedent* – servindo a parametrizar a resolução dos casos seguintes ali subsumidos; quanto às demais considerações expendidas no corpo do julgado – referências paralelas, periféricas, circunstanciais – são consideradas *obter dicta*, e, como tal, desprovidas de eficácia obrigatória. A diferença é assim explicada por Daniela Pereira Madeira: "Os *obter dita* referem-se ao que foi dito de passagem a título de explicação, em que o peso meramente persuasivo não constitui a coluna de sustentação da decisão tomada. Constitui *obter dictum* qualquer manifestação do Tribunal não necessária à solução do caso concreto, a exemplo de considerações marginais efetuadas pela Corte, argumentos lançados por um dos membros do colegiado e não acolhidos ou apreciados pelo órgão e dissensos constantes de votos divergentes. Já na *ratio decidendi* é onde se encontram os motivos determinantes da decisão judicial, somente ela é hábil a adquirir a foça vinculante para casos futuros. A *ratio* se situa não somente no dispositivo da sentença, mas também, e principalmente, na sua fundamentação".[50]

O CPC, por conta da eficácia *expansiva e impositiva* que atribui a certos elementos jurisprudenciais otimizados– arts. 332 e incisos; 927 e incisos; § 3.º do art. 947; § 2.º do art. 987 – mostra-se receptivo a essa influência do *common law*, dando especial ênfase à *fundamentação*, inclusive erigindo-a como *condição de validade* das decisões: arts. 11, *caput*; § 1.º e incisos

50. A força da jurisprudência. In Luiz Fux (coord.), *O novo Processo Civil brasileiro – Direito em expectativa*, Rio de Janeiro: Gen-Forense, 2015, p. 528.

do art. 489. Aliás, já o inc. IX do art. 93 da CF determina que devem ser "*fundamentadas* todas as decisões, sob pena de nulidade". De observar-se que o ora afirmado se estende igualmente ao interno da Administração pública, prevendo o art. 50 da Lei 9.784/1999 sobre o processo administrativo federal: "Os atos administrativos *deverão ser motivados*, com indicação dos fatos e dos fundamentos jurídicos (...)"; bem por isso, a aplicação de súmula vinculante do STF no âmbito da Administração Pública (CF, art. 103-A, *caput*) também deve ser precedida da devida demonstração de que a espécie se subsume no enunciado, até porque a *aplicação indevida* desse enunciado desafia *reclamação* ao STF – CF, § 3.º do art. 103-A; CPC, art. 988, III, redação do inciso cf. Lei 13.256/2.016 e § 4.º.[51]

Dada a força expansiva projetada pela *tese jurídica* firmada ao final do julgamento do IRDR, podendo mesmo irradiar-se a todo o território nacional, caso venha provido o RE ou REsp dali tirado (§ 2.º do art. 987), compreende-se a determinação constante do § 2.º do art. 979, em comento, para que a divulgação da tese jurídica contenha, *no mínimo*, os fundamentos determinantes e os textos de regência que foram aplicados. O § 2.º do art. 979 está em sintonia com o disposto no § 2.º do art. 984, determinando que o "acórdão [no IRDR] abrangerá a análise de todos os *fundamentos* suscitados concernentes à tese jurídica discutida, sejam favoráveis ou contrários".

Ao propósito, expõe Cassio Scarpinella Bueno: "O § 2.º do art. 979 é fundamental para que o objetivo desses bancos de dados e a divulgação imposta pelo *caput* e pelo § 1.º seja alcançado, porque determina que o cadastro contenha, no mínimo, os fundamentos determinantes da decisão e os dispositivos normativos a eles relacionados. Assim, não é suficiente que haja menção à 'tese' que justifica a instauração do incidente. O que a regra quer (...) é a *contextualização jurídica e fática* daquela tese, ao estilo que, pertinentemente, determina o § 1.º do art. 927 e sua expressa remissão ao § 1.º do art. 489. É esta discussão, não apenas a menção a uma tese jurídica descontextualizada de seus fundamentos e de seus fatos determinantes, que será capaz de formar *precedente*, inclusive para os fins desejados pelo novel incidente".[52]

Todo esse contexto guarda sintonia com a *dialeticidade* e *alteridade* que permeiam toda relação processual, donde se compreender o comando legal

---

51. Ao propósito, v. o nosso *Divergência jurisprudencial e súmula vinculante*, 6. ed., Salvador: Juspodivm, 2.018, especialmente o tópico onde vem desenvolvida a indagação: "O que se entende por *contrariar* ou *descumprir* a súmula vinculante ?", p. 497-499.

52. *Manual de Direito Processual Civil*, São Paulo: Saraiva, 2015, p. 590.

que considera *não fundamentada* – e, pois, *nula*: CF, art. 93, IX – qualquer decisão judicial que "não enfrentar todos os argumentos deduzidos no processo, capazes, de, em tese, infirmar a conclusão adotada pelo julgador" (CPC, inciso IV do parágrafo único do art. 489).

Enfim, tenha-se presente que a *ampla e específica divulgação*, não só do julgamento, mas também da instauração do IRDR, serve ainda à finalidade de prevenir a deflagração de mais de um IRDR sobre uma mesma questão de direito, em pontos diversos do território nacional, prática que labora contra a precípua finalidade do instituto de coartar a dispersão jurisprudencial sobre uma mesma questão de direito replicada em muitos processos. No ponto, observam Teresa Arruda Alvim Wambier *et al.* "Na verdade, haver *vários incidentes instaurados no país enfraquece o instituto* e lhe rouba, pelo menos parcialmente, a utilidade e a eficácia".[53]

A mesma *ratio* é de se aplicar à *concomitância ou concorrência entre ações coletivas* envolvendo uma mesma controvérsia de largo espectro, fenômeno sobre o qual nos pronunciamos em outra sede: "(...) onde se dê a superposição entre os elementos das ações coletivas confrontadas – partes, pedido e causa –, ou mesmo só destes dois últimos elementos, não se justifica o trâmite concorrente de ações coletivas, ainda que sob nomenclatura diversa, por exemplo, uma como *civil pública*, e outra como *popular*. (...) Figure-se um mandado de segurança coletivo para assegurar o direito líquido e certo da categoria dos advogados de sustentarem oralmente nos Tribunais *antes* do voto do Relator: esse interesse coletivo abrange toda a categoria profissional, não sobejando espaço para uma segunda ação de cunho coletivo, ainda que manejada por diverso portador judicial. A rigor, essa segunda ação coletiva seria repetitiva – uma verdadeira superfetação – caracterizando a falta de interesse de agir, na medida em que *desnecessária* e, a bem dizer, *inútil*"[54]

Tão relevante é a exigência de indicação dos *fundamentos determinantes* da decisão no IRDR, tratada no § 2.º do art. 979, em comento, que sujeita-se à *ação rescisória*, por "violar manifestamente norma jurídica" (inc. V do art. 966) a "decisão baseada em enunciado de súmula ou acórdão proferido em julgamento de casos repetitivos que não tenha considerado a existência de *distinção* entre a questão discutida no processo e o *padrão decisório*

---

53. *Primeiros Comentários, cit.* 2015, nota ao art. 979, p. 1.403.

54. A concomitância entre ações de natureza coletiva. In Ada Pellegrini Grinover *et al.* (coords), *Direito Processual Coletivo e o anteprojeto de Código Brasileiro de Processos Coletivos*, São Paulo: Revista dos Tribunais, 2.007, p. 166.

que lhe deu fundamento"(§ 5.º do art. 966, inserido pela Lei 13.256/2016), valendo lembrar que a expressão "julgamento de casos repetitivos" inclui o IRDR: CPC, art. 928, I.

§ 3.º do art. 979

O parágrafo em comento não trata, exatamente, do IRDR, senão que apenas determina a aplicação do disposto no corpo do art. 979 "ao julgamento de recursos repetitivos e da repercussão geral em recurso extraordinário": ou seja, pretende-se que as diretrizes de *divulgação e publicidade* do padrão decisório, por meio de registro eletrônico e banco eletrônico de dados – mormente os concernentes aos *motivos determinantes da decisão e os dispositivos normativos a ela relacionados* – se estendam à decisão-quadro alcançada ao final do julgamento do RE reconhecido com repercussão geral ou do RE/REsp afetados como *representativos da controvérsia*, matéria versada nos arts. 1.036 a 1.041 do CPC.

Compreende-se tal determinação, levando-se em conta que a *decisão-quadro*, alcançada ao final do julgamento *por amostragem* daqueles recursos, projetará eficácia panprocessual, parametrizando o desfecho dos demais RE's e RESp's sobrestados nos tribunais de origem (CPC, art. 1.040 e incisos), constituindo-se, ademais, em *precedente* a ser observado por juízes e tribunais (art. 332, II; art. 927, III, c/c art. 928, II); a par disso, a inobservância da *tese jurídica* firmada no IRDR desafia *reclamação* (1.º do art. 985, c/c inc. IV do art. 988, redação do inciso cf. Lei 13.256/2016). Como dizem Teresa Arruda Alvim Wambier *et al.*, "(...) evidentemente, para que se possam estabelecer os *limites objetivos* desta abrangência, ou seja, quais causas serão atingidas, é necessário que se elejam *critérios de identificação*. Esses critérios são justamente as *razões de decidir* (*ratio decidendi* – fundamentos determinantes) e dispositivos legais relacionados à questão ou ao recurso".[55]

Ao propósito do julgamento do RE reconhecido com repercussão geral, Gilmar Ferreira Mendes e Paulo Gustavo Gonet Braco sustentam que "a eficácia da decisão do Tribunal [STF] transcende o caso singular, de modo que os princípios dimanados da parte dispositiva e os fundamentos determinantes sobre a interpretação da Constituição devem ser observados por todos os tribunais e autoridades nos casos futuros (...)".[56]

55. *Primeiros comentarios*, cit. 2015, p. 1.402.

56. *Curso de Direito Constitucional*, 8. ed., São Paulo: Saraiva, 2013, p. 1.299.

Observe-se, ainda, que o RE tirado do acórdão do TJ ou do TRF que decidiu o IRDR já beneficia de *presunção* de repercussão geral da questão constitucional, assim pavimentando sua admissão no STF (CF, § 3.º do art. 102; CPC, § 1.º do art. 987, c/c § 1.º do art. 1.036).

Ademais, a Res. CNJ 235/2016 dispõe no art. 4º, *caput*, que nesse órgão de macro planejamento, controle e supervisão do Judiciário (CF, art. 103-B, § 4.º) fica criado "banco nacional de dados com informações da repercussão geral, dos casos repetitivos e dos incidentes de assunção de competência" a serem fornecidos pelo STF, STJ, TST, TSE, STM, TJ's e TRF's, valendo lembrar que a expressão "casos repetitivos" abrange o IRDR: CPC, art. 928, I. A seu turno, o RISTF prevê no art. 329: "A Presidência do Tribunal promoverá ampla e especifica divulgação do teor das decisões sobre repercussão geral, bem como formação e atualização de banco eletrônico de dados a respeito". Bem por isso, o STF tem publicado, anualmente, o *Boletim Repercussão Geral*, divulgando os temas constitucionais reconhecidos ou não sob aquele qualificativo, ordenados conforme o ramo do Direito Positivo a que concernem.

Art. 980. O incidente será julgado no prazo de 1 (um) ano e terá preferência sobre os demais feitos, ressalvados os que envolvam réu preso e os pedidos de habeas corpus.

Parágrafo único. Superado o prazo previsto no caput, cessa a suspensão dos processos prevista no art.982, salvo decisão fundamentada do relator em sentido contrário.

Art. 980, *caput*.

O dispositivo ora em comento encontra símile no § 4.º do art. 1.037, no âmbito do julgamento *por amostragem* de REs e RESps repetitivos, dispondo que os recursos afetados a receber a decisão-quadro "deverão ser julgados no prazo de 1 (um) ano e terão preferência sobre os demais feitos, ressalvados os que envolvam réu preso e os pedidos de *habeas corpus*". Compreende-se tal aproximação normativa, porque tanto o acórdão em IRDR (art. 985, *caput*), quanto aquela decisão-quadro (art. 1.040, I e II) formam *precedentes* a serem *observados* (*sic*) pelos juízes e tribunais (art. 927, III, c/c art. 928 e incisos), certo ainda que o descumprimento da tese jurídica fixada no IRDR desafia *reclamação* (§ 1.º do art. 985; inc. IV do art. 988, redação do inciso cf. Lei 13.256/2016).

O art. 980, *caput*, em comento, guarda conexão com o art. 12 do CPC, cujo *caput* prevê que os juízes e tribunais "atenderão, preferencialmente, a ordem cronológica de conclusão para proferir sentença ou acórdão" (redação da Lei 13.256/2016), mas *excepciona*, dentre outros casos, "o julgamento de recursos repetitivos *ou de incidente de resolução de demandas repetitivas*" (inc. III). Ao propósito deste último dispositivo, comentam Nery & Nery: "Os procedimentos previstos no CPC 976 a CPC 987 têm o mesmo intuito da improcedência liminar do pedido: desafogar a pauta de julgamento de demandas que não exigiriam muitas considerações, tendo em vista que versam sobre questões pacificadas. Julgar muitas demandas repetitivas poderia inclusive dar uma falsa noção de produtividade dos juízes, que, por outro lado, também deixariam de se ater aos casos mais complexos, que são postos de lado em favor desses casos repetitivos (Fátima Nancy Andrighi, *Recursos repetitivos* (RP 185/265). Tal incidente tem preferência de julgamento, preferência essa que não se sobrepõe, entretanto, ao julgamento das demandas envolvendo réu preso e *habeas corpus*".[57]

Tenha-se ainda presente que o prazo de um ano, estabelecido no art. 980, *caput*, enquadra-se como prazo *impróprio*, já que, a rigor, não se pode considerar como *sanção* a liberação, após o transcurso *in albis* daquele termo, do trâmite dos processos que até então estavam suspensos (§ único do art. 980, c/c art. 982, I). Ao propósito daquela tipificação processual, explicam Luiz Guilherme Marinoni *et al.*: "Os prazos impróprios existem para moldar o cumprimento de deveres – por essa razão, o seu descumprimento não gera a impossibilidade de prática posterior do ato. São exemplos de prazos impróprios os prazos que o juiz tem para decidir questões incidentais e para prolatar sentenças (art. 226). O mesmo se diga dos prazos do serventuário (art. 228). O fato de o juiz descumprir prazos para decisão previstos em lei ou no *calendário processual*, no entanto, sujeita-o a consequências de ordem administrativo -disciplinar".[58]

Apesar de o art. 980, *caput*, silenciar quanto ao *termo inicial* para a contagem do prazo de um ano para a decisão do IRDR, parece razoável entender-se que tal interregno conta-se a partir da decisão que o admitiu, isto é, aquela que expressou juízo de admissibilidade positivo (art. 981).

---

57. *Comentários ao Código de Processo Civil, cit.* 2015, nota n. 12 ao art. 12, p. 223, 224.
58. *Novo Curso de Processo Civil*, cit. 2015, p. 119.

Parágrafo único do art. 980.

A cessação da suspensão dos processos (art. 982, I), se ultrapassado *in albis* o prazo de um ano para o julgamento do IRDR, prevista no dispositivo ora em comento, encontrava símile no rito de julgamento *por amostragem* de RE's e REsp's repetitivos, no qual, igualmente, *cessava a suspensão* dos demais recursos isomórficos (CPC, § 1.º do art. 1.036; art. 1.037, II), se ultrapassado o prazo de um ano contado da afetação do RE ou do REsp como *representativo da controvérsia* sem a prolação da decisão-quadro, mas o § 5º do art. 1.037, que assim o determinava, veio a ser revogado pela Lei 13.256/2016. Em lugar disso, cabe ao presidente ou ao vice-presidente do tribunal *a quo*, "sobrestar o recurso que versar sobre controvérsia de caráter repetitivo ainda não decidida pelo Supremo Tribunal Federal ou pelo Superior Tribunal de Justiça, conforme se trate de matéria constitucional ou infraconstitucional" (inc. III do art. 1.030, inciso acrescido pela Lei 13.256/2016).

Tanto num como noutro desses casos, o motivo da suspensão das ações (no caso do IRDR) ou dos recursos (no caso dos RE's e RESp's repetitivos), prende-se ao intento de prevenir o risco da profusão de decisões discrepantes envolvendo a mesma questão de direito, em detrimento da segurança jurídica, perspectiva que seria palpável caso as ações e os recursos isomórficos continuassem tramitando livremente.

A razão dessa disciplina comum ao IRDR e aos RE's e REsp's repetitivos está em que um e outro dos precedentes que daí resultam projetam eficácia impositiva para juízes e tribunais (CPC, art. 927, III, c/c art. 928, I e II) e demais disso, o *descumprimento* (recusa imotivada; aplicação indevida) da *tese jurídica* fixada no IRDR desafia *reclamação* – CPC, inc. IV do art. 988, redação da Lei 13.256/2016, c/c § 4º.

Dada a diretriz constitucional da *duração razoável dos processos* (art. 5.º, LXXVIII), caso se verificasse uma dilação temporal excessiva até a emissão da *tese jurídica* no IRDR (art. 985, *caput*) abrir-se-ia ensejo à virtual arguição de *prescrição intercorrente*, caso as demandas isomórficas ficassem sobrestadas por tempo muito expressivo; bem por isso, aliás, o Substitutivo da Câmara Federal ao PL 8.046/2010 (PL 166/2010 no Senado) previa no § 5.º do art. 990: "Admitido o incidente, suspender-se-á a prescrição das pretensões nos casos em que se repete a questão de direito". Tal proposta acabou não prosperando na versão final do CPC/2015, mas ainda assim Cassio Scarpinella Bueno obtempera que tal prescrição não pode operar na pendência do IRDR, "sob pena de tornar o incidente em forma de eliminar processos, a serem fulminados pela prescrição, sem qualquer comprometimento com sua atuação prática e concreta. Mormente se o prazo a que se refere o art. 980 não for cumprido à risca".[59]

A liberação do trâmite das ações sobrestadas, ante o transcurso *in albis* do prazo de um ano para a emissão do acórdão no IRDR, pode, todavia, não vir a efetivar-se, ante "decisão fundamentada do relator em sentido contrário", conforme dispõe o § único do art. 980, em comento, valendo ressaltar que aos relatores incumbe "dirigir e ordenar o processo no tribunal" (art. 932, I). Sem embargo, Nery & Nery criticam aquela cláusula inserida ao final do parágrafo único do art. 980: "Não deveria ficar a critério do relator manter a suspensão. Deveria o incidente ser improrrogavelmente julgado nesse prazo de um ano. Este raciocínio se aplica também à suspensão de processo em nível nacional em razão da interposição de RE ou REsp".[60]

De fato, a "decisão fundamentada" do relator, no sentido de protrair a suspensão dos processos não pode, singelamente, ficar ao *livre arbítrio* do relator, até porque sobreleva no IRDR o *interesse público e social* na emissão da tese jurídica, a par do lídimo direito das partes nos processos sobrestados a que estes retomem andamento. No ponto, adverte Cassio Scarpinella Bueno: "De nada adiantará ser determinada a suspensão de centenas ou milhares de processos para que 'um seja julgado por todos' se o julgamento do incidente não se realizar". A *justificação*, do relator, prossegue o autor, "deve evidenciar não só a razão do não julgamento do incidente no prazo dado pelo Código, mas, também a *necessidade* de manutenção da suspensão dos processos".[61]

Com a fixação do prazo de um ano para o julgamento do IRDR, sob pena de liberação dos processos até então sobrestados, intenta o CPC equilibrar dois valores relevantes: de um lado, o interesse público e social na efetiva emissão da *tese jurídica*, capaz de parametrizar o julgamento isonômico da *questão de direito* replicada em muitos processos; de outro lado, o interesse individual das partes nessas ações, as quais não podem aguardar indefinidamente a retomada de seu trâmite, até porque lhes assiste o *direito à razoável duração dos processos*, estabelecido no art. 5.º, LXXVIII, da CF.

A irradiação da tese jurídica, ao final do IRDR, é de tal dimensão que se inclui dentre as atribuições do relator, nos tribunais, nos termos do art.

59. *Manual de Direito Processual Civil*, São Paulo: Revista dos Tribunais, 2015, p. 583.
60. *Comentários ao Código de Processo Civil*, cit. 2015, nota n. 3 ao art. 980, p. 1.971.
61. *Manual de Direito Processual Civil*, cit. 2015, p. 591-592.

932: "(...) IV – negar provimento a recurso que for contrário a: (...) *c*) entendimento firmado em incidente de resolução de demandas repetitivas (...)"; V – depois de facultada a apresentação de contrarrazões, dar provimento ao recurso se a decisão recorrida for *contrária* a: (...) *c*) entendimento firmado em *incidente de resolução de demandas repetitivas* (...)". Esses relevantes efeitos processuais, por certo, laboram em prol da liberação do curso das ações antes suspensas, uma vez transcorrido *in albis* o prazo de um ano para emissão da tese jurídica no IRDR.

Ao propósito da cláusula final do § único do art. 980 – "salvo decisão fundamentada do relator" – obtemperam Nery & Nery: "Não deveria ficar a critério do relator manter a suspensão. Deveria o incidente ser improrrogavelmente julgado nesse prazo de um ano. Este raciocínio se aplica também à suspensão de processos em nível nacional em razão da interposição de RE ou RESp"[§§ 3.º e 4.º do art. 982].[62]

Embora o § único do art. 980, em comento, preveja a cessação da suspensão dos processos, ato contínuo ao decurso *in albis* do prazo de um ano sem a fixação da tese jurídica no IRDR pendente no tribunal, pondera Aluísio Gonçalves de Castro Mendes que a "hipótese mais comum, levando em consideração a experiência no âmbito dos recursos repetitivos, é a da desafetação, ou seja, quando o tribunal, provocado ou de ofício, considera que a questão não deva mais ficar submetida, no caso, ao Incidente de Resolução de Demandas Repetitivas, seja porque reconsidera a própria admissibilidade do instituto ou por causa superveniente, como desaparecimento da divergência, perda do objeto (por exemplo, revogação do ato normativo que estaria sendo impugnado e dando causa ao julgamento de diversas demandas; reconhecimento do pedido pela parte demandada ou solução da questão a partir de outro instrumento com igual efeito vinculativo)".[63]

Naturalmente, tratando-se de decisão do relator (CPC, art. 982, I), é ela passível de *agravo interno*, nos termos do art. 1.021 e §§.

Art. 981. *Após a distribuição, o órgão colegiado competente para julgar o incidente procederá ao seu juízo de admissibilidade, considerando a presença dos pressupostos do art. 976.*

62. *Comentários ao Código de Processo Civil, cit.* 2015, nota n. 3 ao art. 980, p. 1.971.

63. *Incidente de resolução...*, 2.017, cit., p. 194.

No plano recursal, o *juízo de admissibilidade* é tratado distintamente no CPC: (*i*) no caso da apelação, cabe ao tribunal *ad quem* (§ 3º do art. 1.010); (*ii*) no caso do RE ou REsp, cabe ao tribunal *a quo*, conforme especificado no corpo do art. 1.030, com as alterações (nova redação do *caput*; incisos, alíneas e §§ cf. Lei 13.256/2016), valendo salientar que a decisão monocrática que nega seguimento a recurso ou que sobresta aquele concernente a controvérsia repetitiva ainda não decidida no STF ou no STJ, desafia agravo interno (§ 2º do art. 1.030, parágrafo acrescido pela Lei 13.256/2.016).

No caso do IRDR, após o encaminhamento inicial à presidência ou vice-presidência (conforme a disposição interna da Corte), será o incidente distribuído a uma dada *parcela* do tribunal (Turma, Câmara, Seção), ressaltando-se que não se trata de distribuição livre ou aleatória, senão que há de ser feita ao órgão que, a teor do Regimento Interno, é afeiçoado à *uniformização da jurisprudência*, nos termos do *caput* do art. 978: competência *funcional*, e, portanto, *absoluta*. Vale lembrar que a Constituição Federal reconhece aos Regimentos Internos dos tribunais atribuição para dispor "sobre a competência e o funcionamento dos respectivos órgãos jurisdicionais e administrativos" – art. 96, I, *a*.

No caso, o IRDR é *distribuído* a um relator, "observando-se a alternatividade, o sorteio eletrônico e a publicidade (CPC, art. 930, *caput*), mas o *juízo de admissibilidade*, propriamente dito, compete ao *órgão colegiado* (art. 981, *caput*, em comento), oportunidade em que serão aferidos os pressupostos *positivos* de admissibilidade do IRDR, indicados no art. 976 e incisos, a saber: (*i*) "efetiva repetição de processos que contenham controvérsia sobre a mesma questão unicamente de direito"; (*ii*) "risco de ofensa à isonomia e à segurança jurídica", assim como o eventual pressuposto *negativo*, a saber, a *inexistência* de RE ou REsp afetado como representativo da mesma controvérsia, a saber, envolvendo a mesma *questão de direito* replicada em muitos processos, que levara à formulação do IRDR (§ 4.º do art. 976). Ao propósito, afirma Cassio Scarpinella Bueno: "A regra convida também ao entendimento de que a admissibilidade do incidente não deve ser aferida *monocraticamente*. Trata-se de ato necessariamente colegiado. Ao relator, singularmente considerado, caberá a tomada de outras providências, tais quais as previstas no art. 982. Todas elas, todavia, pressupõem a prévia admissão, necessariamente *colegiada*, do incidente".[64]

Em resultando *positiva* aquela avaliação premonitória por parte do órgão colegiado, caberá ao *relator*, na sequência, assumir a condução e

---

64. *Manual de Direito Processual Civil*, cit. 2015, p. 581.

instrução do incidente (*case management*), já que, nos tribunais, incumbe ao relator "dirigir e ordenar o processo" (CPC, art. 932, I), podendo: "(...) IV - negar provimento a recurso que for contrário a (...) *c)* entendimento firmado em incidente de resolução de demandas repetitivas (...); V - depois de facultada a apresentação de contrarrazões, dar provimento ao recurso se a decisão recorrida for contrária a: (...) *c*) entendimento firmado em incidente de resolução de demandas repetitivas (...)", o que tudo reforça a imanência entre o IRDR e o relator, na instrução do IRDR. Daí o expressivo rol de providências atribuídas ao relator designado, constantes dos arts. 982 e 983. Saliente-se, ainda, que uma vez distribuídos quaisquer autos (recurso, causa de competência originária, incidente processual, remessa necessária) ao relator, este, "em trinta dias, depois de elaborar o voto, restituí-los-á, com relatório, à secretaria" (CPC, art. 931).

Essa a exegese que nos parece adequada, sob um viés conciliatório entre a competência da fração do tribunal para *julgar* o incidente (art. arts. 978, *caput*; 985, *caput*) e o largo rol de providências a cargo do relator designado, ao cabo das quais lhe caberá fazer "a exposição do objeto do incidente" (inc. I do art. 984) até finalizar a instrução, para, então, submeter o incidente à apreciação e julgamento do órgão colegiado.

No tocante aos requisitos de admissibilidade do IRDR, invocados no art. 981 em comento, vale relembrar que, de um lado, a replicação de processos envolvendo a mesma questão de direito não pode ser numericamente inexpressiva, potencial ou suposta, mas há que ser efetiva e demonstrável objetivamente, com dados e elementos coligidos pelo requerente do IRDR (parte, Ministério Público, Defensoria Pública (por petição); juiz, relator (de ofício), a teor do § único do art. 977. De outro lado, a reprodução de processos sobre idêntica *quaestio iuris*, embora não necessite configurar uma vera *avalanche* de processos isonômicos, há que ser *numericamente importante*, não bastando que a divergência se verifique em face de poucos processos, até porque o dissídio pretoriano, contido em certos limites, não configura um mal em si mesmo, a ser radicalmente debelado, mas antes cuida-se de uma ocorrência previsível e recorrente na *praxis* judiciária, cabendo ser prevenida ou superada mediante os recursos, técnicas e instrumentos disponibilizados no CPC: embargos infringentes, *de ofício*: art. 942, parágrafos e incisos; embargos de divergência no STF e STJ: arts. 1.043, 1.044; recurso especial pela alínea *c* do art. 105, III da CF; incidente de assunção de competência: art. 947 e parágrafos; improcedência liminar do pedido inicial: art. 332 e incisos; descarte de RE's ou REsp's, no tribunal de origem, que se revelem em dissonância com a decisão-quadro firmada pelo STF ou pelo STJ (CPC, art. 1.030, I e alíneas, o *caput* com redação da Lei 13.256/2.016; inciso e alíneas acrescidos por essa lei).

É dizer, contida em dimensão razoável, a divergência acerca de uma dada questão de direito revela-se saudável e profícua, na medida em que areja, estimula e engrandece o debate sobre o sentido profícuo da norma, não projetando, nesses lindes, risco à isonomia, nem tampouco afronta à segurança jurídica, que são os pressupostos de admissibilidade do IRDR.

Ao propósito da divergência jurisprudencial assim nos pronunciamos em outra sede: "Deve-se, pois, *abandonar a ilusão* de que a norma legal, quando se apresenta clara e precisa em seu enunciado, oferece um conteúdo unívoco, absolutamente estável e estreme de dúvida, de tal sorte a dispensar a tarefa interpretativa. Muitas razões, que vão desde as dificuldades vernaculares até o próprio evolver dos acontecimentos, valores e interesses ao longo do tempo de *duração* da norma, impõem a indispensabilidade do labor exegético e induzem o seu inevitável corolário: a virtualidade de mais de uma inteligência sobre um mesmo texto, preparando terreno para o dissídio jurisprudencial. (...) Assim, não há negar que a divergência jurisprudencial em si mesma e contida em lindes razoáveis não se constitui num vero *problema* ou num *mal* a ser debelado radicalmente, mas antes deve o dissídio exegético ser visto como uma *virtualidade previsível*, e mesmo *inevitável*, num sistema jurídico cujo primado reside na norma legal, que por definição é *geral*, *abstrata* e *impessoal*, a reclamar a devida interpretação, para aplicação ao caso concreto".[65]

Ressalte-se ainda que o art. 981, em comento, *não prevê recurso* em face da decisão quanto à admissibilidade do IRDR, e isso pela boa razão de que, ainda quando venha trancado *ab initio* por carência dos pressupostos *positivos* indicados no art. 976 e incisos (ou por incidência do pressuposto *negativo* previsto no § 4º do art. 976), o incidente poderá ser *reapresentado*, "uma vez satisfeito o requisito" – § 3º do art. 976. Nesse sentido, dispõe o Enunciado nº 556 do FPPC (2015): "É irrecorrível a decisão do órgão colegiado que em sede de juízo de admissibilidade, rejeita a instauração do incidente de resolução de demandas repetitivas, salvo o cabimento dos embargos de declaração". Sem embargo, uma exceção ao ora afirmado poderia configurar-se em caso de *error in procedendo*, nessa fase postulatória do IRDR, podendo figurar-se a hipótese de o juízo de admissibilidade ter sido feito pelo relator, ao invés do órgão colegiado, assim contrariando

65. *Divergência jurisprudencial e súmula vinculante*, cit. 6. ed, Salvador: Jus Podivm, 2.018, p. 195.

o disposto nos art. 978, *caput* e 981. O art. 1.021, *caput*, do CPC, prevê *agravo interno* contra decisão do relator, dirigido "para o respectivo órgão colegiado, observadas, quanto ao processamento, as regras do regimento interno do tribunal".

Quanto à possibilidade de RE ao STF ou REsp ao STJ no âmbito da decisão prolatável com base no art. 981, em comento, é bem de ver que, tirante a hipótese de sua interposição contra o *acórdão* de mérito no IRDR (art. 987, *caput*), estamos em que seu manejo em face da decisão quanto à *admissibilidade* do IRDR se afigura remoto, senão já inviável: *a uma*, porque se poderia objetar falta de interesse recursal, já que o IRDR, trancado *ab initio*, pode ser *reapresentado* uma vez sanada a falha (§ 3º do art. 976), não havendo, pois, risco de uma preclusão, propriamente dita; *a duas*, porque, como antes dito, já vem prevista a possibilidade de RE ou REsp contra a *decisão* que fixa a *tese jurídica* no IRDR, propriamente dita, e esse ulterior acórdão do STF ou do STJ é que projetará, nacionalmente, efeito obrigatório em face das demais instâncias judiciais (art. 927, III; § 2º do art. 987); *a três*, porque tanto o RE como o REsp devem ser tirados de *causa decidida* (CF, art. 102, III e 105, III), quesito desatendido em se tratando do juízo de admissibilidade do IRDR. Ao propósito, nos pronunciamos em outra sede: "Tanto para efeito do recurso extraordinário como do recurso especial, o que se quer, com a expressão *causa decidida*, é que a decisão atacada seja...*final*, configurada no *esgotamento* dos recursos ordinários, seja porque foram interpostos (preclusão consumativa), seja porque não o foram (preclusão temporal)".[66]

Art. 982. Admitido o incidente, o relator:

I – suspenderá os processos pendentes, individuais ou coletivos, que tramitam no estado ou região, conforme o caso; II – poderá requisitar informações a órgãos em cujo juízo tramita processo no qual se discute o objeto do incidente, que as prestarão no prazo de 15 (quinze) dias; III – intimará o Ministério Público para, querendo, manifestar-se no prazo de 15 (quinze) dias.

---

66. *Recurso extraordinário e recurso especial*, 14. ed., São Paulo: Thomson Reuters-Revista dos Tribunais, 2018, p. 149.

§ 1.º A suspensão será comunicada aos órgãos jurisdicionais competentes.

§ 2.º Durante a suspensão, o pedido de tutela de urgência deverá ser dirigido ao juízo onde tramita o processo suspenso.

§ 3.º Visando à garantia da segurança jurídica, qualquer legitimado mencionado no art. 977, incs. II e III, poderá requerer, ao tribunal competente para conhecer do recurso extraordinário ou especial, a suspensão de todos os processos individuais ou coletivos em curso no território nacional que versem sobre a questão objeto do incidente já instaurado.

§ 4.º Independentemente dos limites da competência territorial, a parte no processo em curso no qual se discuta a mesma questão objeto do incidente é legitimada para requerer a providência prevista no § 3.º deste artigo.

§ 5.º Cessa a suspensão a que se refere o inc. I do caput deste artigo se não for interposto recurso especial ou recurso extraordinário contra a decisão proferida no incidente".

Art. 982, *caput*.

A dicção do *caput* do art. 982 – "Admitido o incidente" – deve ser entendida no sentido de que o IRDR: ***(i)*** é inicialmente recepcionado ao relator designado conforme o critério de distribuição previsto regimentalmente (CPC, art. 931) ou mesmo pelo presidente ou vice-presidente do tribunal (a depender das disposições regimentais), de sorte que, com o voto, o IRDR é encaminhado à Secretaria ou mesmo diretamente ao órgão colegiado – "dentre aqueles responsáveis pela uniformização de jurisprudência" (art. 978, *caput*, c/c art. 981); ***(ii)*** essa fração do tribunal examina o procedimento, e, constatando a presença dos pressupostos *positivos* (art. 976 e incisos) e a ausência do pressuposto *negativo* (§ 4.º do art. 976) emite juízo de admissibilidade positivo, assim liberando o relator para determinar determinar os atos iniciais de manejo e instrução do procedimento, indicados nos incisos do art. 982. Nesse sentido, dispõe o Enunciado nº 91, assentado no Fórum Permanente dos Processualistas Civis (2015): "Cabe ao órgão colegiado realizar o juízo de admissibilidade do incidente de resolução de demandas repetitivas, sendo vedada a decisão monocrática".

Em princípio, não se vislumbra a possibilidade de RE ou REsp para o caso de eventual juízo *negativo* de admissibilidade, pelas razões indicadas no comentário ao art. 981; todavia, não se pode descartar a possibilidade de ter ocorrido algum *error in procedendo* nessa fase inicial do procedimento, podendo figurar-se a hipótese de que o juízo de admissibilidade tenha radicado em decisão monocrática do relator, ao invés de provir do órgão colegiado, impropriedade que desafiaria *agravo interno* (CPC, art. 1.021 e parágrafos), ficando prequestionada *questão federal* capaz de, em princípio, pavimentar oportuna interposição de recurso especial ao STJ.

Saliente-se ainda que o credenciamento do relator para fim do manejo e instrução do IRDR prende-se ao fato de que aos relatores, nos tribunais, incumbe "dirigir e ordenar o processo no tribunal, inclusive em relação à produção de prova (...)"- CPC, art. 932, *caput*.

Embora o CPC não preveja contraditório ampliado por ocasião da sessão que no órgão fracionário aprecia a *admissibilidade do IRDR*, como o faz em face da sessão de *julgamento* (CPC, art. 984, II e alíneas), Aloísio Gonçalves de Castro Mendes entende que "na sessão destinada à apreciação da admissibilidade, após a exposição inicial do relator, (a) as partes dos processos que ensejaram o IRDR (b) o Ministério Público; e c) os demais interessados poderão sustentar as suas razões, quanto à admissibilidade do incidente, passando-se, em seguida, à deliberação, pelo colegiado, quanto ao juízo de aceitação do Incidente de Resolução de Demandas Repetitivas, com a definição da questão jurídica afetada, bem como também dos efeitos decorrentes da sua instrução".[67]

Inc. I do art. 982.

A exemplo do que se passa na atribuição conferida ao presidente ou vice-presidente do TJ ou TRF para, uma vez identificado o(s) RE's ou REsp's representativo(s) da controvérsia, suspender "o trâmite de todos os processos individuais ou coletivos, que tramitem no Estado ou na região, conforme o caso" (CPC, § 1.º do art. 1036), também no caso do IRDR o inciso I do art. 982, em comento, enseja ao relator *suspender* "os processos pendentes, individuais ou coletivos, que tramitem no Estado ou na região, conforme o caso".

Discute-se, em doutrina, se tal sobrestamento é de ser deixado ao prudente discernimento do relator, conforme as peculiaridades da espécie, ou

67. *Incidente de resolução...*, 2.107, cit., p. 177.

se é providência a ser necessariamente por ele implementada. Teresa Arruda Alvim Wambier *et al.*, a partir da expressão "determinará", constante do inc. I do art. 982, entendem que tal suspensão "é intrínseca à razão de ser do instituto, consequência natural do juízo positivo de admissibilidade",[68] ao passo que José Miguel Garcia Medina pensa diversamente: "Pode-se, por exemplo, estar diante de questão de direito processual que não impeça a tramitação do processo, para que se realizem atos que não serão atingidos pela decisão que julgar o incidente".[69] Esta última exegese afina-se ao entendimento de Nery & Nery, sustentando que "se a parte quiser que seu processo prossiga, tem o direito de assim o exigir, de acordo com a CF 5.º, XXXV, porquanto fere a garantia constitucional do direito de ação a determinação compulsória da paralisação do processo, em virtude da instauração do IRDR".[70]

Nessa instigante questão a *virtude do meio-termo* leva a que se dê o devido peso à *prevalência do interesse público e social* que permeia o IRDR, a saber: a emissão de tese jurídica idônea a prevenir ou superar a divergência instalada acerca de certa *questão de direito* replicada em muitos processos, capaz de pôr em risco a isonomia e a segurança jurídica (art. 976 e incisos); tais sobrevalores, por certo, transcendem o interesse individual das partes envolvidas nos processos seriais, tanto assim que a *tese jurídica* alcançada ao final do IRDR a eles se estenderá impositivamente (art. 985 e incisos, c/c art. 927, III). Desse modo, pensamos que cabe ao relator, no desempenho de sua missão de "dirigir e ordenar o processo no tribunal" (art. 932, I), ponderar, cumpridamente, sobre os valores incidentes na espécie, por modo que, em constatando que o prosseguimento das demandas individuais, *em paralelo* ao trâmite do IRDR, poderia pôr em risco a boa ordem judiciária, gerando situações de insegurança e perplexidade, deverá, *fundamentadamente* (CF, art. 93, IX; CPC, § 1.º do art. 489), determinar a suspensão das ações individuais concernentes ao *thema decidendum*.

A similitude dos textos que, tanto no manejo dos RE's e REsp's repetitivos como no IRDR, dispõem sobre a suspensão dos processos nos tribunais de origem, se deve à afinidade de objetivos buscados em ambas as categorias, quais sejam: combater a dispersão jurisprudencial excessiva, propiciar tratamento isonômico às causas nas quais se discute a mesma questão de

---

68. *Primeiros comentarios, cit.* 2015, nota ao inciso I do art. 982, p. 1.404.

69. *Novo Código de Processo Civil comentado*, 5. ed., 2.017, cit. 2015, nota I ao art. 982, p. 1.445.

70. *Comentários ao Código de Processo Civil*, cit. 2015, nota n. 2 ao art. 982, p.1.972-1.973.

direito, preservar a segurança jurídica, otimizar o trabalho forense e potencializar a eficácia da resposta jurisdicional no caso das demandas seriais. Bem por isso, tanto a *decisão-quadro*, no RE reconhecido com repercussão geral ou no REsp afetado como representativo da controvérsia, no regime dos recursos repetitivos, quanto a *tese jurídica*, firmada ao final do IRDR, revestem-se de eficácia impositiva a juízes e tribunais, nos termos do art. 927, III, c/c art. 928 e incisos.

A suspensão dos processos afetados à questão jurídica debatida no IRDR, inicialmente confinada ao Estado (no caso dos TJ's) ou à Região (no caso dos TRF's) poderá, depois, irradiar-se a todo o território nacional, caso venha a ser provido o RE ou o REsp tirados do acórdão que fixara a *tese jurídica* (art. 985, *caput* e incs. I e II, c/c § 2.º do art. 987), ou, mesmo fora dessa eventualidade, a requerimento de qualquer dos colegitimados ao IRDR, dirigido ao STF ou STJ (§ 3.º do art. 982), ou ainda, por iniciativa da parte em qualquer processo no qual se discuta a mesma questão jurídica, mesmo tramitando em foro distinto daquele no qual tem curso o IRDR – § 4.º do art. 982.

Por outro lado, embora a suspensão dos processos, referida no inc. I do art. 982, aí apareça restrita ao Estado ou Região – assim evocando a jurisdição territorial dos TJ's e TRF's – parece-nos que, igualmente, tal sobrestamento é de ser estendido aos feitos que tramitam nos *Juizados Especiais* (Leis 9.099/1995; Lei 10.259/2001), para guardar sintonia com a extensão da tese firmada no IRDR aos processos "que tramitem nos juizados especiais do respectivo Estado ou região" (inc. I do art. 985).[71] Nesse sentido, em Seminário realizado em 2015 na Escola Nacional de Formação e Aperfeiçoamento de Magistrados – ENFAM – estabeleceu-se no Enunciado 21: "O IRDR pode ser suscitado com base em demandas repetitivas em curso nos juizados especiais". De análogo teor, o Enunciado nº 93, firmado no Fórum Permanente de Processualistas Civis: "Admitido o incidente de resolução de demandas repetitivas, também devem ficar suspensos os processos que versem sobre a mesma questão objeto do incidente e que tramitem perante os juizados especiais no mesmo estado ou região".

O inc. I do art. 982, em comento, não previu a hipótese de que entre a questão de direito afetada ao IRDR e o objeto de alguma demanda individual abrangida na irradiação do sobrestamento possa inexistir perfeita

---

71. Sobre o tema, v. Frederico Augusto Leopoldino Koehler: O incidente de resolução de demandas repetitivas e os Juizados Especiais. *Revista de Processo* n. 237, nov./2014, p. 497 e s.

correspondência, circunstância que, todavia, não passara despercebida ao legislador ao disciplinar o regime dos RE's e REsp's repetitivos, onde se permite o requerimento de *exclusão*, por tal fundamento, a saber, o *distinguishing*: § 9.º do art. 1.037. Ainda assim, Cassio Scarpinella Bueno entende cabível tal alvitre também no rito do IRDR: "(...) poderá a parte requerer o reexame da decisão respectiva, apresentando elementos que permitam a *distinção* entre o caso concreto e o que está sujeito ao tratamento no incidente de resolução de demandas repetitivas, requerendo, consequentemente, o prosseguimento do processo".[72]

Assim também parece a Luiz Guilherme Marinoni *et al.*: "Pode ocorrer que o magistrado da causa possa entender que naquele processo a questão é diversa daquela submetida ao incidente de julgamento de processos repetitivos e, por isso, não determine a sua suspensão, ou poderá entender que o processo está sim afetado pelo incidente instaurado e determine a sua suspensão. Embora o código não discipline especialmente essa situação, é evidente que, discordando de qualquer uma dessas decisões, o interessado poderá requerer, ao próprio juiz onde tramita a demanda (ou ao relator, se a causa já tramitava perante o tribunal), seja o seu prosseguimento, seja a sua suspensão, conforme o caso. Dessa decisão, caberá agravo de instrumento, na forma do art. 1.015, II (ou agravo interno, se a causa já está sujeita à competência do tribunal)".[73] (Saliente-se que, embora no rol das decisões interlocutórias sujeitas a agravo de instrumento não conste, às expressas, aquela proferida no âmbito do IRDR, é possível entender-se que cabe tal recurso da decisão do juiz acerca da suspensão dos processos concernentes ao âmbito de certo IRDR, a partir da premissa firmada pelo STJ no tema nº 988, no sentido de que aquele rol é de "taxatividade mitigada)". [74]

Atente-se, ainda, que cabe *ação rescisória* contra decisão baseada em "(...) acórdão proferido em julgamento de *casos repetitivos* [nomenclatura que abrange o IRDR: CPC, art. 928, I] que não tenha considerado a existência de *distinção* entre a questão discutida no processo e o padrão decisório que lhe deu fundamento" – § 5.º do art. 966, inserido pela Lei 13.256/2016.

Ambas as doutrinas antes colacionadas nos parecem acertadas, porque: (*i*) tanto o IRDR quanto o julgamento *por amostragem* de RE's e Resp's repetitivos – no qual se permite o *distinguishing* (§ 9.º do art. 1.037 do CPC) – são espécies do gênero "julgamento de casos repetitivos", como

72. *Manual de Direito Processual Civil*, cit. 2015, p. 583.
73. *Novo Curso de Processo Civil*, cit. vol. 2, 2015, p. 582-583.
74. REsp 1.696.396/MT; REsp 1.704.520/MT. DJe 19.12.2018.

se colhe do art. 928 e incisos; *(ii)* em que pese o caráter *impositivo geral*, assim da decisão-quadro no RE reconhecido com repercussão geral ou do RE/REsp afetados como representativos da controvérsia, no regime dos recursos repetitivos, como da *tese jurídica* firmada no IRDR (art. 927, *caput* e inc. III, c/c § 1.º do art. 985 e inc. IV do art. 988, redação do inciso cf. Lei 13.256/2016), fato é que ao julgador, no caso concreto, concede-se que, eventualmente, deixe de perfilhar o precedente, em demonstrando "a existência de *distinção* no caso em julgamento ou a superação do entendimento" (inc. VI do § 1.º do art. 489). E isso, sem embargo de o art. 313 determinar a suspensão do processo, dentre outros fatores, "(...) IV - pela *admissão* de incidente de resolução de demandas repetitivas".

Embora o inciso I do art. 981, em comento, não esclareça quanto ao sobrestamento dos prazos prescricionais durante o lapso temporal da suspensão dos processos, tal previsão constara do art. 990, § 5º, SCD ao PLS 166/2010, tendo sido porém afastada no bojo do Relatório nº 956/2014 do Senado, ao argumento de que "tal matéria é afeta ao Direito Civil e em razão de a suspensão da prescrição perdurar durante a tramitação do processo nos termos do parágrafo único do art. 202 do Código Civil. Não é oportuno inserir, na norma processual, um dispositivo que poderá conflitar com esse dispositivo do Código Civil". Sem embargo, Aluísio Gonçalves de Castro Mendes e Sofia Temer afirmam: "Apesar da supressão da regra, a doutrina especializada já vem destacando a importância de prever-se a suspensão da prescrição de tais pretensões".[75] Registre-se, ao propósito, o Enunciado nº 452, firmado no Fórum Permanente dos Processualistas Civis, realizado em Vitória (ES) em 2.015: "Durante a suspensão do processo prevista no art. 982 [do CPC] não corre o prazo de prescrição intercorrente".

Inc. II do art. 982

Ao relator, nos tribunais, é dado exercer atribuições não só decisórias, monocraticamente, mas também instrutórias, enquanto autoridade encarregada de "dirigir e ordenar o processo no tribunal, inclusive em relação à produção de prova (...)" - inc. I do art. 932. Por aí se compreende possa ele, no âmbito do IRDR, "requisitar informações a órgãos em cujo juízo tramita processo no qual se discute o objeto do incidente, que as prestarão no prazo de 15 (quinze) dias", a teor do inc. II do art. 982, em comento.

---

75. In SCARPINELLA BUENO, Cassio (coord.), *Comentários ao Código de Processo Civil*, v. 4, 2.017, cit., nota ao art. 982, p. 223.

A obtenção de tais informações é particularmente importante com vistas a saber se de fato ocorre o afluxo expressivo de demandas envolvendo uma mesma questão de direito, a ponto de pôr em "risco a isonomia e a segurança jurídica" (inc. II do art. 976), até porque o inciso I desse artigo exige a "*efetiva* repetição de processos"; bem por isso, aliás, melhor fora que o inc. II do art. 982 tivesse mencionado que o relator *deverá* solicitar tais subsídios. Com efeito, é fundamental que o tribunal disponha de elementos concretos para bem apreender o exato *conteúdo* (extensão-compreensão) da *questão de direito* sobre a qual ele terá, ao final, que firmar *tese paradigmática* (art. 985 e incisos), à semelhança do que se passa no rito dos RE's ou REsp's repetitivos, no qual a decisão de afetação do recurso representativo da controvérsia deverá "identificar com precisão a questão a ser submetida a julgamento" (inc. I do art. 1.037).

Bem por isso, cabe já ao tribunal de origem (TJ, TRF, TRT), ao selecionar os REsp's representativos da controvérsia (CPC, § 1] do art. 1.036), definir "a questão de mérito que puder tornar prejudicadas outras questões suscitadas no recurso", e, a par disso, o tribunal *a quo* "delimitará a questão de direito a ser processada e julgada sob o rito dos recursos especiais repetitivos, com indicação dos respectivos códigos de assuntos da Tabela Processual Unificada do Conselho Nacional de Justiça" (RISTJ, inciso II do § 1º do art. 256; inciso I do §º 2 desse artigo, cf. ER 24/2.016).

As informações a serem prestadas pelo órgão judicial onde tramitam as ações que deram ensejo à instauração do IRDR, deverão atender tanto ao aspecto *quantitativo* (o número aproximado das demandas isomórficas) como ao *qualitativo*, já aqui interessando saber se a questão jurídica replicada em muitos processos é realmente isomórfica, controvertida e bem delimitada, a fim de que a *tese jurídica* a ser ao final firmada (art. 985, *caput*) possa efetivamente operar como *padrão decisório*. Ainda sob esse aspecto *qualitativo* é importante que tais informações incluam peças forenses que tragam argumentos diversos em torno da questão de direito, a fim de que o tribunal tenha percepção a mais abrangente possível acerca do tema controvertido. Até porque, a tese a ser ao final emitida se tornará obrigatória para todos os juízes e tribunais (art. 927, III, c/c art. 928, I) e seu eventual descumprimento desafiará *reclamação* (§ 1.º do art. 985; inc. IV do art. 988, redação do inciso cf. Lei 13.256/2016).

Bem por isso, Nery & Nery avaliam que a requisição de informações não é mera faculdade deferida ao relator, sendo antes "obrigatória essa requisição, dada a gama de situações que podem ocorrer no caso concreto, bem como o reflexo que poderá impactar não só o processo do qual se originou o incidente como os demais em que se discute a mesma questão jurídica. Decidir sem informações será, em grande parte dos casos, uma temeridade".[76]

A expressão "requisitar informações a *órgãos em cujo juízo* (...)", constante do inc. II do art. 982, não prima pela clareza, parecendo-nos adequado, no caso, uma leitura mais abrangente, por modo a alcançar, por exemplo, as Varas da Fazenda Pública sediadas em determinada comarca (Justiça estadual) ou seção judiciária (Justiça Federal), e, não, estritamente, aquele Juízo onde tramita o processo de onde se originou o incidente, já que o interesse preponderante é o de obter-se o maior número possível de dados acerca da *vexata quaestio.*

Inc. III do art. 982.

Dentre as providências a serem tomadas pelo relator designado, em ordem a conduzir a bom termo o IRDR, o inc. III do art. 982, ora em comento, determina que seja intimado o Ministério Púbico "para querendo, manifestar-se no prazo de 15 (quinze) dias". Desde logo vale observar a dicção do dispositivo – "*intimará* o Ministério Público" – certo que o verbo no imperativo não permite outra exegese senão a que indica o *dever* de se proceder a tal chamamento; nesse sentido, dispõe o art. 279, *caput*, do CPC: "É nulo o processo quando o membro do Ministério Público não for intimado a acompanhar o feito em que deva intervir".

A intimação do Ministério Público para se manifestar nos autos do IRDR é uma evidência do interesse público e social aí presente, já que ao *parquet* cabe atuar na "defesa da ordem jurídica, do regime democrático e dos interesses e direitos sociais e individuais indisponíveis" (CF, art. 127, *caput*, diretriz recepcionada no art. 176 do CPC). No IRDR, quando o *parquet* não for o promovente (inc. III do art. 977) ele atuará como *custos legis* (fiscal da lei), certo que, nesta condição, ele intervém sempre que num processo se lobrigue "interesse público e social" (CPC, art. 178, I).

Atuando no rito do IRDR enquanto fiscal da lei, caberá ao Ministério Público, examinar detidamente a espécie e opinar sobre questões relevantes, tais a regularidade procedimental, a legitimidade do requerente do procedimento e a configuração dos pressupostos *positivos* de admissibilidade, quais sejam a "efetiva repetição de processos que contenham controvérsia sobre a mesma questão unicamente de direito", implicando em "risco de

76. *Comentários ao Código de Processo Civil*, cit. 2015, nota n. 3 ao art. 982, p. 1.973.

ofensa à isonomia e à segurança jurídica" (art. 977 e incisos), devendo ainda atentar para o pressuposto *negativo* de admissibilidade, qual seja a inexistência de RE ou REsp porventura já afetado como representativo da controvérsia, envolvendo a mesma questão de direito objetivada no IRDR (§ 4.º do art. 976).

Ao propósito do disposto no inc. III do art. 982, em comento, afirmam Nery & Nery: "A intervenção no MP como *custos legis*, é obrigatória em razão do interesse público que existe na uniformização da jurisprudência dos tribunais (CF 127, *caput*; CPC 178, I). Além disso, o interesse público ou social, que legitima a intervenção do MP no IRDR, está *in re ipsa*, na medida em que esse reconhecimento está expresso no texto legal."[77]

Vale observar que a citada *obrigatoriedade* é no tocante à intimação do *parquet*, não alcançando sua *efetiva* intervenção, com apresentação de parecer acerca do procedimento em curso e, bem por isso, o inc. III do art. 982 em comento diz que tal comunicação é para que a instituição, *querendo* (*sic*), se manifeste nos autos. Essa exegese se reforça pela *ratio* subjacente ao § 2.º do art. 279 do CPC: "A nulidade só pode ser decretada após a intimação do Ministério Público, que se manifestará sobre a existência ou a inexistência do prejuízo". Ao propósito, aduzem Teresa Arruda Alvim Wamber *et al*: "A intimação do Ministério Público proporciona o que a doutrina tem chamado de '*contraditório institucional*', que é, no fundo, contraditório com a *própria sociedade*".[78]

Observe-se que, a teor do § 1.º do art. 180 do CPC, uma vez passado *in albis* o prazo para a manifestação do MP em qualquer processo em que lhe caiba intervir, "o juiz requisitará os autos e dará andamento ao processo", regra que nos parece aplicável à participação do *parquet* no IRDR; neste passo, é útil lembrar o disposto no § único do art. 178 do CPC: "A participação da Fazenda Pública não configura, por si só, hipótese de intervenção do Ministério Público".

Outrossim, dado que o inc. III do art. 982, em comento estabelece expressamente o prazo quinzenal para a manifestação do MP, parece-nos que aí não se aplica a duplicação temporal prevista no *caput* do art. 180 do CPC, a teor do disposto no § 2.º desse art. 180: "Não se aplica o benefício da contagem em dobro quando a lei estabelecer, de forma expressa, prazo próprio para o Ministério Público."

77. *Comentários ao Código de Processo Civil*, cit,. 2015, nota n. 4 ao art. 982, p. 1.973.

78. *Primeiros comentários...*, cit., 2015, nota ao inc. III do art. 982, p. 1.405.

§ 1.º do art. 982.

O parágrafo ora em comento prevê que a suspensão dos processos pendentes, nos quais venha agitada a mesma questão de direito objeto do IRDR (inc. I do art. 982) "será comunicada aos órgãos jurisdicionais competentes". Dado que o IRDR visa a emissão de uma *tese jurídica* (art. 985, *caput*) capaz de parametrizar o deslinde das ações onde a indigitada questão venha agitada, tem-se que o endereçamento do § 1.º do art. 982 se destina: (*i*) *precipuamente*, aos juízos de primeiro grau onde tramitam ações que guardem pertinência – total ou parcial – com esse tema; e também (*ii*) aos desembargadores do tribunal que têm a seu cargo recursos, incidentes ou ações de competência originária conexos a tais demandas seriais, até por conta da *prevenção* estabelecida no parágrafo único do art. 978.

Em ambos os casos, a necessidade de tal comunicação se dá pela boa razão de que a *tese jurídica* a ser ao final alcançada configurará *precedente* a ser *observado* (*sic*) por juízes e tribunais (art. 927, III, c/c art. 928, I), sob pena de *reclamação* (§ 1.º do art. 985; inc. IV do art. 988, redação do inciso cf. Lei 13.256/2016), donde justificar-se uma exegese *ampliativa* acerca da expressão "órgãos jurisdicionais competentes", constante do § 1.º do art. 982, em comento, por modo a abranger o maior número possível de magistrados. Ao propósito, Nery & Nery afirmam que "os processos que tenham por objeto a questão discutida no incidente deverão ser suspensos em todo o estado ou região (conforme se trate de TJ ou TRF), devendo os fóruns de cada comarca ou seção judiciária ser comunicados a respeito, por ofício".[79]

Embora o parágrafo em comento não informe por quais *meios* se fará dita comunicação, é razoável entender-se que tal possa dar-se tanto mediante ofício, em base física papel, como, superiormente, através de *meio eletrônico*, entendendo-se por esta expressão "qualquer forma de armazenamento ou tráfego de documentos e arquivos digitais" (Lei 11.419/2006, art. 1.º, § 2.º, I). De resto, o § 1.º do art. 979 do CPC prevê que os tribunais "manterão banco eletrônico de dados atualizados com informações específicas sobre questões de direito submetidas ao incidente, comunicando-o imediatamente ao Conselho Nacional de Justiça para inclusão no cadastro".

Seja qual for o meio de comunicação empregado, importa que a notícia da suspensão dos processos pendentes, onde venha agitada a questão jurídica objeto do IRDR alcance o maior número possível de magistrados,

79. *Comentários ao Código de Processo Civil*, cit. 2015, nota n. 5 ao art. 982, p. 1.973.

com vistas a conjurar o risco do prosseguimento desavisado de algum processo que antes devera constar do rol dos afetados ao sobrestamento.

É relevante a ressalva feita por Teresa Arruda Alvim Wambier *et al*, no sentido de que tal suspensão dos processos pendentes "poderá ser *parcial*. Imagine-se o caso de haver dois pedidos, só um deles envolvendo a tese jurídica que é objeto do incidente. O procedimento deve prosseguir para que seja decidida a outra pretensão, quando seu exame não depender da resolução da primeira. Isto significa que esta possiblidade depende do tipo de cumulação".[80] Esse, também, o pensamento de Aluísio Gonçalves de Castro Mendes: "Por conseguinte, o Incidente de Resolução de Demandas Repetitivas poderá ter como objeto, por exemplo, uma questão que seja determinante para a apreciação de um dos pedidos ou da causa de pedir, ou da respectiva defesa, sem interferência direta nos demais pedidos ou causas de pedir, que poderão exigir, por sua vez e ao contrário do objeto do IRDR, produção probatória". [81] Nesse sentido, tenha-se presente que o CPC prevê o julgamento *parcial* do mérito do processo, inclusive em modo antecipado (arts. 354-356).

De outra parte, embora não o diga o § 1º do art. 982 em comento, a interpretação sistemática parece autorizar a ilação de que em alguns processos atingidos pela suspensão possa a parte pleitear ao relator sua exclusão daquele rol, demonstrando cumpridamente que o objeto do *seu* processo não se identifica (*distinguishing*) com a questão afetada à fixação da tese jurídica no rito do IRDR, por analogia com o que se passa no regime de suspensão dos RE's e REsp's repetitivos (§§ 9.º a 13 do art. 1.037). Tal iniciativa, segundo Cassio Scarpinella Bueno, "é harmônica com o que o CPC de 2015 trata como 'casos repetitivos' (art. 928) e mostra-se indispensável na compreensão do direito jurisprudencial. É indiferente, portanto, que ela não seja expressamente regrada no âmbito do incidente aqui examinado".[82]

Até porque, tal possibilidade de *distinção* não contempla unicamente a parte interessada, mas se estende ao próprio juiz que, sob pena de ter sua decisão considerada *não fundamentada* (e, pois nula: CF, art. 93, IX), deve, na eventualidade de "deixar de seguir (...) precedente invocado pela parte (...) demonstrar a existência de distinção no caso em julgamento ou a superação do entendimento" (CPC, VI do § 1.º do art. 489). Aliás, a inobservância de tal distinção, quando seja de rigor, pode mesmo dar azo

80. *Primeiros comentários*, cit. 2015, p. 1.406.

81. *Incidente de resolução*..., 2.017, cit., p. 185, 186.

82. *Manual de Direito Processual Civil*, cit. 2015, p. 582.

à *ação rescisória*, cabível "contra decisão baseada em enunciado de súmula, ou acórdão proferido em *julgamento de casos repetitivos* [expressão que inclui a tese jurídica firmada em IRDR: art. 928, I] que não tenha considerado a existência de *distinção* entre a questão discutida no processo e o padrão decisório que lhe deu fundamento" (§ 5.º do art. 966, inserido pela Lei 13.256/2016).

No rol constante do art. 1.015 do CPC não figura, às expressas a possibilidade de agravo de instrumento em face da decisão do Juízo acerca da suspensão de um dado processo; ainda assim, Daniel Assumpção Amorim Neves entende que "mesmo sem previsão expressa nesse sentido, tal pedido continua a ser plenamente possível" [83], o que vem ao encontro do tema nº 988, firmado pelo STJ em sede de recurso especial tirado de acórdão do TJSP, estabelecendo: "O rol do art. 1.015 do CPC é de taxatividade mitigada". Um argumento de reforço, nessa exegese, pode ser extraído de uma analogia com o disposto no § 13º do art. 1.037 do CPC, no rito dos RE's e REsp's repetitivos, onde se prevê que da decisão acerca do pleito de exclusão de certo processo do rol daqueles suspensos (§ 9º) cabe "agravo de instrumento, se o processo estiver em primeiro grau". Afinal, os regimes procedimentais do IRDR e dos recursos repetitivos formam uma sorte de *microssistema* (como, aliás, já se pode inferir do disposto no art. 928 e incisos), conforme proposto no Enunciado nº 345 do Fórum Permanente de Processualistas Civis, reconhecendo que ambos aqueles procedimentos "formam um microssistema de solução de casos repetitivos, cujas normas de regência se complementam reciprocamente, e devem ser interpretadas conjuntamente". Naturalmente, se se tratar de decisão do relator no tribunal, caberá o agravo interno (CPC, art. 1.021, *caput*).

§ 2.º do art. 982.

O parágrafo em comento dispõe que durante o período de suspensão dos processos, nos quais venha discutida a questão jurídica objeto do IRDR, eventual "pedido de tutela de urgência deverá ser dirigido ao juízo onde tramita o processo suspenso".

O CPC abre todo um livro (V) para a "Tutela Provisória", compreensiva da "tutela de urgência" e da "tutela da evidência". A tutela de urgência "será concedida quando houver elementos que evidenciem a probabilidade do

83. *Novo Código de Processo Civil comentado*, 3.ed., Jus Podivm, 2.018, nota ao art. 982, p. 1.667.

direito e o perigo de dano ou o risco ao resultado útil do processo" (art. 300, *caput*), em sintonia, de resto, com a garantia constitucional do acesso à justiça, compreensiva tanto dos históricos de dano *sofrido* como do *temido* (art. 5.º, XXXV), neste último tópico se enquadrando o *justo temor de dano.*

A tutela de *urgência*, no CPC, vem bifurcada em (*i*) *de natureza antecipada* (que "não será concedida quando houver perigo de irreversibilidade dos efeitos da decisão" – § 3.º do art. 300), e (***ii***) *de natureza cautelar*, assegurável pelas medidas indicadas no art. 301, *caput*, sem prejuízo, segundo consta da parte final desse dispositivo, de "qualquer outra medida idônea para asseguração do direito", podendo dita tutela antecipada ser requerida em caráter *antecedente*, nos moldes dos arts. 303, 304. Também a tutela cautelar comporta caráter antecedente, conforme regrado nos arts. 305 a 310.

Já a tutela da *evidência* responde a outros pressupostos e tende a outra finalidade, sendo concedida "independentemente da demonstração de perigo de dano ou de risco ao resultado útil do processo" (art. 311, *caput*), havendo expressa previsão para que tal tutela diferenciada possa ser concedida, dentre outros casos, quando "as alegações de fato puderem ser comprovadas apenas documentalmente e houver tese firmada em *julgamento de casos repetitivos* (...)" (inc. II do art. 311), nomenclatura esta que abrange o acórdão proferido em IRDR, nos termos do inc. I do art. 928. Vale observar que tal dispositivo pressupõe um IRDR no qual *já foi* emitida a tese jurídica de eficácia *panprocessual* (art. 985, *caput* e incisos), e não, naturalmente, quando o IRDR *ainda esteja em trâmite*, porque neste caso, como bem observam Teresa Arruda Alvim Wambier *et al*, "(...) evidência não há: *discute-se*, no incidente, exatamente o *direito*. Portanto, não há direito evidente".[84]

Dado que o § 2.º do art. 982 menciona a *tutela de urgência* – referindo-se portanto, ao gênero – é de se inferir que aí estão abrangidas ambas as espécies antes referidas (***i*** e ***ii*** supra), podendo-se figurar uma ocorrência em que a fixação da tese jurídica, objeto do IRDR, se revele urgente: por exemplo, quando aquele precedente diga respeito à sobrevivência de muitos pacientes internados em UTI, controvertendo-se quanto à licitude da limitação temporal, imposta pelas empresas de seguro-saúde, para a permanência em tais unidades, tratando-se de saber se tal cláusula é compatível com a normação consumerista, mormente tendo em vista que a *proteção do consumidor* e o *direito à saúde* são de extração constitucional – art. 5.º, XXXII; arts. 196 e 199, § 1.º.

---

84. *Primeiros comentários...*, cit. 2015, nota ao § 2.º do art. 982, p. 1.406.

O § 2.º do art. 982, em comento, remete à figura do juiz, em primeiro grau, parecendo-nos, assim, que, *em princípio*, fica afastada exegese extensiva que permitisse estender aquele permissivo ao relator no tribunal, até porque no IRDR aí admitido se examina tão só a *questão de direito*, com vistas à oportuna emissão da *tese jurídica* a respeito – art. 985, *caput* – e não a *controvérsia* propriamente dita, replicada nas ações sobrestadas em primeiro grau. É de se concluir, pois, com Nery & Nery, que a tutela de urgência é de ser pleiteada "ao juízo onde se encontra o processo suspenso, e não ao tribunal, pois este se encarrega apenas do julgamento do incidente e não da administração dos processos suspensos".[85]

Valemo-nos, antes, da expressão "em princípio" porque não se pode olvidar que ao relator cabe, nos termos do art. 932, "I – dirigir e ordenar o processo (...)"; II – apreciar o pedido de *tutela provisória* nos recursos e nos processos de competência originária do tribunal", tornando palpável a hipótese de que um agravo de instrumento tenha sido tirado de alguma decisão interlocutória proferida pelo juiz em primeiro grau (CPC, art. 1.015, I), caso em que, ao nosso ver, o pedido de tutela de urgência é de ser dirigido ao relator desse recurso. Nesse sentido, aduz Cassio Scarpinella Bueno: "Assim, é correto entender que o Tribunal é incompetente para apreciação de tais pedidos, a não ser em eventual segmento recursal (art. 1.015, I) que se siga ao pedido apresentado na primeira instância".[86]

No tema, afirmam Luiz Guilherme Marinoni *et al*: "Assim, se e quando determinada a suspensão, o processo tramitava em 1.º grau, é lá que se deve requerer eventuais tutelas de urgência. Se a causa estava pendente de análise já em 2.º grau, é à turma ou à câmara ou, enfim, ao órgão competente para julgar originalmente esse processo, que se deve dirigir o pedido."[87] Essa exegese vem ainda respaldada pelo parágrafo único do art. 978: "O órgão colegiado incumbido de julgar o incidente e de fixar a tese jurídica *julgará igualmente o recurso*, a remessa necessária ou o processo de competência originária de onde se originou o incidente."

Tenha-se ainda presente que a decisão do juiz, em primeiro grau, sobre o pedido de tutela de urgência (CPC, art. 300 e §§), desafia *agravo de instrumento* (CPC, art. 1.015, I), sendo que, em segundo grau, é da competência do relator "apreciar o pedido de tutela provisória nos recursos e

---

85. *Comentários ao Código de Processo Civil*, cit. 2015, nota n. 6 ao art. 982, p. 1.973.

86. *Manual de Direito Processual Civil*, cit. 2015, p. 583.

87. *Novo Curso de Processo Civil*, cit. 2015, p. 582.

nos processos de competência originária do tribunal" (art. 932, II), sendo que a decisão a respeito desafia *agravo interno* (art. 1.021, *caput*).

§ 3.º do art. 982

Enquanto no regime dos RE's e RESp's repetitivos o relator do RE reconhecido com repercussão geral ou do RE/REsp afetado como representativo da controvérsia, determina a suspensão, em todo o território nacional, dos processos concernentes à questão objetivada no recurso-piloto (CPC, inc. II do art. 1.037), já no caso do IRDR qualquer dos legitimados ao IRDR indicados nos incs. II e III do art. 977 (parte, Ministério Público, Defensoria Pública) pode requerer ao STF ou ao STJ, conforme o caso, "a suspensão de todos os processos individuais ou coletivos em curso no *território nacional* que versem sobre a questão objeto do incidente já instaurado" (§ 3.º do art. 982, em comento).

Uma *segunda* hipótese de irradiação da tese jurídica firmada no IRDR a todo o território nacional se dá quando o STF ou o STJ vem a decidir o mérito (provimento / desprovimento) do RE ou do REsp tirado de acórdão em IRDR, caso em que a Corte determinará que a *tese jurídica* seja "aplicada no território nacional a todos os processos individuais ou coletivos que versem sobre idêntica questão de direito" (§ 2.º do art. 987). Justamente por isso, a *suspensão* dos processos em todo o país, pleiteável nos termos do § 3.º do art. 982, em comento, *cessa* "se não for interposto recurso especial ou recurso extraordinário contra a decisão proferida no incidente" (§ 5.º do art. 982), ou seja, aquela que suspendeu os processos pendentes em trâmite no Estado ou na região (inciso I do art. 982). Vem em respaldo à extensão da suspensão dos processos ao nível nacional, pleiteável nos termos do § 3.º do art. 982 em comento, o fato de o RE, tirado de acórdão em IRDR ter *efeito suspensivo* (§ 1.º do art. 987), assim excepcionando a regra geral - art. 995, *caput*, c/c § 5.º e incisos do art. 1.029.

Uma *terceira* hipótese dessa extensão dos efeitos do julgado no IRDR a todo o território nacional configura-se quando, mesmo fora dos "limites da competência territorial" (comarca ou seção onde tramita o IRDR), qualquer parte em processo "no qual se discuta a mesma questão objeto do incidente" vem a pleitear ao STF ou ao STJ tal irradiação ao nível nacional (§ 4.º do art. 982). No caso, figure-se que um jurisdicionado do Recife apresente tal pleito, ainda que o IRDR esteja em curso no TRF da 3.ª Região, abrangente das seções judiciárias de São Paulo e Mato Grosso do Sul.

Tal solução legal evoca, a certos respeitos, aquela prevista para a eficácia da coisa julgada nas ações coletivas, a qual tem sua extensão subjetiva em função do tipo de interesse metaindividual de que se trate (Lei 8.078/90, art. 103 e incisos) ou, ainda nessas ações, o fato de a determinação do foro competente vir fixada em função da extensão maior ou menor do dano historiado: local, regional ou nacional – Lei supra, art. 93 e incisos.

No caso do § 3.º do art. 982 em comento, o legislador afirma que a extensão, a todo o território nacional, da suspensão dos processos concernentes ao tema objeto do IRDR – inicialmente limitada ao Estado ou região (art. 982, I) – é informada pela "garantia da segurança jurídica", que, aliás, é um dos pressupostos de admissibilidade do IRDR (art. 976, II). A partir dessa *mens legis*, é lícito intuir-se que esteve em cogitação a hipótese de que a tese jurídica a ser firmada ao final do IRDR pudesse ter alcance nacional, por exemplo no caso de um medicamento experimental que, a despeito de ainda não autorizado pela ANVISA, venha sendo disponibilizado a pacientes em estado grave ou terminal, mediante liminares concedidas – *in extremis vel pietatis causa* – como se vem passando com a chamada "pílula do câncer" (fosfoetanolamina), conforme repercutido na mídia.[88]

No exemplo figurado, tratando-se do interesse *difuso* à saúde pública e à existência digna, ambos de extração constitucional, não se justificaria, por certo, que a suspensão das ações isomórficas se limitasse ao Estado (no caso dos TJ's) ou à Região (no caso dos TRF's). Focando o § 3.º do art. 982, em comento, Nery & Nery anotam que a suspensão dos processos em todo o território nacional é "medida que traz mais segurança para o jurisdicionado; caso haja discussão no STF ou STJ sobre a questão debatida, é mais seguro pleitear-se a suspensão, em nível nacional, dos processos que debatem a mesma tese, de forma que não haja decisões que contrariem o entendimento a ser posteriormente adotado por esses tribunais".[89]

Sem embargo, Cassio Scarpinella Bueno recomenda "parcimônia na suspensão dos processos prevista no § 3.º do art. 982 para não transformar o julgamento do incidente de resolução de demandas repetitivas perante os TJ's e perante os TRF's em mero rito de passagem até que o STF ou o STJ julguem o recurso extraordinário ou o recurso especial interponível de seu 'mérito' com base no art. 987. Também para não transformá-lo (se é

88. "USP pode sofrer sanção se distribuir 'pílula do câncer'". Jornal *O Estado de São Paulo*, 25.10.2015, cad. A-21.

89. *Comentários ao Código de Processo Civil*... cit., 2015, nota n. 7 ao art. 982, p. 1.973.

que já não é) em verdadeira avocação de processos, com inegável supressão (dupla) de instância".[90]

Vale ainda observar que, diversamente do que se passa na suspensão dos processos seriais no âmbito do *Estado ou região* – providência a ser *determinada* pelo relator, a teor do inc. I do art. 982 – já no caso da extensão dessa suspensão a todo o território nacional, pleiteável junto ao STF ou do STJ nos termos do § 3.º do art. 982, não nos parece que a Excelsa Corte deva, *necessariamente*, ordenar dita extensão, cabendo-lhe antes ponderar, prudentemente, se tal medida se afigura útil, oportuna e eficiente, em função de fatores diversos, mormente a expansão numérica de ações envolvendo a mesma questão de direito, em vários pontos do território nacional, dando azo ao risco de decisões discrepantes, em detrimento da isonomia e da segurança jurídica.

Note-se ainda que, embora o § 3º do art. 982, *in fine*, se valha da expressão "incidente já instaurado", quer nos parecer que por aí se deva entender aquele *já admitido*, visto não fazer sentido que se disponibilizasse um pleito junto ao STF ou ao STJ para suspensão dos processos ao nível nacional, ainda antes que o TJ ou o TRF se tenham pronunciado sobre a admissibilidade do IRDR. Ao propósito, Aluísio Gonçalves de Castro Mendes informa que tal entendimento "foi corretamente sufragado pelo Superior Tribunal de Justiça, por ocasião já do segundo requerimento de suspensão em Incidente de Resolução de Demandas Repetitivas, em decisão proferida pelo Presidente da Comissão Gestora de Precedentes do STJ".[91]

§ 4.º do art. 982

A suspensão de processos pendentes, nos quais vem agitada a mesma questão de direito objeto do IRDR em andamento, inicialmente determinada pelo relator do IRDR (art. 982, I), pode ter sua irradiação estendida a todo o território nacional, em três hipóteses: ***(i)*** requerimento firmado pela parte, Ministério Público ou Defensoria Pública (art. 977, II e III), dirigido ao STF ou ao STJ, para extensão do sobrestamento a todo o território nacional (§ 3.º do art. 982); ***(ii)*** em decorrência da decisão de mérito do STF ou do STJ no RE ou REsp tirado do acórdão em IRDR (§ 2.º do art. 987); ***(iii)*** requerimento de qualquer parte em processo no qual se discuta

90. *Manual de Direito Processual Civil*, cit. 2015, p. 585.

91. *Incidente de resolução...*, 2.017, cit., p. 190 e rodapés 3 e 4.

a mesma questão de direito objeto do IRDR pendente, ainda que se trate de processo em curso noutra comarca (Justiça Estadual) ou seção judiciária (Justiça Federal) – § 4.º do art. 982, ora em comento.

Essa tríplice possibilidade de suspensão, ao nível nacional, dos processos concernentes à *vexata quaestio* objeto de um IRDR em curso, justifica-se pelo fato de que as demandas seriais derivam de uma macrolide, que pode até mesmo concernir aos brasileiros em geral – *v.g.*, interesse individual homogêneo à distribuição gratuita de certo medicamento de uso contínuo – de sorte que se a *tese jurídica*, firmada ao final daquele incidente (art. 985, *caput*), ficasse limitada aos limites de um Estado (no caso de um TJ) ou de uma Região (no caso de um TRF), esse confinamento engendraria o risco de tratamento desigual entre jurisdicionados afetados a uma mesma questão de direito, em detrimento da isonomia e da segurança jurídica, justamente os valores a que se preordena o IRDR, a teor dos incisos do art. 976.

A hipótese vem assim exemplificada por Cassio Scarpinella Bueno: "É dizer: o jurisdicionado de Vitória pode requerer, perante o STJ, a suspensão de todos os processos em trâmite em território nacional, mesmo que o incidente tenha sido instaurado pelo TJSP, porque a 'tese jurídica' de seu caso particular é coincidente com aquela que justificou a formação do incidente perante o Tribunal paulista. Ambos têm como fundamento a inobservância de determinada lei federal por contrato de consumo celebrado em massa por usuários de determinado serviço."[92]

Tomando esse exemplo, justifica-se que tal irradiação a todo território nacional da tese firmada sobre a questão jurídica possa ser determinada pelo STJ porque a este cabe o zelo pela higidez, validade, autoridade e exegese paradigmática do *direito federal comum* (= não trabalhista, militar ou eleitoral), donde incluir-se em sua competência recursal excepcional conhecer e julgar recurso especial interposto contra acórdão de TJ ou TRF que tenham dado "à lei federal interpretação *divergente* da que lhe haja atribuído outro tribunal" (CF, art. 105, III, *c*), ou seja: análoga finalidade de superação da dispersão jurisprudencial, a que se preordena o IRDR.

Daniel Amorim Assumpção Neves interpreta o § 3º do art. 982, em comento, "como permissão para que qualquer parte, mesmo que figurando em processo em trâmite em Estado ou região distinta daquela em que tramita o processo que deu causa à instauração do incidente processual,

92. *Manual de Direito Processual Civil*, cit. 2015, p. 583 e 584.

possa pedir a suspensão dos processos em todo território nacional diante da interposição de recurso especial ou extraordinário".[93]

§ 5.º do art. 982

A palavra *processo*, etimologicamente, origina-se de *pro + caedere*, isto é, literalmente, "cair para frente", evidenciando que a relação processual encadeia atos e condutas em trâmite contínuo, numa sequência informada pela unidade do fim almejado, qual seja a *decisão de mérito* (ideário da jurisdição integral), a qual resolverá, a um tempo, o processo (o continente) e a controvérsia (o conteúdo), valendo lembrar o disposto no art. 4.º do CPC: "As partes têm o direito de obter, em tempo razoável, a solução integral do mérito, incluída a atividade satisfativa."

Justamente porque a regra é, portanto, a *continuidade* do trâmite processual, os casos de *suspensão* são excepcionais e como tal estabelecidos em *numerus clausus* (CPC/2015, art. 313, incisos e §§). Algo semelhante se passa na instância recursal, onde, em regra, os recursos não são dotados de efeito suspensivo (art. 995, *caput*), e, mesmo a suspensão dos RE's e REsp's repetitivos, por força da *seleção*, no TJ ou TRF, daqueles que operarão como *representativos da controvérsia* (§ 1.º do art. 1.036) é limitada no tempo, podendo vir a ser revogada pelo relator no STF ou STJ se não sobrevém a *decisão de afetação* do recurso idôneo a receber a decisão-quadro (§ 1.º do art. 1.037).

Alinhado a essa normação e a esse ideário, o § 5.º do art. 982, em comento, manda *cessar* a suspensão dos processos prevista no inc. I do art. 982 e disciplinada nos §§ 1.º a 4.º "se não for interposto recurso especial ou recurso extraordinário contra a decisão proferida no incidente". Tenha-se ainda presente que tal sobrestamento igualmente cessa após o transcurso *in albis* do prazo de um ano para a decisão do IRDR, "salvo decisão fundamentada do relator em sentido contrário" (art. 980 e § único).

A boa compreensão do que se contém no § 5.º do art. 982 remete, como antes dito, à consideração de que o *normal* é o fluxo contínuo dos processos e dos atos neles praticados – evitando-se os atos inúteis, procrastinatórios e os chamados *tempos mortos* – e isso mesmo transparece em vários dispositivos legais, encimados pela diretriz constitucional da *duração razoável dos processos* – art. 5.º, LXXVIII – meta que se torna inalcançável se, por motivos diversos, vem a ser descontinuada a relação processual.

93. *Novo Código de Processo Civil comentado*, 3. ed., 2.018, nota nº 6 ao art. 982, p. 1.669.

Esse ideário do *fluxo contínuo dos processos* é evidenciado em vários dispositivos do CPC: Art. 2.º "O processo começa por iniciativa da parte e se desenvolve por *impulso oficial*, salvo as exceções previstas em lei"; Art. 6.º "Todos os sujeitos do processo devem cooperar entre si para que se obtenha, em tempo razoável, decisão de mérito justa e efetiva"; Art. 80. "Considera-se litigante de má-fé aquele que: (...) VII – interpuser recurso com intuito manifestamente protelatório"; Art. 139. "O juiz dirigirá o processo conforme as disposições deste Código, incumbindo-lhe: (...) II – velar pela duração razoável do processo".

Justamente porque a *continuidade* da relação processual constitui a regra, é que as suspensões, interrupções, assim como as prorrogações de prazo hão de ser vistas – e tratadas – como excepcionais, donde virem estritamente previstas e, quando seja o caso, devendo ser devidamente motivadas: CPC, art. 220 e §§; art. 221 e § único; art. 222 e §§; art. 313, incisos e §§. Mesmo na instância satisfativa, presidida pela pragmática busca do resultado prático, isto é, da *efetividade* (CPC, arts. 4.º e 797, *caput*) é de ser preservada a continuidade do fluxo processual, e por isso o art. 918 do CPC autoriza o juiz a rejeitar liminarmente os embargos quando "(...) III – manifestamente protelatórios", caso em que tal conduta é considerada "atentatória à dignidade da justiça" – § único do art. 918.

No regime processual dos processos repetitivos, assim aqueles concernentes à *tese jurídica* almejada no IRDR, como aqueles voltados à emissão de *decisão-quadro*, no RE reconhecido com repercussão geral ou no RE/REsp afetado como representativo da controvérsia (CPC, § 1.º do art. 1.036; inc. II do art. 1.037), a *suspensão* dos processos e recursos isomórficos se dá sob registro da excepcionalidade, justificada, em ambos os casos, pelo interesse público e social na preservação da isonomia da resposta jurisdicional e da segurança jurídica. É por isso que a obediência à *ordem cronológica* estabelecida para os processos em geral, fica afastada naquelas duas hipóteses antes referidas (CPC, art. 12, § 2º, II e III); também é por isso que, dentre os fatores que levam à suspensão do processo individual, figura a "admissão de incidente de resolução demandas repetitivas" (CPC, art. 313, IV).

Justamente porque o sobrestamento dos processos é, como se vê, excepcional, é que, se o acórdão que fixou a tese jurídica objeto do IRDR (CPC, art. 985, *caput*) não vem a ser objeto de RE ou REsp, então não se justifica a mantença da suspensão ao nível nacional, pleiteável nos termos do § 3º do art. 982, como ocorreria se, interpostos e conhecidos qualquer daqueles recursos excepcionais em seu mérito, pelo STF ou pelo STF, então a *tese jurídica* viria "aplicada no território nacional a todos os processos individuais ou coletivos que versem sobre idêntica questão de direito" (§ 2º do art. 987).

Observe-se que no âmbito do regramento comum ao RE e ao REsp, o § 4.º do art. 1.029 prevê que, na pendência do IRDR, o presidente do STF ou do STJ, ao receber requerimento de suspensão dos processos "em que se discuta questão federal constitucional ou infraconstitucional", pode, "considerando razões de segurança jurídica ou de excepcional interesse social *estender a suspensão a todo o território nacional*, até *ulterior decisão do recurso extraordinário ou do recurso especial a ser interposto*". Ao propósito, aduz Cassio Scarpinella Bueno: "Assim, mostra-se correto entender que o § 5.º do art. 982 disciplina o período da suspensão derivado do pedido feito com fundamento no § 3.º, ainda que pelos legitimados do § 4.º, isto é, o pedido de suspensão de todos os processos, individuais e coletivos em todo o território nacional, perante o STF e/ou o STJ. É regra que, nessa perspectiva, harmoniza-se com o que, no âmbito dos recursos extraordinários e especial repetitivos, está previsto no § 4.º do art. 1.029 e que pressupõe a interposição do recurso especial e/ou do recurso extraordinário 'do julgamento do mérito do incidente', nos moldes do art. 987".[94]

No ponto que ora se vai versando vale colacionar o contributo de Luiz Guilherme Marinoni *et al*: "De todo modo, deferida a suspensão nacional, todos os processos do Brasil em que a questão de direito ventilada no incidente de resolução de demandas repetitivas tenha sido apresentada ficarão paralisados, aguardando a decisão da corte superior a respeito da matéria. Porém, também para os recursos especial e extraordinário eventualmente interpostos contra a decisão do incidente, vale a regra de que o seu julgamento deve ocorrer no prazo máximo de um ano, sob pena de cessar a suspensão dos processos determinada, salvo decisão do relator em sentido diverso."[95]

Tenha-se sempre presente que o RE ou o REsp interpostos contra acórdão em IRDR, são recebidos com efeito *suspensivo* (§ 1.º do art. 987), excepcionando, assim, a regra geral fixada no art. 995, *caput*.

---

94. *Manual de Direito Processual Civil*, cit. 2015, p. 584.

95. *Novo Curso de Processo Civil*. cit. v. 2, 2015, p. 584 e 585.

Art. 983. O relator ouvirá as partes e os demais interessados, inclusive pessoas, órgãos e entidades com interesse na controvérsia, que, no prazo comum de 15 (quinze) dias, poderão requerer a juntada de documentos, bem como as diligências necessárias para a elucidação da questão de direito controvertida, e, em seguida, manifestar-se-á o Ministério Público, no mesmo prazo.

§ 1.º Para instruir o incidente, o relator poderá designar data para, em audiência pública, ouvir depoimentos de pessoas com experiência e conhecimento na matéria.

§ 2.º Concluídas as diligências, o relator solicitará dia para o julgamento do incidente.

Art. 983, *caput*.

Nos processos tipicamente enquadrados na *jurisdição singular* – partes determinadas; legitimação ativa extraída de afirmada titularidade do direito; conflito de interesses individuais; coisa julgada *inter partes* – não faria sentido a previsão constante do dispositivo em comento, determinando uma *democratização do julgamento* mercê de uma *ampliação do contraditório*, no bojo do IRDR, com a convocação de possíveis interessados com capacitação na matéria, e, ainda, a oitiva do Ministério Público.

Sucede que o IRDR, conquanto regulado no âmbito do CPC, não se afeiçoa exatamente aos moldes da jurisdição singular, já que sua instauração responde a razões de interesse público e social – preservação da isonomia, proteção da segurança jurídica, otimização do trabalho forense, potencialização da resposta jurisdicional – ao passo que a legitimação para requerer o incidente vai além das partes do processo do qual ele é extraído, alcançando ainda o juiz, o relator, o Ministério Público e a Defensoria Pública – art. 977 e incisos.

Além disso, a eficácia da *tese jurídica* ao final alcançada (art. 985, *caput*) expraia eficácia expandida, em face de todos os processos individuais e coletivos, presentes e futuros, que envolvam a mesma questão de direito, assim nos limites da competência territorial do tribunal local (TJ) ou regional (TRF), como até mesmo de todo território nacional (art. 982, §§ 3.º e 4.º; § 2.º do art. 987). Citada tese passa a operar como autêntico *precedente*, de observância obrigatória para juízes e tribunais, a teor do art. 927, III, c/c art. 928, I, por modo que seu descumprimento enseja reclamação (§ 1.º do art. 985; inc. IV do art. 988, redação do inciso cf. Lei 13.256/2016).

Por exemplo, a *tese jurídica*, firmada ao final do IRDR (art. 985, *caput*) pode definir o dever legal da ANVISA em autorizar, excepcionalmente, a distribuição de certo medicamento a pacientes terminais, ainda que o fármaco não tenha esgotado os testes laboratoriais, questão essa que vem massivamente replicada em muitos processos. Em tal caso, os "demais interessados" a que alude o art. 983, *caput*, mormente as pessoas capacitadas no tema, podem aportar seus conhecimentos, enriquecendo a instrução e assim otimizando a eficiência do julgado a ser proferido.

Por aí se compreende a franquia, aberta no art. 983, *caput*, para que o relator ouça "as partes e os demais interessados, inclusive pessoas, órgãos e entidades com interesse na controvérsia", inclusive o Ministério Público, todos no prazo comum de quinze dias. A menção às "partes", ao ver de Cassio Scarpinella Bueno, consente inferir que "qualquer parte individualmente considerada que tenha processo seu suspenso mercê da instauração do incidente (art. 982, I), possa se manifestar diretamente no Tribunal para expor suas razões sobre a resolução da questão de direito".[96] Já a menção aos "demais interessados", no dispositivo em comento, ao nosso ver inclui também as partes dos *outros* processos, porventura não abrangidos no rol daqueles sobrestados, nos quais venha agitada a mesma questão de direito objeto do IRDR.

Ao nosso ver, o citado art. 983, *caput*, não tem em mira – ao menos não especificamente – a figura do *amicus curiae*, que, pelas características descritas no art. 138, *caput*, do CPC, parece melhor identificado com o segmento referido no § 1.º desse dispositivo, onde se alude à oitiva de "pessoas com experiência e conhecimento na matéria" – parecendo-nos, assim, que o *caput* do art. 983 sinaliza, antes e precipuamente, para as partes, originais e supervenientes nos processos individuais sobrestados, a par dos demais colegitimados à instauração do IRDR. Nesse sentido, afirmam Nery & Nery, comentando o art. 983, *caput*: "A participação de tais pessoas e órgãos não se confunde com a participação do *amicus curiae*: neste caso, a pessoa, órgão ou entidade deve auxiliar o juízo no esclarecimento da matéria que é posta em discussão. No caso do incidente de resolução de demandas repetitivas, o CPC 983 dá a entender que essas pessoas e órgãos funcionariam como

96. *Manual de Direito de Processual Civil*, cit. 2015, p. 585.

espécie de terceiros intervenientes, com interesse na solução do incidente e que poderiam agir de forma direcionada a determinado objetivo".[97]

De observar-se que, por razões análogas às que explicam a antes referida *democratização do julgamento* ou *ampliação do contraditório* na instrução do IRDR, também em outros procedimentos informados pelo interesse público ou social vem permitida a participação dos integrantes da coletividade, em maior ou menor dimensão: ***(i)*** na análise da repercussão geral, necessária à admissão do recurso extraordinário (CPC, § 4.º do art. 1.035); ***(ii)*** no rito de julgamento *por amostragem* de RE's e REsp's repetitivos (CPC, incisos I e II do art. 1.038); ***(iii)*** nas ações no controle direto de constitucionalidade (Lei 9.868/1999, § 2.º do art. 7.º; Lei 9.882/1999, § 1.º do art. 6.º); ***(iv)*** no rito de emissão, revisão e cancelamento de súmula vinculante do STF (Lei 11.417/2006, § 2.º do art. 3.º); ***(iv)*** no litígio coletivo pela posse de imóvel (CPC, art. 565 e §§). Em todos esses casos é dado ao órgão jurisdicional promover a manifestação de todos quantos possam enriquecer o debate, com o aporte de seu conhecimento e experiência na matéria.

Naturalmente, o "interesse na controvérsia" referido no art. 983, *caput*, não remete ao próprio interesse individual judicializado, mas sim, sob uma perspectiva *institucional*, ao interesse transcendente àqueles lindes, representado pela fixação tecnicamente consistente da *tese jurídica* que irá parametrizar o deslinde dos demais processos sobrestados, em que tal questão de direito vem suscitada massivamente, não havendo exagero em se reconhecer que o IRDR promove uma sorte de *objetivação* da questão de direito controvertida.

A *manifestação* do Ministério Público, referida ao final do art. 983, *caput*, em que pese o silêncio do dispositivo, cremos que há de observar a *forma escrita* (memorial, razões finais), até porque a manifestação *oral* do *parquet* vem prevista para a sessão de julgamento (art. 984, II, *a*). Outrossim, a fórmula "prazos sucessivos de 15 (quinze) dias" prevista para as partes e o *parquet*, na audiência de instrução e julgamento, no âmbito do *procedimento comum* (CPC, § 2.º do art. 364), não tem como prevalecer no rito do IRDR, por conta da especialidade deste procedimento, observando-se aí a regra de hermenêutica pela qual *o especial prefere ao geral*, de sorte que, no caso do IRDR, a oitiva das partes, demais interessados e

97. *Comentários ao Código de Processo Civil*, cit., 2015, nota n. 2 ao art. 983, p. 1.974. Na matéria, por todos, v. Cassio Scarpinella Bueno. *Amicus curiae no processo civil brasileiro – um terceiro enigmático.* São Paulo: Saraiva, 2006.

Ministério Público há que fazer-se no "prazo *comum* de 15 (quinze) dias", como previsto no art. 983, *caput.*

Em suma, como observam Aluísio Gonçalves de Castro Mendes e Sofia Temer, à vista do art. 983 do CPC, o contraditório aí previsto se dá "pela conjugação de três fatores: a) pela escolha mais plural possível dos processos que irão formar o 'modelo' no incidente, para representarem a controvérsia do modo mais amplo e completo, que possam apresentar o máximo de *perspectivas argumentativas*; b) pela participação dos potencialmente afetados pela decisão proferida no incidente, ou seja, os sujeitos parciais dos processos em que se discuta a mesma questão de direito; c) pela manifestação de órgãos, entidades e pessoas na condição de *amicus curiae* (art. 138 do CPC)". [98]

§ 1.º do art. 983.

Em simetria com a tendencial *democratização dos julgamentos*, mediante a *ampliação do contraditório*, o CPC intenta agregar à abordagem estritamente jurídica das decisões ainda outros subsídios, aportados por outros atores - órgãos, agentes, pessoas, entidades - que assim podem enriquecer a relação processual por conta de sua capacitação e experiência no tema *sub judice.*

Por vezes essa abertura se realiza no sentido de aclarar a *situação de fato*, como se dá no "litígio coletivo pela posse do imóvel", em que é dado ao juiz "designar audiência de mediação", à qual serão convocados o Ministério Público, a Defensoria Pública e mesmo os "órgãos responsáveis pela política agrária e pela política urbana", em ordem a se aferir a "possibilidade de solução para o conflito possessório" (CPC, art. 565 e §§).

Em outras situações, a participação de pessoas, agentes e especialistas, se dá no objetivo de imprimir maior consistência e legitimidade à solução jurídica a ser ao final alcançada, podendo ser lembrados estes exemplos: *ações no controle direto de constitucionalidade* (Lei 9.868/1999, § 2.º do art. 7.º; Lei 9.882/1999, § 1.º do art. 6.º); *rito de emissão, revisão ou cancelamento de súmula vinculante do STF* (Lei 11.417/2006, § 2.º do art. 3.º); *afetação do RE reconhecido com repercussão geral ou do REsp representativo da controvérsia* (CPC/2.015, § 4.º do art. 1.035; inc. I do art. 1.038). Em todas essas

98. In SCARPINELLA BUENO, Cassio, *Comentários ao Código de Processo Civil*, v.4, 2.017, cit., nota ao art. 983, p. 225. (A expressão em itálico, referida no excerto, é de Luiz Guilherme Marinoni, in *Precedentes obrigatórios*, 2. ed., São Paulo: Revista dos Tribunais, 2.011, p. 478, nota de rodapé nº18).

ocorrências se manifesta o interesse público e social na solução jurídica a ser ao final alcançada, como, igualmente, se passa no rito do IRDR (CPC, art. 983 e parágrafos).

No caso do IRDR, a previsão para a participação, no procedimento, de órgãos, agentes e demais interessados, configura uma *política judiciária* pela qual se intenta, em certa medida, suprir eventual *déficit democrático* de que poderia se ressentir o IRDR, ao se preordenar à produção de um *padrão decisório* impositivo a todos os juízes e tribunais (art. 927, *caput* e inc. III), e até mesmo em face da Administração Pública (§ 2.º do art. 985), em projeção *panprocessual* e até *extraprocessual*, que pouco ou nada fica a dever à eficácia geral, abstrata e impessoal da norma legal.

Bem por isso, Aloisio Gonçalves de Castro Mendes entende que "três providências complementares são previstas, para a complementação argumentativa sobre as questões submetidas ao IRDR: a) a requisição de informações, inscrita no inciso II do art. 982 do CPC; b) a oportunidade de manifestação das partes e dos demais interessados, inclusive pessoas, órgãos e entidades com interesse na controvérsia, nos termos do *caput* do do art. 983 do CPC; c) a realização de audiência pública, para a tomada de depoimentos de pessoas com experiência e conhecimento na matéria, conforme o § 1º do art. 983 do CPC". [99]

O § 1º do art. 983, em comento, dispõe que para a instrução do IRDR o relator poderá "designar data para, em audiência pública ouvir depoimentos de pessoas com experiência e conhecimento na matéria", o que parece remeter à figura do *amicus curiae*, conceituado no art. 138, *caput*, do CPC, como "a pessoa natural ou jurídica, órgão ou entidade especializada, com representatividade adequada", cuja intervenção seja solicitada ou admitida, em se considerando "a relevância da matéria, a especificidade do tema objeto da demanda ou a repercussão social da controvérsia". Saliente-se que é tal a imanência entre esse interveniente e o tema judicializado que, tendo ele ingressado no rito do IRDR, poderá, inclusive, *recorrer* do acórdão que ao final firma a *tese jurídica* (§ 3.º do art. 138, c/c art. 985, *caput*).

Luiz Guilherme Marinoni entende que "os esclarecimentos que devem ser feitos em audiência pública não são os que dizem respeito à elucidação sobre ocorrência de fato de que depende o julgamento da questão de direito. Realmente, quando se fala em ouvir 'depoimentos de pessoas com experiência e conhecimento na matéria' não se está pensando em buscar esclarecimentos

99. *Incidente de resolução...*, 2.017, cit., p. 200.

sobre como os fatos se passaram, mas em abrir debate entre as posições divergentes mediante o auxílio de depoimentos de especialistas sobre circunstâncias que dizem respeito à inteligência da norma ou da questão jurídica, os quais devem ser confrontados e rigorosamente checados pelo juiz em todos os seus aspectos, inclusive o da idoneidade daquele que o produziu".[100]

Revestindo-se o IRDR, ao nosso ver, da natureza de processo *objetivo*, não há como baralhar a figura do *amicus curiae* com a dos colegitimados à sua instauração, mormente as partes, cuidando-se, naquele primeiro caso, de uma participação a título *institucional*, no sentido de que visa agregar valor e legitimidade à tese jurídica a ser ao final assentada, não tendo o *amicus* interesse *pessoal e direto* na causa. Ao propósito, assim se posiciona Cassio Scarpinella Bueno: "O interesse *institucional*, contudo, é interesse *jurídico*, especialmente qualificado, porque, transcende o interesse *individual* das partes. E é jurídico no sentido de estar previsto pelo sistema, a ele pertencer, e merecedor, por isso mesmo, de especial proteção ou salvaguarda. Trata-se, inequivocamente, de 'direito' porque digno de tutela no plano material e, no que nos interessa mais de perto em função do objeto do presente trabalho, também no plano *processual*".[101]

Tais elementos permitem, a título exemplificativo, figurar a hipótese de ser objetivada no IRDR a questão de direito – replicada em muitos processos – da licitude da postura da agência reguladora competente em recusar a disponibilização de certo medicamento indicado para pacientes com doença grave ou aguda, ao argumento do produto encontrar-se em fase experimental, valendo lembrar que em casos que tais a *tese jurídica* alcançada ao final do IRDR deverá ser comunicada a agência reguladora competente – § 2.º do art. 985. Na hipótese figurada, poderia o relator, com base no § 1º do art. 983, designar audiência pública, abrindo espaço à participação de entidades como o Conselho Regional de Medicina, representantes de laboratórios, a par de pesquisadores com especialidade na matéria.

Ao propósito do § 1.º do art. 983, em comento, aduz Cassio Scarpinella Bueno: "Entendo que essas audiências públicas e a oitiva do *amicus*

---

100. *Incidente de resolução de demandas repetitivas – decisão de questão idêntica x precedente*, São Paulo: Thomson Reuters-Revista dos Tribunais, 2.016, p. 94.

101. *Amicus curiae no processo civil brasileiro – um terceiro enigmático*, São Paulo: Saraiva, 2006, p. 502. (A obra derivou da tese de livre docência, apresentada e aprovada na PUC – São Paulo, em 31.10.2005, perante Banca presidida por Nelson Nery Júnior e integrada por Teresa Arruda Alvim Wambier, Sérgio Seiji Shimura, Antonio Carlos Marcato e Rodolfo de Camargo Mancuso).

curiae merecem ser tratadas como as duas faces de uma mesma moeda, isto é, como técnicas que permitem a democratização (e, consequentemente, a legitimação) das decisões jurisdicionais tomadas em casos que, por definição, tendem a atingir uma infinidade de pessoas que não necessariamente far-se-ão representar pessoal e diretamente no processo em que será fixada a interpretação da 'questão jurídica'. A audiência pública, esta é a verdade, é um local apropriado para que a participação do *amicus curiae* seja efetivada."[102]

§ 2.º do art. 983.

O parágrafo em comento, ao valer-se da expressão "Concluídas as diligências" alude ao encerramento das providências instrutórias que o relator pode (a rigor, *deve*) tomar com vistas a ampliar o contraditório alusivo à *questão de direito* objeto do IRDR, ou seja: a oitiva das "partes e demais interessados, inclusive pessoas órgãos e entidades com interesse na controvérsia"; "juntada de documentos"; diligências outras, "necessárias para a elucidação da questão de direito controvertida"; oitiva do Ministério Público (CPC, art. 983, *caput*) e, ainda, subsídios outros porventura colhidos na *audiência pública* autorizada pelo § 1.º do art. 983, mediante "depoimentos de pessoas com experiência e conhecimento na matéria", inclusive por parte dos *amici curiae* (§ 1.º do art. 983, c/c art. 138).

Compreende-se tal plexo de elementos e subsídios, sob a égide da tendencial *democratização dos julgamentos*, política judiciária que de tempos a esta parte vem sendo gradualmente prestigiada nos processos de caráter objetivo, nos quais sobreleva o interesse público e social no adequado e efetivo deslinde da controvérsia.

O "dia para o julgamento do incidente" a que alude o § 2.º do art. 983 não pode ser distendido indefinidamente, seja porque tal postura atritaria a garantia da razoável duração dos processos (CF, art. 5.º, LXXVIII), seja porque o transcurso *in albis* do prazo dc um ano scm a prolação do acórdão no IRDR, libera o trâmite das ações que até então estavam sobrestadas (CPC, arts. 980 e § único; 982, I, c/c art. 313, IV), salvo "decisão fundamentada do relator em sentido contrário", nos termos do parágrafo único do art. 980.

Tenha-se ainda presente o previsto no art. 12, *caput*, do CPC/2015, redação da Lei 13.256/2016: "Os juízes e tribunais atenderão, preferencialmente, à *ordem cronológica de conclusão* para proferir sentença ou acórdão",

102. *Manual de Direito Processual Civil*, cit. 2015, p. 586.

comando que, todavia, comporta algumas exceções, dentre elas "(...) III – o julgamento (...) de incidente de resolução de demandas repetitivas", evidenciando tratar-se de procedimento que deve ser manejado com a presteza possível, com vistas à fixação da tese jurídica no prazo mencionado no art. 980, *caput*.

Art. 984. No julgamento do incidente, observar-se-á a seguinte ordem:

I – o relator fará a exposição do objeto do incidente;

II – poderão sustentar suas razões, sucessivamente:

a) o autor e o réu do processo originário e o Ministério Público, pelo prazo de 30 (trinta) minutos;

b) os demais interessados, no prazo de 30 (trinta) minutos, divididos entre todos, sendo exigida inscrição com 2 (dois) dias de antecedência.

§ 1.º Considerando o número de inscritos, o prazo poderá ser ampliado.

§ 2.º O conteúdo do acórdão abrangerá a análise de todos os fundamentos suscitados concernentes à tese jurídica discutida, sejam favoráveis ou contrários.

Art. 984, *caput*, incisos, alíneas e § 1.º.

Afigura-se mais apropriado e proveitoso a análise conjunta do *caput*, incisos, alíneas e § 1.º do art. 984, porque esse conjunto normativo trata, basicamente, da *ordem dos trabalhos* da sessão de julgamento do IRDR, até a conclusão dessa fase *instrutória*, a que se segue, oportunamente, a prolação do acórdão com a fixação da *tese jurídica* referida no art. 985, *caput*.

A intensa atividade desenvolvida pelo relator, nos termos dos dispositivos ora em comento, está em sintonia com seu papel de *case manager*, na medida em que lhe cabe "dirigir e ordenar o processo no tribunal, inclusive em relação à produção de prova (...)" – CPC, art. 932, I.

A inicial exposição do relator (inc. I do art. 984) é deveras relevante, porque é nessa oportunidade (à semelhança do que se passa no *relatório* das sentenças: CPC, art. 489, I) que deverá ser devidamente exposta a *res in iudicio deducta*, em seus aspectos principais, ou seja: *definição do objeto do IRDR*, ou seja, da *questão de direito* que se apresenta replicada em muitos processos; *identificação dos requerentes* (art. 977 e incisos); *relato acerca da avaliação antes feita sobre os pressupostos de admissibilidade*, assim os *objetivos*, a saber, a "efetiva repetição de processos que contenham controvérsia sobre a mesma questão unicamente de direito", a par do "risco de ofensa à isonomia e à segurança jurídica" (incisos do art. 976), como também o pressuposto *negativo*, a saber, a inexistência de RE ou REsp já afetado como representativo de controvérsia envolvendo a mesma questão de direito que se pretende definir no IRDR (§ 4.º do art. 976); *eventual intercorrência de tutela de urgência* (§ 2.º do art. 982); *situação da suspensão dos processos* e eventual ampliação de seu espectro territorial (art. 982, I, §§ 1.º, 3.º, 4.º e 5.º). Dentre esses tópicos, destaca-se a *descrição precisa do objeto do incidente*, lembrando-se que o IRDR, *malgré le nom*, não se vocaciona a decidir *demanda* (controvérsia, lide), mas sim a fixar a *tese jurídica* (art. 985, *caput*) que servirá a parametrizar a resolução das múltiplas demandas em que aquela questão de direito aparece replicada (art. 985 e incisos; § 2.º do art. 987; art. 927, III; art. 928, I).

Ainda, a exposição do relator deverá noticiar outros eventos de interesse na espécie, tais os debates na audiência referida no § 1.º do art. 983; os subsídios aportados pelos intervenientes, a convite ou espontaneamente, inclusive os trazidos por eventuais *amici curiae*; a documentação juntada aos autos; o parecer do Ministério Público ou da Defensoria Pública, conforme o caso.

O inc. II do art. 984 dispõe sobre a ordem das *sustentações orais*: *a*) pelo prazo de trinta minutos para as partes do processo originário e para o Ministério Público; *b*) pelo prazo – já agora comum – de trinta minutos para os "demais interessados" que para tal devem inscrever-se com dois dias de antecedência. Com relação a este segundo grupo (*b*) o prazo poderá ser distendido, conforme o exija o número de inscritos (§ 1.º do art. 984). O inc. II, *a*, do art. 984 não esclarece se o prazo de trinta dias é para cada uma das partes e ainda *mais* trinta minutos para o *parquet*; dado não parecer razoável que a cada um desses atores caiba apenas dez minutos, resta inferir que o tempo total será de uma hora e meia: somatória dos trinta minutos para cada um. Nery & Nery entendem que "o prazo de trinta minutos – maior do que aquele previsto para recursos –, para as partes e o MP é individual, ou seja, trinta minutos para cada uma dessas pessoas. Isto porque o § 2.º especifica que os trinta minutos serão divididos entre todos os interessados previamente inscritos, indicando, a *contrario sensu*, que partes e MP deverão dividir entre si o prazo de que dispõem".[103] Cassio Scarpinella Bueno agrega outra precisão: "Havendo mais de um autor e/ou réu no processo originário, aí sim o prazo será dividido entre os integrantes de cada grupo".[104] Em senso diverso, posicionam-se Teresa Arruda Alvim Wambier *et al*: "Cabe a cada um dez minutos: a lei menciona 30".[105]

Os lapsos temporais mencionados nos dispositivos ora em comento *preferem*, em função de sua especialidade, aos prazos indicados no Livro III do CPC – "Dos processos nos tribunais e dos meios de impugnação das decisões judiciais" – em cujo âmbito o art. 937 disciplina, *em modo geral*, a sustentação das razões das partes e do Ministério Público por ocasião da sessão de julgamento no tribunal, vindo ali consignado o prazo improrrogável de quinze minutos. Em que pese a inserção do IRDR no citado Livro III, a ele se refere especificamente o § 1.º do art. 937: "A sustentação oral no incidente de resolução de demandas repetitivas observará o disposto no art. 984, no que couber", evidenciando o caráter *especial* da normação que rege o IRDR, que assim prevalece sobre as normas gerais: *specialia derogat generalia.*

Saliente-se, outrossim, o disposto no § 4.º do art. 937: "É permitido ao advogado com domicílio profissional em cidade diversa daquela onde está sediado o tribunal realizar sustentação oral por meio de videoconferência ou outro recurso tecnológico de transmissão de sons e imagens em tempo real, desde que o requeira até o dia anterior ao da sessão", parecendo-nos tratar-se de norma que, em princípio, poderá ter aplicação no âmbito do IRDR. Nesse sentido, José Miguel Garcia Medina afirma que na sessão de julgamento do IRDR aplica-se "subsidiariamente o que consta dos arts. 937 e s. do CPC/2015, isto é, naquilo que não contrariar o disposto no art. 984 do Código".[106]

O § 1.º do art. 984, dispondo que os prazos previstos nas alíneas do inc. II do *caput*, "poderá ser ampliado", a depender do "número de inscritos" é de ser interpretado com a devida prudência, sem perder de vista que o IRDR se preordena a ser concluído em um ano (art. 980, *caput*), findo o qual, sem fixação da tese, libera-se o curso dos processos até então sobrestados, "salvo decisão fundamentada do relator em sentido contrário" (parágrafo único do art. 980).

103. *Comentários ao Código de Processo Civil*, cit. 2015, nota n. 2 ao art. 984, p. 1.975.

104. *Manual de Direito Processual Civil*, cit. 2015, p. 586.

105. *Primeiros comentários...*, cit. 2015, p. 1.409.

106. *Novo Código de Processo Civil comentado*, 5. ed., 2.017, cit., nota ao art. 984, p. 1.446.

§ 2.º do art. 984.

O disposto no parágrafo ora em comento é de fundamental importância para o escorreito julgamento do IRDR, e para a efetividade *panprocessual* e até *extraprocessual* do precedente que emergirá da tese jurídica ali fixada: "O conteúdo do acórdão abrangerá a análise de todos os fundamentos suscitados concernentes à tese jurídica discutida, sejam favoráveis ou contrários". Isso porque esse enunciado constituirá *precedente*, de observância *impositiva* aos juízes e tribunais (CPC, art. 927 e inc. III), sob pena de desafiar *reclamação* (§ 1.º do art. 985; inc. IV do art. 988, redação do inciso cf. Lei 13.256/2016). Esse efeito vinculativo vai ao ponto de considerar-se *não fundamentada* (e, pois, nula: CF, art. 93, IX) qualquer decisão judicial que "deixar de seguir enunciado de súmula, jurisprudência ou *precedente* invocado pela parte, sem demonstrar a existência de distinção no caso em julgamento" (inc. VI do § 1.º do art. 489). Outrossim, considera-se *omissa*, desafiando embargos de declaração, a decisão que "*deixe de se manifestar* sobre tese firmada em *julgamento de casos repetitivos* (...)" – art. 1.022, § único, I – valendo ter presente que a nomenclatura "julgamento de casos repetitivos" abrange o IRDR, conforme disposto no art. 928, I. Além disso, desafia *ação rescisória*, calcada no inc. V do art. 966 do CPC (decisão de mérito que "violar manifestamente norma jurídica"), a "decisão baseada em enunciado de súmula ou acórdão proferido em *julgamento de casos repetitivos* que não tenha considerado a existência de *distinção* entre a questão discutida no processo e o *padrão decisório* que lhe deu fundamento" (parágrafo acrescido pela Lei 13.256/2016).

Desse modo, para que a *tese jurídica* firmada ao final do IRDR (art. 985, *caput*) possa cumprir a *função paradigmática* que dela se espera, é absolutamente necessário que o acórdão no qual ela se corporifica seja *consistente* em sua fundamentação, *claro* em sua verbalização, e *completo* em seu conteúdo, por modo a bem apreender a extensão-compreensão da *questão de direito* que aparece replicada em muitos processos, e que motivou a instauração do incidente. Do contrário, a tese jurídica não terá como responder às expectativas que envolvem tal procedimento, a saber: preservação da isonomia e da segurança jurídica (CPC, art. 976 e incisos), a par da otimização da resposta jurisdicional nas demandas seriais.

Outra relevante razão se agrega, a respaldar a cautela expressa no § 2.º do art. 984, em comento: embora a normação do IRDR não contemple, às expressas, a possibilidade de distinção (*distinguishing*) entre o objeto litigioso de certo processo pendente, porventura alcançado pela suspensão (art. 982, I) e a questão de direito dirimida ao final do IRDR – como se passa no regime dos RE's e RESp's repetitivos: § 9.º do art. 1.037 - fato é que o CPC prevê que em "qualquer decisão", pode (excepcionalmente) o seu prolator afastar-se de "enunciado de súmula, jurisprudência ou precedente" desde que demonstre, fundamentadamente, "a existência de *distinção* no caso em julgamento ou a superação do entendimento" - inc. VI do § 1.º do art. 489. Evidentemente, tal dispositivo não terá como operar satisfatoriamente, se o acórdão no IRDR não abranger e não enfrentar pontualmente os argumentos relevantes suscitados nos autos, assim aqueles que favorecem a conclusão ao final alcançada como os que porventura laboram em senso contrário.

Ao regular os aspectos formais da sentença, o CPC dispõe que nela devem vir indicados "os *fundamentos* em que o juiz analisará as questões de fato e de direito" (inc. II do art. 489) - ou seja, a *ratio decidendi*, na terminologia do *common law*. Tenha-se ainda presente que, em atenção ao inc. IX do art. 93 da CF, que declara *nula* a decisão *não fundamentada*, o parágrafo único do art. 489 do CPC considera "não fundamentada qualquer decisão judicial, seja ela interlocutória, sentença ou acórdão" que: "(...) IV - não enfrentar *todos os argumentos* deduzidos no processo capazes de, em tese, infirmar a conclusão adotada pelo julgador", disposição que guarda simetria com o § 2.º do art. 984, ora em comento.

A exigência de que o tribunal, no acórdão que fixa a tese jurídica no IRDR contemple, pontual e dialeticamente, *todos* os argumentos e subsídios aportados pelos atores do procedimento - e não só aqueles subsídios que convergem para a conclusão ao final alcançada - prende-se ao fato de que aí se trata de um processo de perfil *objetivo* o qual, embora originário de uma ação pendente, onde se contrapõem os interesses individuais das partes, vem informado e presidido pelo *interesse público e social* na preservação do tratamento isonômico devido a todos os jurisdicionados, a par do zelo pela segurança jurídica.

Ao propósito, expõe Cassio Scarpinella Bueno: "O acórdão do incidente deve analisar - sempre fundamentadamente - todas as teses que foram apresentadas para dar solução à questão de direito que enseja a sua instauração, independentemente de elas serem favoráveis ou desfavoráveis a um ou a outro ponto de vista. Trata-se, neste sentido, de ênfase do que consta do § 1.º do art. 489, em especial de seu inc. IV, e que deve presidir concretamente a construção e a vivência do direito jurisprudencial".[107]

107. *Manual de Direito Processual Civil*, cit. 2015, p. 587.

Tanto mais se justifica tal exegese, em se considerando que o acórdão no IRDR vai projetar força obrigatória em face de juízes e tribunais – CPC, art. 927, III, c/c art. 928, I; art. 332, III – podendo ainda irradiar-se ao nível nacional, uma vez presentes as condições indicadas nos §§ 3.º e 4.º do art. 982 ou no § 2.º do art. 987. Dada o tom imperativo com que o § 2.º do art. 984 exige a fundamentação analítica da questão de direito objeto do IRDR, por modo que eventual omissão ou desconsideração de algum elemento ou argumento constante dos autos pode desafiar *embargos de declaração* – CPC, art. 1.022, § único, I; igualmente, o § único do art. 1.022 considera *omissa* a decisão que: "(...) II – incorra em qualquer das condutas descritas no art. 489, § 1.º", o que inclui aquela descrita no inciso IV desse parágrafo, dando por *não fundamentada* a decisão que "não enfrentar todos os argumentos deduzidos no processo capazes de, em tese, infirmar a conclusão adotada pelo julgador". Nesse sentido, o Enunciado nº 305 do Fórum Permanente de Processualistas Civis, realizado em Belo Horizonte (MG) em 2.014: "No julgamento de casos repetitivos, o tribunal deverá enfrenar todos os argumentos contrários e favoráveis à tese jurídica discutida".

Nesse sentido, afirmam Nery & Nery: "Todos os argumentos que tiverem sido levantados em relação à tese jurídica discutida deverão ser enfrentados quando do julgamento, haja vista que se procura uniformizar o entendimento sobre essa mesma tese, e que o resultado do julgamento terá impacto sobre uma grande quantidade de pessoas. Caso algum argumento tenha sido desconsiderado quando do julgamento, da decisão cabem embargos de declaração por omissão (CPC 1022)".[108]

Assim se deve entender, notadamente no caso do acórdão em IRDR, porque a *tese jurídica* aí alcançada configura, na terminologia do *common law* um *binding precedent*, ou, na tipologia de José Rogério Cruz e Tucci, um "precedente de eficácia vinculante", categoria na qual o articulista abriga: "(*i*) as súmulas do STF; (*ii*) as decisões proferidas pelo STF e pelos Tribunais de Justiça, no âmbito do controle concentrado de constitucionalidade; e (*iii*) as decisões proferidas no incidente de processos repetitivos".[109]

Vale ter presente que no regime do *common law*, o elemento vinculativo do precedente reside na *fundamentação*, isto é, na *ratio decidendi*, esclarecendo José Rogério Cruz e Tucci que ela "constitui a essência da tese

108. *Comentários ao Código de Processo Civil*, cit. 2015, nota n. 3 ao art. 984, p. 1.975.

109. Parâmetros de eficácia e critérios de interpretação do precedente judicial. In: Teresa Arruda Alvim Wambier (coord.). *Direito Jurisprudencial*. São Paulo: Revista dos Tribunais, 2012, p. 119.

jurídica suficiente para decidir o caso concreto (*rule of law*). É essa regra de direito (e, jamais, de fato) que vincula os julgamentos futuros *inter alia*. Sob o aspecto analítico, três são os elementos que a integram (a) a indicação dos fatos relevantes (*statemente of material facts*); (b) o raciocínio lógico--jurídico da decisão (*legal reasoning*) e (c) o juízo decisório (*judgement*) (...). A submissão ao precedente, comumente referida pela expressão *stare decisis*, indica o dever jurídico de conformar-se às *rationes* dos precedentes (*stare rationibus decidendi*)".[110]

Importante ainda ressaltar que o "conteúdo do acórdão", referido no § 2º do art. 984, em comento, deve limitar-se à resolução da *questão de direito* que constitui objeto do IRDR e que se encontra replicada nas ações sobrestadas, devendo o órgão julgador atentar para não se estender pelo objeto da demanda na qual radica o incidente, porque esse objeto é da competência do Juízo de primeiro grau que instaurou o incidente ou do órgão colegiado ao qual está afeto o recurso, a remessa necessária ou ação de competência originária, no caso de o IRDR ter sido instaurado de ofício pelo relator (CPC, art. 977 e incisos). Ao propósito, alerta Aluísio Gonçalves de Castro Mendes que o "objeto do julgamento (...) deve se limitar ao Incidente de Resolução de Demandas Repetitivas, não se prolongando sobre o caso concreto, que deverá ser examinado, em regra, pelo juízo natural de primeiro grau ou pelo respectivo órgão fracionário do tribunal". [111]

Outrossim, como a fixação da *tese jurídica* no IRDR não constitui, propriamente, um "julgamento" de ação ou de recurso, parece razoável inferir-se que, a depender das peculiaridades do caso concreto, o órgão julgador possa valer-se de argumento ou fundamento porventura não suscitado ou debatido nos autos; em tal caso, presente a diretriz da não-surpresa (CPC, art. 10), caberá dar-se prévio conhecimento dessa intercorrência aos integrantes do IRDR. Nesse sentido, afirma Daniel Amorim Assumpção Neves: "(...) não parece exigível a observância do princípio da adstrição, de forma que, mesmo fundamentos não suscitados podem ser considerados pelo tribunal, ainda que para isso seja respeitado o contraditório com a intimação das partes e interessados para se manifestarem sobre tal fundamento". [112]

---

110. Parâmetros de eficácia, cit., In: Teresa Arruda Alvim Wambier (coord.). *Direito Jurisprudencial*, 2012, p. 123.
111. *Incidente de resolução...*, 2.017, cit., p. 203.
112. *Novo Código de Processo Civil comentado*, 3. ed., 2.018, cit., nota ao art. 984, p. 985.

Art. 985. Julgado o incidente, a tese jurídica será aplicada:

I – a todos os processos individuais ou coletivos que versem sobre idêntica questão de direito e que tramitem na área de jurisdição do respectivo tribunal, inclusive àqueles que tramitam nos juizados especiais do respectivo Estado ou região;

II – aos casos futuros que versem idêntica questão de direito e que venham a tramitar no território de competência do tribunal, salvo revisão na forma do art. 986.

§ 1.º Não observada a tese adotada no incidente, caberá reclamação.

§ 2.º Se o incidente tiver por objeto questão relativa a prestação de serviço concedido, permitido ou autorizado, o resultado do julgamento será comunicado ao órgão, ao ente ou à agência reguladora competente para fiscalização da efetiva aplicação, por parte dos entes sujeitos a regulação, da tese adotada.

Art. 985, *caput*.

O *caput* do artigo em comento vale-se da expressão "*Julgado* o incidente", com isso indicando que, apesar de o IRDR não configurar um "processo de partes", de cunho contencioso, envolvendo uma "pretensão resistida", ainda assim ele não se reduz ao campo da singela jurisdição voluntária (*inter volentes*), mas através dele se submete ao exame do tribunal uma dada *questão de direito*, replicada em muitos processos, a fim de que a Corte fixe o entendimento paradigmático a respeito – a *tese jurídica* referida no art. 985, *caput*, ora em comento. Note-se que, apesar do nome do instituto, nele *não se resolvem demandas seriais*, mas se objetiva a elucidação de uma dada *questão de direito*, replicada em muitos processos, com vistas a assegurar o tratamento isonômico aos jurisdicionados e preservar a segurança jurídica (CPC, art. 976 e incisos).

A *tese* mencionada no *caput* do art. 985 vem consubstanciada num *acórdão*, o que bem se compreende, seja porque o IRDR está abrangido no âmbito dos "processos de competência originária dos tribunais" (título I do Livro III), seja porque, ato contínuo à sua apresentação em segundo grau, ele é distribuído a um *órgão colegiado* (art. 981), dentre aqueles afeiçoados, regimentalmente, à tarefa de uniformização da jurisprudência (art. 978, *caput*).

Visto que tal decisão é tomada por uma fração do tribunal, vale dizer, de um órgão colegiado, ela configura um *acórdão*, definido pelo art. 204 do CPC como "o julgamento colegiado proferido pelos tribunais". Isso, sem embargo, como antes dito, de o IRDR não se vocacionar a *resolver* as demandas repetitivas, sobrestadas na origem, nem mesmo aquela onde fora gestado o incidente, limitando-se dito procedimento à emissão da *tese jurídica*, nos moldes de um processo de cunho objetivo.

Em prol do ora afirmado, considere-se que, diversamente do que se passa no regime do julgamento por amostragem de RE's ou REsp's repetitivos, em que se dá a *afetação* de um *recurso-piloto* como representativo da controvérsia, habilitando-o a receber a decisão-quadro, que depois se irradiará em face dos demais recursos isomórficos (CPC, art. 1.037, *caput*, c/c art. 1.040 e incisos), já o IRDR é extraído de um processo no qual se agita *questão de direito* repercutida em muitos outros, e, a partir daí, o incidente segue trajetória autônoma, com finalidade própria, qual seja a emissão da decisão paradigmática. Nesse sentido, afirmam Nery & Nery: "O procedimento do incidente não pressupõe uma escolha fundamentada do processo que servirá como paradigma. Os legitimados para a instauração do incidente estão envolvidos com determinada causa e a julgar pelo que dispõe o CPC, não há perspectiva de que um outro processo seja escolhido para fazer o papel de piloto".[113]

Verdade que o § único do art. 978, dizendo que o órgão colegiado ao qual está afeto o IRDR "julgará *igualmente* o recurso, a remessa necessária ou o processo de competência originária de onde se originou o incidente" parece induzir, à primeira leitura, a percepção de que tal órgão colegiado julgará não só o incidente, mas *também* o processo de onde ele se originou. Todavia, tal exegese não resulta convincente: ***(i)*** o IRDR não instaura uma sorte de *assunção de competência*, permitindo ao Tribunal como que *avocar a causa* para julgá-la, mediante a aplicação da tese jurídica; ***(ii)*** é bem possível que o processo sobrestado em primeiro grau não esteja ainda no *ponto de maturação* adequado para receber julgamento, na ocasião em que o tribunal vem a firmar a tese jurídica, ao final do IRDR; ***(iii)*** o precedente estabelecido ao final do IRDR, embora beneficie de expressiva força impositiva (art. 927, III, c/c art. 928, I), não configura uma *camisa-de-força*, mas consente que o juiz, *excepcional e motivadamente*, porventura possa se afastar do precedente, se conseguir demonstrar "a existência de *distinção*

113. *Comentários ao Código de Processo Civil*, 2015, cit., nota n. 10 ao art. 976, p. 1.968.

[*distinguishing*] no caso em julgamento ou a superação do entendimento" – CPC, art. 489, § 1.º, VI.

Portanto, o de que parece tratar o citado § único do art. 978 é, antes, de casos de distribuição *por dependência*, sendo curial que a parcela do tribunal que decidiu o IRDR fique *preventa* para, depois, conhecer do *recurso* (apelação tirada da sentença prolatada em primeiro grau; agravo, de instrumento ou interno), e, bem assim, sendo o caso, da *remessa necessária* e, eventualmente, de uma causa inserida na competência originária do Tribunal (*v.g.*, uma *ação rescisória*).

Essa é a *ratio* que se extrai do art. 286 do CPC, mandando distribuir *por dependência* "as causas de qualquer natureza: I – quando se relacionarem, por conexão ou continência, com outra já ajuizada"; também, é o que se colhe do § único do art. 930: "O primeiro recurso protocolado no tribunal tornará *prevento* o relator para eventual recurso subsequente interposto no mesmo processo ou em processo conexo". De tais dispositivos, interpretados sistematicamente, não se pode, porém, extrair a conclusão de que o tribunal, tendo firmado a tese jurídica ao final do IRDR (art. 985, *caput*), já deva adiantar-se (ou precipitar-se) em aplicá-la, desde logo, ao processo de onde se originou tal procedimento. Nesse sentido, afirma Aluísio Gonçalves de Castro Mendes: "Mesmo se, por alguma razão, o processo dependente do IRDR estiver em tramitação no tribunal e, segundo o regimento interno, o órgão interno for o mesmo, para o julgamento do incidente e da causa originária ou do recurso, ainda assim não se deve confundir o julgamento de ambos".[114]

Dito de outro modo, no procedimento do IRDR opera-se uma *cisão de competência* entre o 1.º e 2.º graus: no primeiro, perante o Juízo, remanesce (suspensa – art. 982, I), a causa que serviu de supedâneo à instauração do IRDR; na segunda instância, deflagra-se o incidente, de ofício ou por provocação, nos moldes do art. 977 e incisos, para o fim – autônomo e específico – de emissão da tese jurídica sobre a *vexata quaestio* que motivou o procedimento. No ponto, afirmam Eduardo Cambi e Mateus Vargas Fogaça: "No modelo brasileiro, há a cisão do julgamento, que se desdobra em uma decisão objetiva e outra subjetiva e complexa. Em outras palavras, enquanto um órgão judiciário julga todas as questões comuns, objeto do incidente, o outro órgão julga o processo originário, com todas as suas especificidades,

114. *Incidente de resolução...*, 2.017, cit., p. 203.

observando a prévia decisão do incidente, obrigatoriamente tomada como premissa à definição das demais questões versadas no processo."[115]

A tese paradigmática alcançada ao final do IRDR (art. 985, *caput*) se revestirá de força impositiva – "será aplicada" é a dicção do dispositivo em comento – não só no deslinde da ação originária e das demandas nas quais a questão de direito venha replicada, mas, em modo geral, em face de todos os magistrados, a teor do art. 927, III, c/c art. 928, I. E isso, sem embargo de o art. 985, *caput*, não ter empregado a palavra *vinculante*, diversamente do que se passa no incidente de assunção de competência, no qual o § 3.º do art. 947 diz que o acórdão aí proferido "vinculará todos os juízes e órgãos fracionários (...)". No ponto, afirma Cassio Scarpinella Bueno: "A eficácia vinculante do 'julgamento dos casos repetitivos' (art. 928, contudo, é uma constante no *sistema* do CPC 2105 (...) e ela fica ainda mais evidenciada por causa do § 1.º do art. 985, ao prever o cabimento da reclamação quando 'não observada a tese adotada no incidente', regra reiterada pelo inciso IV do art. 988."[116]

Portanto, o IRDR promove, como antes dito, uma *cisão* na competência dos órgãos judiciais envolvidos em seu trâmite: (***i***) admitido no tribunal o IRDR suscitado por iniciativa de qualquer dos colegitimados do art. 977 e incisos, dá-se a suspensão da ação de onde ele se originou – CPC, art. 313, IV – e, igualmente, das demais ações envolvendo a mesma questão de direito ali objetivada – CPC, art. 982, I. Tal sobrestamento, porém, cessa após transcorrido *in albis* o prazo de um ano para o julgamento do IRDR, "salvo decisão fundamentada do relator em sentido contrário" – § único do art. 980; (***ii***) o IRDR, no tribunal, sujeita-se às diligências instrutórias previstas nos arts. 982 a 984, fase que, uma vez concluída, abre ensejo ao *julgamento*, propriamente dito por aí se entendendo a emissão da *tese jurídica* acerca da questão sobrelevada no incidente.

Em sede doutrinária, questionou-se, mormente ao início da vigência do CPC/2015, a inconstitucionalidade da eficácia vinculativa da tese jurídica firmada no IRDR, ao argumento de que o instituto se ressentiria de uma certa fragilidade ou carência na formação do contraditório, já que pessoas físicas e jurídicas acabariam alcançadas sob a eficácia de tal precedente, sem

---

115. Incidente de resolução de demandas repetitivas no novo Código de Processo Civil. *Revista de Processo*, n. 243, maio 2015, p. 349.

116. *Manual de Direito Processual Civil*, cit. 2015, p. 589. (Nota: o inc. IV do art. 988 teve sua redação alterada pela Lei 13.256/2016).

terem antes efetivamente participado do procedimento. [117] O argumento, que num primeiro momento se afigura até certo ponto consistente, todavia ao nosso ver não resiste à análise: (***i***) também na jurisdição coletiva a coisa julgada se expande *ultra partes* ou *erga omnes* (Lei 7.347/85, art. 16; Lei 8.078/90, art. 103 e incisos) sendo que a legitimação ativa é deferida não a todos os sujeitos concernentes, mas a certos *representantes* adequados (Lei 7.347/85, art. 5º e incisos; Lei 8.078/90, art. 82 e incisos), sem que aí se vislumbre qualquer deficiência no contraditório; (***ii***) mesmo na família do *common law*, onde se reconhece o direito ao *day in Court* considera-se que tal garantia fica atendida quando o interesse ou direito afirmados foram tecnicamente apresentados e sustentados em Juízo, ainda que através de um *ideological plaintiff*, afirmando Owen Fiss que "o sistema jurídico não garante que cada pessoa terá seu dia na corte, mas apenas que o interesse de cada pessoa será representado na corte"; [118] (***iii***) no IRDR, sem embargo da nomenclatura, não se está a julgar demandas, e sim trata-se de fixar uma tese jurídica com eficácia paradigmática para resolução isonômica dos casos onde ela venha replicada; (***iv***) o CPC tomou as devidas precauções para a divulgação do incidente em curso e para assegurar uma participação razoável dos interessados, como se colhe destes dispositivos: art. 977, II e III; art. 979 e § 1º; art. 982, §§ 3º e 4º; art. 983 e § 1º; art. 984, II e alíneas; § 2º do art.985. Com razão, pois, afirma Aloísio Gonçalves de Castro Mendes: "Portanto, o exercício do contraditório é disponibilizado para os interessados com processos já ajuizados e também para os titulares de direitos que tenham conhecimento em razão da divulgação da existência do IRDR. Sendo assim, não se pode afirmar a existência de violação ao contraditório". [119]

Tenha-se ainda presente que a tese jurídica firmada no IRDR não se preordena a operar em modo automático e inexorável: primeiro, porque, em respeito ao contraditório, que abrange o direito à não surpresa (CPC, art. 10), o juiz deve oportunizar às partes o conhecimento da citada tese, ensejando eventual manifestação a respeito, inclusive em atendimento às

---

117. Por todos, v. a percuciente exposição de Luiz Guilherme Marinoni: *Incidente de resolução de demandas repetitivas – decisão de questão idêntica x precedente*, São Paulo; Thomson Reuters-Revista dos Tribunais, 2.016, cap. I, ítem 11, p. 37 e s.

118. A teoria política das ações coletivas, in *Um novo Processo Civil – estudos norte-americanos sobre jurisdição, constituição e sociedade*, trad. Daniel Porto Godinho da Silva e Melina de Medeiros Rós (coord. da trad. Carlos Alberto de Salles), São Paulo: Revista dos Tribunais, 2.004, p. 240.

119. *Incidente de resolução...*, 2.017, cit., p. 241.

diretrizes indicadas nos incs. V e VI do § 1.º do art. 489; em segundo lugar, porque, por analogia ao que se passa no rito de julgamento por amostragem de RE's e REsp's repetitivos (§§ 9.º e s. do art. 1.037), parece-nos que – malgrado o silêncio da normação do IRDR a respeito – tem a parte o direito de demonstrar, em modo consistente, que o objeto litigioso do *seu* processo não se subsume na tese jurídica firmada no IRDR (*distinguishing*). Ou mesmo, poderá a parte, a depender da peculiaridade da espécie, demonstrar ao Juízo a *superação do entendimento* firmado no julgamento do IRDR, a teor do inc. VI, parte final, do § 1.º do art. 489.

No ponto, afirma José Miguel Garcia Medina: "Uma das partes pode, por exemplo, demonstrar que, tal como fixada no julgamento do incidente, a tese não se aplica ao caso até então suspenso, pois os fundamentos determinantes, ainda que parecidos, são distintos."[120]

Verdade que, em sede doutrinária, questiona-se a constitucionalidade do *efeito vinculativo* da decisão no IRDR, anotando Nery & Nery: "Sem autorização expressa da Constituição não pode haver decisão judicial que vincule outros órgãos do Poder Judiciário, bem como particulares. Segundo o sistema constitucional brasileiro, somente vinculam as decisões do STF em controle abstrato da constitucionalidade das leis e atos normativos (CF 102 e § 2.º) e as súmulas vinculantes do mesmo STF (CF 103 *caput*)."[121]

Sem embargo, a questão segue controvertida, podendo-se ponderar que, se é verdade que o primado das obrigações comissivas e omissivas no país é centrado na *norma legal* (CF, art. 5.º, II) – dada sua eficácia geral, abstrata e impessoal – não é menos verdade que o precípuo e definitivo entendimento sobre o conteúdo (extensão/compreensão) da norma legal vem deferido ao Judiciário, mormente através de seus produtos finais otimizados: jurisprudência dominante ou sumulada; questões de ordem firmadas no Pleno ou no Órgão Especial dos tribunais; acórdão em incidente de assunção de competência, decisões-quadro em RE's e RESp's repetitivos; acórdãos no controle abstrato de constitucionalidade; acórdão que firma a tese jurídica no IRDR.

De resto, é bem de ver que a igualdade de todos perante a lei (CF, art. 5.º, *caput*) pouco agregaria, efetivamente, à isonomia e à segurança jurídica, a se prosseguir num ambiente de *dispersão jurisprudencial excessiva*, no qual ninguém está seguro de seus direitos, nem consciente de suas obrigações,

---

120. *Novo Código de Processo Civil comentado*, 5. ed., 2.017, cit., 2015, p. 1.448.

121. *Comentários ao Código de Processo Civil*, cit. 2015, nota n. 2 ao art. 985, p. 1.975.

assim no setor público como no privado; antes, impende que a igualdade se preserve, assim perante a *norma legislada* – aquela forjada no Legislativo – como em face da *norma judicada*, a saber, aquela que tem sua passagem judiciária, vindo interpretada para aplicação ao caso concreto. Ao propósito, lê-se no bojo do item 1.º da Exposição de Motivos do anteprojeto do novo CPC: "(...) haver, indefinidamente, posicionamentos diferentes e incompatíveis, nos Tribunais, a respeito da mesma norma jurídica, leva a que jurisdicionados que estejam em situações idênticas, tenham de submeter-se a regras de conduta diferentes, ditadas por decisões judiciais emanadas de tribunais diversos. Esse fenômeno fragmenta o sistema, gera intranquilidade e, por vezes, verdadeira perplexidade na sociedade".

Trata-se, pois, de um novo modo de ser e de vivenciar a liberdade judicial na interpretação da norma, entendendo-se tal atribuição não no sentido clássico da *livre convicção*, mas sob uma perspectiva atualizada e contextualizada, aderente à utilidade social que se espera da resposta jurisdicional: que seja isonômica e comprometida com a segurança jurídica, enquanto prestação devida pelo Judiciário como um todo, e não, em modo reducionista, enquanto apanágio de cada um de seus agentes.

Ao propósito, afirma Daniela Pereira Madeira: "O sistema do *civil law* deve ser compreendido não mais com o apego exclusivo à letra da lei, e sim através do novo enfoque do princípio da legalidade, que é o da lei enquanto compreendida pelos tribunais. As garantias da magistratura são colocadas como forma de benefício da sociedade e não como um instrumento de convicções pessoais do magistrado. A livre convicção do magistrado não está contida na sua liberdade arbitrária, ou seja, a ele não é dado o expediente de discordar dos posicionamentos já amplamente fixados sobre o direito pelos Tribunais de Uniformização. A liberdade do juiz para decidir, principalmente diante de conceitos indeterminados, não se destina a ele próprio, mas ao Judiciário com um todo."[122]

Bem por isso, no tocante aos *conceitos abertos*, o § único do art. 489 do CPC considera *não fundamentada* (e, portanto, nula: CF, art. 93, IX) a decisão que "(...) II – empregar conceitos jurídicos indeterminados, sem explicar o motivo concreto de sua incidência no caso".

No ponto que ora se vai versando, afirmam Teresa Arruda Alvim Wambier *et al*: "A *liberdade* que tem o juiz é, de rigor, do *Judiciário*: e *não*

---

122. A força da jurisprudência. In: Luiz Fux (coord.). *O Novo Processo Civil Brasileiro – Direito em expectativa*. Rio de Janeiro: Gen-Forense, 2011, p. 576 e 577.

de cada juiz individualmente considerado. O *Judiciário* é que deve decidir *independentemente do Legislativo*, do Executivo e de outras pressões externas: mas não cada juiz a seu gosto pessoal, ao seu próprio estilo, segundo sua própria opinião, ainda que racionalmente justificável. *Tornar vinculante certa interpretação da lei não é inconstitucional*: é, *pura e simplesmente, algo que em outros países de civil law, ocorre naturalmente*. Inexiste, portanto, inconstitucionalidade no novo instituto".[123]

Nesse sentido, o entendimento de Aluísio Gonçalves de Castro Mendes: "A atribuição de efeito vinculativo, especialmente quando restrito aos órgãos do próprio Poder Judiciário, não precisa estar previsto expressamente em norma constitucional. Pelo contrário, a inclusão do efeito vinculativo em sede constitucional não se faz presente, como regra, nos países de *common law* ou de *civil law*. Decorre da própria essência, função e concepção sistêmica do Poder Judiciário. Por outro lado, a Constituição da República do Brasil não exige que o efeito vinculativo interno no âmbito dos órgãos do Poder Judiciário dependa de expressa previsão constitucional. Em sede de Direito Comparado, pode-se apontar o exemplo da Alemanha, que estabeleceu efeito vinculativo mediante norma ordinária. As normas processuais e o efeito vinculativo interno, no âmbito dos órgãos judiciários, podem e são, de maneira geral, no Brasil, estabelecidos por normas infraconstitucionais, que devem ser observadas pela magistratura, como decorrência do devido processo legal". [124]

Inc. I do art. 985.

O inciso em comento determina a aplicação da tese firmada no acórdão proferido no IRDR a "todos os processos individuais ou coletivos que versem sobre idêntica questão de direito e que tramitem na área de jurisdição do respectivo tribunal, inclusive àqueles que tramitem nos juizados especiais do respectivo Estado ou região".

De observar-se que, inicialmente, a suspensão dos processos nos quais venha discutida a mesma questão de direito objeto do IRDR se confina ao Estado (no caso do TJ) ou da região (no caso do TRF), conforme disposto no art. 982, I do CPC, irradiação essa, porém, que, depois, pode estender-se a todo o território nacional: (*i*) a requerimento de "qualquer legitimado mencionado no art. 977, incs. II e III" – § 3.º do art. 982; (*ii*) a requerimento de qualquer jurisdicionado, mesmo fora da circunscrição judiciária

123. *Primeiros comentários*, cit. 2015, p. 1.410.

124. *Incidente de resolução*..., 2.017, cit., p. 258, 259, conclusão nº 38.

afeta ao IRDR, quando em *sua* ação venha suscitada a mesma questão de direito objetivada no incidente (§ 4.º do art. 982); (***iii***) em decorrência da apreciação do mérito, pelo STF ou STJ, do RE ou REsp tirado do acórdão proferido por TJ, ou TRF em IRDR – § 2.º do art. 987, c/c § 4.º do art. 1.029.

Importante ter presente que a *aplicação* da tese jurídica firmada no IRDR a "todos os processos individuais ou coletivos (...)" não se preordena a operar no plano da mera *influência* ou da singela eficácia *persuasiva*, senão que por aí se configura um vero *precedente*, a projetar eficácia impositiva em face de todos os órgãos judiciários, a teor do art. 927, III, c/c art. 928, I, valendo lembrar que o descumprimento de tal padrão decisório desafia *reclamação* (inc. IV do art. 988, redação do inciso cf. Lei 13.256/2016). Tanto assim que o juiz, ainda na fase postulatória do processo (art. 332), está autorizado a julgar "*liminarmente improcedente* o pedido que contrariar: (...) III – entendimento firmado em incidente de resolução de demandas repetitivas (...)". Nesse sentido, afirmam Teresa Arruda Alvim Wambier *et al*: "Definida a tese, esta deverá ser respeitada por cada juiz, na solução dos processos que estão correndo perante o órgão que ocupa, que, agora, depois do julgamento do incidente, voltarão a correr normalmente. Cada juiz tem liberdade de julgar o 'seu' processo: extinguindo-o por falta de legitimidade, julgando-o improcedente por falta de provas etc. Só não pode desdizer, ou desconsiderar o teor do julgamento do incidente."[125]

A extensão aos juizados especiais da *tese jurídica firmada* pelo TJ ou TRF no IRDR, autorizada pelo inc. I do art. 985, em princípio causa alguma espécie, porque tais instâncias jurisdicionais diferenciadas, no âmbito dos Estados, não se vinculam, em sua *persona* recursal, ao Tribunal de Justiça, mas suas decisões desafiam recurso dirigido ao Colégio Recursal (Lei 9.099/1995, art. 42 e § 1.º), ao passo que, no plano federal, havendo divergência entre as Turmas recursais, caberá *pedido de uniformização*, o qual poderá alcançar o STJ (Lei 10.259/2001, art. 14 e § 4.º). Registre-se que o STF admite recurso extraordinário de decisão desses Juizados – Súmula 640 – diversamente do STJ, que não admite recurso especial em tal caso – Súmula 203. Esta súmula impeditiva, porém, é em certa medida relativizada pelo fato de que, havendo divergência entre a orientação firmada na Turma de Uniformização dos Juizados Especiais e súmula ou jurisprudência dominante no STJ, "a parte interessada poderá provocar a manifestação deste, que dirimirá a divergência" (§ 4º do art. 14 da Lei 10.259/2.001); após o trâmite no STJ, publicado o acórdão respectivo, os

125. *Primeiros comentários*, cit. 2015, nota ao art. 985, p. 986.

pedidos de uniformização acerca de uma dada questão de direito material "serão apreciados pelas Turmas Recursais, que poderão exercer juízo de retratação ou declará-los prejudicados, se veicularem tese não acolhida pelo STJ" (§ 9º do art. 14 da Lei 10.259/2.001).

Considerem-se, ainda, estes Enunciados firmados no Fórum da Escola Nacional de Formação e Aperfeiçoamento de Magistrados (ENFAM): nº 21: "O IRDR pode ser suscitado com base em demandas repetitivas em curso nos juizados especiais"; nº 44. "Admite-se o IRDR nos juizados especiais, que deverá ser julgado por órgão de uniformização do próprio sistema". [126]

Registre-se que os juizados especiais têm previsão constitucional, referindo-se o inc. I do art. 98 ao "julgamento de recursos por turmas de primeiro grau". Por conta disso, Cassio Scarpinella Bueno sustenta "a inconstitucionalidade do alcance pretendido pelo inc. I do art. 985 aos Juizados Especiais".[127] A seu turno, Frederico Augusto Leopoldino Koehler, escrevendo ao tempo do PLC 8.046/2010, embora reconhecese que a extensão, aos Juizados Especiais, da tese jurídica firmada no IRDR, projeta dificuldades na coesão com o sistema judiciário como um todo, entende que "os juizados não devem ficar de fora do âmbito de aplicação do IRDR (...) mas é necessário(e urgente) que haja uma regulamentação específica da aplicação do incidente no sistema dos juizados, o que poderá ser feito por projeto de lei dirigido especificamente a tal intento".[128]

Estamos em que o melhor entendimento, nessa instigante questão da aplicação da tese jurídica firmada por TJ ou TRF aos Juizados Especiais é aquele sustentado por Aluísio Gonçalves de Castro Mendes em três conclusões sustentadas ao final de sua percuciente contribuição doutrinária acerca do IRDR: "65. Sustenta-se que as teses fixadas pelos tribunais regionais federais e tribunais de justiça nos Incidentes de Resolução de Demandas Repetitivas a partir de processos em tramitação perante o órgão da justiça ordinária, sejam aplicadas, com caráter vinculativo, no órgão do juizado especial. 66. Em hipótese alguma, poderão ser suscitados Incidentes de Resolução de Demandas Repetitivas a partir de processo em tramitação nos juizados especiais para os tribunais regionais federais ou tribunais de justiça, tendo em vista que estes tribunais não possuem competência

126. Disponível em <http:// www.enfam.jus.br/2015/09/enfam-divulga-62-enunciados-sobre-a-aplicacao-do-novo-cpc/>, acesso em 11.009.2.018.

127. *Manual de Direito Processual Civil*, cit. 2015, p. 589.

128. O incidente de resolução de demandas repetitivas e os Juizados Especiais. *Revista de Processo* n. 237, nov., 2014, p. 505.

recursal ou de uniformização da jurisprudência em relação aos processos que tramitam nos juizados especiais. 67. Não havendo, contudo, tese fixada ou incidente instaurado nos tribunais regionais ou estaduais, sustenta-se que o Incidente de Resolução de Demandas Repetitivas poderá ser suscitado a partir de processos em tramitação nos juizados especiais e deverá ser apreciado, em termos de admissibilidade e de mérito, por órgão dos juizados com atribuição para a uniformização da jurisprudência do sistema no âmbito estadual ou regional". [129]

Apesar da clara determinação do inc. I do art. 985, em comento, para que a tese jurídica firmada no IRDR seja aplicada a "todos os processos individuais e coletivos que versem sobre idêntica questão (...)", a interpretação sistemática permite inferir que tal aplicação não se preordena a operar em modo *peremptório e inexorável*, mas, em respeito ao contraditório – que inclui o direito *à não surpresa e ainda o de influenciar, em termos razoáveis, o deslinde do processo* (CPC, arts. 7.º, 9.º, *caput* e 10) – e ainda tendo presente as diretrizes indicadas nos incs. V e VI do § 1.º do art. 489, deverá o juiz oportunizar às partes o conhecimento de tal acórdão, para que possam manifestar-se a respeito.

Até porque, apesar de a normação do IRDR silenciar a respeito do tópico ora considerado, cremos que bem poderá dar-se que a parte consiga demonstrar que a tese jurídica firmada no IRDR não se identifica com a questão de direito veiculada em *seu* processo (*distinguishing*), por analogia ao que se passa com a aplicação da tese firmada no julgamento por amostragem do RE ou REsp afetado como representativo da controvérsia – CPC, § 9.º e ss. do art. 1.037. Ou mesmo, poderá a parte demonstrar, em modo consistente, a *superação do entendimento* (*overruling*) firmado no julgamento do IRDR, a teor do inc. VI, parte final, do § 1.º do art. 489. Nesse sentido, afirma José Miguel Garcia Medina: "Uma das partes pode, por exemplo, demonstrar que, tal como fixada no julgamento do incidente, a tese não se aplica ao caso até então suspenso, pois os fundamentos determinantes, ainda que parecidos, são distintos."[130]

Inc. II do art. 985.

Enquanto o inc. I do art. 985 autoriza a aplicação da *tese jurídica* firmada no IRDR aos processos *pendentes* que versem sobre a mesma questão

---

129. *Incidente de resolução...*, 2.017, cit., p. 264, 265.

130. *Novo Código de Processo Civil comentado*, 5. ed., cit., 2017, nota ao art. 985, p. 1.448.

de direito ali dirimida, já o inc. II desse dispositivo contempla os processos a serem *futuramente* propostos "no território de competência do tribunal (...)", por modo a lhes estender, igualmente, a eficácia impositiva da citada tese, "salvo revisão na forma do art. 986".

Portanto, a eficácia da tese jurídica alcançada no julgamento do IRDR, além de projetar-se em dimensão *horizontal* e *vertical*, ainda se irradia em dupla perspectiva temporal: (*i*) *contemporaneamente*, alcançando os processos individuais ou coletivos que estão em trâmite; (*ii*) *prospectivamente*, projetando-se em face dos processos que vierem a ser ajuizados. No tocante aos processos *em trâmite*, conforme anotado supra, no comentário ao item I do art. 985, a aplicação de tal paradigma reclama, ao nosso ver, prévia notícia às partes do processo que até então estava sobrestado, em atendimento ao princípio do contraditório (CPC, arts. 7.º, 9.º *caput* e 10), de extração constitucional (art. 5.º, LV) o qual, na concepção atual, abrange o direito à *não surpresa* e ainda o de *influenciar*, em limites razoáveis, o deslinde do processo.

Já a eficácia *futura* desse *precedente judicial* (CPC, art. 927, III, c/c art. 928, I), evoca, em certa medida, a experiência do *common law*, acerca do efeito vinculativo do paradigma (*binding precedent*), sob o ideário básico daquela família jurídica: *stare decisis et non quieta movere*, a par dos quatro princípios ou fundamentos ali operantes: *uniformity*, *stability*, *consistency* e *predictability*. É interessante observar que, no ambiente do *common law*, uma vez firmado o precedente, sua eficácia torna-se *atemporal* (apenas limitada por eventual *overruling*), referindo Teresa Arruda Alvim Wambier a existência de decisões evocando "casos anteriores, de 400 ou 500 anos. Assim em *Bottomley v. Bannister* ([1932] 1 KB 458), precedentes decididos em 1409 e 1425 foram citados para apoio para a decisão do juiz sobre a responsabilidade pelo vazamento de gás de um *gas burner* instalado em 1929. Afinal, dizem os ingleses, o sistema de precedentes é como um *strong cement*, para criar certeza. Esta, em parte, é uma das funções da doutrina nos países de *civil law*".[131]

A projeção da eficácia obrigatória da tese jurídica firmada no IRDR "aos casos futuros", como assinalado ao início do inc. II do art. 985, a par de contribuir para assegurar a *isonomia* e preservar a *segurança jurídica*, valores que legitimam a instauração do IRDR (art. 976 e incisos), ainda permite, como externalidades positivas, a *agilização dos ritos* (*v.g.*, na

131. Precedentes e evolução do Direito. In WAMBIER ARRUDA ALVIM, Teresa (coord.),- *Direito Jurisprudencial*, São Paulo: Revista dos Tribunais, 2012, p. 42.

instância recursal: art. 932, IV, *c* e V, *c*) e, possivelmente, promove uma *contenção do demandismo judiciário excessivo*, à medida em que as teses jurídicas firmadas no IRDR vão sendo divulgadas, já que as pretensões porventura contrárias a tais enunciados se predispõem ao pronto descarte, ensejando a *improcedência liminar do pedido* (CPC, art. 332, III), o que, em princípio, deve desestimular a judicialização de pretensões dissonantes de tais precedentes.

De resto, como bem observa Daniel Amorim Assumpção Neves, "não teria sentido que o precedente só fosse vinculante para os processos pendentes, já que a *ratio* da vinculação naturalmente também alcança processos propostos após o julgamento do IRDR. Nesse caso, inclusive, caberá a concessão de tutela da evidência (art. 311, II, do Novo CPC) e o julgamento liminar de improcedência (art. 332, III, do Novo CPC)". [132]

Sem embargo, a aplicação da tese jurídica firmada no IRDR, aos processos *futuros* não se há de fazer de modo *automático* e *peremptório*, mas antes, em respeito ao princípio do contraditório, deverá ser precedida da devida comunicação às partes (CPC, arts. 7.º; 9.º, *caput*; 10), inclusive ensejando que estas, eventualmente, busquem demonstrar que o *seu* processo não se subsume à tese jurídica objetivada no IRDR. No ponto, afirma José Miguel Garcia Medina: "Ao se decidir com base no julgamento do incidente, deve-se observar o disposto no art. 489, § 1.º, V e VI, do CPC/2015, não se admitindo a mera reprodução da conclusão do julgamento (*confirmation bias*, cf. art. 1.º, V e VI do CPC/2015), e, caso haja especificidades na causa, deixar-se de seguir a conclusão (cf. art. 489, § 1.º, VI, 1.ª parte, do CPC/2015)."[133]

Com mais razão assim se há de entender, considerando-se que sujeita-se à *ação rescisória*, fundada no inc. V do art. 966 (decisão de mérito que "violar manifestamente norma legal") a "decisão baseada em enunciado de súmula, acórdão proferido em julgamento de casos repetitivos [expressão que abrange o julgamento no IRDR – art. 928, I] que não tenha considerado a existência de *distinção* entre a questão discutida no processo e o *padrão decisório* que lhe deu fundamento" – CPC, § 5.º do art. 966, acrescido pela Lei 13.256/2016.

Discorrendo sobre a dimensão da eficácia do *precedente*, aduz Daniela Pereira Madeira: "Deriva do grau de influência que o precedente exerce na

---

132. *Novo Código de Processo civil comentado*, 3. ed., 2.018, cit., nota ao art. 985, p. 1.673.

133. *Novo Código de Processo Civil comentado*, 5. ed., 2017, cit., nota ao art. 985, p. 1.448.

decisão futura em um caso análogo, que pode ser vinculante ou persuasivo. Os primeiros terão eficácia vinculativa em relação aos julgados que, em situações análogas, lhe forem supervenientes, ou seja, devem ser observados pelos julgadores nos casos futuros. Ao se falar em efeito vinculante do precedente, ou seja, em precedente vinculante/obrigatório, deve-se levar em conta que a norma jurídica geral (tese jurídica, *ratio decidendi*) estabelecida na fundamentação de determinadas decisões judiciais têm o condão de vincular decisões posteriores, e dessa forma obrigar aos órgãos jurisdicionais a adoção daquela mesma tese jurídica na sua própria fundamentação. Enquanto os segundos influenciarão o julgamento desses mesmos casos, sem, contudo, determinar a decisão a ser tomada."[134]

Aí, portanto, a fundamental diferença entre o *capítulo vinculante* do precedente – a *ratio decidendi* – e as demais considerações expendidas *a latere*, que servem a aclarar o quanto decidido e, não raro, facilitam a adequada aplicação do paradigma aos casos concretos, sem contudo se revestirem de força obrigatória: os *obter* dicta, na terminologia do *common law*. No ponto, assevera Daniela Pereira Madeira: "(...) na *ratio decidendi* é onde se encontram os motivos determinantes da decisão judicial, somente ela é hábil a adquirir a força vinculante para casos futuros. A *ratio* se situa não somente no dispositivo da sentença, mas também, e principalmente, na sua fundamentação. Como regra necessária à decisão, não se confunde com o *obter dictum*, vale dizer, passagem da motivação do julgamento que contém argumentação marginal ou simples opinião, prescindível para o deslinde da controvérsia. O *obter dictum*, assim considerado, não se presta para ser invocado como precedente vinculante em caso análogo, mas pode perfeitamente ser referido como argumento de persuasão".[135]

Assim é que a aplicação da tese firmada no julgamento do IRDR, conquanto impositiva (CPC, art. 927, III, c/c art. 928, I; art. 332, III), não raro reclamará consulta aos *fundamentos* do quanto decidido, com vistas à perfeita compreensão da regra ao final alcançada, assim possibilitando, tanto a exata subsunção dos casos concretos ao enunciado antes firmado, como, sendo o caso, o exercício da distinção (*distinguishing*) – art. 489, § 1.º, VI – assim nos processos pendentes como nos futuros. No ponto, aduzem Teresa Arruda Alvim Wambier *et al*: "Cada juiz tem liberdade de julgar o

134. A força da jurisprudência. In: FUX, Luiz (coord.). *O novo Processo Civil brasileiro – direito em expectativa*. Rio de Janeiro: Gen-Forense, 2011, p. 531.

135. A força da jurisprudência, cit. In: *O Novo Processo Civil Brasileiro*, cit. 2011, p. 528 e 529.

'seu' processo: extinguindo-o por falta de legitimidade, julgando-o improcedente por falta de provas etc. Só não pode desdizer, ou desconsiderar o teor do julgamento do incidente."[136]

A parte final do inc. II do art. 985, em comento, esclarece que a vinculação dos casos futuros à tese jurídica firmada no IRDR se excepciona em sobrevindo "revisão na forma do art. 986", dispositivo este que remete ao inc. III do art. 977, onde vêm indicados o Ministério Público e a Defensoria Pública, significando, pois, que essas instituições são colegitimadas a pleitear a revisão do quanto estabelecido na tese jurídica firmada no IRDR. Relembre-se que um dos motivos pelos quais a decisão judicial pode (excepcional e fundamentadamente) não perfilhar "súmula, jurisprudência ou precedente" é quando o julgador demonstra, em modo consistente, "a superação do entendimento" (CPC, art. 489, § 1.º, VI, parte final).

§ 1.º do art. 985.

O disposto no parágrafo em apreço – indicação da *reclamação* para o caso de não ser observada a tese jurídica firmada ao final do IRDR – é, na verdade, decorrência da *eficácia impositiva – panprocessual* e até *extraprocessual* – desse paradigma, estabelecida em mais de um dispositivo: art. 955, II; art. 985, *caput*; § 2.º do art. 987; art. 927, III; art. 928, I; art. 932, IV, *c* e V, *c*. Neste rol também se inclui o § 1.º do art. 489, ao considerar *não fundamentada* (e, portanto, nula: CF, art. 93, IX) "qualquer decisão judicial, seja ela interlocutória, sentença ou acórdão, que: (...) VI – deixar de seguir enunciado de (...) precedente invocado pela parte (...)". É, também, uma manifestação da eficácia vinculativa da tese firmada no IRDR, a autorização dada pelo art. 332 do CPC ao juiz para decidir *liminarmente improcedente* a ação quando o pedido "contrariar: (...) III – entendimento firmado em incidente de resolução de demandas repetitivas (...)".

No âmbito do STF já se entendeu que a reclamação é "ação de rito essencialmente célere, cuja estrutura procedimental, bastante simples, coincide com o processo do mandado de segurança e de outras ações constitucionais de rito abreviado" (Rcl. 5470/PA, rel. Min. Gilmar Mendes, j. 29.02.2008).

Dado o amplo contexto normativo, indicativo da força obrigatória dos precedentes, como antes indicado, compreende-se que o seu *descumprimento* ("aplicação indevida da tese jurídica e sua não aplicação aos casos que a ela correspondam" – § 4.º do art. 988) desafie *reclamação*, sendo que, uma

136. *Primeiros comentários...*, cit. 2015, p. 1.411.

vez acolhida, "o tribunal cassará a decisão exorbitante de seu julgado ou determinará a medida adequada à solução da controvérsia" (art. 992). De observar-se que o descumprimento de outro precedente obrigatório – a súmula vinculante do STF – por análoga razão também desafia *reclamação*: CF, § 3.º do art. 103-A; Lei 11.416/2006, art. 7.º e parágrafos.

O art. 988 do CPC é expresso ao disponibilizar a *reclamação* para o fim de "(...) – IV garantir a *observância* de acórdão proferido em julgamento de incidente de resolução de demandas repetitivas (...)", inciso com redação da Lei 13.256/2016. Vale salientar que a interposição de recurso e o oferecimento de reclamação não são condutas processuais excludentes, dado que os recursos têm por base uma situação de sucumbência causada pela decisão atacada (o que configura o interesse em recorrer), ao passo que a reclamação é uma impugnação autônoma, voltada à preservação da competência ou da autoridade das decisões do tribunal, mormente quando vêm descumpridos os padrões decisórios impositivos. Daí afirmarem Nery & Nery: "É possível que a parte ou interessado interponha recurso contra decisão proferida no processo e, ao mesmo tempo, reclamação contra a mesma decisão. Ambos correrão paralela e independentemente. O não seguimento do recurso ou seu não conhecimento não impede o prosseguimento da reclamação, que tem autonomia procedimental relativamente ao recurso".[137]

Ao propósito da previsão da *reclamação* para o caso de descumprimento da tese jurídica firmada no IRDR, Ricardo de Barros Leonel, escrevendo ao tempo do PLS 166/2020 e PLC 8.46/2010, assinalava: "Como a reclamação não substitui recursos cabíveis, seu emprego não é condicionado ou vinculado à interposição de recurso em face de determinada decisão judicial. Mas, evidentemente o trânsito em julgado da decisão que descumpriu o que foi decidido no incidente de resolução de demandas repetitivas obstará o emprego da reclamação. Para tais circunstâncias, dada a necessidade de desconstituição de coisa julgada material, o caminho será a ação rescisória. Assim, a propositura da reclamação constitucional contra decisão a respeito da qual se formou a coisa julgada material caracterizaria falta de interesse de agir, por inadequação da via eleita".[138]

Nesse sentido, dispõe a Súmula do STF 734: "Não cabe reclamação quando já houver transitado em julgado o ato judicial que se alega tenha desrespeitado decisão do Supremo Tribunal Federal". Em senso consonante, dispõe o § 5.º do art. 988 do CPC: "É inamissível a reclamação: I – proposta

137. *Comentários ao Código de Processo Civil...*, 2.015, cit., nota ao art. 988, p. 1.981.

138. *Reclamação constitucional*, São Paulo: Revista dos Tribunais, 2012, p. 303.

após o trânsito em julgado da decisão reclamada" (*caput* com redação e o inciso acrescido cf. Lei 13.256/2.016).

A rigor, se já estivesse implantada e praticada dentre nós a *cultura precedentalista*, não haveria necessidade da reclamação para os casos mencionados nos incs. III e IV do art. 988, porque é curial que *precedentes fortes*, tais os acórdãos do STF no controle concentrado de constitucionalidade, a súmula vinculante do STF, os acórdãos em assunção de competência e no IRDR, destinam-se a ser *prontamente acatados e aplicados*. Na verdade, é a contumaz resistência à força obrigatória dos produtos judiciários otimizados que acaba por induzir a necessidade da reclamação para a cassação/correção das decisões recalcitrantes aos precedentes.

Ao propósito, aduzem Luiz Guilherme Marinoni *et al*: "Em um sistema ideal, portanto, os precedentes constitucionais e federais dessas Cortes [Superiores] devem ser naturalmente respeitados por todo o sistema de administração da Justiça Civil. Contudo, enquanto essa cultura de precedentes não é assimilada entre nós, é necessário prever mecanismos que garantam a eficácia de determinadas decisões do Supremo Tribunal Federal e do Superior Tribunal de Justiça, notadamente daquelas mencionadas no art. 988, IV."[139]

§ 2.º do art. 985.

Em sintonia com o estabelecido no inc. IV do art. 1.040 do CPC, em sede de RE's e RESp's repetitivos – e por identidade de razão – o § 2.º do art. 985 (em redação praticamente idêntica à daquele inciso) dispõe que tendo o IRDR "por objeto questão relativa a prestação de serviço concedido, permitido ou autorizado, o resultado do julgamento será comunicado ao órgão, ao ente ou à agência reguladora competente para fiscalização da efetiva aplicação por parte dos entes sujeitos a regulação, da tese adotada".

Saliente-se, ao propósito, o disposto no art. 175 da CF: "Incumbe ao Poder Público, na forma da lei, diretamente ou sob regime de *concessão* ou *permissão*, sempre através de licitação, a prestação de serviços públicos", valendo ressaltar que esse dispositivo constitucional foi regulamentado pela Lei 8.987/95, a qual, dentre outras precisões aportadas ao tema, conceitua no art. 2º e incisos o *poder concedente*, a *concessão de serviço público* e a *permissão de serviço público*. Outrossim, dispõe o art. 21 da CF: "Compete à União: (...) XII – explorar, diretamente ou mediante *autorização*, concessão

139. *Novo Curso de Processo Civil*, cit. 2015, vol. 2, p. 603.

ou permissão": (...) (segue-se, nas alíneas desse inciso, o rol de serviços e atividades).

Maria Sylvia Zanella Di Pietro entende que "os serviços chamados *autorizados* não têm, a nosso ver, a natureza de serviços públicos; são apenas atividades que, pela sua importância para o interesse público, ficam sujeitas a maior controle por parte do Estado; mas são atividades privadas". A autora define a *autorização administrativa*, "em sentido amplo, como o *ato administrativo unilateral, discricionário e precário pelo qual a Administração faculta ao particular o uso privado de bem público, ou o desempenho de atividade material, ou a prática de ato que, sem esse consentimento, seriam legalmente proibidos*". Já a *concessão* é por ela definida como "o *contrato administrativo pelo qual a Administração confere ao particular a execução remunerada de serviço público ou de obra pública, ou lhe concede o uso de bem público, para que o explore por sua conta e risco, pelo prazo e nas condições regulamentares e contratuais*". Enfim, para a autora, a *permissão*, "em sentido amplo, designa o ato administrativo unilateral, discricionário e precário, gratuito ou oneroso, pelo qual a Administração Pública faculta ao particular a execução de serviço público ou a utilização privativa de bem público".[140]

É auspiciosa a previsão constante do § 2.º do art. 985, em comento, quando se sabe que expressiva parcela das demandas isomórficas e massivas, não raro envolvendo uma *mesma questão jurídica*, tem como concausa a recusa ou oferta insuficiente de alguma prestação estatal, por exemplo na seara dos planos governamentais, da saúde pública, dos transportes, da infraestrutura urbana, dos financiamentos, setores não raro entregues à normatização e fiscalização de agências reguladoras e outros órgãos da Administração Pública, direta e indireta. Daí a extrema utilidade de se dar conhecimento a essas instâncias, quanto à emissão da *tese jurídica* sobre tema incluído nas suas respectivas áreas de atuação.

Nesse sentido, avalia Daniel Amorim Assumpção Filho que o § 2º do art. 985, em comento, representa "importante norma porque o respeito aos precedentes vinculantes pelos prestadores de serviços pode servir como importante fator de diminuição no número de processos". [141]

Significativo, nesse sentido, o resultado alcançado em importante pesquisa sobre o perfil dos atores que têm acesso ao STF, da qual se extraem estes excertos: "O grande usuário da *persona* recursal do STF é o governo".

---

140. *Direito Administrativo*, 13. ed. São Paulo: Atlas, 2001, p. 211, 266 e 212, nessa ordem.

141. *Novo Código de Processo Civil comentado*, 3. ed., 2.018, nota ao art. 985, p. 1.674.

(...) Alguns valores merecem destaque: (*i*) entre os 12 maiores litigantes na *persona* recursal do STF apenas um não é do setor público: A Telemar (oitava). (...) Não são simplesmente os recursos que afogam o Supremo – são os recursos de algumas poucas partes, quase todas do Poder Executivo. (...) o maior responsável por essa grande quantidade de recursos não é o cidadão comum, que litiga em excesso, mas um agente muito bem definido: Poder Executivo, em especial o da esfera federal".[142]

Para melhor compreensão do alcance do disposto no § 2.º do art. 985, em comento, é útil um contraponto com as decisões-quadro do STF e do STJ no julgamento dos RE's e REsp's afetados como representativos da controvérsia, as quais, sendo transmitidas ao "órgão, ao ente ou à agência reguladora" (CPC, inc. IV do art. 1.040) permitem que a Administração Pública internalize e veicule aqueles precedentes, tanto para agilizar os trâmites burocráticos como para propiciar tratamento isonômico aos interessados, além de permitir aos órgãos superiores orientar os procuradores quanto ao não ajuizamento/desistência de ações ou desistência/renúncia a recursos, quando a pretensão fazendária se mostra contrária ao entendimento firmado naquelas altas instâncias judiciárias.

Assim já se passava em face das decisões-quadro do STF e do STJ firmadas no rito de julgamento por amostragem de RE's e RESp's repetitivos (CPC/1973, arts. 543-B e C), como se colhe destes textos: Lei paulistana 14.107/2005, art. 44-A e parágrafos, inseridos pela Lei 15.690/2013; Lei federal 10.522/2002, art. 19, redação da Lei 11.033/2004 e inc. II, IV e V, redações da Lei 12.844/2013. É de se augurar que análoga projeção extraprocessual se irradie em face das controvérsias envolvendo pessoas jurídicas de direito público, pendências que, conforme autorizado pelo art. 32 da Lei 13.140, de 26.06.2015, "poderão ser objeto de transação, com fundamento em: I – (...) jurisprudência pacífica do Supremo Tribunal Federal ou de tribunais superiores". O que tudo conflui para o ideário estabelecido no CPC, a teor do § 2.º do art. 3.º: "O Estado promoverá, sempre que possível, a solução consensual dos conflitos", valendo ainda lembrar que o art. 174 determina aos entes políticos a criação de "câmaras de mediação e conciliação, com atribuições relacionadas à solução consensual de conflitos no âmbito administrativo, tais como: I – dirimir conflitos envolvendo órgãos e entidades da administração pública".

---

142. Joaquim Falcão, Pablo de Camargo Cerdeira e Diego Werneck Arguelhes: *I Relatório Supremo em Números – o Múltiplo Supremo*. Fundação Getúlio Vargas – Direito Rio, abr./ 2011, p. 66, 68, 69 e 70 do documento impresso, *passim*.

Saliente-se que outro produto judiciário otimizado – a súmula vinculante do STF – igualmente se aplica à Administração Pública, de tal arte que o descumprimento (recusa imotivada/aplicação indevida) desafia *reclamação*: CF, art. 103-A e § 3.º; CPC, art. 988, III.

Visto que tanto os acórdãos nos recursos repetitivos como as teses firmadas no IRDR são impositivas para juízes e tribunais (CPC, art. 927, III, c/c art. 928 e incisos) é de se augurar que uma eficácia extraprocessual análoga à projetada pelas decisões-quadro nos REs reconhecidos com repercussão geral e nos RE's e RESp's afetados como representativos da controvérsia seja obtida com a comunicação, aos setores públicos pertinentes, da *tese jurídica* alcançada ao final do IRDR, como determinado no § 2.º do art. 985, em comento. De resto, inócuo seria o ajuizamento de demanda cuja pretensão contrariasse tal precedente, porque a ação estaria fadada à liminar improcedência (CPC, art. 332, III).

Também para Cassio Scarpinella Bueno afigura-se auspiciosa a *mens legis* subjacente ao § 2.º do art. 985: "Trata-se de iniciativa importante que, ao estabelecer indispensável *cooperação* entre o órgão jurisdicional e as pessoas, os entes e/ou órgãos administrativos, cria condições de *efetividade* do quanto decidido no âmbito jurisdicional e, nesse sentido, traz à mente o disposto no art. 4.º que, pertinentemente, não se contenta tão só com a *declaração* do direito, mas também com sua *concretização*. Ademais, se essa fiscalização for *efetiva*, como se espera, reduzem-se os riscos de nova judicialização do conflito, o que viabiliza passo importante em direção a um mecanismo mais racional de distribuição de justiça, inclusive na perspectiva dos meios alternativos/adequados difundidos desde o art. 3.º. Que os entes administrativos façam, como *devem fazer*, a sua parte e que o CPC de 2015 sirva de mola propulsora a tanto".[143]

Art. 986. *A revisão da tese jurídica firmada no incidente far-se-á pelo mesmo tribunal, de ofício ou mediante requerimento dos legitimados mencionados no art. 977, inciso III.*

É bastante evidente no CPC a influência de princípios e institutos de uso corrente na experiência do *common law*, especialmente a força vinculativa de certos produtos judiciários otimizados (*binding precedents*) como

143. *Manual de Direito Processual Civil*, cit. 2015, p. 590.

se colhe à leitura dos arts. 332 e incisos; 932, IV e V; 927 e incisos; 928 e incisos; 985 e incisos; 988, III e IV; 1.040 e incisos. Todavia, ao contrário do que à primeira vista possa parecer, nessa família jurídica a força obrigatória do caso anteriormente julgado – *stare decisis et non quieta movere* – não se apresenta em modo inexorável e irredutível, em modo de uma camisa de força a manietar o juiz do caso subsequente.

Em verdade, o precedente, no *common law*, opera como uma referência, uma base interpretativa, e não como um fim ou objetivo já consumado; por isso, sua aplicação aos casos pendentes e futuros, subsumidos no enunciado, fica ainda a depender de um operoso trabalho por parte do intérprete e julgador do caso subsequente, mormente quanto à identificação, no julgado paradigma, do seu núcleo vinculativo – a *ratio decidendi* – o qual se distingue das considerações *a latere* ou marginais, ditas *obter dicta*. Ao propósito, explica José Rogério Cruz e Tucci: "O juiz inglês, portanto, após examinar o mérito (assim entendido, o *thema decidendum*), da questão que lhe é submetida, parte de um processo mental indutivo e empírico, cotejando (*distinguishing*) o caso a ser julgado com a *ratio decidendi* de casos já solucionados. Raciocina-se, pois, do particular para o geral."[144]

Um esclarecedor panorama do que se passa no *common law* vem assim descerrado por Daniela Pereira Madeira: "No ordenamento do sistema da *common law* a utilização dos precedentes vinculantes não prejudica a evolução do direito vigente, eis que em cada julgado se buscará apreciar todas as situações fáticas envolvidas no caso concreto e, em havendo diversidade, nova decisão será formulada, estabelecendo novo precedente. Nesta perspectiva dois institutos são dignos de serem estudados, quais sejam o *overruling* e o *distinguishng*. (...) Ocorre o *overruling* quando se detecta a necessidade de mudança por dois motivos, ou porque (a) se considera no momento a norma errada; ou porque (b) se considera no momento a norma errada, embora ela não estivesse errada quando foi criada. Esta substituição pode ser: (*i*) expressa (*express overruling*) quando um tribunal resolve, expressamente, adotar uma nova orientação, abandonando a anterior; ou (*b*) tácita (*implied overruling*), quando uma orientação é adotada em confronto com posição anterior, embora sem expressa substituição desta última – trata-se de hipótese rara."[145]

---

144. *Precedente judicial como fonte do Direito*, São Paulo: Revista dos Tribunais, 2004, p. 183.

145. força da jurisprudência. In: Luiz Fux (coord.). *O novo Processo Civil – direito em expectativa*. Rio de Janeiro: Gen-Forense, 2011, p. 537.

Já o *distinguishing* – como a palavra já o indica – ocorre quando o magistrado a quem concerne decidir o caso concreto se dá conta da *diferença* entre o indigitado paradigma e o caso sob julgamento, esclarecendo Daniela Pereira Madeira que em tal caso o magistrado "pode seguir dois caminhos: a) dar à *ratio decidendi* uma interpretação restritiva. Neste caso o magistrado pode entender que peculiaridades do caso concreto impedem a mesma tese jurídica outrora afirmada. Procedendo assim, o magistrado julgará o processo livremente, sem vinculação ao precedente (*restrictive distinguishing*); b) ou estender ao caso a mesma solução conferida aos casos anteriores, por entender que, a despeito das peculiaridades concretas, aquela tese jurídica lhe é aplicável (*ampliative distinguishing*)".[146] Ainda, impende não baralhar o *distinguishing* e o *overriding*. Este último, segundo a articulista, ocorre quando "há apenas uma superação parcial do precedente, não há uma superação total. Na verdade, é uma espécie de revogação parcial".[147]

O CPC, em várias passagens mostra-se receptivo a tais categorias radicadas da experiência no *common law*, sempre sob a égide da luta contra a exacerbada dispersão da jurisprudência, como afirmado no bojo do item 1.º da Exposição de Motivos do anteprojeto do novo CPC: "Se, por um lado, o princípio do livre convencimento motivado é garantia de julgamentos independentes e justos, e neste sentido mereceu ser prestigiado pelo novo Código, por outro, compreendido em seu mais estendido alcance, acaba por conduzir a distorções do princípio da legalidade e à própria ideia, antes mencionada, do Estado Democrático de Direito. A dispersão excessiva da jurisprudência produz intranquilidade social e descrédito do Poder Judiciário."

Já anteriormente, dentre nós, uma positivação reveladora da influência de princípios e categorias do *common law*, podia ser identificada na *modulação temporal* da eficácia das decisões do STF no controle direto de constitucionalidade (Lei 9.868/1999, art. 27; Lei 9.882/1999, art. 11); aliás, nesse sentido, prevê o § 3.º do art. 927 do CPC: "Na hipótese de alteração de jurisprudência dominante do Supremo Tribunal Federal e dos tribunais superiores ou daquela oriunda de *julgamento de casos repetitivos*, pode haver modulação dos efeitos da alteração no interesse social e no da segurança jurídica", sempre lembrando que a expressão "julgamento de casos repetitivos" abrange o acórdão proferido no IRDR: art. 928, I.

Várias ocorrências, sob a tendencial *força expansiva e impositiva* dos produtos judiciários otimizados – para além da *súmula vinculante* do

146. força da jurisprudência, cit. In: *O Novo Processo Civil Brasileiro*, cit. 2011, p. 538.

147. Idem, p. 538.

STF (CF, art. 103-A) e dos acórdãos do STF no controle concentrado de constitucionalidade (CF, § 2º do art. 102) – são identificáveis no CPC: (*i*) a *força obrigatória dos precedentes* – art. 927 e incisos, c/c art. 928 e incisos – ensejando *reclamação* para os casos de descumprimento – § 1.º do art. 985; art. 988, III, IV, incisos com redação da Lei 13.256/2016; (*ii*) a *liminar improcedência do pedido*, quando este se revela contrário aos precedentes judiciários elencados nos incisos do art. 332; (*iii*) a *eficácia paradigmática* da tese jurídica firmada no IRDR – art. 985 e incisos – e das decisões-quadro nos REs e REsps afetados como representativos da controvérsia – art. 1.040 e incisos, c/c art. 927, III; (*iv*) *aplicações do distinguishing*: (a) no rito dos RE's e REsp's repetitivos (§§ 9.º a 13º do art. 1.037), sendo razoável entender-se que análoga possibilidade é manejável no rito do IRDR já que ambos integram um microssistema; (b) na motivação dos julgados – inc. VI do § 1.º do art. 489; (*v*) *presunção de repercussão geral* do RE tirado do acórdão em IRDR – § 1.º do art. 987; (*vi*) *eficácia horizontal* (§ 3.º do art. 947) e *vertical* (art. 927, III) do acórdão *em assunção de competência*; (*vii*) *suspensão do processo*, "pela admissão de incidente de resolução de demandas repetitivas" – art. 313, IV; (*viii*) concessão de *tutela da evidência* quando os fatos estão provados documentalmente "e houver tese firmada em julgamento de casos repetitivos [o que abrange a tese jurídica firmada em IRDR: art. 928, I] ou em súmula vinculante" (art. 311, III).

O art. 986, em comento, recepciona um aspecto da experiência do *common law*, ao prever que o paradigma representado na tese jurídica firmada no IRDR possa, eventualmente, ser revisto – em modo de um *overruling* – no âmbito do mesmo tribunal que antes o estabelecera, podendo tal ocorrer "de ofício, ou mediante requerimento dos legitimados mencionados no art. 977, inc. III", ou seja: Ministério Público e Defensoria Pública, por aí se reafirmando o *interesse público e social* que permeia esse instrumento, voltado à prevenção ou superação do dissídio interpretativo acerca de uma dada *questão de direito* replicada em muitos processos. Ao propósito, o Fórum Permanente de Processualistas Civis, realizado em Belo Horizonte (MG) em 2.014 assentou o Enunciado nº 322: "A modificação de precedente vinculante poderá fundar-se, entre outros motivos, na revogação ou modificação da lei em que ele se baseou, ou em alteração econômica, política, cultural ou social referente à matéria decidida".

Sem embargo, Cassio Scarpinella Bueno perscruta uma *inconstitucionalidade formal* na restrição do pedido de revisão ao Ministério Público e à Defensoria, entendendo ser "imperioso sustentar que as partes *também* ostentam legitimidade para o pedido de revisão, nos termos do texto aprovado pelo Senado Federal na sessão de 17 de dezembro de 2014, considerando-se não escrita, por que formalmente inconstitucional, a restrição contida no art. 986".[148] Também Teresa Arruda Alvim Wambier *et al* incluem as *partes* dentre os legitimados à revisão de que trata o art. 986, esclarecendo que "não são aquelas do processo no bojo do qual se instaurou o incidente. São partes do novo processo, que ainda não foi julgado, e em que se discute sobre *quaestio iuris* que já foi objeto de decisão em incidente anteriormente instaurado".[149] À sua vez, José Miguel Garcia Medina também comunga desse entendimento: "Além de a distinção referida no art. 986, *in fine*, do CPC/2015 não ter qualquer justificativa, a revisão da tese poderá ser examinada de ofício; sendo assim, nada impede que a manifestação do tribunal decorra de provocação da parte. Entendemos que essa provocação pode partir, até mesmo, de pessoa que poderia manifestar-se como *amicus curiae* no caso."[150]

Os motivos para a revisão contemplada no art. 986 são de diversa extração, indo desde a alteração ou revogação da norma jurídica analisada no âmbito do IRDR, passando pela constatação de modificações importantes no contexto sócio-político-econômico preexistente ao tempo da fixação da tese jurídica, até alcançar situações em que se apresenta uma nova e superior abordagem jurídica do tema, permitindo inferir a superação do entendimento antes firmado, que destarte terá perdido atualidade e consequente efetividade. Nesse sentido, é pensável que o tribunal, prospectando que o precedente ou o padrão decisório antes estabelecido está em vias de ser alterado, possa sinalizar (*signaling*) tal virtualidade aos jurisdicionados e aos operadores do Direito. Ao propósito, o Fórum Permanente de Processualistas Civis, realizado em Belo Horizonte (MG) em 2.014, firmou o Enunciado nº 320: "Os tribunais poderão sinalizar aos jurisdicionados sobre a possibilidade de mudança de entendimento da corte, com a eventual superação ou a criação de exceções ao precedente para casos futuros".

Assim é que Patrícia Perrone Campos Mello, buscando identificar as razões que podem ensejar a superação de um precedente judiciário antes assentado, as localiza na "sua *incongruência social* e sua *inconsistência sistêmica*. A *incongruência social* alude a uma relação de incompatibilidade entre as normas jurídicas e os *standards* sociais; corresponde a um vínculo negativo entre as decisões judiciais e as expectativas dos cidadãos. Ela é

148. *Manual de Direito Processual Civil*, cit. 2015, p. 592 e 593.

149. *Primeiros comentários...*, cit. 2015, nota ao art. 986, p. 1.412.

150. *Novo Código de Processo Civil comentado*, 5. ed., 2.017, cit., nota ao art. 986, p. 1.448.

um dado relevante na revogação de um precedente porque a preservação de um julgado errado, injusto, obsoleto até pode atender aos anseios de estabilidade, regularidade e previsibilidade dos técnicos do direito, mas aviltará o sentimento de segurança do cidadão comum. (...) Já a *consistência sistêmica* designa a ideia de harmonia entre as diversas regras que compõem um mesmo ordenamento jurídico. Se o direito possui uma unidade, os preceitos que o compõem devem ser compatíveis entre si e, por isso, interferem reciprocamente em seus conteúdos".[151]

Esta última explanação doutrinária permite inferir, *contrario sensu*, que configura-se a *inconsistência jurídica* quando um dado enunciado pretoriano – *v.g.*, uma súmula – a pretexto de superar dissídio interpretativo acerca de uma dada norma legal, acaba por aditar a esta última elementos estranhos ao seu texto, assim desorientando o aplicador do direito e trazendo insegurança para o jurisdicionado.

Noutra passagem, Patrícia Perrone Campos Mello esclarece que, no *common law*, registram-se estes *mecanismos de superação* de um precedente: "a) *overruling*: integral superação do precedentes anterior; b) *overriding*: revogação parcial de uma decisão; c) *transformation*: atribuição de um novo significado a um entendimento, ensejando os mesmos efeitos práticos de sua revogação; d) *prospective overruling*: mudança da doutrina com efeitos futuros; e) *signaling*: mera sinalização da intenção de se alterar o direito aplicável a determinadas circunstâncias".[152] A esse rol, José Rogério Cruz e Tucci adita a "*anticipatory overruling*: introduzida, com inescondível arrojo, pelos tribunais dos Estados Unidos. Consiste na revogação preventiva do precedente, pelas cortes inferiores, ao fundamento de que não mais constitui *good law*, como já teria sido reconhecido pelo próprio tribunal *ad quem*. Basta implicitamente, uma alteração de rumo atinente ao respectivo precedente".[153]

Assim é que, em sintonia com a tendencial *democratização dos julgamentos*, mediante *ampliação do contraditório*, o § 2.º do art. 927 do CPC prevê: "A alteração de tese jurídica adotada em enunciado de súmula ou em *julgamento de casos repetitivos* poderá ser precedida de audiências públicas e da participação de pessoas, órgãos ou entidades que possam contribuir para

151. *Precedentes – O desenvolvimento judicial do Direito no constitucionalismo contemporâneo*, Rio de Janeiro – São Paulo – Recife: ed. Renovar, 2008, p. 237 e 238.

152. Idem, p. 236.

153. Parâmetros de eficácia..., cit., In: WAMBIER, Teresa Arruda Alvim (coord.), *Direito Jurisprudencial*, 2012, cit., p. 109.

a rediscussão da tese" (aí incluídos, pois, os *amici curiae*, que, de resto, são legitimados a *recorrer* do acórdão que firma a tese jurídica no IRDR – § 3.º do art. 138). Nesse sentido, afirma José Miguel Garcia Medina: "Além de a distinção referida no art. 986 *in fine* do CPC/2015 [limitação da iniciativa de revisão da tese jurídica ao Ministério Público e à Defensoria Pública] não ter qualquer justificativa, a revisão da tese poderá ser examinada de ofício; sendo assim, nada impede que a manifestação do tribunal decorra de provocação da parte (afinal, para haver revisão de ofício, pouco importa se o tribunal foi, ou não, instado a fazê-lo). Entendemos que essa provocação pode partir, até mesmo, de pessoa que poderia manifestar-se como *amicus curiae*, no caso".[154] Relembre-se que a expressão "julgamento de casos repetitivos", mencionada no § 2.º do art. 927, abrange o acórdão em IRDR: art. 928, I.

Ainda acerca de eventual revisão da tese firmada no IRDR, dispõe o § 4.º do art. 927: "A modificação de enunciado de súmula, de jurisprudência pacificada ou de tese adotada em *julgamento de casos repetitivos* observará a necessidade de fundamentação adequada e específica, considerando os princípios da segurança jurídica, da proteção a confiança e da isonomia". Registre-se que análogo encargo é atribuído aos magistrados, ao proferir suas decisões, a teor do art. 489, § 1.º, VI, parte final.

É de se augurar que a eventual revisão da tese firmada no IRDR, possibilitada pelo art. 986 em comento, não seja tomada com exageros ou manejada sem o devido cuidado, ao risco de comprometer justamente os valores que justificam a emissão da tese jurídica a que vem devotado esse procedimento: preservação da isonomia e da segurança jurídica – CPC, art. 976 e incisos. Antes e superiormente, tal leitura é de ser feita com prudência e parcimônia, reservada a situações amplamente justificadas por importante alteração do substrato fático e/ou jurídico preexistente à época em que certo entendimento fora assentado, ou pelo advento de exegese claramente mais convincente e vantajosa. Nesse sentido, Teresa Arruda Alvim Wambier *et al* alertam que tal revisão não significa que possa o tribunal "decidir diferentemente no dia seguinte e dar o pomposo nome de 'revisão da tese' à sua mudança de opinião. Deseja-se, evidentemente, *que isto não ocorra*, sob pena de integral malogro da tentativa de 'impor' mais estabilidade à jurisprudência de nossos tribunais".[155]

154. *Novo Código de Processo Civil comentado*, 5. ed, 2.017, cit., nota ao art. 986, p.1.448.

155. *Primeiros comentários...*, 2.015, cit., p.1.412.

Considere-se, por fim, que o pedido de revisão da tese jurídica assentada no IRDR (art. 986, em comento) *não configura recurso* (cujo rol consta em *numerus clausus* no art. 994 e incisos do CPC), nem tampouco autoriza a suspensão dos processos concernentes ao tema em questão (à semelhança do que se passa com a proposta de revisão de *súmula vinculante*: Lei 11.417/2006, art. 6.º; RISTF, art. 354-A a G, cf. ER 46/2011), mas em verdade, tal provocação prende-se ao caráter *objetivo* desse incidente e ao interesse público e social que o permeia. No dizer de Nery & Nery, cuida-se de "reinterpretação dos argumentos apresentados, ou em função de mudança da conjuntura econômica, política ou social que permita uma nova análise da questão. A revisão pode ocorrer a qualquer tempo, desde que demonstrada e esclarecida a sua necessidade".[156]

Art. 987. Do julgamento do mérito do incidente caberá recurso extraordinário ou especial, conforme o caso.

§ 1.º O recurso tem efeito suspensivo, presumindo-se a repercussão geral de questão constitucional eventualmente discutida.

§ 2.º Apreciado o mérito do recurso, a tese jurídica adotada pelo Supremo Tribunal Federal ou pelo Superior Tribunal de Justiça será aplicada no território nacional a todos os processos individuais ou coletivos que versem sobre idêntica questão de direito.

Art. 987, *caput*.

Apesar de poder o IRDR originar-se no primeiro grau, por iniciativa do próprio juiz, como um dos colegitimados de ofício (art. 977, I), trata-se de um procedimento de *competência originária* de tribunal: *a uma*, porque é um capítulo (VIII) inserido no título I – "Da ordem dos processos e dos processos de competência originária dos tribunais" – à sua vez integrado no Livro III – "Dos processos nos tribunais e dos meios de impugnação das decisões judiciais"; *a duas*, porque, podendo o IRDR ser igualmente instaurado de ofício pelo relator (art. 977, I), a este cabe, nos tribunais, "dirigir e ordenar o processo (...)" – art. 932, *caput* – para o que deverá *preparar* devidamente o IRDR (arts. 981 a 983), conduzindo-o até a sessão

156. *Comentários ao Código de Processo Civil*, cit. 2015, nota n. 2 ao art. 986, p. 1.976,

de julgamento, na qual fará "a exposição do objeto do incidente" (inc. I do art. 984), colhendo, nesse ensejo, as demais manifestações orais dos inscritos – art. 984, II e alíneas.

Trata-se, assim, de um procedimento complexo, bipartido entre o primeiro grau e o tribunal ("cisão de competência") o qual se encerra com um *acórdão* – o "julgamento colegiado proferido pelos tribunais", na definição do art. 204 do CPC – no qual se consubstancia a *tese jurídica* objetivada nesse incidente (art. 985, *caput*). Quanto à instância recursal no âmbito do IRDR, parece-nos que, dada a exclusão, *ex lege*, dos embargos infringentes *de ofício* (CPC, art. 942, § 4.º, I), restam palpáveis o *agravo interno* (art. 1.021 e parágrafos), eventualmente os *embargos de declaração* (especialmente a hipótese prevista no inc. I do § único do art. 1.022), e, no que ora mais interessa, a interposição dos recursos excepcionais: ao STF (recurso extraordinário) ou ao STJ (recurso especial) cujos requisitos de admissibilidade encontram-se, respectivamente, nos arts. 102, III e 105, III da Constituição Federal, cabendo ainda o atendimento aos pressupostos *subjetivos* – interesse, legitimidade, representação *ad judicia* – e dos *objetivos*: tempestividade, adequação, preparo, prequestionamento, esgotamento das vias ordinárias.

Ao propósito da atuação do STF e do STJ afirmamos em outra sede que essas Cortes superiores "acumulam as funções de *cassação* e de *revisão*, mas isso em ordem sequencial, ou seja: após afastado o acórdão recorrido (*cassação*), dão provimento ao recurso excepcional e, então, *rejulgam* (revisam) a causa, à semelhança, *mutatis mutandis*, do que se passa na ação rescisória: *iudicium rescindens* e *iudicium rescissorium*. [157]

Vale, ademais, ressaltar: (*i*) a admissibilidade do RE reclama, ainda, o quesito adicional da demonstração da *repercussão geral da questão constitucional* (CF, § 3.º do art. 102; CPC, art. 1.035 e § 1.º), a qual, no caso do IRDR é *presumida* (§ 1.º do art. 987); (*ii*) o CPC trata *conjuntamente* do RE e do REsp – arts. 1.029 a 1.041, sob um regime de *fungibilidade*, como se colhe dos arts. 1.031 a 1.033; (*iii*) pela Súmula 203 do STJ descabe recurso especial "contra decisão proferida por órgão de segundo grau dos Juizados Especiais", mas, possivelmente, tal súmula deverá ser revista, porque a *tese jurídica* firmada no acórdão em IRDR se estende a essas instâncias (art. 985, I) e o art. 987 diz caber RE e REsp desse acórdão. Além disso, no Seminário "O Poder Judiciário e o Novo Código de Processo Civil", realizado

157. IN SCARPINELLA BUENO, Cassio (coord.), *Comentários ao Código de Processo Civil*, v.4, São Paulo: Saraiva, 2.017, nota ao art. 1.029, *caput*, p. 489.

em 2015 na ENFAM – Escola Nacional de Formação e Aperfeiçoamento de Magistrados, alcançou-se o Enunciado 21: "O IRDR pode ser suscitado com base em demandas repetitivas em curso nos juizados especiais", o qual, a teor do Enunciado 44, "deverá ser julgado por órgão colegiado de uniformização do próprio sistema".

José Miguel Garcia Medina afirma que o RE e o REsp referidos no art. 987, *caput*, em comento, são cabíveis "apenas quando julgado o *mérito* do incidente, isso é, quando resolvida a questão de direito. Não se admite o recurso, assim, se não ultrapassado o juízo de admissibilidade do incidente".[158] Essa exegese vem confirmada pelo § 2.º do art. 987, que começa por dizer: "Apreciado o *mérito* do recurso, a tese jurídica adotada pelo Supremo Tribunal Federal ou pelo Superior Tribunal de Justiça (...)." Compreende-se tal dicção legal, em se considerando as finalidades a que se preordena o IRDR – *assegurar a isonomia* e *preservar a segurança jurídica* (CPC, art. 976 e incisos) as quais não teriam como ser atendidas no caso da resposta jurisdicional não adentrar o *mérito*, isto é, o fulcro da *questão de direito* repercutida em muitos processos.

Sobre o que se entende pela expressão "aplicar o direito à espécie" – constante da Súmula do STF 456, do art. 257 do RISTJ e do art. 1.034, *caput*, do novo CPC, explicam Nery & Nery: "*Prover* e *improver* são expressões próprias do *juízo de mérito* do recurso, ou seja, referentes ao acolhimento (juízo positivo: prover) ou não acolhimento (juízo negativo: improver) da pretensão recursal (anulação: correção do *error in procedendo*; ou reforma: correção do *error in iudicando*). (...) Aplicar o direito, portanto é rejulgar amplamente a lide; analisar provas, corrigir injustiças, decidir questão de ordem pública não agitada no processo (deve propiciar a intimação das partes para manifestar-se previamente, a fim de evitar decisão surpresa, proibida pela CF 5.º LV e pelo CPC 10), decidir de acordo com a prova dos autos etc."[159]

Conquanto o art. 987 não seja expresso quanto à *legitimação* para interposição do RE ou do REsp contra o acórdão em IRDR, cremos que hão de ser, por simetria, os agentes – sujeitos parciais – que antes já estavam credenciados à sua instauração, a saber, as partes, o Ministério Público (este, inclusive, como fiscal da lei) e a Defensoria Pública (art. 977, II e III), cabendo ainda nesse rol incluir-se os eventuais *amici curiae*, já que estão credenciados a interpor *recurso* no âmbito do IRDR – CPC, § 3.º do art.

---

158. *Novo Código de Processo Civil comentado*, 5. ed., 2017, cit., nota ao art. 987, p. 1.449.

159. *Comentários ao Código de Processo Civil*, cit. 2015, nota n. 4 ao art. 1.034, p. 2.174.

138. Outrossim, cremos que se deve franquear tal acesso às *outras partes* em processos que (também) tenham ficado suspensos em decorrência da instauração do IRDR (§§ 3.º e 4.º do art. 982). Ao propósito, comentam Nery & Nery: "Ora, se a parte pode resguardar seus interesses mediante o pedido de suspensão, pode também provocar a atuação do STF ou STJ para estender os efeitos da decisão em nível nacional, se o interesse for ressaltado pelo quanto constar da decisão que julgou o incidente".[160] Ao propósito, adita José Miguel Garcia Medina: "O recurso poderá ser interposto por parte em processo referido no pedido de instauração do incidente e também por parte em processo que tenha ficado suspenso (que, no mínimo, poderiam ser qualificados como terceiros prejudicados, no sentido a que se refere o art. 996 do CPC/2015."[161]

Com efeito, a intercorrência do IRDR vem elencada dentre os fatores que determinam a *suspensão* dos processos: CPC, art. 313, IV, c/c art. 982, I. Além disso, tenha-se presente que os recursos em geral podem também ser interpostos pelo *terceiro prejudicado* (CPC, art. 996, *caput*), cabendo-lhe demonstrar "a possibilidade de a decisão sobre a relação jurídica submetida à apreciação judicial atingir direito de que se afirme titular ou que possa discutir em juízo como substituto processual" (§ único do art. 996).

A expressão agregada ao final do art. 987, *caput*, em comento – referindo-se ao cabimento do RE ou do REsp "conforme o caso" – explica-se por conta de a escolha de um ou outro desses recursos definir-se na razão direta do enquadramento, no ordenamento positivo, da *questão de direito* analisada no IRDR, sobre a qual veio firmada a *tese jurídica* (art. 985, *caput*): se de extração constitucional, caberá RE ao STF; se de direito federal comum, REsp ao STJ. Naturalmente, se o acórdão no IRDR examinou questão de direito *estritamente local* (estadual, municipal) então descabem, por definição, aqueles recursos, visto que tal hipótese é estranha ao espectro constitucional desses recursos excepcionais: arts. 102, III e 105, III.

De todo modo, com vistas a prevenir a incidência de súmulas de cunho obstativo, radicadas no chamado *fundamento suficiente* (STF, 283; STJ, 126), o art. 1.031, *caput* do CPC contempla a interposição *conjunta* desses apelos, a par de estabelecer uma *fungibilidade* entre ambos, como se colhe dos arts. 1.031 a 1.033. Sem embargo, parece-nos que a interposição cumulativa do RE fica dispensada, por definição, quando o próprio STF já tenha firmado entendimento de que a indigitada questão de direito *não*

---

160. Idem, nota nº 4 ao art. 987, p. 1.977.

161. *Novo Código de Processo Civil comentado*, 5.ed., cit. 2017, nota ao art. 987, p. 1.449.

apresenta repercussão geral, dado não se justificar que a parte seja constrangida a interpor recurso que desde logo está fadado a não ser conhecido (CF, § 3.º do art. 102). (Relembre-se, porém, não ser este o caso do RE tirado de acórdão em IRDR, já que, *ex lege*, ele beneficia da *presunção de repercussão geral* – CPC, § 1.º do art. 987).

Para avaliação da "repercussão geral" numa dada questão constitucional há que ser "considerada a existência ou não de questões relevantes do ponto de vista econômico, político, social ou jurídico que ultrapassem os interesses subjetivos do processo" – CPC, § 1.º do art. 1.035 – redação que seria idêntica à do § 1.º do art. 543-A do CPC/1973, não fora pelo pormenor de que este último dispositivo, em seu final, refere-se à *causa* e não ao *processo*, como o faz o CPC/2015.

Tal *repercussão geral*, quando reconhecida pelo STF, opera como condição *necessária* ao juízo de admissibilidade do RE, mas de per si *não suficiente*, porque, quando reconhecida, não dispensa a aferição sequencial dos *demais pressupostos* subjetivos e objetivos; já quando a avaliação sobre aquele qualificativo for *negativa*, então ela é absolutamente excludente e preclusiva, tornando irrelevante a presença dos demais requisitos. No ponto, diz o art. 322, *caput*, do RISTF: "O Tribunal *recusará* recurso extraordinário cuja questão constitucional não oferecer repercussão geral (...)"; outrossim, para que os entendimentos do STF acerca de tão relevante aspecto sejam nacionalmente conhecidos, dispõe o art. 329 do RISTF: "A Presidência do Tribunal promoverá ampla e específica divulgação do teor das decisões sobre repercussão geral, bem como formação e atualização de banco eletrônico de dados a respeito". Saliente-se que o CNJ editou a Res. nº 235, de 13.07.2016, dispondo sobre a "padronização de procedimentos administrativos decorrentes de julgamentos de repercussão geral, *de casos repetitivos* e de incidente de assunção de competência" no âmbito do STJ, TSE, TST, STM, TRT's,TRF's e TJ's, sendo que aquelas Cortes superiores "devem organizar, como unidade permanente, o Núcleo de Gerenciamento de Precedentes (NUGEP) no âmbito de suas estruturas administrativas (...)".

Neste passo, vale lembrar que, se ao tempo em que está sendo cogitada a instauração do IRDR, a *questão de direito* que se pretende ver aí definida já constitui objeto de RE ou REsp em trâmite, reconhecido com *repercussão geral* ou afetado como *representativo da controvérsia* (art. 1.037 e inc. I), tal pendência configura pressuposto processual *negativo* à instalação desse procedimento, a teor do § 4.º do art. 976, em simetria com o art. 1.030, V, dispondo que o tribunal recorrido, na hipótese de juízo de admissibilidade positivo do RE ou do REsp, deve remetê-lo ao STF ou ao STJ, "*desde que*:

a) o recurso ainda não tenha sido submetido ao regime de repercussão geral ou de julgamento de recursos repetitivos; b) o recurso tenha sido selecionado como representativo da controvérsia, ou c) o tribunal recorrido tenha refutado o juízo de retratação". O que, de resto, bem se compreende, com vistas a evitar duplicidade de instrumentos com análoga finalidade, já que o acórdão de mérito do STF ou do STJ se preordena a projetar eficácia expandida, mormente em se tratando de matéria repetitiva (CPC, art. 927, III), tema que constitui o fulcro do IRDR.

Observe-se que tanto o STF ou o STJ, ainda antes de conhecerem da *questão de direito* via RE ou REsp tirados do acórdão no IRDR (art. 987, *caput*), já poderiam ter se inteirado do tema, porque, na fase instrutória desse procedimento no TJ ou TRF, vem previsto que qualquer dos colegitimados indicados nos incisos II e III do art. 977 pode pleitear a uma daquelas Cortes Superiores "a suspensão de todos os processos individuais ou coletivos em curso no território nacional que versem sobre a questão objeto do incidente já instaurado" – § 3.º do art. 982 – alvitre que, segundo o § 4.º, se estende à "parte no processo em curso no qual se discuta a mesma questão objeto do incidente", e isso, "independentemente dos limites da competência territorial (...)".

Quanto ao *alcance* – extensão/compreensão – da devolução da matéria ao STF ou ao STJ, vale ter presente que estes, ao *conhecerem* do RE ou do REsp devem "julgar a *causa* aplicando o direito à espécie" (Súmula do STF 456; RISTJ, art. 257; CPC, art. 1.034, *caput*), não se podendo descartar a hipótese de que o *âmbito dessa devolução* abrigue, não apenas o reexame da *tese jurídica* fixada no acórdão que julgou o incidente (art. 985, *caput*), mas também, eventualmente, outros capítulos desse acórdão, já que é da competência do tribunal de origem conhecer "igualmente o recurso, a remessa necessária ou o processo de competência originária de onde se originou o incidente" – § único do art. 978.

Verdade que, num primeiro momento, se poderia questionar a aplicabilidade do RE ou do REsp no tocante ao acórdão do TJ ou do TRF prolatado no IRDR, na medida em que aí não se decide, propriamente uma *causa*, mas apenas se define a *tese jurídica* replicada em muitos processos, ao passo que tanto o inciso III do art. 102 da CF como o inciso III do art. 105 da CF referem-se à "causa decidida" como pressuposto para interposição de recurso extraordinário ou especial. Mas, em outra sede, procuramos explicar que "o que se quer, com a expressão *causa decidida*, é que a decisão atacada seja...*final*, configurada no *esgotamento* dos recursos ordinários, seja porque foram interpostos (preclusão consumativa), seja porque não o foram (preclusão temporal). Atendido esse ítem a causa em questão não sofre limitação quanto à natureza do processo (de conhecimento, execução ou cautelar/tutela provisória), nem quanto à qualidade da decisão (definitiva, terminativa, interlocutória), nem quanto ao tipo de jurisdição em que foi prolatada (contenciosa ou voluntária), nem, enfim, quanto à matéria envolvida (de direito material ou processual; de direito federal comum ou especial- civil, penal, trabalhista, eleitoral, militar - pese o fato de estas três últimas Justiças contarem com tribunais de cúpula - TST, TSE, STM". [162]

Não vemos, portanto, a esse ângulo, óbice constitucional ou legal à interposição de recurso extraordinário ou especial em face do acórdão local ou regional que fixou a tese jurídica no IRDR.

§ 1.º do art. 987.

A previsão do parágrafo ora em comento, conferindo *efeito suspensivo* ao RE ou REsp tirado do acórdão em IRDR, coloca-se em registro excepcional em face do regime geral do sistema recursal no CPC, já que em regra, segundo o art. 995, *caput*, os "recursos não impedem a eficácia da decisão judicial, salvo disposição legal ou decisão judicial em sentido contrário", ou seja: *em princípio*, os recursos são dotados de efeito apenas *devolutivo*.

O art. 995, *caput*, ao tempo em que estabelece a *regra*, já indica as exceções, ao dizer que recursos *podem* ter efeito suspensivo: (***i***) quando haja disposição legal nesse sentido; (***ii***) quando assim o determine decisão judicial. Ao propósito, comentam Nery & Nery: "As regras foram unificadas, não havendo mais situações específicas com a apelação, o agravo ou os recursos para os Tribunais Superiores."[163] Na legislação extravagante, há um caso clássico de recebimento de recurso com efeito suspensivo *per officium iudicis*, qual seja o da apelação contra sentença em ação civil pública, já que que é dado ao juiz "conferir efeito suspensivo aos recursos, para evitar dano irreparável à parte" (Lei 7.347/85, art. 14).

Perfilha esta última senda o § único do art. 995 do CPC ao autorizar o relator a suspender a "eficácia da decisão recorrida" (vale dizer: imprimir efeito suspensivo ao recurso), "se da imediata produção de seus efeitos houver risco de dano grave, de difícil ou impossível reparação, e ficar demonstrada a probabilidade de provimento do recurso". Numa palavra,

---

162. *Recurso extraordinário e recurso especial*, 14. ed., São Paulo: Thomson Reuters-Revista dos Tribunais, 2.018, p. 149, 150.

163. *Comentários ao Código de Processo Civil*, cit. 2015, nota n. 3 ao art. 995, p. 2.007.

trata-se da somatória do *fumus boni iuris* e do *periculum in mora*, elementos informadores da tutela de urgência, que é de ser "concedida quando houver elementos que evidenciem a probabilidade do direito e o perigo de dano ou o risco ao resultado útil do processo" – CPC, art. 300, *caput*.

O CPC optou pelo tratamento *conjunto* do RE e do REsp – apelos excepcionais, de estrito direito, de extração constitucional, dirigidos aos Tribunais da Federação – pondo-se em sintonia com o antes referido § único do art. 995, ao prever no § 5.º do art. 1.029: "O pedido de concessão de efeito suspensivo a recurso extraordinário ou a recurso especial poderá ser formulado por requerimento" (seguem-se três incisos com os destinatários), dentre os quais ora sobreleva o inciso III, com redação da Lei 13.256/2.016: "ao presidente ou vice-presidente do tribunal recorrido, no período compreendido entre a interposição do recurso e a publicação da decisão de admissão do recurso, assim como no caso de o recurso ter sido *sobrestado*, nos termos do art. 1.037". Justifica-se a alusão ao art. 1.037, inserido no regime do julgamento *por amostragem* de RE's e RESp's repetitivos, dada a afinidade com o IRDR, mormente a eficácia impositiva e paradigmática projetada assim pela *tese jurídica* firmada no IRDR como pela *decisão-quadro* emitida no RE ou REsp afetado como *representativo da controvérsia* – CPC, arts. 927, III, c/c art. 928 e incisos), a par da circunstância comum de que, tanto o IRDR como o regime processual dos RE's e REsp's repetitivos, se reportam à judicialização de temas replicados: seja de ações seriais, no caso do IRDR, seja de questões constitucionais ou de direito federal comum incidentes em muitos recursos excepcionais, no segundo.

No caso do RE ou REsp tirado de acórdão em IRDR, o efeito suspensivo é previsto *ex lege*, nos expressos termos do § 1.º do art. 987, em comento, o qual ainda dispõe que fica *presumida* a repercussão geral da questão constitucional, pavimentando, assim, a admissão do RE no STF, enquanto requisito parcial – necessário, porém não suficiente – ao conhecimento desse apelo: CF, § 3.º do art. 102; CPC, art. 1.035 e § 1º. Em outra sede, após registrarmos a existência de controvérsia quanto à natureza da *repercussão geral* (questão processual preliminar? prejudicial de mérito?), afirmamos: "A repercussão geral é um *pré-requisito genérico ao juízo de admissibilidade do RE*, porém manejável *secundum eventum*: (*i*) quando a avaliação resulta *negativa*, é absoluta e excludente, dispensando o exame dos pressupostos objetivos e subjetivos de admissibilidade (prazo, preparo, prequestionamento, adequação, interesse, legitimidade), inclusive projetando eficácia panprocessua (CPC, art. 1.030, I, *a*, cf. Lei 13.256/2.016); § 8º do art. 1.035; RISTF, art. 326, cf. ER 21/2.007; (*ii*) quando a avaliação resulta *positiva*, é relativa e não necessariamente includente, porque não assegura, por si só, que o RE vá ser *conhecido* (o que fica a depender do atendimento aos pressupostos de admissibilidade) nem que vá ser *provido*: apenas significa o reconhecimento, pelo STF, de que o RE apresenta relevância tal que transcende os interesses das partes, avaliação essa que, somada ao atendimento dos demais pressupostos formais, libera, enfim, o julgamento do mérito recursal". [164]

Acerca do § 1.º do art. 987, presumindo a *repercussão geral* no RE tirado do acórdão em IRDR, Nery & Nery consideram que tal presunção é "facilmente compreensível, tendo em vista a relevância de que se reveste a matéria nele discutida, e o potencial que tem de causar impacto em muitas outras relações jurídicas. Portanto, a questão objeto do incidente claramente ultrapassa o limite subjetivo da causa (CPC 1035 § 1.º)".[165]

Registre-se que a suspensão, por determinação do relator do IRDR, dos processos pendentes no Estado (TJ) ou na região (TRF), nos quais venha discutida a mesma tese jurídica objeto desse procedimento (art. 982, I), cessa, segundo disposto no § 5.º desse artigo, "se não for interposto recurso especial ou recurso extraordinário contra a decisão proferida no incidente". Cremos que tal cessação do sobrestamento, nessa hipótese, deve aplicar-se, por simetria, aos processos em trâmite no território nacional (§§ 3.º e 4.º do art. 982, c/c § 4.º do art. 1.029), porque, se o acórdão de mérito do STF ou do STJ no RE ou no REsp se preordena a estender efeitos a todo território nacional – § 2.º do art. 987 – então, *a contrario sensu*, em não sobrevindo a interposição de tais recursos deixa de haver razão lógica ou jurídica para manter-se, nessa larga dimensão espacial, o sobrestamento até então observado.

De resto, cabe lembrar que igualmente cessa a suspensão dos processos pendentes, envolvendo a mesma questão de direito objeto do IRDR se o julgamento do incidente não ocorrer em um ano, "salvo decisão fundamentada do relator em sentido contrário" – § único do art. 980.

§ 2.º do art. 987.

O art. 985, *caput*, determina que a *tese jurídica* alcançada no julgamento do IRDR pelo TJ ou TRF "será aplicada" – portanto, em *comando*

164. *Recurso extraordinário e recurso especial*, 14. ed. 2.018, cit. p. 212.

165. *Comentários ao Código de Processo Civil*, cit. 2015, cit., nota n. 3 ao art. 987, p. 1.976 e 1.977.

imperativo – "a todos os processos individuais ou coletivos que versem a mesma questão de direito" (naturalmente, no âmbito do Estado – TJ – ou da região – TRF); em complemento àquela previsão, o § 2.º do art. 987, em comento, prevê que vindo o acórdão no IRDR a ser impugnado por RE ou REsp, e uma vez julgado o *mérito* de tais recursos no STF ou no STJ, a tese jurídica constante do acórdão aí prolatado "será aplicada no território nacional a todos os processos individuais e coletivos que versem sobre idêntica questão de direito".

Parece-nos que se justifica a referência, no § 2.º do art. 987, ao julgamento do *mérito* do RE ou do REsp, pela boa razão de que, como o que se alça ao conhecimento do STF ou do STJ é o fulcro – a *ratio decidendi* – do acórdão local ou regional no IRDR, vale dizer, a *tese jurídica* aí firmada, não faria sentido que o pronunciamento de um ou outro desses Tribunais da Federação, quando se limitasse à inadmissão (= não conhecimento) do RE ou do REsp, viesse a projetar eficácia expansiva ao largo e ao longo do território nacional. Apesar de poderem o RE ou o REsp ser tirados de acórdão que lobrigue questão de direito material *ou processual* – à condição de que um ou outro desses tópicos agitem matéria constitucional ou de direito federal comum, nessa ordem – fato é que a irradiação, a todo o território nacional, da tese jurídica firmada no IRDR, só deve mesmo ocorrer quando STF ou STJ tiverem adentrado o *mérito* recursal, ou seja, quando, ultrapassado positivamente o juízo de admissibilidade, o efeito *devolutivo* do RE ou do REsp permita àquelas Cortes o reexame do *fulcro* da matéria, a teor da Súmula 456 do STF, do art. 257 do RISTJ e do art. 1.034, *caput*, do CPC. É somente nesse caso, segundo o § 2.º do art. 987 em comento, que a *tese jurídica* objeto do IRDR "será aplicada no território nacional a todos os processos individuais ou coletivos que versem sobre idêntica questão de direito".

Nesse sentido, afirmam Nery & Nery: "*Juízo de mérito dos recursos.* É sempre da competência do órgão destinatário do recurso, isto é, do tribunal *ad quem*. O mérito do recurso se consubstancia na pretensão recursal, vale dizer, no objeto do reexame pleiteado pelo recorrente. Pode, ou não confundir-se com o mérito da ação."[166]

Ante os efeitos *devolutivo* e *substitutivo* dos recursos, compreende-se que o acórdão no RE ou no REsp se sobreponha ao acórdão local ou regional, e, ademais, cabendo ao STF e ao STJ a *ultima ratio* sobre a questão constitucional e a de direito federal comum, nessa ordem, compreende-se que a

---

166. *Comentários ao Código de Processo Civil*, cit. 2015, nota n. 39 ao art. 993, p. 1.997.

eficácia espacial do acórdão de um ou outro desses Tribunais da Federação venha a irradiar-se a todo território nacional; a se entender diversamente, haveria o risco de tratamento não isonômico aos jurisdicionados afetados aos numerosos processos nos quais se veicule a mesma questão de direito que fora objeto do IRDR. (Considerem-se os numerosos processos decorrentes da chamada *judicialização da saúde*, podendo figurar-se que milhares deles, em trâmite por todo o país, estejam a depender da fixação de um entendimento paradigmático quanto a saber se é lícita a cláusula contratual nos planos de saúde privados, que fixa limite temporal para permanência de paciente na UTI dos hospitais).

Sem embargo, questiona-se, em sede doutrinária, a constitucionalidade de uma tal eficácia vinculativa atribuída a um comando judicial - ainda que provindo de um tribunal superior - ao argumento de que a eficácia impositiva e geral de um produto jurisdicional otimizado, na medida em que excepciona o primado da norma legal (CF, art. 5.º, *caput* e inc. II), precisaria vir prevista em sede constitucional, como se dá com a súmula vinculante do STF (art. 103-A) e com as decisões de mérito no controle direto de constitucionalidade - § 2.º do art. 102. Nesse sentido, o posicionamento de Cassio Scarpinella Bueno: "(...) pode a lei querer impor efeitos *vinculantes* às decisões do STF e do STJ, ainda que não o diga expressamente, preferindo, como também o faz o § 2.º do art. 987, o redacional imperativo '*será* aplicada'? A resposta que me parece ser a mais correta (...) é a negativa, à exceção dos casos em que a própria CF os prevê e, dentre os quais, *não* está o incidente de resolução de demandas repetitivas. Para tanto, e tendo presente o recurso extraordinário, caberia ao STF, se quiser implementar aqueles efeitos, editar súmula vinculante a partir do recurso julgado. Nessa hipótese, a súmula, não o recurso extraordinário que apreciou o incidente é que ostentará o efeito vinculante".[167]

Vale observar que a expressão "será aplicada", constante do § 2.º do art. 987 é a mesma empregada no art. 985, *caput*, tendo o argumento pela inconstitucionalidade de tal fórmula sido rebatido por Teresa Arruda Alvim Wamber *et al*: "Tornar vinculante certa interpretação da lei não é inconstitucional: é, pura e simplesmente, algo que, em outros países de *civil law*, ocorre naturalmente. Inexiste, portanto, inconstitucionalidade no novo instituto."[168] Nesse sentido, afirmam Aluísio Gonçalves de Castro Mendes e Sofia Temer: "O Código adota claramente uma tendência de fortalecimento

167. *Manual de Direito Processual Civil*, cit. 2015, p. 595.

168. *Primeiros comentários*, cit. 2015, p. 1.410.

dos precedentes e da concessão de força obrigatória a estes. O sistema de julgamento de casos repetitivos é parte condicionada e condicionante desse sistema e assim deve ser interpretado. Trata-se da renovação do sistema processual brasileiro, que, fundado no sistema de precedentes, tem na força vinculante um elemento essencial".[169]

Em prol da eficácia impositiva da tese jurídica firmada no IRDR, labora a interpretação *sistemática* dos dispositivos do novo CPC: (*i*) o art. 927 diz que "juízes e tribunais *observarão* (e, não, que 'poderão observar') (...) III – os acórdãos em incidente de (...) resolução de demandas repetitivas (...)"; (*ii*) o art. 332 autoriza o juiz a julgar liminarmente improcedente a ação, ainda sem citação do réu, quando a pretensão "contrariar (...) III – entendimento firmado em incidente de resolução de demandas repetitivas (...)"; (*iii*) o § único do art. 489 considera não fundamentada (e, portanto, nula: CF, art. 93, IX) "qualquer decisão judicial, seja ela interlocutória, sentença ou acórdão, que: (...) VI – deixar de seguir (...) precedente invocado pela parte, sem demonstrar a existência de distinção no caso em julgamento ou a superação do entendimento"; (*iv*) o inc. IV do art. 932 autoriza o relator a "negar provimento a recurso que for contrário a: (...) *c*) entendimento firmado em incidente de resolução de demandas repetitivas (...)"; o inc. V do art. 932 autoriza o relator a "(...) dar provimento ao recurso se a decisão recorrida for contrária a: (...) *c*) entendimento firmado em incidente de resolução de demandas repetitivas (...)"; (*v*) o art. 988 concede *reclamação* para "(...) IV – garantir a observância de acórdão proferido em julgamento de incidente de resolução de demandas repetitivas (...)", confirmando o já disposto no parágrafo 1.º do art. 985; (*vi*) o art. 313 dispõe: "Suspende-se o processo: (...) IV – pela admissão de incidente de resolução de demandas repetitivas"; (*vii*) a regra de que "juízes e os tribunais atenderão, preferencialmente à ordem cronológica de conclusão para proferir sentença ou acórdão" (art. 12, *caput*, redação da Lei 13.256/2016) não se aplica, a teor do § 2.º, "(...) III – ao "julgamento de (...) incidente de resolução de demandas repetitivas"; (*viii*) o relator está autorizado a decidir de plano o conflito de competência, quando o faça com base em certos padrões decisórios, dentre eles a "tese firmada em julgamento de casos repetitivos" (art. 955, II), expressão que abrange o IRDR – art. 928, I; incidentes; (*ix*) o recurso extraordinário contra acórdão local ou regional que decidiu o IRDR beneficia de presunção de repercussão geral – § 1º do art. 987 .

169. In SCARPINELLA BUENO, Cassio (coord.), *Comentários ao Código de Processo Civil*, v.4, 2.017, cit., nota ao art. 985, p. 230.

Não há dúvida, portanto, quanto à *mens legis*, espraiada a longo do novo CPC, no sentido de atribuir eficácia impositiva aos precedentes judiciários otimizados (*binding precedents*, na terminologia do *common law*) até porque, se a emissão de um enunciado preordenado a prevenir ou superar a dispersão jurisprudencial acerca de uma dada questão de direito replicada em muitos processos, se oferecesse às demais instâncias judiciais em modo de uma singela *sugestão* ou *proposição* – no plano da mera *influência* – por certo não se atingiria a meta almejada no bojo do item 1.º da Exposição de Motivos do anteprojeto do novo CPC: "Prestigiou-se, seguindo-se direção já abertamente seguida pelo ordenamento jurídico brasileiro, expressado na criação da Súmula Vinculante do Supremo Tribunal Federal (STF) e do regime de julgamento conjunto de recursos especiais e extraordinários repetitivos (que foi mantido e aperfeiçoado) tendência a criar estímulos para que a jurisprudência se uniformize, à luz do que venham a decidir tribunais superiores e até de segundo grau, e se estabilize".

É dizer, com Eduardo Cambi e Mateus Vargas Fogaça: "É intuitivo que toda construção legislativa do incidente de resolução de demandas repetitivas de nada serviria caso não fosse assegurada a observância da tese jurídica definida por intermédio de seu julgamento."[170]

Apesar de o § 2.º do art. 987, em comento, não ser expresso quanto à extensão da tese firmada no julgamento do RE ou do REsp aos casos *futuros* – como o faz o inc. II do art. 985 ao tratar do acórdão em IRDR no plano local ou regional – parece-nos que, por simetria, e até *a fortiori*, igual *vinculação prospectiva* há que ser observada no tocante ao acórdão prolatado pelo STF ou STJ, no RE ou REsp tirado da decisão em IRDR. Ao propósito, afirmam Andrea Carla Barbosa e Diego Martinez Fervenza Cantoario, escrevendo ainda ao tempo do trâmite do processo legislativo voltado à edição do CPC/2015: "Não faria muito sentido que a decisão do incidente valesse apenas para os processos já instaurados. Do contrário, seria possível se instar o tribunal, todo o tempo, a se manifestar sobre uma questão que já se manifestou. Haveria grande desperdício de tempo e energia por parte dos litigantes e dos órgãos jurisdicionais. A cada vez que uma nova ação contendo aquela discussão fosse ajuizada, um novo incidente poderia ser instaurado. Portanto, ao que parece, a decisão do

---

170. Incidente de resolução de demandas repetitivas, cit. *Revista de Processo* n. 243, maio, 2015, p. 357.

incidente almeja projetar-se para o futuro, o que permite a equiparação da decisão do incidente a um verdadeiro precedente vinculante".[171]

Nesse sentido, José Rogério Cruz e Tucci, ao estabelecer a *tipologia do precedente*, na experiência brasileira, identifica três classes: "(a) precedentes com eficácia meramente persuasiva; (b) precedentes com relativa eficácia vinculante; (c) precedentes com eficácia vinculante". Nesta última categoria o articulista elenca: (*i*) as súmulas do STF; (*ii*) as decisões proferidas pelo STF e pelos Tribunais de Justiça, no âmbito do controle concentrado de constitucionalidade; e (*iii*) as decisões proferidas no incidente de processos repetitivos".[172]

Quanto à *irradiação nacional* do acórdão do STF ou do STJ no RE ou REsp tirado de acórdão local ou regional em IRDR, parece-nos que se justifica, seja porque já antes tais Tribunais da Federação poderiam determinar a "suspensão de todos os processos individuais ou coletivos em curso *no território nacional* que versem sobre a questão objeto do incidente já instaurado" (§ 3.º do art. 982), seja porque o STF é o *guarda da Constituição* (CF art. 102, *caput*) e ao STJ cabe firmar a *ultima ratio* na interpretação do direito federal comum, sendo ambas essas normações de cunho *nacional*; logo, por razões de simetria e de lógica jurídica, o acórdão de mérito dessas Cortes superiores, num incidente voltado a assegurar a isonomia e preservar a segurança jurídica, só pode, mesmo, projetar-se ao largo e ao longo do território brasileiro.

171. O incidente de resolução de demandas repetitivas no projeto de Código de Processo Civil: apontamentos iniciais. In: Luiz Fux (coord.). *O novo Processo Civil Brasileiro – Direito em expectativa*, Rio de Janeiro: Gen-Forense, 2011, p. 480.

172. Parâmetros de eficácia e critérios de interpretação do precedente judicial. In: WAMBIER, Teresa Arruda Alvim (coord.). *Direito Jurisprudencial*, 2.012, cit., p. 111-119, *passim*.

CONSIDERAÇÕES CONCLUSIVAS

1. A questão da divergência jurisprudencial, na experiência judiciária brasileira tem, ao longo do tempo, consentido mais de uma leitura: de um lado, é razoável entender-se que, não sendo o Direito uma ciência exata, compreende-se que os seus enunciados devam ser interpretados, podendo, virtualmente, levar a mais de uma inteligência; de outro lado, esse dissídio exegético induz o risco de tratamento não isonômico entre jurisdicionados afetados a uma mesma *fattispecie* ou a uma mesma questão de direito, o que vem atritar a garantia constitucional da igualdade de todos perante a lei, isonomia que, ao nosso ver, deve abranger a *norma legislada* – produto final do Legislativo – e a *norma judicada*, a saber, aquela que tem o seu *momento judiciário*, ao ser aplicada a um caso concreto. Assim, Thiago Baldani Gomes de Filippo entende "(...) inevitável a conclusão que as normas não são mais extraídas apenas das leis. Elas o são, também, extraídas das decisões judiciais, enaltecendo-se a função criadora do direito pela via dos precedentes. Trata-se das chamadas *normas judicadas*, diferentes das *normas legisladas* duas realidades em nosso sistema".[173]

2. Estando os órgãos jurisdicionais (CF, art. 92 e incisos) organizados sob *competência de derrogação* (reforma/cassação da decisão recorrida), com juízes de direito à base da pirâmide judiciária; órgãos colegiados locais e regionais de permeio (TJs, TRFs, TRTs, TREs, TJMs) e Cortes superiores ao cimo (STF, STJ, TST, TSE, STM) é razoável entender-se que uma dada intepretação possa apresentar-se dissonante de outra, até por conta da persuasão racional assegurada a cada magistrado e que se estende aos órgãos fracionários dos tribunais.

3. O sistema processual brasileiro dá mostras de que assimila a virtualidade ou a inevitabilidade do dissídio interpretativo, à sua vez insuflado pelo ambiente de legiferação desabrida e pela nomogênese difusa, tantos são os agentes, órgãos e instâncias credenciados a normatizar, fora e além do próprio Poder Legislativo. Todavia, tal não significa que o jurisdicionado deva *conformar-se* com um ambiente de dispersão

173. A necessidade de um Sistema Brasileiro de Precedentes vinculantes: um estudo comparado entre Brasil e Estados Unidos. *Revista Síntese de Direito Civil e Processual Civil*, n. 75, jan.-fev., 2012, p. 229.

jurisprudencial excessiva; bem por isso, o sistema disponibiliza meios e expedientes voltados, conforme o caso, a prevenir ou superar o dissídio exegético, podendo ser lembrados: *pedido de uniformização*, no âmbito dos Juizados Especiais, o qual pode mesmo alcançar o STJ – Lei 10.259/2011, art. 14, § 4.º; *reclamação*, para preservar a *autoridade* das decisões dos Tribunais – CF, art. 102, I, *l*; art. 105, I, *f*; CPC; art. 988 e incisos (tendo os incisos III e IV recebido nova redação pela Lei 13.256/2016); *embargos infringentes de ofício*, no caso de decisão não unânime da apelação – CPC, art. 942 e §§; *embargos de divergência* no âmbito das frações do STF e do STJ – CPC, arts. 1.043, 1.044; *recurso especial* ao STJ, pela alínea *c* do art. 105, III, da CF, voltado a superar o dissídio entre tribunais acerca da interpretação do direito federal comum; *ação rescisória*, com fundamento no inc. V do art. 966 (decisão de mérito que "violar manifestamente norma legal"), quando a decisão rescindenda se tenha baseado "em enunciado de súmula ou acordão proferido em julgamento de casos repetitivos que não tenha considerado a existência de distinção entre a que tão discutida no processo e o padrão decisório que lhe deu fundamento" – § 5.º do art. 966, parágrafo inserido pela Lei 13.256/2016; *recurso de revista ao TST*, em caso de divergência jurisprudencial, nos termos do art. 896-A, alínea *a*, da CLT esta última com redação da Lei 13.015/2014, tendo a Lei 13.467/2.017 acrescido o § 1º, com os "indicadores de transcendência"; *decisões-quadro* do STF e do STJ no rito dos RE's e REsp's repetitivos – art. 1.040 e incisos; *incidente de assunção de competência* – § 3º do art. 947. A esse expressivo rol ora se integra o *incidente de resolução de demandas repetitivas*, vocacionado à fixação da tese jurídica capaz de parametrizar a resolução de numerosas ações seriais – CPC, art. 985 e incisos.

4. A história – remota e recente – do Direito brasileiro envolvendo o mote da *divergência jurisprudencial* remete à Constituição de 1891 (art. 59, § 2.º), passando pelo *prejulgado* no âmbito do recurso de revista do CPC/1939 (art. 861); pelo *incidente de uniformização de jurisprudência* – CPC/1973, arts. 476-479 (não recepcionado no CPC/2015); pelo *acórdão em incidente de assunção de competência* (CPC/73, § 1.º do art. 555; CPC/2015, § 1.º do art. 947); pela *jurisprudência dominante e sumulada dos tribunais* (CPC/1973, art. 557 e § 1.º-A; CPC/2015, art. 926 e parágrafos); *decisões-quadro* em RE's e REsp's repetitivos (CPC/1973, arts. 543-B e C; CPC/2015, art. 1.040 e incisos; art. 927, III), até alcançar o patamar da *súmula vinculante* do STF (CF, art. 103-A e §§: EC 45/2004; Lei 11.417/2.006), impositiva a todos os órgãos judiciais do país e, mesmo, à Administração Pública.

5. Sem embargo desses meios e instrumentos voltados à prevenção ou superação do dissídio pretoriano, a experiência judiciária nacional tem se ressentido dos efeitos deletérios da *dispersão excessiva da jurisprudência*, referida na Exposição de Motivos do anteprojeto do novo CPC, verificando-se que esse quadro tem se mostrado resistente aos esforços legislativos para superá-lo ou ao menos atenuá-lo. Dentre as concausas desse contexto, sobreleva certo entendimento de que, sendo o Brasil um país legicêntrico, filiado ao *civil law*, no qual o parâmetro das condutas comissivas e omissivas é dado pela norma legal (CF, art. 5.º, e inc. II), então os produtos judiciários, ainda que otimizados, positivados na legislação infraconstitucional, não teriam como projetar eficácia vinculativa, mas somente persuasiva, preservando-se no campo da singela *influência*.

6. Tal percepção, todavia, não resiste à análise: ***(i)*** a uma, porque a *lei* como fonte primária dos direitos e obrigações, não pode ter-se como igualitária somente enquanto posta abstratamente no ordenamento, mas impende que se preserve isonômica também quando vem a ter seu momento judiciário – a *norma judicada* – vindo aplicada na resolução dos processos judiciais, desiderato que não tem como ser atingido sem o concurso de certos produtos finais e potencializados da atividade jurisdicional, os quais, para cumprir tal função *paradigmática*, devem se revestir de eficácia *impositiva* em face das instâncias judiciárias e nesse sentido o art. 927 do CPC dispõe que "Os juízes e tribunais *observarão*" os padrões decisórios listados nos incisos desse dispositivo; ***(ii)*** a duas, porque o legislador ordinário federal, ao imprimir eficácia expansiva e obrigatória a tais elementos jurisprudenciais otimizados, assim tomando-os como *precedentes*, o faz no exercício de sua competência para dispor sobre matéria processual (CF, art. 22, I) e no poder-dever atribuído ao Judiciário para, em última instância, interpretar e fixar o conteúdo da norma legal, inexistindo, pois, qualquer eiva de inconstitucionalidade no estabelecimento (ou reconhecimento) de um vero *sistema de precedentes*, como o faz o vigente CPC.

7. No rol dos elementos pretorianos de eficácia obrigatória, listados no art. 927 e incisos do CPC, destaca-se o novel *incidente de resolução de demandas repetitivas*, seja por seus relevantes pressupostos – "efetiva repetição de processos que contenham controvérsia sobre a mesma questão unicamente de direito; risco de ofensa à isonomia à segurança jurídica" (incisos do art. 976), seja por sua inserção dentre os processos de *competência originária dos tribunais* (título I do Livro III), ou ainda pela qualidade dos atores que podem dar ensejo à sua instauração (art. 977 e incisos),

seja, principalmente, pela notável eficácia expandida da *tese jurídica* (*sic*) que ao final aí vem alcançada, a qual será aplicada: "a todos os processos individuais ou coletivos que versem sobre idêntica questão de direito e que tramitem na área de jurisdição do respectivo tribunal, inclusive àqueles que tramitem nos juizados especiais do respectivo estado ou região" (inc. I do art. 985), estendendo-se inclusive aos "casos futuros" (inc. II), e ainda podendo abarcar todo o território nacional, em sobrevindo acórdão de mérito do STF ou do STJ no RE ou REsp tirado do acórdão em IRDR – § 2.º do art. 987. Em estudo em que identifica a "tendência no Brasil à adoção de um sistema de precedentes vinculantes", Thiago Baldani Gomes de Filippo entende que "a atribuição de efeitos vinculantes externos às decisões dos Tribunais, com a adoção de um sistema de precedentes obrigatórios impõe-se a partir da perspectiva neoconstitucionalista".[174]

8. A notável eficácia impositiva do acórdão em IRDR se revela indiscutível no âmbito do CPC, ante o alentado rol de ocorrências processuais em que a tese jurídica aí firmada deve ser aplicada: (***i***) *dispensa da ordem cronológica de conclusão* quando se trate de "julgamento de processos em bloco para aplicação de tese jurídica firmada em julgamento de casos repetitivos" (inc. II do art. 12, este com redação da Lei 13.256/2016), certo que a expressão "julgamento de casos repetitivos" abrange o acórdão no *incidente de resolução de demandas repetitivas*, cf. art. 928, I; (***ii***) *improcedência liminar do pedido inicial* contrário aos produtos judiciários otimizados, listados nos incisos do art. 332, dentre eles, "(...) III – o "entendimento firmado em *incidente de resolução demandas repetitivas* (...)"; (***iii***) *suspensão de processo em trâmite* (art. 313) "(...) IV – pela admissão de *incidente de resolução de demandas repetitivas*", e, também, de outros processos, por determinação do relator, tomada no âmbito desse incidente – art. 982, I; (***iv***) necessária *observância, por juízes e tribunais* (art. 927) de "(...) III – acórdãos em *incidente de* (...) *resolução de demandas repetitivas* (...)"; (***v***) *atribuição ao relator*, nos tribunais (art. 932), para "(...) IV – negar provimento a recurso que for contrário a: (...) *c*) entendimento firmado em *incidente de resolução de demandas repetitivas* (...)"; V – (...) dar provimento ao recurso se a decisão recorrida for contrária a: (...) *c*) entendimento firmado em *incidente de resolução de demandas repetitivas*"; (***vi***) *ação rescisória* (§ 5.º do art. 966, acrescido pela Lei 13.256/2016) "com fundamento no inciso V do *caput* deste artigo [decisão de mérito que

174. necessidade de um Sistema, cit. *Revista Síntese de Direito Civil e Processual Civil* n. 75, jan./fev., 2012, p. 237.

"violar manifestamente norma legal"] em face de decisão baseada em (...) julgamento de casos repetitivos (...)" [expressão que abrange o *incidente de resolução de demandas repetitivas*, cf. art. 928, I], quando tal julgado não tenha considerado a existência de distinção entre a questão discutida no processo e o padrão decisório que lhe deu fundamento"; (***vii***) *reclamação* (§ 1.º do art. 985) para, nos termos do art. 988 "(...) IV – garantir a observância de acórdão proferido em julgamento de *incidente de resolução de demandas repetitivas* (...)" – inciso cf. redação da Lei 13.256/2016; (***viii***) *presunção de repercussão geral* da questão constitucional, no acórdão proferido no *incidente de resolução de demandas repetitivas* (§ 1.º do art. 987); (***ix***) inaplicabilidade *dos embargos infringentes de ofício (art. 942)*, quando o julgamento não unânime ocorrer em *incidente de resolução de demandas repetitivas*"(§ 4.º, I); (***x***) *dispensa da remessa necessária* (art. 496 e incisos) quando, nos termos do § 4º, a sentença "estiver fundada em: (...) III – entendimento firmado em incidente de resolução de demandas repetitivas (...)"; (***xi***) julgamento de plano do *conflito de competência* (art. 955, *caput*), quando a decisão do relator "se fundar em: (...) II – tese firmada em julgamento de casos repetitivos (...)", expressão que abrange o IRDR: art. 928, I; (***xii***) extensão à administração pública da tese firmada em IRDR, na hipótese descrita no § 2º do art. 985.

9. Essa notável da eficácia expandida e impositiva da *tese jurídica* firmada no IRDR basta a evidenciar o notório ambiente *precedentalista* inaugurado com o CPC/2015, levando a que o Direito brasileiro fique realocado a meio-caminho entre o *civil law* (primado da norma legal) e o *common law* (o precedente obrigatório), ficando assim reposicionado, em registro eclético, entre essas duas grandes famílias jurídicas, confirmando a *circulação de modelos* identificada por Michelle Taruffo,[175] e assim infirmando algum questionamento acerca da compatibilidade entre o precedente judiciário e o sistema jurídico-político brasileiro.

10. É de esperar-se que o acórdão fixador da *tese jurídica*, no IRDR, por sua aplicação ampla e obrigatória no ambiente processual brasileiro, como indicado no item 8.º supra, cumpra o papel relevante e destacado para o qual vem preordenado, no esforço comum pela prevenção e superação da *dispersão excessiva da jurisprudência*, como anunciado na Exposição de Motivos do anteprojeto do novo CPC. Descabe, ao nosso ver, prospectar-se

175. Observações sobre os modelos processuais de *civil law* e de *common law*. *Revista de Processo* n. 110, abr.-jun., 2003, p. 153.

alguma eiva de inconstitucionalidade na eficácia vinculativa do acórdão proferido nesse incidente, ou algum atrito à separação entre os Poderes ou ao princípio da *reserva legal* e ao da *igualdade*, dado que a menção à *lei*, no art. 5.º e inc. II da CF deve entender-se como referência ao Direito como um todo, compreensivo da norma legal *e* dos demais meios integrativos e complementares, dentre os quais se destacam os produtos judiciários otimizados, constantes do art. 927 e incisos do CPC.

BIBLIOGRAFIA

ABBOUD, Georges. Precedente judicial *versus* jurisprudência dotada de efeito vinculante. In: WAMBIER, Teresa Arruda Alvim (Coord.). *Direito Jurisprudencial*. São Paulo: Revista dos Tribunais, 2012.

ALEMÃO, Ivan. Uniformização de jurisprudência e consequências na Justiça do Trabalho após a Lei 13.015/2014 e o ato 491/2014 do TST. *Revista Justiça do Trabalho*. Porto Alegre, n. 376, abr., 2015.

AMARAL, Guilherme Rizzo. Efetividade, segurança, massificação e a proposta de um "incidente de resolução de demandas repetitivas". *Revista de Processo*. São Paulo, vol. 36, n. 196, jun. 2011.

ANDREWS, Neil. *O moderno processo civil: formas judiciais e alternativas de resolução de conflitos na Inglaterra*. Revisão da tradução por Teresa Arruda Alvim Wambier. 2. ed. São Paulo: Revista dos Tribunais, 2012.

ARAÚJO FILHO, Luiz Paulo da Silva. *Ações coletivas:* a tutela jurisdicional dos direitos individuais homogêneos. Rio de Janeiro: Forense, 2000.

ARRUDA ALVIM, Eduardo de. *Comentários ao Código de Processo Civil*. Rio de Janeiro: GZ Editora, 2012.

ASCENÇÃO, José de Oliveira. O *direito: introdução e teoria geral*. 2. ed. Rio de Janeiro: Renovar, 2001.

ATO do Presidente do Senado n. 379/2009. In: BRASIL. Congresso Nacional. Senado Federal. Comissão de Juristas Responsável pela Elaboração de Anteprojeto de Código de Processo Civil. Código de Processo Civil: anteprojeto. Brasília, DF: Senado Federal, Presidência, 2010. Disponível em: [www.senado.gov.br/senado/novocpc/pdf/ATO%20DO%20PRESIDENTE%20N%C2%BA%20379.pdf]. Acesso em: 10.06.2015.

BAHIA, Alexandre Gustavo Melo Franco; VECCHIATTI, Paulo Roberto Iotti. Inconstitucionalidade do requisito da repercussão geral do recurso extraordinário e da técnica de julgamento por pinçamento. *Revista dos Tribunais*. São Paulo, n. 911, set., 2011.

BANDEIRA DE MELLO, Celso Antonio. Segurança jurídica e mudança de jurisprudência. *Revista de Direito do Estado*, n. 6, abr.-jun., 2007.

BARBOSA, Andrea Carla; FERVENZA CANTOARIO; Diego Martinez. O incidente de resolução de demandas repetitivas no projeto de Código de Processo Civil: apontamentos iniciais. In: FUX, Luiz (Coord.). *O Novo Processo Civil Brasileiro:* direito em perspectiva. Rio de Janeiro: Gen-Forense, 2011.

BARBOSA, Ruy. Oração aos Moços. *Revista Arcadia.* Academia de Letras da Faculdade de Direito da USP, 1944.

BARROSO, Luiz Roberto. Judicialização, ativismo judicial e legitimidade democrática. *Atualidade jurídicas*: revista eletrônica do Conselho Federal da OAB. Brasília, DF, n. 4, jan.-fev., 2009.

BASTOS, Antonio Adonias Aguiar. Situações jurídicas homogêneas: um conceito necessário para o processamento das demandas de massa. *Revista de Processo.* São Paulo, n. 186, ago., 2010.

BAUM, Lawrence. *The Supreme Court.* 9. ed. Washington, D.C.: CQ Press, 2007.

BENETI, Sidnei Agostinho. Doutrina de precedentes e organização judiciária. In: FUX, Luiz *et al.* (coord.). *Processo e Constituição: estudos em homenagem ao professor José Carlos Barbosa Moreira.* São Paulo: Revista dos Tribunais, 2006.

BONAVIDES, Paulo. *Curso de Direito Constitucional.* 25. ed. São Paulo: Malheiros, 2010.

BRASIL. Congresso Nacional. Senado Federal. Comissão de Juristas Responsável pela Elaboração de Anteprojeto de Código de Processo Civil. Código de Processo Civil: anteprojeto. Brasília, DF: Senado Federal, Presidência, 2010. Disponível em: [www.senado.gov.br/senado/novocpc/pdf/Anteprojeto.pdf.]. Acesso em: 12.10.2014.

BRASIL. Conselho da Justiça Federal. Resolução n. 22, de 4 de setembro de 2008: Dispõe sobre o Regimento Interno da Turma Nacional de Uniformização de Jurisprudência dos Juizados Especiais Federais. *Diário Oficial da União.* Brasília, DF, 08.09.2008. Seção 1, p. 90

BRASIL. Conselho Nacional de Justiça. *Justiça em números 2018: ano-base 2017.* Brasília, DF. Disponível em: www.cnj.jus.br. Acesso em 13.11.2.018.

BUENO, Cassio Scarpinella. *Amicus curiae no processo civil brasileiro:* um terceiro enigmático. São Paulo: Saraiva, 2006.

BUENO, Cassio Scarpinella. *Manual de Direito Processual Civil:* Lei n. 13.105, de 16.03.2015. São Paulo: Saraiva, 2015.

BUZAID, Alfredo. Uniformização de Jurisprudência. *Revista da AJURIS* – Associação dos Juízes do Rio Grande do Sul, Porto Alegre, n. 34, jul., 1985.

CABRAL, Antonio do Passo. A escolha da causa-piloto nos incidentes de resolução de processos repetitivos. *Revista de Processo.* São Paulo, n. 231, maio, 2014.

______. A técnica do julgamento-alerta na mudança de jurisprudência consolidada. *Revista de Processo.* São Paulo, n. 221, jul., 2013.

______. O novo procedimento modelo (*Musterverfahren*) alemão: uma alternativa às ações coletivas. *Revista de Processo.* São Paulo, n. 147, maio, 2007.

CALMON, Eliana. CNJ e democratização do Poder Judiciário. *Revista Interesse Nacional.* São Paulo, vol. 4, n. 16, jan./mar., 2012. Disponível em: [http://interesse nacional.uol.com.br/2012/01/cnj-e-democratizacao-do-poder-judiciario]. Acesso em: 03.07.2015.

CAMARGO, Luís Henrique Volpe. A força dos precedentes no moderno processo civil brasileiro. In: WAMBIER, Teresa Arruda Alvim (Coord.). *Direito Jurisprudencial.* São Paulo: Revista dos Tribunais, 2012.

CAMBI, Eduardo; FOGAÇA, Mateus Vargas. Incidente de resolução de demandas repetitivas no novo Código de Processo Civil. *Revista de Processo.* São Paulo, n. 243, maio, 2015.

CASTRO, Fábio de. USP pode sofrer sanção se distribuir 'pílula do câncer'. Jornal *O Estado de* São Paulo. São Paulo, 25.10.2015. Cad. A-21.

CASTRO NUNES, Aluísio Gonçalves de. *Ações coletivas no direito comparado e nacional.* São Paulo: Revista dos Tribunais, 2002. (Coleção Temas atuais de Direito Processual Civil, vol. 4)

CAVALCANTI, Marcos de Araújo. Mecanismos de resolução de demandas repetitivas no direito brasileiro: um estudo sobre o procedimento-modelo alemão e as ordens de litígios em grupo inglesas. *Revista de Processo.* São Paulo, n. 238, dez., 2014.

CHIOVENDA, Giuseppe. *Instituições de Direito Processual Civil.* 2. ed. Trad. Paolo Capitanio, anotações Enrico Tullio Liebman. *Campinas*: Bookseller, 2000. vol.1

CINTRA, Antonio Carlos de Araújo; GRINOVER, Ada Pellegrini; DINAMARCO, Cândido Rangel. *Teoria geral do processo.* 19. ed. São Paulo: Malheiros, 2003.

CRETELLA JÚNIOR, José. *Direito Romano.* São Paulo: Revista dos Tribunais, 1963.

CRUZ e TUCCI, José Rogério. O regime do precedente judicial no novo CPC. *Revista do Advogado,* São Paulo, n. 126, maio, 2015.

______. Parâmetros de eficácia e critérios de interpretação do precedente judicial. In: WAMBIER, Teresa Arruda Alvim (Coord.). *Direito jurisprudencial.* São Paulo: Revista dos Tribunais, 2012.

______. *Precedente judicial como fonte do Direito.* São Paulo: Revista dos Tribunais, 2004.

CUNHA, Leonardo José Carneiro da. A previsão do princípio da eficiência no projeto do novo Código de Processo Civil brasileiro. *Revista de Processo.* São Paulo, n. 233, jul., 2014.

______. Anotações sobre o incidente de resolução de demandas repetitivas previsto no projeto do novo Código de Processo Civil. *Revista de Processo.* São Paulo, n. 193, mar., 2011.

DANTAS, Bruno. A jurisprudência dos tribunais e o dever de velar por sua uniformização e estabilidade. *Revista de Informação Legislativa* (Senado Federal). Brasília, DF, n. 190, abr.-jun., 2011.

DI PIETRO, Maria Sylvia Zanella. *Direito Administrativo.* 13. ed. São Paulo: Atlas, 2001.

DIDIER JÚNIOR, Fredie. Será o fim da categoria "condição da ação"? Um elogio ao projeto do novo Código de Processo Civil. *Revista de Processo.* São Paulo, n. 197, jul., 2011.

______; BUENO, Cassio Scarpinella; CREMER, Ronaldo. III Encontro do Fórum Permanente de Processualistas Civis. *Revista de Processo.* São Paulo, n. 233, jul., 2014.

DINAMARCO, Cândido Rangel. *Fundamentos do processo civil moderno.* 3. ed. São Paulo: Malheiros, 2000. t. 2.

______. *Instituições de Direito Processual Civil.* 6. ed. São Paulo: Malheiros, 2009. vol. 1.

______. Superior Tribunal de Justiça e acesso à ordem jurídica justa. In: FIGUEIREDO TEIXEIRA, Sálvio (Coord.). *Recursos no Superior Tribunal de Justiça.* São Paulo: Saraiva, 1991.

EUROPEAN COURT OF HUMAN RIGHTS. The pilot-Judgment procedure: information note issued by the Registrar. Disponível em: [www.coe.int/]. Acesso em: 15.07.2015.

FALCÃO, Joaquim; CERDEIRA, Pablo de Camargo; ARGUELHES, Diego Werneck. *Relatório Supremo em números:* o múltiplo Supremo. Rio de Janeiro: Fundação Getúlio Vargas. Direito-Rio, abr./ 2011.

FARIA, Márcio de Carvalho: O novo Código de Processo Civil vs. a jurisprudência defensiva. *Revista de Processo.* São Paulo, n. 210, ago., 2012.

FERREIRA, Aurélio Buarque de Holanda. *Novo dicionário da língua portuguesa.* Rio de Janeiro: Nova Fronteira, 1975.

FILIPPO, Thiago Baldani Gomes de. A necessidade de um Sistema Brasileiro de Precedentes Vinculantes: um estudo comparado ente Brasil e Estados Unidos. *Revista Síntese de Direito Civil e Processual Civil*, n. 75, jan./fev. 2012.

FREITAS, Rebbeca Corrêa Porto de. Recurso especial repetitivo e seus efeitos em relação aos recursos sobrestados. *Revista da Escola Superior da Procuradoria Geral do Estado.* São Paulo, vol. 4, n. 1, jan./dez. 2013.

FISS, Owen. A teoria política das ações coletivas. In ------- *Um novo Processo Civil - estudos norte-americanos sobre jurisdição, constituição e sociedade.* Trad. Daniel Porto Godinho da Silva e Melina de Medeiros Rós, coord. da tradução Carlos Alberto de Salles. São Paulo: Revista dos Tribunais, 2.004.

FUX, Luiz. O novo Processo Civil. In: ______ (Coord.). *O novo Processo Civil Brasileiro:* direito em expectativa. Rio de Janeiro: Gen-Forense, 2011.

GERHARDT, Michael. *The power of precedent.* New York: Oxford University, 2008.

GONÇALVES, Marcelo Barbi. O incidente de resolução de demandas repetitivas e a magistratura deitada. *Revista de Processo.* São Paulo, n. 222, ago./ 2013.

GOODHART, Arthur. Precedent in English and Continental Law and Case Law: a Short Replication. Law Quarterly Review, London, n. 50, 1934.

GUSMÃO, Paulo Dourado. *Introdução à ciência do Direito.* 2. ed. Rio de Janeiro: Forense, 1960.

HOFFMAN, Paulo. O Direito à razoável duração do processo e a experiência italiana. In: WAMBIER, Teresa Arruda Alvim *et al.* (Coord.). *Reforma do Judiciário:* primeiras reflexões sobre a Emenda Constitucional n. 45/2004. São Paulo: Revista dos Tribunais, 2005.

KLONOFF, Robert H. The decline of class actions. *Washington University Law Review*, St. Louis, vol. 90, n. 3, 2013. Hodge O'Neal Corporate and Securities Law Symposium: the future of class actions.

KOCH, Harald. Procedimientos colectivos y representativos en el procedimiento civil alemán. In: GIDI, Antonio; FERRER-MACGREGOR, Eduardo (Coord.). *La tutela de los derechos difusos, colectivos e individuales en una perspectiva comparada.* México: Editorial Porrúa, 2004.

KOEHLER, Frederico Augusto Leopoldino. O incidente de resolução de demandas repetitivas e os Juizados Especiais. *Revista de Processo.* São Paulo, n. 237, nov., 2014.

LEAL, Victor Nunes. Passado e futuro da Súmula do STF: *Revista de Direito Administrativo,* Rio de Janeiro, n. 145, jul.-set., 1981.

LEITE, Gisele. *Análise do incidente de resolução de demandas repetitivas.* Disponível em: [www.ambito-juridico.com.br 15910]. Acesso em: 12.01.2016.

LENZA, Pedro. *Direito constitucional esquematizado* 18. ed. São Paulo: Saraiva, 2014.

LEONEL, Ricardo de Barros. *Reclamação constitucional.* São Paulo: Revista dos Tribunais, 2012.

LÉVY, Daniel de Andrade. O incidente de resolução de demandas repetitivas no anteprojeto do novo Código de Processo Civil: exame à luz da *Group Litigation Order* britânica. *Revista de Processo.* São Paulo, n. 196, jun., 2011.

MACHADO, Daniel Carneiro. Uma visão crítica da inclusão do IRDR no sistema de precedentes do CPC 2015. *Revista do Tribunal Regional Federal da 1ª Região,* v. 30, n. 11/12, nov./dez. 2018, p. 23-42.

MACEDO, Lucas Buril de. O regime jurídico dos precedentes judiciais no projeto do novo Código de Processo Civil. *Revista de Processo.* São Paulo, n. 237, nov., 2014.

MADEIRA, Daniela Pereira. A força da jurisprudência. In: FUX, Luiz (Coord.). *O Novo Processo Civil Brasileiro:* Direito em expectativa. Rio de Janeiro: Gen-Forense, 2011.

MANCUSO, Rodolfo de Camargo. A concomitância de ações coletivas, entre si e em face das ações individuais. In: GRINOVER, Ada Pellegrini *et al.* (Coord.). *Processo coletivo:* do surgimento à atualidade. São Paulo: Thomson Reuters-Revista dos Tribunais, 2014.

______. A concomitância entre ações de natureza coletiva. In: GRINOVER, Ada Pellegrini *et al.* (Coord.). *Direito Processual Coletivo e o anteprojeto de Código Brasileiro de Processos Coletivos.* São Paulo: Revista dos Tribunais, 2007.

______. A necessária eficácia expandida – objetiva e subjetiva – das decisões no âmbito da jurisdição coletiva: especialmente o acórdão do TJSP na ADIn: 0121480-62.2011.8.26.0000 (j. 01.10.2014), proposta em face da lei paulistana 15.374/2011, sobre o uso de sacolas plásticas. *Revista de Processo*. São Paulo, n. 241, mar./ 2015.

______. *Ação civil pública:* em defesa do meio ambiente, do patrimônio cultural e dos consumidores – Lei 7.347/85 e legislação complementar. 15. ed. São Paulo: Thomson Reuters-Revista dos Tribunais, 2.019.

______. *Ação popular*. 8. ed. São Paulo: Thomson Reuters-Revista dos Tribunais, 2015.

______. *Acesso à justiça:* condicionantes legítimas e ilegítimas. 3. ed. Salvador: Jus Podivm, 2018.

______. *Divergência jurisprudencial e súmula vinculante*. 6. ed. Salvador: Jus Podivm, 2018.

______. *Incidente de uniformização de jurisprudência*. São Paulo: Saraiva, 1989. (Coleção Saraiva de Prática do Direito)

______. *Jurisdição coletiva e coisa julgada:* teoria geral das ações coletivas. 3. ed. São Paulo: Revista dos Tribunais, 2012.

______. *Leasing*. 3. ed. São Paulo: Revista dos Tribunais, 2002.

______. *Manual do Consumidor em Juízo*. 5. ed. São Paulo: Saraiva, 2013.

______. O direito brasileiro segue filiado (estritamente) à família *civil law*? In: GRINOVER, Ada Pellegrini. (Org.). *O novo Código de Processo Civil*: questões controvertidas. São Paulo: Gen-Atlas, 2015.

______. *Recurso extraordinário e recurso especial*. 14. ed. São Paulo: Thomson Reuters-Revista dos Tribunais, 2018.

______. *Sistema brasileiro de precedentes:* natureza, eficácia, operacionalidade. 2. Ed., São Paulo: Thomson Reuters-Revista dos Tribunais, 2.016.

______. *Teoria Geral do Processo*. São Paulo: Gen-Forense, 2.018.

______. *Interesses difusos – conceito e legitimação para agir*. 9. ed., São Paulo: Thomson Reuters-Revista dos Tribunais, 2.019.

______. *A resolução dos conflitos e a função judicial no contemporâneo Estado de direito*. 2. ed., São Paulo: Thomson Reuters-Revista dos Tribunais, 2.014.

______. *Advocacia do setor público – estudos temáticos de Direito*. São Paulo: Saraiva, 2.013.

_______. O precedente no Direito Brasileiro. In *Contraponto Jurídico*, São Paulo: Thomson Reuters-Revista dos Tribunais, 2.019.

_______. Comentários aos arts. 1.029-1.041 do CPC. In SCARPINNELLA BUENO, Cassio (coord.), *Comentários ao Código de Processo Civil*, v. 4, São Paulo: Saraiva. 2.017.

MARINONI, Luiz Guilherme; MITIDIERO, Daniel. *Código de Processo Civil comentado artigo por artigo*. 2. ed. São Paulo: Revista dos Tribunais, 2010.

______. *O STJ enquanto Corte de precedentes*. 2. ed. São Paulo: Thomson Reuters-Revista dos Tribunais, 2014.

______. *Precedentes obrigatórios*. 3. ed. São Paulo: Thomson Reuters-Revista dos Tribunais, 2013.

______. *Incidente de Resolução de Demandas Repetitivas – decisão de questão idêntica x precedente*. São Paulo: Thomson Reuters-Revista dos Tribunais, 2.016.

______; ARENHART, Cruz; MITIDIERO, Daniel. *O Novo Processo Civil*, São Paulo: Thomson Reuters-Revista dos Tribunais, 2015.

______; ARENHART, Cruz; MITIDIERO, Daniel. *Novo Curso de Processo Civil*, v.2. São Paulo: Thomson Reuters-Revista dos Tribunais, 2015.

MARIO MORELLO, Augusto. *La nueva etapa del recurso extraordinário:* el 'certiorari'. Buenos Aires: La Plata, 1990.

MARTINS, Sérgio Pinto. *Direito Processual do Trabalho*. 29. ed. São Paulo: Atlas, 2009.

MARTINS, Ana Paula Antunes e Elisa Sardão Colares. *Fordismo judiciário: a administração do Judiciário no Brasil e os impactos nos processos de execução fiscal*. Sítio: [www.academia.edu].

MEDINA, José Miguel Garcia. *Novo Código de Processo Civil comentado*. 5. ed., São Paulo: Thomson Reuters-Revista dos Tribunais, 2.017.

MEIRELES, Edilton. Vinculação do STF e das Justiças eleitoral e do trabalho às decisões do STJ. *Revista de Processo*. São Paulo, n. 243, maio, 2015.

MELLO, Patrícia Perrone Campos. *Precedentes:* o desenvolvimento judicial do Direito no constitucionalismo contemporâneo. Rio de Janeiro – São Paulo – Recife: Renovar, 2008.

MENDES, Aluísio Gonçalves de Castro. *Ações coletivas no direito comparado e nacional*. São Paulo: Revista dos Tribunais, 2002. (Coleção Temas atuais de Direito Processual Civil, vol. 4).

______. *Incidente de Resolução de Demandas Repetitivas*, Rio de Janeiro: Gen-Forense, 2.017.

______. Ações coletivas e meios de resolução coletiva de conflitos no direito comparado e nacional. In: MARINONI, Luiz Guilherme; BEDAQUE, José Roberto dos Santos (Coord.). *Coleção temas atuais de Direito Processual Civil.* 3. ed. São Paulo: Revista dos Tribunais, 2012. vol. 4.

______; RODRIGUES, Roberto de Aragão Ribeiro. Reflexões sobre o incidente de resolução de demandas repetitivas previsto no Projeto de novo Código de Processo Civil. *Revista de Processo.* São Paulo, n. 211, set., 2012.

______; TEMER, Sofia. In SCARPINELLA BUENO Cassio (coord.), *Comentários ao Código de Processo Civil*, v. 4, São Paulo: Saraiva, 2.017. (Arts. 976-987, p. 197-238).

MENDES, Gilmar Ferreira; BRANCO, Paulo Gustavo Gonet. *Curso de Direito Constitucional.* 8. ed. São Paulo: Saraiva, 2013.

MIRANDA PIZZOL, Patrícia. Tutela coletiva: processo coletivo e técnicas de padronização das decisões. Tese de livre-docência. Pontifícia Universidade Católica de São Paulo, 2.018. Banca presidida pelo Prof. Nelson Nery Júnior.

MITIDIERO, Daniel. *Cortes superiores e Cortes supremas: do controle à interpretação; da jurisprudência ao precedente.* São Paulo: Thomson Reuters-Revista dos Tribunais, 2013.

MONTEIRO, André Luís Duas providências do projeto de novo Código de Processo Civil para o fim da chamada jurisprudência defensiva: uma evolução rumo ao pleno acesso à Justiça. *Revista de Processo.* São Paulo, n. 204, fev., 2012.

MOREIRA, José Carlos Barbosa. *Comentários ao Código de Processo Civil.* 16. ed. Rio de Janeiro: Forense, 2012. vol. 5.

______. Novas vicissitudes dos embargos infringentes. *Revista de Processo.* São Paulo, n. 109, jul.-ago., 2004.

______. O direito à assistência jurídica: evolução no ordenamento brasileiro de nosso tempo. *Revista de Processo.* São Paulo, n. 67, 1992.

______. *Restrições ilegítimas ao conhecimento dos recursos.* São Paulo: Saraiva, 2007. (Temas de Direito Processual, 9)

NASCIMENTO, Bruno Dantas. *Tutela recursal plurindividual no Brasil*: formulação, natureza, regime jurídico, efeitos. Tese (Doutorado) – Pontifícia Universidade Católica de São Paulo. São Paulo, 2013. Orientação da Profa. Teresa Arruda Alvim Wambier.

______. *Repercussão geral.* 3. ed. São Paulo: Revista dos Tribunais, 2012.

NERY JUNIOR, Nelson; NERY, Rosa Maria de Andrade. *Comentários ao Código de Processo Civil.* São Paulo: Thomson Reuters-Revista dos Tribunais, 2015.

NEVES, Daniel Amorim Assumpção. *Novo Código de Processo Civil comentado*, 3. ed., Salvador: Jus Podivm, 2.018.

NOGUEIRA, Gustavo Santa. Das súmulas vinculantes: uma primeira análise. In: ARRUDA ALVIM WAMBIER, Teresa *et al.* (Coord.). *Reforma do Judiciário:* primeiras reflexões sobre a Emenda Constitucional n. 45. São Paulo: Revista dos Tribunais, 2005.

NUNES, Dierle. Precedentes, padronização decisória preventiva e coletivização – paradoxos do sistema jurídico brasileiro: uma abordagem constitucional democrática, Direito Jurisprudencial. In: WAMBIER, Teresa Arruda Alvim (Coord.). *Direito Jurisprudencial.* São Paulo: Revista dos Tribunais,

______; LADEIRA, Aline Hadad. Aspectos da dinâmica do direito jurisprudencial no Brasil *versus* a busca da coerência e integridade: uma primeira impressão das premissas dos precedentes no novo Código de Processo Civil. *Revista Brasileira de Direito Processual:* RBDPro, Belo Horizonte, vol. 22, n. 87, p. 77-99, jul.-set., 2014.

OLIVEIRA JÚNIOR, Zulmar Duarte de. Comentários ao art. 10 do novo Código de Processo Civil. In: ______; GAJARDONI, Fernando da Fonseca *et al* (Coord.). *Teoria Geral do Processo:* comentários ao CPC 2015 – parte geral. São Paulo: Gen-Método, 2015.

PEC 209/2012: proposta de emenda à Constituição. Disponível em: [www2.camara.leg.br/proposicoesWeb/fichadetramitacao?idProposicao=553947]. Acesso em: 05.01.2016.

PEREIRA, Lafayette Rodrigues. *Direito das cousas.* 3. ed. Rio de Janeiro: Freitas Bastos, 1940.

PICORELLI, Fernanda Estevão. A justiça e o paradigma da eficiência na contemporaneidade. *Revista de Processo.* São Paulo, n. 241, mar., 2015.

PONCIANO, Vera Lúcia Feil. Morosidade da Justiça: crise do Judiciário ou crise do Estado? *O Estado do Paraná*, Curitiba,10.07.2008.

PROJETO de lei n. 3474, de 2000. Disponível em: [www.camara.gov.br/proposicoesWeb/prop_mostrarintegra?codteor=3288&filename=Tramitacao-PL+3474/2000]. Acesso em: 13.04.2014.

RAMIRES, Maurício. *Crítica à aplicação de precedentes no direito brasileiro.* Porto Alegre: Livraria do Advogado, 2010.

RAMOS, Elival da Silva. *Ativismo judicial.* São Paulo: Saraiva, 2010.

REALE, Miguel. *Filosofia do Direito.* 5. ed. São Paulo: Saraiva, 1969. vol. 2.

SANTOS, Evaristo Aragão. Em torno do conceito e da formação do precedente judicial. In: WAMBIER, Teresa Arruda Alvim (Coord.). *Direito Jurisprudencial.* São Paulo: Ed. RT, 2012.

SCARPINELLA BUENO, Cassio. *Projetos de novo Código de Processo Civil comparados e anotados.* São Paulo: Saraiva, 2014.

SILVA, José Afonso da. *Curso de Direito Constitucional Positivo.* 19. ed. São Paulo: Malheiros, 2001.

SOUZA, Artur César de. Conversão da demanda individual em demanda coletiva no novo CPC. *Revista de Processo.* São Paulo, n. 236, out., 2014.

STATIONERY Office, 1996. Disponível em: [http://webarchives.nactionalarchives.gov.uk]. Acesso em: 03.06.2015.

STÜRNER, Rolf. Sobre as reformas recentes no direito alemão e alguns pontos em comum com o projeto brasileiro para um novo Código de Processo Civil. Tradução de Márcio Flávio Mafra Leal. *Revista de Processo.* São Paulo, n. 193, 2011.

TARANTO, Caio Marcio Guterres. *Precedente judicial:* autoridade e aplicação na jurisdição constitucional. Rio de Janeiro: Gen-Forense, 2010.

TARTUCE, Fernanda. *Igualdade e vulnerabilidade no processo civil.* Rio de Janeiro: Gen-Forense, 2012.

TARUFFO, Michele. Dimensioni transculturali dela giustizia civile. *Rivista Trimestrale di Diritto e Procedura Civile.* Milano, n. 4, dez., 2000.

______. Observações sobre os modelos processuais de *civil law* e de *common law. Revista de Processo.* São Paulo, n. 110, abr.-jun., 2003.

TESHEINER, José Maria Rosa. Uniformização de jurisprudência. *Revista da AJURIS,* Porto Alegre, n. 50, nov., 1990.

TIMM, Luciano Benetti; NEUBARTH, Manoel Gustavo. As recentes alterações legislativas sobre os recursos aos Tribunais Superiores: a repercussão geral e os processos repetitivos sob a ótica da *law and economics. Revista de Processo.* São Paulo, n. 178, dez., 2009.

TOFFOLI, Vitor. Recursos especiais repetitivos: critérios de seleção dos recursos paradigmas. *Revista de Processo.* São Paulo, n. 197, jul., 2011.

WAMBIER, Teresa Arruda Alvim; LINS CONCEIÇÃO, Maria Lúcia; FERRES DA SILVA RIBEIRO, Leonardo; LICASTRO TORRES DE MELLO, Rogerio.

Primeiros comentários ao Código de Processo Civil: artigo por artigo. São Paulo: Thomson Reuters-Revista dos Tribunais, 2015.

______. O que se espera do novo CPC? *Revista do Advogado*. São Paulo, n. 26, maio, 2015.

______. Precedentes e evolução do direito. In: ______ (Coord.). *Direito Jurisprudencial*. São Paulo: Ed. RT, 2012.

______. Súmula vinculante: desastre ou solução? *Revista de Processo*. São Paulo, n. 98, abr.-jun., 2000.

WATANABE, Kazuo. Relação entre demanda coletiva e demandas individuais. In: GRINOVER, Ada Pellegrini *et al*. (Coord.). *Direito Processual Coletivo e o anteprojeto de Código Brasileiro de Processos Coletivos*. São Paulo: Revista dos Tribunais, 2007.

ZANETI JÚNIOR, Hermes. Precedentes (*treat like cases alike*) e o novo Código de Processo Civil. *Revista de Processo*. São Paulo, n. 235, set., 2014.

EDITORA
JusPODIVM
www.editorajuspodivm.com.br